本书系国家社会科学基金青年项目"清代中期儒学的转型与流变"（12CZX031)结题成果

承蒙温州大学"马克思主义理论"浙江省一流学科和"新时代温州道德文化建设创新研究"重点创新团队经费资助出版

乾嘉儒学 的义理建构与思想论争

孙邦金◎著

中国社会科学出版社

图书在版编目（CIP）数据

乾嘉儒学的义理建构与思想论争 / 孙邦金著 . —北京：
中国社会科学出版社，2018.4
ISBN 978 - 7 - 5203 - 2372 - 7

Ⅰ.①乾… Ⅱ.①孙… Ⅲ.①儒学—研究—中国—清代
Ⅳ.①B222.05

中国版本图书馆 CIP 数据核字（2018）第 076163 号

出 版 人	赵剑英
责任编辑	张 林
特约编辑	郑成花
责任校对	周晓东
责任印制	戴 宽

出 版	中国社会科学出版社
社 址	北京鼓楼西大街甲 158 号
邮 编	100720
网 址	http://www.csspw.cn
发 行 部	010 - 84083685
门 市 部	010 - 84029450
经 销	新华书店及其他书店
印 刷	北京明恒达印务有限公司
装 订	廊坊市广阳区广增装订厂
版 次	2018 年 4 月第 1 版
印 次	2018 年 4 月第 1 次印刷
开 本	710 × 1000 1/16
印 张	27.75
插 页	2
字 数	443 千字
定 价	118.00 元

目　　录

序

　　近四十年来，相对于宋明儒学（理学与心学）较为充分的研究而言，乾嘉儒学的研究则显得有些沉寂，其学术成果也相对贫乏。据笔者本人有限的阅读而言，对于乾嘉儒学研究的不足至少表现在以下四个方面：其一，对乾嘉儒学的整体精神面貌认识不够清晰，因而对其整体精神风貌也就难以达成基本的学术共识；其二，有关乾嘉儒学学术渊源的讨论，往往是人言言殊，各有道理，但没有达成基本的共识；其三，乾嘉儒学内在思想的逻辑进程及其历史转折点没有得到清晰的揭示；其四，乾嘉儒学诸流派之间的相互影响，以及乾嘉时期理学（包括心学与气学）的实际成就如何？学术界没有给出较为合理的说明。仅就此四点而言，乾嘉儒学及其自我转化的问题，就是一个十分值得关注，并需要加以深入研究的课题。

　　邦金君的新著《乾嘉儒学的义理建构与思想论争》，就是一本试图超越目前此领域的不足而在诸多方面有所创获的新著。该著分上中下三编，共十七章，加上绪论与结语，有近二十章的篇幅，虽然是一项国家社会科学基金青年项目的结项成果，未能对此一时期的儒学内容做一个十分全面的论述，却也基本上体现了作者对于乾嘉儒学研究的框架性思考，展示了作者在此领域的宏大构思以及所蕴含的巨大学术发展潜力。就笔者个人的粗浅认知来看，该书有以下三个方面值得肯定：

　　第一，三编的思想结构呈现为哲学、学术与思想的三维互动，以此来立体地呈现乾嘉儒学的精神面向。第一编侧重于哲学思想，以乾嘉的新道论为代表，揭示了该时期儒学的哲学形上学。第二编侧重于学术讨论，以扬州学派、汉宋之争、经史之争、儒释之争、中西之争五组学术问题为中心，揭示了乾嘉儒学独特的时代风貌及其所面临的新问题。第三编侧重于政治思想与社会观念，属于泛化的哲学史，因而可以归类到思想史的范畴。三编的内容虽非面面俱到，但通过对一些典型思想家、学者、学派思想的深入阐述，大体上呈现了乾嘉儒学的丰富内涵，从哲学史、思想史、学术史多维角度初步证成了作者提出的"乾嘉新儒学"或"新清学"的说法。

第二，作者用"乾嘉儒学"的概念来统领乾嘉时代的哲学、学术与思想，以之对接宋明儒学，进而与这一时代的佛学、道家与（西方）学术三组概念区别开来。这一概念对于研究乾嘉时代中国本土的主流学术与思想对象而言，有其方便与合理之处。儒学是体有用之学，现代学术体系中的哲学学科，可以在儒学的形上学与制度之学中找到其相关的内容。汉唐以来的儒学也是官方的学术，统治阶级的意识形态与社会政策大多是以儒家经典为依据的，政治思想与社会观，其主流部分是儒学的，佛、道及其他思想基本上是作为一补充性的内容。而中国传统学问的分类及其次第——经史子集，也主要是儒家的，各种学术流派与学术问题，都会与儒学发生直接的关系。因此，作者使用"乾嘉儒学"的概念来代替乾嘉考据学、乾嘉哲学、乾嘉学术等概念，更能够比较真实地体现这一时期主流的学术与思想状况。

第三，一些具体的论题与论述很有新意，拓展了对乾嘉时代学术与思想的研究广度，在一些具体的学术问题上深化了对乾嘉学术的认识。现仅择其要，略述如下：

在论题方面，对乾嘉时代学人的心性之学、政治儒学、士大夫的治生问题以及这一时期儒学的护生观念和生态保护思想四个方面，有所拓新。而在这四个论题中，笔者认为，该著对乾嘉时代的心性之学的抉发尤其富有新意。该论题一方面可以对接宋明儒学，另一方面亦可以回应现代新儒家对于乾嘉儒学的批评。

在具体论述方面亦颇多新意，难以尽加罗列。例如，第四章将戴震"以情絜情"的伦理学思想与现代政治哲学中的普遍正义思想联系起来，初步揭示了戴震伦理学的政治哲学意蕴与现代意义。第九章进一步揭示出焦循"能知故善"的伦理学思想与戴震"德性资于学问以至于神明"，"愚者非恶而流于恶"这种重智主义伦理思想之间的内在联系。这既显示了扬州学派与皖派的内在思想联系，也揭示了乾嘉儒学的伦理学的自身特点。第七章在揭示"乾嘉新道论"的三个理论节点问题时，指出明清易学的太极非理说构成了道论形上学的一个重要节点。此点笔者在论述乾嘉新道论时未能予以关注，而且邦金君从学理上分析了新道论的三个维度，思路清晰而结论可信，因此笔者认为其对新道论的阐发有补充、完善之功。第三编第十四、十五两章，有关乾嘉时期的政治哲学思想的论述，均有新意，对于重新认识乾嘉学者在十分艰难的历史处理境里仍然坚持儒家政治理想的抗议精神，爬梳出了新的思想史资料，值得肯定。

简而言之，作为清代学术研究的后劲，邦金君此著的出版将会深化、细化此一领域的诸问题研究，相信其后续修订出版的博士学位论文《龚自珍政治思想研究》会在政治哲学思想方面进一步深化乾嘉与嘉道时期儒学思想的研究。

邦金君在武汉大学攻读博士学位期间曾经师从于我，在我完成"戴震、乾嘉学术与中国文化"教育部基地重大课题的过程中，他与我合作撰写了不少文字。因此，在近十几年的清学研究，特别是乾嘉学术的研究过程中，实际上是同道者。作为此领域里因年齿而具师长身份的同道，对于该书中存在的学术与理论空间，也尝试言说一二，一者供邦金君参考，二者也是与对乾嘉学术有兴趣的其他同道者相互切磋，以期共同推进包括乾嘉儒学在内的乾嘉学术研究。

就乾嘉学术的哲学形上学思考而言，此一时期重要的儒家学者与思想家大体上提出了自己的道论思想。但他们对于道的具体内容的规定是不同的，而且其道论的思想来源亦不相同，此点不可不辩。若将戴震与章学诚看作乾嘉时代的两面思想旗帜，则戴氏的道论基本上代表了气化论的道论思想谱系；而章氏的道论思想似乎更为复杂，既有宋儒程朱一系形上之"理"的影子，又有韩愈的道德论的思想影子，但主要是《易传》的道论思想，特别是在道器关系方面，似乎更受《易传》的影响。目前作者虽然阐述了乾嘉时期的新道论思想，但对于有些思想家如钱大昕的天道论思想未能触及，对于章学诚道论思想的丰富内容及其独特性的阐发亦略显不够。对于焦循从易哲学立场出发论天道的思想的特征，阐述得也不够充分。

我们都知道，儒学是有体有用、明体达用之学。从儒学这一基本的思想特征出发，全书的整体架构应当先是道论形上学，然后是度数之学和社会政治思想，最后才是学派与其他学术问题之争。具体来说，即将目前的

第二编作为第三编，第三编作为第二编，或许更能体现"乾嘉儒学"概念的内在思想逻辑。

另外，全书体现了作者对于近百年来明清学术、思想研究的诸家思想成果兼收并蓄的特色，这是本书长处。但也正因为作者力图兼顾各家各派的观点，淡化了自己的立场，对于乾嘉儒学的主流发展脉络及其逻辑进程，反而没有很好地凸显出来。特别是对一些具有思想锋芒的思想家的批判精神，如戴震、钱大昕、龚自珍等的批判精神，没有充分地凸显出来。在行文方面，全书洋溢着作者博览群书的才气，但从人文著作的科学性方面说，有些引文似乎可以减少，而有些证成性的结论似乎需要更多的直接材料与相关的间接材料作支撑。

凡以上提到的种种不足，仅是对本书的精益求精而提出的更高要求，也是对学术后劲的一种勉励与鞭策之辞，并不影响对本书学术质量的充分肯定。

武汉大学的中国哲学研究群体，在萧萐父、李德永、唐明邦诸先生的引领下，在明清哲学、《周易》哲学、现代新儒家诸领域的研究方面取得了国内外学术界共认的成绩。邦金君虽然现在供职于温州大学，但他在明清哲学研究方面所取得的新成就，仍然可以视之为珞珈山中国哲学的新成果之一。希望邦金君继续努力，立足于珞珈山中国哲学的学术之根，然后广泛地吸纳其他各家各派的明清学术、思想研究的新成果，在自己的工作岗位上不断地深化、细化明清学术与思想研究。若能在今后的研究中开创出新的研究范式，则将是对珞珈中国哲学最好的回馈。

是所望也，亦期于成。

吴根友

2018 年 2 月 9 日于武昌，2 月 22 日润色。

乾嘉儒学的思想意蕴与研究现状

　　儒学作为中国传统文化的主流，其起伏跌宕的近代境遇及其当下所面临的严峻挑战，历来是中国近现代思想文化研究领域中的一个极重要课题。从时间上来看，儒学传统的近代转化问题当然是在 1840 年西方文化冲击之后才产生的一个课题。不过追根溯源，有两点需要注意：一是儒学传统的近代转化问题并不全部都是截断众流的新问题，有很多是由来已久的，只是夹杂着西方因素变得更加复杂而已。虽然鸦片战争爆发之前的中国近代化尚未真正开始，"但 18 世纪的现实却是尔后近代化的起点，基本上可以解释中国近代化的模式、速度和阻力。"[①] 二是没有前近代的儒学传统，也就无从谈起儒学传统的近代转化问题，而且西方文化也会失去其引进与生存的土壤。这两点告诉我们，研究儒学传统的近代转化问题，不仅要关注近代以来的问题，还要照顾到近代以前的问题。

　　历史通常是一个以激进为间奏而以渐进为主旋律的过程，很多问题都有一个渐变的过程，都有着似曾相识的过去，都能够从旧问题中找到线索。理解中国近现代的哲学思想变迁亦不例外。诸如近代哲学上的道器、情理、心物、知行关系等，文化上的古今、中西、新旧之争，经济上的公私之争、治平之虑等，政治上的常变之争、改良与革命之争、中央集权专制与地方封建自治之争等诸多重大问题，在前近代的中国大都长期存在着，并有过许多探索和尝试的成败经验。我们起码要搞清楚儒学传统在迈入近代门槛之前它正处于何种样态？自身内部所发生的变化有什么样的轨迹和趋向？对于后来的变化又有何影响？本书即聚焦于中国迈入近代门槛

　　[①]　戴逸：《18 世纪的中国与世界》导言卷，辽海出版社 1999 年版，第 12 页。

之前的清代中期儒学发展史，尤其是乾隆（1736—1795）、嘉庆（1796—1820）两朝的儒家哲学与学术思想史。希望在充分吸收前人成果的基础之上，以乾嘉儒学为中心，一是揭示清代儒学转型与流变过程中的诸多有益尝试，使清代哲学思想史研究有所深化和改观；二是彰显清代中期学术思想中不断成长的现代性因素及其发展困境，为儒学传统的现代转化与创新发展提供一些启示。

一 清代儒学的两次转型及其阶段性特点

清代儒学先后经历了两次大的转型，可分为前、中、晚三个前后风格迥异的时期。一般来说，"国初之学大，乾嘉之学精，道咸以降之学新"①，王国维对清代学术历史分期及其阶段性特点的概括十分到位。当然，如若细论，自今观之，又非一言可道尽其中曲折也。

清初儒学，自顺治元年（1644）至康熙六十一年（1722）约八十年时间。改朝换代的明清之际，是一个社会政治、经济动荡离乱的时期，也是一个人才辈出、光怪陆离的思想文化高涨的年代。这一时期的士大夫痛定思痛，开始集体性地总结反思传统文化，并在摸索中推陈出新，完成了其守先待后、继往开来的历史任务。据粗略统计，明清之际诸如《理学宗传》《明儒学案》《宋元学案》《儒林宗派》《道统》《学统》等学术思想史专著至少有 25 种之多。② 由此可见，明清之际的儒学发展进入了一个总结过去、开辟新路——由"尊德性"而"道问学"的转型期。

如若细分，清初八十年的士大夫又可分为"遗民"与"鸿儒"这两代学人。清初儒者面对"天崩地解""残山剩水"，"朝不坐，宴不与，士之分亦止于不仕而已"③，拒绝出仕、归隐书斋，堪称为遗民一代学人。他们在"陆沉之初，人怀感愤"，不仅拒绝清廷征召，坚守气节，而且为应对世乱，在学术思想领域亦多所创造，气象蔚为恢宏、博大。诸如河北

---

① 王国维：《沈乙庵先生七十寿序》，载《观堂集林》，河北教育出版社 2003 年版，第 574 页。

② 参见史革新《清代理学史》上卷，广东教育出版社 2007 年版，第 111—112 页。

③ 黄宗羲：《南雷诗文集》上，载《黄宗羲全集》第十册，浙江古籍出版社 1993 年版，第 411 页。

孙奇逢、浙西顾炎武、浙东黄宗羲、湖南王夫之、关中李颙等人，大多生于万历、天启年间，着明朝衣冠，奉明朝正统。在此之后，康熙在位期间崇儒重道，于康熙十二年（1673）举荐山林隐逸，康熙十七年（1678）年征召博学鸿儒，康熙十八年（1679）开明史馆，不断网罗人才，康熙本人的文化远见以及清廷的文化怀柔政策渐收成效。尤其是博学鸿儒科，共有朱彝尊、施闰章、汪婉、潘耒、汤斌、张烈、毛奇龄、李因笃等 50 位名儒入选，皆优入翰林，入列史馆，主讲经筵，明清之际学术与政治之间的紧张关系得以明显缓和。与此同时，他们与同时代的阎若璩、胡渭、万斯同、徐乾学、姚际恒等人会集京师，相互切磋，学术风气为之一变，对于清初学术走向之影响不可小觑。与遗民一代相比，时过境迁，他们的政治立场没有以前那么鲜明决绝，"其气渐平，心亦渐改"①，开始从政治不合作转向合作；他们的学术思想亦开始了由通经致用之学向经史考据之学的整体性转变，直接开启了乾嘉学术，可称为鸿儒一代学人。②

从思想流派上论，由于阳明心学存在"情识而肆，虚玄而荡"的流弊，加之明清鼎革的文化危机意识和忏悔心理，"兴复古学"③（张溥语，"复社"之名由此而来）蔚为潮流。心学开始自我修正，并且进而由陆王心学回归程朱理学者越来越多，王学修正派和由王返朱派可谓清初儒学内部的两大流派。王学修正派包括孙奇逢、汤斌、李颙、黄宗羲等人，大致皆认可"阳明先生致良知为圣学真脉"④，算是清代第一代王学学者，也是唯一一代能够成军的王学学者。虽然阳明后学对于儒学的自由意识、平民气质和"中国近世的庶民意识"⑤ 的张大功不可没，但在陈建（1497—1567）《学蔀通辨》和张烈（1622—1685）《王学质疑》等反思王学专著的推波助澜之下，"谨守考亭""力尊考亭"⑥ 等由王返朱的呼声一浪高

① 张履祥：《与唐灏儒》，载《杨园先生全集》卷四，中华书局 2002 年版，第 77 页。
② 参见赖玉芹《博学鸿儒与清初学术转变》，中国社会科学出版社 2010 年版，第 2 页。
③ 陆世仪：《复社纪略》卷一，续修四库全书本。
④ 汤斌：《志学会约》，载范志亭、范哲辑校《汤斌集》，中州古籍出版社 2003 年版，第 26 页。
⑤ 参见［日］岛田虔次《中国近代思维的挫折》，甘万萍译，江苏人民出版社 2005 年版，第 127—128 页。
⑥ 陆陇其：《答嘉善李子乔书》，载《陆稼书先生文集》卷一，丛书集成初编本，中华书局 1985 年版，第 15 页。

过一浪。仅顺治、康熙两朝就先后涌现出魏裔介、魏象枢、陆世仪、张履祥、吕留良、戴名世、陆陇其、熊赐履、张伯行、李光地等众多理学学者和名臣，煊赫一时。其中，陆陇其认为"明之天下之亡不亡于朋党，不亡于寇盗，而亡于学术"①，矛头直指阳明后学。熊赐履则指阳明"率易立说，是不知而作也，是欺己欺人也"，"阳明之于圣学，只是胡说乱道而已"②，可见清初阳明学所承受的巨大压力。与之形成鲜明反差的是，"当时宋学昌明，世多醇儒，非后世所能及也"③，理学在清初逐渐掀起了一个小小的高潮。除了上述两派之外，清代儒学又逸出了传统心本论和理本论的既有典范和轨道，由大易传统和张载气学而来的气本论得到了复苏和彰显。黄宗羲、陈确、方以智、王夫之、颜元等皆不同程度地推进了明清气论的发展，其中尤以王夫之的气论最具代表性。心学和理学在清代中期皆备受诟病，然而气学似乎得到了清儒的特别关注和青睐，最终在理气一元论的基础之上，"道赅理气"的"新道论"成为清代中期儒学的形上学基础。这一转承，从戴震的天道观与黄宗羲、王夫之、陈确（尤其是王夫之）等的气学之间强烈的亲缘性中可见一斑④。

清代中期儒学自雍正元年（1723）至道光十九年（1839）近一百二十年时间，为清学的"鼎盛期"。由于其典型风格主要在乾隆、嘉庆两朝成型，因此学界对清代中期学术的通行称呼是乾嘉学术。它较之于清初儒学思想的变化，有从明末清初偏重形上道德的虚玄体证与空描而转出的明显迹象，渐而转入形下征实考据、重情欲的新理路，拥有了自成一格的清学新典范。所谓新典范，是说清代中期儒学无论是在讲求实事求是的实证方法层面上，还是强调达情遂欲的实质内涵层面上，皆已超出了理学和心学的原有轨范，甚至也超过了所谓的"宋学"和"汉学"的范畴，因此可以说清代中期学术进入到了一个前所未有的新形态，不妨可称之为

① 陆陇其：《学术辨》序，商务印书馆1936年版，第1页。

② 熊赐履：《下学堂劄记》卷三，四库全书存目丛书本，台南：庄严文化出版社1996年版，第78—80页。

③ 昭梿：《啸亭杂录》卷一"崇理学"条，台北：文海出版社1966年版，第23页。有关清初理学研究，可参见杨菁《清初理学思想研究》，台北：里仁书局2008年版。

④ 有充分的文本与思想勾连表明，船山学"较近于戴震之学"。参见蔡家和《王船山〈读四书大全说〉研究》，台北：学生书局2013年版，第44页。

"乾嘉新儒学"。基于此一认识，本书"清代中期儒学"、"乾嘉学术"和"乾嘉儒学"通常是不加区分地使用的。

　　清代中期儒学延续了"以复古为解放"的精神，不仅由王返朱，而且进而由宋返汉，反（思）宋学的力量聚集在"琢磨程朱，光复孔孟"①的旗帜下逐步张大其军，成为风潮。一时间，官方支持的朱子学也未能幸免成为一些士子、文人嘲弄的对象，近禅的王学更是少人问津。后来的李绂、彭绍升等廖廖数人，恐怕在时人眼中只能算是王学的"余孽"。② 对于这一时期儒学的主要特点，学界通常从正反两面加以概括：一方面是"道德形上思维的衰降"③，与之相对应的则是"智识主义的兴起"④。清学自"尊德性"向"道问学"的转型，龚自珍当时已经看得很明白："入我朝，儒术博矣，然其运实为道问学。"⑤ 清代中期形上思维的整体衰降是不争的事实，不仅心学几成刍狗，理学亦竭泽而无余华。在诸如吴敬梓《儒林外史》、纪昀《阅微草堂笔记》、袁枚《子不语》、曹学芹《红楼梦》以及李汝珍《镜花缘》等文艺作品中，对于当时"讲学家"、"道学家"等义理学者极尽挖苦之能事，可见宋明儒学在当时学界境遇之低迷。这一点亦可从与纪昀、李鼎元等学者有过交往的朝鲜学者柳得恭（1749—?）的观察中得到印证。柳得恭分别于乾隆四十三年（1778）、五十五年（1790），嘉庆六年（1801）三次出使清朝，对当时学界风气有过近距离的观察。据他转述纪昀的描述，"迩来风气趋《尔雅》、《说文》一派……多见南方诸子所究心者六书，所尊慕者郑康成，相誉必曰通儒，曰通人，程朱之学不讲，似已久矣。"⑥ 当时诸如《朱子语类》《白田杂著》

---

　　①　陈确：《书大学辨后》（戊戌），载《陈确集》，中华书局 1979 年版，第 559 页。

　　②　路新生曾就此指出："从辟二氏、厌弃形上思辨学风角度看，乾嘉考据学风正是秉承着清初学风的余波而起。"参见路新生《中国近三百年疑古思潮研究》，上海人民出版社 2001 年版，第 80 页。

　　③　参见刘述先、郑宗义《从道德形上学到达情遂欲——清初儒学新典范论析》，载刘述先《儒学思想意涵之现代诠释论集》，台北：中研院中国文哲筹备处 2000 年版，第 73—103 页。

　　④　参见余英时《论戴震与章学诚》，三联书店 2005 年版，第 18—34 页。

　　⑤　龚自珍：《江子屏所著书叙》，载《定庵续集》卷三，台北：新文丰出版公司 1975 年版，第 12 页。另可参见杨华《由"尊德性"而"道问学"：学风转轨与清初孟学》，上海社会科学院出版社 2013 年版。

　　⑥　柳得恭：《燕台再游录》，载林基中编《燕行录全集》第六十册，东国大学校韩国文学研究所 1981 年版，第 265—266 页。

（王懋竑著）等理学著作"遂为坊间所无"，即便是在北京的书肆里都已经很难买到这些书。与此类似，昭梿《啸亭杂录》卷四《理学盛衰》中有记载，自乾隆中，"习理学者日少，至书贾不售理学诸书"。该书卷十《书贾语》中又记载当时无人研读"濂洛关闽之书"，原因是书商"恐其无人市易"①。时至乾嘉晚期，扬州江都学人徐复参加省试见到同乡黄承吉（1771—1842）时，黄氏"诘以九章算法"，徐复"不能答，以为耻，典衣购算书归"。回家之后，徐复勤学苦练，还与江藩等人相互交流算法，结果"未及一年，弧三解之正弧、垂弧、次形、矢较诸法，皆能言其所以然矣"。② 到了嘉道之际，姚鼐之孙姚莹仍旧抱着愤慨的心情指出，"自四库馆启之后，当朝大老皆以考博为事，无复有潜心理学者。至有称诵元明以来儒者，则相与诽笑。是以风俗人心日坏，不知礼义廉耻为何事。"③ 从中可以清楚地看到，宋明义理之学的衰微，专家之学、考据之学的张大，成为清代中期儒学风向移易的主要表征。

至于转型的动因，既有文字狱等外在社会政治压力使然，也有清代中前期学术思想自身演进的内在理路使然。章学炎等人所主张的文字狱说，仍旧是清代儒学转型的一个重要解释，但肯定没有揭示出其内在原因。康熙、雍正、乾隆三朝对于文化人的掌控是通过恩威并用的两手来实现的，不单是暴力威慑。清政府的文治手段主要包括：通过科举教育制度引领学术风向，造育人才，有意识有步骤地编定《钦定四书文》等官方教科书，贯彻官方意识形态；大规模开馆编书，征召网罗人才，尽可能将他们纳入体制内为政府所用，消弭异端；在基层定期宣讲《圣训广谕》等劝诫民众，奖励民间的忠孝节义文化，消弭种族矛盾，用文化认同促进民族与社会融合；等等。对上述文治手段的运用最为得心应手的是乾隆皇帝，他对关乎士子前途命运的科兴制义屡次强调要"黜浮华而崇实学"，有意引导学术进入实证考据之途。士大夫与清朝帝王之间在对宋明儒学"平时袖手谈心性"皆持批判立场这一点上，很奇特地形成了某种无形的同盟关系。此外，乾隆朝开设《四库全书》馆，

---

① 昭梿：《啸亭杂录》，中华书局 1980 年版，第 317—318 页。

② 江藩：《国朝汉学师承记》卷七，中华书局 1983 年版，第 117 页。

③ 姚莹：《复黄又园书》，载《中复堂全集·东溟文外集》卷一，同治六年安福县署刻本。

编纂《钦定胜朝殉节诸臣录》① 等，皆是其文治策略的得意之笔，收效显著。章学诚就曾不无夸张地认为，清朝"于故明但有存恤之德，毫无鼎革之嫌"，最终从道统的高度上完成了"自唐虞三代以还，得天下之正者，未有如我大清者"② 的合法性论证。当然，清廷也会毫不留情地使用政治高压手段残酷地对付有碍统治的言行。士人对于康熙朝的戴名世案，雍正朝的曾静、吕留良案尚记忆犹新，乾隆朝继而掀起查毁禁书、大兴文字狱运动的新高潮。种种诛心之举造成一种文化恐怖主义氛围，士人在"避席畏谈文字狱"的寒蝉效应之下，胆敢有思想议论，亦十分曲折隐晦。这明显限制了乾嘉儒学的自由开放性格，尤其是在道德哲学、政治哲学和经世思想等领域内的创发和积累。

不过，从总体上看，清初儒学向乾嘉的转型并不显得十分突兀，儒学气运变化的动因理应更多地从思想的内在脉动中去寻找。清代由辨伪向大规模地考辨重整群经乃至史部、子部的推进，实质是源于明末清初就已经兴起的清理宋学"污染"的"回归经典"运动。有学者指出，"正是这场运动使宋学在不及设防的情况下，失去了数百年来用以立论的根据，从此宋人之学逐渐没落，至清中叶谈宋学者已廖若晨星。"③ 到了乾嘉时期，注重文本考证，言必有据，拒斥形而上的直抒胸臆或义理空描，已经成为学术界通行常规。即便是当时哲学翘楚戴震想要阐发义理，亦要基于重新疏证经典文本字、词的基础之上，采取"由字通词，由词通道"的诠释学进路。其《孟子字义疏证》是一部不折不扣的哲学著作，但也采取了经学疏证体。钱大昕《二十二史考异》、王鸣盛的《十七史商榷》、赵翼的《廿二史札记》等人的考据史学专著，其背后虽有一套"义理必参之

---

① 《钦定胜朝殉节诸臣录》12 卷，交武英殿刊刻颁行。该书记载专谥诸臣 26 人；通谥忠烈诸臣 113 人；通谥忠节诸臣 107 人；通谥烈愍诸臣 573 人；通谥节愍诸臣 842 人；入祠职官 495 人；入祠士民 1494 人；建文殉节诸臣 128 人。共 3778 人，另附入 245 人。与之相对应的是，明末诸臣望风归附，"皆以胜国臣僚，乃遭际时艰，不能为其主临危授命，辄复畏死偷生，靦颜降附……此等大节有亏之人，不能念其建有勋绩，谅于生前；亦不因其尚有后人，原于既死。今为准情酌理，自应于国史内另立《贰臣传》。"后又将吴三桂、耿精忠、李建泰、王辅臣、薛所蕴等人从中析出，另立《逆臣传》。乾隆用心良苦地通过这一褒一贬的正反两手，从民族大义与君臣纲常这两个道德高度上重建了一套清朝的正统观及忠君爱国思想。

② 章学诚：《说林》，载叶瑛注《文史通义校注》，中华书局 1985 年版，第 347—355 页。

③ 林庆彰：《清初的群经辨伪学》，华东师范大学出版社 2011 年版，第 432—433 页。

以时势"的历史哲学为指导，但在方法学层面都明确主张实事求是，排斥义理阐发和道德褒贬。

至于清代中期儒学的特点，王国维"乾嘉之学精"的总结其实只说对了其中的一个面向。乾嘉时期，很多学者几十年如一日专注于一经、一事，单个来看，这种专家之学不可谓不"精专"。可如若鸟瞰整个乾嘉儒学的面貌，则又有知识分化、百学竞呈的"博杂"特点。乾嘉时期最能说明"精专"与"博杂"共存这一特点的，莫过于龚自珍的《阮尚书年谱第一序》。对于乾嘉学术之殿军阮元及以其为核心的学术群体所涉及的治学领域，龚自珍在该序中认为，除了尊德性的"性道"之学以及介于德性与学问之间的"文章"之学外，关乎名物器数的度数之学就包括训诂、校勘、目录、金石、九数、掌故、史学、典章制度等多种专门之学，共十大类、十五小类。① 按照现代学科分类体制划分，所谓的乾嘉考据学术起码包括语言文字学、训诂学、音韵学、校勘学、版本目录学、考古学、天文、历法、物理学、数学、历史学、社会学、政治学等广泛内容。儒门知识的自我膨胀、分化与独立，前所未有，蔚为大观，早已经突破了宋明儒学、传统"四部"之学的知识分类范畴。这些从四部之学独立分化出来的专门之学，大都在 20 世纪成功转型为现代专门学科，并藏身于现代教育体制延续至今。② 难怪乎，山口久和不无理由地认为："经学的解构、儒学的俗世化、经书规范性的丧失，缺少其中任何一项都将无法实现知识的近代化。"③

乾嘉儒学的多元博杂性不仅体现在治学内容上，更体现在其鲜明的地域性和多元的治学立场上。首先从地域上论，惠栋《易汉学》奠立吴派汉学大旗，肆意尊经复古。戴震起于皖南，音韵、术数、天文和地理无所不通，后更以"疏证"名义"求道"，融考据方法与义理阐释为一体，第一次实现了清代哲学最有创造性的体系性建构。戴学后经凌廷堪、阮元、

---

① 详细条目请参见张寿安《龚自珍论乾嘉学术——专门之学：钩沉传统学术分化的一条线索》，载《学海》2010 年第 2 期。

② 参见张循《汉学的内在紧张——清代思想史上汉宋之争的一个新解释》，台北：《中研院近代史研究所集刊》2009 年第 63 期。

③ ［日］山口久和：《中国近世末期城市知识分子的变貌——探求中国近代知识的萌芽》，载《华东师范大学学报》（哲学社会科学版）2004 年第 1 期。

焦循、汪中、王念孙、王引之等人的揄扬，又有扬州学派的后续发展。其中，凌廷堪的"以礼代理"论，阮元的"相人偶"论，焦循的"旁通"论，汪中的子学思想等，皆为后戴震哲学时代卓有思想建构者。与惠、戴之学同时期发展的，还有汇流经世理学（科举之学）和辞章之学（阳湖文派）于一身的常州学派。庄存与、孔广森、庄述祖、刘逢禄、宋翔凤等人的今文经学尤其是春秋公羊学，作为晚清今文经学与政治儒学之嚆矢，其学术影响得到了后世越来越多的追认。还有不能不提的是，视戴震为思想对手的章学诚，堪为乾嘉史学界最有思想家气质的第一人，他的历史文化哲学自觉地延续并光大了"研性命必究于史"的浙东史学传统。其次从内容上看，考据之学内部既有义理与考据之争、汉学与宋学之争、古文经学与今文经学之争，又有经与子、经学与史学的精粗之争。应该说，儒家的知识理性和专门之学得到了前所未有地扩展，各种知识门类逐渐专业化并最终从儒学中独立出来，儒门知识的专门化、知识分子的职业化，皆深具近代气质，为传统儒学嫁接近现代西方化的学术分科提供了可贵的结合点。

清代晚期儒学，自道光二十年（1840）至宣统三年（1911）共约七十年时间。嘉庆、道光之际，乾嘉学术中"肆意稽古"的宗师级人物，如惠栋、江永、戴震等人已经去世多年，王鸣盛、卢文弨、江声、王念孙等学界耆宿也相继离世。而在硕果仅存的老一辈考据学者当中，像程瑶田（1725—1814）、钱大昕（1728—1804）、段玉裁（1731—1815）、章学诚（1738—1804）、洪亮吉（1746—1809）等人大多已经步入暮年，垂垂老矣。除了恽敬（1757—1817）、焦循（1763—1820）、阮元（1764—1849）等人之外，即将在嘉道之际的学术舞台上崭露头角的新生代学者，像包世臣（1775—1855）、陶澍（1779—1839）、管同（1780—1832）、徐松（1781—1848）、张穆（1785—1849）、贺长龄（1785—1848）、林则徐（1785—1850）、姚莹（1785—1853）、龚自珍（1792—1841）、黄爵滋（1793—1853）、魏源（1794—1857）、徐继畲（1795—1873）、梁廷枏（1796—1861）、沈垚（1798—1840）、张际亮（1799—1843）、汤鹏（1800—1844）、祁韵士（1751—1815）、俞正燮（1775—1840）人，此时却大多还是懵懂无知的青少年。难怪乎段玉裁在写给刘端临的信中感叹道："吾辈数人死后，将来虽有刻十三经者，恐不能精矣"，① 已经明显感觉到嘉道之间"从考据而经世"的世代交替与学术嬗变即将来临。

当清朝历史跨入 19 世纪之后，清朝国力由盛转衰，开启了一个内乱频仍、外患丛生的"新"时代。"治平之虑"开始在士大夫阶层中间弥漫开来，清代儒学气运又为之一变。包慎伯、魏默深、龚定庵、戴子高等人相继起，"毅然破乾嘉之门面，自成一军"②，吹起乾嘉学术"由考据到经世"转型的号角，形成了一股强有力的经世思潮。魏源清楚地意识到，"今日复古之要，由训诂、声音以进于东京典章制度，此齐一变至鲁也；由典章制度以进于西汉徵言大义，贯经术、故事、文章于一，此鲁一变至道也。"③ 随着晚清典章、制度等"经济之学"的独立与张大，儒家门庭已经逐渐打破了义理、考据和辞章三分天下的既有格局。尔后，方东树《汉学商兑》已经敢于公开针对江藩的《汉学师承记》提出激烈批评，道咸时期有了一次理学中兴的小高潮。考据学内部的今古文两派开始分流竞合，甚至汉宋之间亦开始不分门户，相互调和，诸此种种皆表明晚清之学何以出"新"。

但是，这并不能否认乾嘉学统仍在进一步延续发展的事实。自嘉道至咸同、光宣乃至民初时期，乾嘉时期所奠立的考据学范式和基调仍得以延续，并没有明显衰降，更没有结束或中断。④ 晚清时期的考据学术在区域分布、教育机构设置、人才培养与相关著述成就方面，相较于乾嘉时期并不算逊色，大有后来者居上的态势。乾嘉考据学的大本营原先主要集中在江南（江苏苏州、安徽徽州）一带，在之后的道光、咸丰、同治时期，逐渐扩展至浙江、两广、福建、江西、两湖、云贵、四川、山东、山西、河南等地，成为汉学研究新的增长地区。⑤ 其中，最明显的例子当数浙江。阮元于 1801 年在杭州创建诂经精舍专门造育汉学人才，后来汉学学

---

① 段玉裁：《与刘端临书第十八》，载《经韵楼集》，上海古籍出版社 2008 年版，第 406 页。

② 叶德辉：《与戴宣翘校官书》，载苏舆编《翼教丛编》卷六，上海书店出版社 2002 年版，第 173—174 页。

③ 魏源：《两汉经师今古文家法考叙》，载《魏源集》上册，中华书局 1976 年版，第 152 页。

④ 参见罗检秋《嘉庆以来汉学传统的衍变与传统》，中国人民大学出版社 2006 年版。

⑤ 陈居渊：《汉学更新运动研究》，凤凰出版社 2013 年版，第 338 页。

风流播浙省全境。晚清浙省一地先后涌现出黄式三、黄以周、钱仪吉、俞樾、孙诒让、章太炎等考据学大师级人物，著述成就超越前贤，这当是乾嘉学术继续发展和长期积累的结果。1820 年，阮元又在广州仿建学海堂，"课士人以经史百家之学，士人始知八股试帖之外，尚有朴学，非以时艺试帖取科名为学也"，① 考据学风又流至岭南。依照阮元的做法，后来张之洞督学湖北创经心书院，督学四川创尊经书院，督两广创广雅书院，王先谦、黄体芳督学江苏时创南菁书院，黄彭年于直隶重整莲池书院，于吴中正谊书院内设学古堂。此外，湖南还有校经堂，河北有问津书院等，尊经肆古的教育机构越来越多。"凡此诸事，其宗旨虽有不同，而兴学施教则同导源于阮氏，清代考据之学所由养成此一时也。"② 受此影响，即便是晚清诸多改革、维新著述也都是采用考据学范式写成的（例如康有为的《新学伪经考》、孙诒让的《周礼政要》等）。到了 20 世纪，王国维的二重证据法、胡适的"科学方法论"、傅斯年史料学派乃至近代妇女解放运动等新学思潮，皆与乾嘉学统之间存在着明显承继关系。尤其是在甲骨文、敦煌文书、殷墟考古等 20 世纪重大考古发现中，乾嘉儒学的考据学工夫更是跨越了时代大放异彩。

晚清儒学除了考据学的继续发展、理学的中兴之外，西学所扮演的角色不能不谈，且越来越重要。鸦片战争爆发之前就已经兴起的经世思潮，算是中国传统儒学在原有的轨道上最后一次"自改革"努力。而鸦片战争之后，从小变到大变，从局部到全局，从改良到革命，西学东渐之风愈吹愈烈，儒学面临的国内外环境日益严峻，逐渐失去了其自身演进的步伐节奏。在西方自由、平等、民主、宪政、科学等启蒙现代性面前，在古今、中西的双重争执之中，被裹挟入世界历史潮流之中的儒学传统面临的挑战前所未有。无论是欢迎还是拒斥，时至今日西学已经极大地改变了传统儒学的面貌。儒学有其超胜之处自不待言，它有诸多思想资源可以反思现代性，但似乎还不足以故步自封，走到反对现代性的地步。现代性对于近世儒学传统的改造，对于儒学自身的现代调适转化的贡献是不容抹杀的。从这个角度而言，现代人谈儒学都只能是"新儒学"。

---

① 刘禺生：《世载堂杂忆》，中华书局 1997 年版，第 4 页。
② 谢国桢：《近代书院学校制度变迁考》，台北：文海出版社 1974 年版，第 2 页。

只是近代以来，由于中国日渐被纳入到西方主导的世界历史体系之中而致使其文化主体性和自信心不断丧失，前近代的乾嘉儒学面对困境时所进行的自我转型之努力似乎不值一提。道咸理学、西学中源说、中体西用论、维新思潮、国粹派，儒学传统每一次尊经复古的努力与尝试，其结果无一不是在欧风美雨的现代性话语冲击之下节节败退。西方民主与科学的"新文化"乘势而入，日渐深入人心，而讲王道与仁义道德的"旧文化"则退避三舍，花果飘零。这种文化主体性的换位过程，诚如《公羊传》所言"今晋变而为夷狄，楚变而为君子"，无异于一种以夷变夏的过程，结果真可谓"中国亦新夷狄"，儒家的文化自信逐渐收拾不住。这种文化偏至论，既不符合儒家传统近代转化的历史事实，也会让西方文化失去在中国生根发芽的丰厚土壤，这是研究清代儒学尤其是近代儒学变迁时应特别注意的。

总之，1840 年之后晚清七十年的思想史，与此前的乾嘉学术相比固然存在着明显的阶段性差异，但是它与乾嘉学术乃至明清之际启蒙思潮之间事实上存在着千丝万缕的内在联系。只是这种联系或直接或间接，或显或隐罢了，需要我们去梳理、发现和彰显。

二 乾嘉儒学的思想意蕴与新近研究进展

清学研究至今已有一百多年的历史，著述繁多，继王国维、章太炎、刘师培等人之后，梁启超的《清代学术概论》（1920）、《中国近三百年学术史》（1925），钱穆的《中国近三百年学术史》（1937）以及马克思主义思想史家侯外庐的《中国早期启蒙思想史》（20 世纪 40 年代，即《中国思想史》第 5 卷）具有代表性的研究论著相继发表，17 世纪初至 20 世纪初的"明清之际"或"中国近三百年"遂成为一个具有特定意义的历史"长时段"。这一时段因被认作是与西方宗教改革、启蒙运动和工业革命的时间大致相埒，因此奠立了明清"文艺复兴说"、"每益转进说"、"早期启蒙说"等重要研究范式。① 这些范式各有其不同特点，但都认同明清之际三百年是中国思想开始自我启蒙，中国学术开始从古典走向现

---

① 参见吴根友《明清哲学与中国现代哲学诸问题》，中华书局 2008 年版，第 11—30 页。

代，中国经济、政治与社会开始缓慢地现代转型的重要时期。

不过，相对于前述三个阶段的清代儒学，以往研究通常会将重点放在明清之际的启蒙思想和晚清新学上，呈现出重头尾、轻中间的结构性特点。而对于本书所要研究的清代中期儒学或者乾嘉儒学，要么评价极端消极，要么一笔带过，甚至视而不见。这主要是出于一种定见，即认为乾嘉儒学是有学术而无思想，是儒学发展史的一种倒退。对此种定见，笔者在此要提出几点反思：

第一，在明清学术的历史分期问题上，过分偏主碎片—断裂性或整体—连续性都是不全面的。在明清近三百年学术与思想史的历史分期问题上，早期研究者多把"中国近三百年"作为一个连续时段予以整体对待。余英时的"内在理路说"① 则基本上继承了明清儒学具有内在连续性的面向。不过，学界对此认知历来都有不同意见。例如有学者认为，中国近世启蒙思想应该限定在 17 世纪的"明清之际"，不应把明清之际三百年皆视作中国早期的思想启蒙的时段。② 这反映清代儒学与宋明儒学的关系上，显然是偏主断裂性的面向。上述连续性与断裂性两种面向即便都有其内在理据和外在表现，然而双方分歧其实皆归因于明清儒学自身发展的多面性和复杂性，对此应予更全面地分析。应该说，清代儒学的面貌是不能与魏晋南北朝儒学的衰微局面相提并论的，与释、道、耶等诸家相比，儒学在政治、社会与文化诸领域的主导地位较之宋明时期亦有过之而无不及，总体上仍处在不断向外不断扩张和向下民间化、世俗化的历史阶段。无论乾嘉学术与此前的儒学传统有多么的不同，它不仅是在回复孔、孟之道的旗帜下进行的诠释与扩展，而且是在日益官学化并且民间化、世俗化的程朱理学这一基座或地盘（ground）上进行的③，因此不仅没有脱出反而是强化了儒学这一大传统的影响。因此，包括乾嘉儒学在内的清代儒学不应视为儒学发展史上的"衰降"甚至"中断"，而理应视之为儒学的一次"转型"和"扩展"。正如沟口雄三所指出的那样，虽然从儒学的考据

---

① 余英时：《史学与传统》，台湾时报文化出版公司 1985 年第 4 版，第 117—118 页。

② 蒋国保：《"坎坷启蒙说"对"早期启蒙说"的继承与超越》，载《中国社会科学报》2010 年 8 月 24 日，第 7 版。

③ 参见［日］伊东贵之《中国近世的思想典范》，杨际开译，台大出版中心 2015 年版，第 207—208 页。

学形态而言，由于其专业艰深而远离现实生活，然而从这一时期儒学的社会功能方面来看，清代应该是"儒教的民众化时代"①。换言之，"这一时代是以颜元、李塨、戴震、章学诚、纪昀、袁枚为首，在思想、历史、文学各个领域人才辈出的时代，同时也是与商人、地方等富民文化最盛期相应的多样文化的时代"。②

第二，乾嘉考据之学不是没有义理诉求，而是其中蕴含了一套新的义理之学。乾嘉时期，流风所至，"家家许、郑，人人贾、马"，考据之学人数众多，最为大宗，堪称主流，因此乾嘉学术遂以考据学著称于后世。考据学、汉学、朴学、实学虽然不足以囊括清代中期儒学之全貌，但确实是这一时期儒学的典型形态。可是，当时的考据之学不只是运用新工具和新方法对历史文本的考订阐释，更非断烂饾饤之学，而是一门经典解释学或哲学诠释学，并由此形成了派别林立、包罗万象的新儒学话语体系。狄尔泰曾指出，"诠释科学就是解释文献的技艺学。"③ 与西方启蒙运动通过重新诠释圣经和经典著作来阐扬新思想相类似，清代学者也通过一场遍及四部的重新疏解、诠释经典的运动，奠立了与汉学、宋学皆有所不同的清代学术范式。清代学术在诠释经典的过程中，通过长期的沉潜与积累，造就了一整套解释文献的技艺学，包括语言、文字、音韵、训诂、校勘、考证、辑佚、金石、目录等专门之学。其中，要以戴震凝练出的"由字通词，由词通道"的语言学思想，最能揭橥乾嘉经典诠释学所通行的技术路线，标志着18世纪中国学术特别重视语言技艺的重大转向。应该说，乾嘉考证学绝非简单的"文献主义"（textualism），实质上是一种文献考古学和经典诠释学。

在乾嘉时期流行义理之学、考据之学和辞章之学的三分法之中，虽然三大门类之间颇有张力，并形成了相互割据、对垒的态势，但其实三方学者都很清楚：三者各有其短长，相辅相成，不容割裂，义理的形上支持是

---

① ［日］沟口雄三：《中国思想史中的公与私》，载［日］佐佐木毅、［韩］金泰昌主编《公与私的思想史》，刘文柱译，人民出版社2009年版，第82页。

② ［日］沟口雄三：《中国前近代思想的演变》，索介然、龚颖译，中华书局1997年版，第34—35页。

③ ［德］狄尔泰：《诠释学的起源》，载洪汉鼎《解释学经典文选》，东方出版社2001年版，第78页。

考据之学、辞章之学的应有之义。这从姚鼐对戴学攻击程朱的批评，袁枚对于考据学断烂的批评，以及戴震对惠栋过于泥古不化的批评中，都可以看出乾嘉多数学者对于义理的自觉诉求。因此，乾嘉儒学流行考据之学，固然偏重见闻之知，这并不意味着清代中期儒学没有义理的诉求，只是相对宋明儒学的"思而不学"的毛病而言，乾嘉儒学好犯"学而不思"、"知而不返"的通病；只是思想创发不再采取宋明儒者的直抒胸臆，而是间接地通过经典文本的再阐释来实现的。考据学者心目中的义理之学不再是传统的心学和理学，而是另有一套清儒自己的义理之学。具体说来，它除彰显了儒学"容光必照""实事求是"的知识理性之外还有更为广泛的哲学思考。诸如，"达情遂欲""合私为公"的道德理性，"义理必参之以时势"的历史理性，"性灵有我""自由解放"的文艺思想，以及当时暗而不彰的默会知识——"道赅理气"之新道论这一形上哲学基础等等，不一而足。

　　第三，对乾嘉儒学的历史评价过低或过高，都不是客观与历史的态度。表面上看，确实很难将清代中期的考据思潮与晚清经世思潮联系起来，然而两者之间的内在连续性可能远远出乎我们的想象。希罗代尔说："短时间是最任性和最富欺骗性的时间"①，如果我们从历史中、长时段来审视清代中期儒学的形成、转化过程所取得的突破及其所面临的困境时，将会更加清楚地认识到它"是尔后近代化的起点，基本上可以解释中国近代化的模式、速度和阻力"（戴逸，1999）。自明清之际启蒙思潮、乾嘉考据思潮、嘉道经世思潮、咸同洋务运动乃至光绪朝维新变法，之间环环相扣，是有其路径依赖性和历史必然性的。从某种程度上讲，没有乾嘉考据思潮，就失去了传统与现代的嫁接点。缺少了自身的资源和土壤，近代儒学的现代转化就无从谈起。

　　近些年来，随着研究的不断深入，清代儒学的整体研究范式已经从原先失之简单、片面和中西比附的宏大叙事模式，开始让位于融文化、政治、经济和社会解释为一体的综合研究范式，总体评价亦更趋于客观和全面。在乾嘉儒学领域，在人物个案研究、范式的凝练、义理的阐发等方

---

① ［法］费尔南·布罗代尔：《资本主义论丛》，顾良、张慧君译，中央编译出版社1997年版，第177页。

面，皆取得了不少重要进展，呈现出向纵深发展的态势。随着《续修四库全书》、《清代诗文集全编》以及各种乾嘉学者文集、全集的相继出版，可供方便利用的第一手资料迅速累积，这为乾嘉儒学研究的扩展和深化奠定了文献基础。

在个案人物研究方面，戴震和章学诚这两个以思想见长的乾嘉学者，仍旧是乾嘉儒学研究的重点对象。近百年来的戴震哲学研究，大致经过了三大阶段：第一阶段是晚清民初的范式奠基期，以胡适《戴东原的哲学》（1923 年）和梁启超《戴东原哲学》（1924 年）这两部为纪念戴震诞辰二百周年而特别结撰的雄文为代表。胡适在分别阐述戴震的道论、宇宙论、人性论、伦理学、科学方法论的基础之上，认为在中国近世哲学谱系之中，戴震是堪与朱子（1130—1200）、王阳明（1470—1528）相比肩的三大代表性人物之一，其达情遂欲的乐利主义哲学作为一种具有"科学精神的哲学"，在近代二百年来"真成独霸"了。梁文则用更为通俗易懂的语言，从五个方面总结了戴震哲学的几个要旨：一是"察分理"学说，排斥以主观意见为真理；二是"理者存乎欲者也"的情、理关系论；三是血气、心知"一本"的性一元论；四是命定与自由意志问题；五是"去私而不求去蔽，重行不先重知，非圣也"的去私、去蔽的修养工夫论。总之，梁启超、胡适等人在关于戴学的思想渊源问题上，基本上都继承了戴望《颜氏学记》中"乾隆中戴吉士震作《孟子绪言》始本先生说言性而畅发其旨"[①]的说法，均认定戴学是受到了颜元实学思想的影响所致。从清学发展的内在连续性和一致性的学理角度看，戴震继颜元之后亦将思想重心放在形下经验层面是儒学发展的自然结果。但是，在史实层面上，戴学是否真的受到了颜元思想的影响还缺乏可靠有力的证据。钱穆的《中国近三百年学术史》就对此持有否定看法。第二阶段是自 20 世纪下半叶尤其是改革开放以后，戴震哲学的诠释范式逐渐多样，对胡适、梁启超等人比附西方的研究范式既有推进亦有反思，戴震思想的启蒙与解放等宏大叙事模式仍占据主流。除了余英时《戴震与章学诚》（香港：龙门书局 1976 年版）推进了其师钱穆"每益转进说"的研究理路之外，还出现了众多戴震哲学研究专著。诸如周辅成的《戴震——十八世纪中国唯物

---

① 戴望：《颜氏学记》，中华书局 1958 年版，第 4 页。

主义哲学家》（湖北人民出版社 1957 年版），成中英编译的《戴震原善研究》（香港：美国东方研究所香港办事处，1969 年），王茂的《戴震哲学思想研究》（安徽人民出版社 1980 年版），蒙培元的《理学的演变：从朱熹到王夫之、戴震》（福建人民出版社 1984 年版），张立文的《戴震》（台北：东大图书公司 1991 年版），李开的《戴震评传》（南京大学出版社 1992 年版），萧萐父、许苏民的《明清启蒙学术流变》（辽宁教育出版社 1995 年版），周兆茂的《戴震哲学新探》（安徽人民出版社 1997 年版）等，戴震哲学研究走向全面深入。第三阶段自 2000 年以来，戴震哲学研究的范式更为多元，中西比附的研究范式基本上隐退，戴震哲学内在的理论紧张得到了更多的关注。这一时期主要著作有许苏民的《戴震与中国文化》（贵族人民出版社 2000 年版），丘为君的《戴震学的形成——知识论述中近代中国的诞生》（台北：联经出版事业公司 2004 年版），吴根友的《中国现代价值观的初生历程》（武汉大学出版社 2004 年版），徐道彬的《戴震考据学研究》（安徽大学出版社 2007 年版），郑吉雄的《戴东原经典诠释的思想史探索》（台湾大学出版中心 2008 年版），郑宗义的《明清儒学的转型探析：从刘蕺山到戴东原》（增订版，香港中文大学出版社 2009 年版），劳思光的《中国哲学史》三下（修订版，台北：三民书局 2012 年版），李畅然的《清代〈孟子〉学史大纲》（北京大学出版社 2011 年版）和《戴震〈原善〉表微》①（北京大学出版社 2014 年版），蔡家和的《王船山〈读孟子大全说〉研究》（台湾学生书局 2013 年版），吴根友、孙邦金等人的《戴震、乾嘉学术与中国文化》（福建教育出版社 2015 年版），等等。值得一提的是，近年来还有多部专论戴震哲学的硕士、博士论文，其中多数尚未正式公开出版。② 从这一阶段的研究主题上看，戴震哲学研究重点主要包括：戴学近孟抑或近荀之争，戴学与朱子学的异

---

① 近五十年（2005 年之前）的戴震研究文献，可参见吴根友、黄敦兵《近五十年戴震哲学思想研究述评》，载《人文论丛》2005 年卷，武汉大学出版社 2007 年版。

② 据笔者粗略所见，仅博士学位论文就有王艳秋《戴震重知哲学研究》（华东师范大学，2003 年），罗雅纯《朱熹与戴震孟子学之比较研究——以西方诠释学为视角》（淡江大学，2007 年），郭宝文《戴震及其后学与孟荀思想异同研究》（台湾大学，2011 年），龙鑫《自然与必然——戴震思想研究》（北京大学，2011 年），赵标《自然与必然的融贯——戴震理学批判思想研究》（西北大学，2013 年）等。

同，"道赅理气"的天道观，"血气—心知"与"情欲—理义"的人性论，"容光必照"与"德性资于学问"的重知（智）主义，"达情遂欲"的伦理学与"以情絜情"的工夫论，"归于必然，适完其自然"与"自然"—"必然"关系论，等等。另外，吴根友的《试论戴震的语言哲学思想》一文，站在18世纪中国哲学的语言学转向的高度，从四个方面总结了戴震"直接从文字训诂与语言分析入手来重新解释儒学经典的哲学意义，以语言学的实证方式追求哲学的形上之道"①。这对戴震的语言哲学思想研究有长足推进。

章学诚研究与戴震哲学研究走过的路十分类似。早期通过内藤湖南的《章实斋先生年谱》（1920年）和胡适的《章实斋先生年谱》（姚名达订补，1932年）开其端倪，尔后何炳松的《通史新义》（1930年）与《浙东学派溯源》（1932年版）、陈训慈的《清代浙东之史学》（1931年刊）张大其军，再经由余英时的《戴震与章学诚》（香港：龙门书局1976年版）、杜维运的《清代史学与史家》（东大图书公司1984年版）、仓修良《章学诚和〈文史通义〉》（中华书局1984年版）、《章学诚评传》（与叶建华合著，南京大学出版社1996年版）、朱敬武《章学诚的历史文化哲学》（台北：文津出版社1996年版）、张凤兰《章学诚的史学理论与方法》（台北：里仁书局1997年版）等著深探其源，终使章学诚与浙东经史之学研究成为一门显学。② 何炳松在梁启超等人的研究基础之上，细化了浙东学派的分期与内部分支：近世浙东学派中兴于绍兴（宗主王阳明的姚江书院，刘蕺山证人书院）而分为宁波（黄宗羲、万斯大、万斯同、全祖望）与绍兴（邵廷采、邵晋涵、章学诚）两派。正所谓"（刘宗周）其门人黄宗羲承其衣钵而加以发挥，遂蔚成清代宁波万斯同、全祖望及绍兴邵廷采、章学诚等之两大史学系统：前者有学术史之著作，后者有新通史之主张。"③

进入21世纪，山口久和的《章学诚的知识论：以考证学批判为中

---

① 吴根友：《试论戴震的语言哲学思想》，载《中国哲学史》2009年第1期。

② 相关研究文献索引及综述，参见中国历史文献研究会编《章学诚国际学术研讨会论文集》，北京图书馆出版社2004年版。

③ 何炳松：《通史新义》，商务印书馆1930年版，第141页。

心》（王标译，上海古籍出版社 2006 年版），倪德卫的《章学诚的生平及其思想》（杨立华译，江苏人民出版社 2007 年版），刘延苗的《章学诚史学哲学研究》（中国社会科学出版社 2012 年版），蔡克骄等人的《浙东史学研究》（知识产权出版社 2009 年版）等著作对于章学诚的历史哲学进行了更为全面的勾勒。此外，还有周建纲的《章学诚的历史哲学与文本诠释思想》（苏州大学，2008 年）、张万红的《章学诚历史哲学研究》（中国人民大学，2011 年）等博士论文。相关研究中，有几点新动向值得注意：一是与以往学界强调章学诚与戴震两人的分歧有所不同，现在则开始挖掘双方的共通之处。例如对章学诚与戴震共同的朱子学背景，以及当时共通的哲学形上学——"乾嘉新道论"等研究。二是与章学诚追认的"浙东史学"密切相关的乾嘉考据史学及其历史哲学思想研究。在乾嘉史学界，以考据诸史见长者居多，而少新著之史，因此亦有"乾嘉考据史学"或"历史考据学派"之称。在全祖望、章学诚、钱大昕、王鸣盛、赵翼等乾嘉史学大家中间，"全氏最长史才，章氏最富史识，钱氏最博史考，赵氏最精史法。"[1] 虽然儒学遍及四部之学，可以往儒家哲学界多关注经、子两部，而对于乙部及其形上基础——历史哲学则关注不够。笔者即曾指出，除了章学诚较为系统地提出了一套历史文化哲学——"道论"[2] 之外，乾嘉考据史学亦拥有一套"义理必参之以时势"的历史哲学为其共通的理论基础。[3] 三是目前学界处理乾嘉儒学的经史之争时有了更为广阔的视野。以前大都以传统的经史关系论为主，现在则有学者主张通过考证学的扩展来研究"人文实证主义"的形成，以及中国现代知识门类的分化与传播问题。例如，左玉河、张寿安、山口久和等人的学术史与校雠史研究，Benjamin A. Elman（艾尔曼，2005）的明清江南知识共同体与科技文化史研究等，都指出清代中期儒家专门之学的膨胀、分化运动实际上为中国近现代知识门类分科体系做了必要准备。

除了戴震和章学诚这个以思想见长的学者之外，乾嘉儒学界的其他个

---

① 杜维运：《清乾嘉时代之史学与史家》，台湾大学文学院 1962 年版，第 5 页。

② 参见倪德卫《儒家之道——中国哲学之探讨》，万德安编，周炽成译，江苏人民出版社 2006 年版，第 64 页。

③ 参见孙邦金《赵翼的历史哲学及其对乾嘉学风的影响》，载《武汉大学学报》2012 年第 1 期。

案人物研究也得到较全面扩展。诸如惠栋（陈伯适，2009；郑朝晖，2009）、陈宏谋（罗威廉，2013）、翁方纲（刘仲华，2010）、全祖望（王永健，1996）、纪昀（张维屏，1998）、钱大昕（张涛、邓声国，2006；王记录，2004；刘湘平，2016）、王鸣盛（施建雄，2009）、赵翼（赵兴勤，2002）、袁枚（王英志，2002；王标，2008）、凌廷堪（张寿安，2001；商瑈，2004）、阮元（李成良，1997；戚学民，2011）、焦循（陈居渊，2006；刘建臻，2005）等重要学者，都有了新的研究专著涌现。

在各种个案研究基础之上，通论性的著作亦新作迭出。20世纪后半期有《清代哲学》（王茂等，1992）、《明清启蒙学术流变》（萧萐父、许苏民，1995）、《乾嘉考据学研究》（漆永祥，1998）、《18世纪的中国与世界·导言卷》（戴逸，1999）、《18世纪的中国与世界·思想文化卷》（黄爱平，1999）等著作出现。进入21世纪，有《清代学术探研录》（王俊义，2002）、《近代的初曙：18世纪中国观念变迁与社会发展》（高翔，2000）、《中国思想史》第二卷（葛兆光，2001），《朴学与清代社会》（黄爱平，2003）、《乾嘉学者的义理学》（林庆彰、张寿安，2003）、《十八世纪礼学考证的思想活力》（张寿安，2005）、《乾嘉学术编年》（陈祖武，2005）、《嘉庆以来汉学传统的衍变与传承》（罗检秋，2006）、《清代理学史》中卷（李帆，2007）、《明清儒学转型探析》（修订版）（郑宗义，2009）、《何处是江南？清朝正统观的确立与士林精神世界的变异》（杨念群，2010）、《乾嘉学术源流》（陈祖武，2012）、《汉学更新运动研究》（陈居渊，2013）、《十八世纪中国社会》（韩书瑞，2008）、《戴震、乾嘉学术与中国文化》（吴根友、孙邦金等，2015）等。

学界对于整个清代儒学"从经世到考据"（林舜聪，1990；李纪祥，1992；何冠彪，1991；葛荣晋，1994；鱼宏亮，2008），又"从考据到经世"的阶段性转型也取得了一定共识（陆宝千，1978；冯天瑜、黄长义，2002；高翔，2000；周积明，2002；郑大华，2005）。除了诸多通论性著作勾勒了清中前期儒学传统自我裂变的进程之外，在专题研究方面也有很大扩展，为下一步研究打下了较为深厚的基础。嘉庆、道光、咸丰期间的盐、漕、河三大政、鸦片贸易、边疆史地、经世文编、《海国图志》与《瀛环志略》研究等皆取得了不少成果，此处不再赘述。

人物个案研究方面，开风气之先的魏源（李瑚，2008）、龚自珍（吴晓蕃，2014）两人一直是研究的重点，除此之外，陶澍（魏秀梅，1985；陶用舒，2007；陈蒲清，2011）、林则徐（林庆元，2000）、包世臣（郑大华，1999）、徐继畬（曾燕、涂楠，2012）等也都相继有研究专著或论文出版。

三 对乾嘉儒家哲学思想的诸种
诠释及其不足之处

近些年来，学界在发掘清代中期考据学术背后的"义理之学"——儒家新人文主义哲学潜流方面有了长足的进步，使清代中期儒学"学而不思"的消极负面形象大为改观。例如"以礼代理"的范式转换（张寿安，1994），"达情遂欲"的情欲哲学（刘述先、郑宗义，1999），"乾嘉新义理之学"（张丽珠，2006），乾嘉"相偶性伦理学"（杨儒宾，2012年），乾嘉"人文实证主义"及"新道论哲学"（吴根友，2009）等。现撮要综述如下：

（一）余英时的"内在理路说"与"儒家智识主义说"

余英时作为当代清代学术研究的扛鼎人物之一，相关研究著述众多。20世纪70年代，他完成的《论戴震与章学诚》一书，已经成为20世纪后半叶清代中期学术思想史研究领域的新标杆。在该书中，他继承了钱穆"每益转进说"的思想史研究进路，针对学界流行的"外在压力说"继而提出了"内在理路说"的研究范式。在清代中期学术思想演变的动因解释上，余氏除了外在的社会政治压力之外，更多的是由尊德性而道问学这一思想运动的内在逻辑决定的。余氏坚持认为，"思想史研究如果仅从外缘着眼，而不深入'内在理路'，则终不能尽其曲折，甚至舍本逐末。"①相应地，他反对现代新儒家将宋明新儒学看成是中国儒学发展的最高阶段，而清代尤其是中期儒学则是儒学的衰落期。在他看来，"清儒所表现的'道问学'的精神确是儒学进程中一个崭新的阶段，其历史意义决不

---

① 余英时：《论戴震与章学诚》自序，台北：东大图书公司1996年版，第3页。

在宋、明理学的'尊德性'之下。"① 尊德性固然可贵,"道问学"亦必不可少,清代中期"儒家智识主义"的兴起是儒学发展史值得引起重视的一个重大事件。各种人文实证知识的张大和专家之学的张大,弥补了儒学在知识层面的短板,这不仅张大了儒学的门庭,是自我更新的重要明证,也使儒学即将踏入近代门槛接受西方文化洗礼之前,有了一定的知识准备。因此,这些儒学发展的最新面貌,理应对其予以客观、公正的评价。

(二)刘述先、郑宗义的"道德形上思维衰降说"与"达情遂欲说"

继熊十力在《读经示要》中批判"清儒自戴震昌言崇欲,以天理为桎梏"② 之后,牟宗三、唐君毅、徐复观、冯友兰等现代新儒家对于清代中期儒学即便是有所关注,评价基本上也是负面的。在新一代新儒家学者中间,刘述先先生应是较多关注清代儒学的一位学者。他认为明清儒学存在"达情遂欲"的典范转移,不过典范转移之后的新清学以及戴震所代表清代儒学实在不能算是一种很好的哲学。原因有二:一是宋明儒学的道德形上思维明显衰降,以致缺少超越、贞定的道德本体;二是以情欲为首出,在"存理节欲"的宋明义理范式之外,另主张一种"达情遂欲"的新伦理学。清儒的问题是,如果"欲为首出,则两欲相侵时,试问又以甚么来作主作准呢"③? 在刘述先看来,如果戴学的絜情理论没有超越而内在的天理作为内在贞定的标准,要么流于荀学,要么流于纵欲。后来凌廷堪等清儒发起"以礼代理"的礼学运动,以此作为规范约束情欲需求的外在准则,显然不是偶然的。可是这样做终究是内在道德主体不立,"失掉了心性之基础,到头来只剩下外在的规范",因此,"东原斥宋明儒以理杀人,但恐怕他自己才是真正的下开了以礼杀人的传统。"④ 刘述先的弟子郑宗义基本上延续了这一判断,甚至认为戴东原的"心知"这一

---

① 余英时:《论戴震与章学诚》自序,台北:东大图书公司1996年版,第6页。
② 熊十力:《读经示要》卷二,台北:明文书局1984年版,第115页。
③ 刘述先:《从道德形上学到达情遂欲——清初儒学新典范论析》,载刘述先《儒学思想意涵之现代诠释论集》,台湾中研院中国文哲筹备处2000年版,第88页。
④ 同上书,第103页。

道德裁断，"不过皆为与道德无关的利益计算，而道德意识亦彻底萎缩矣！"① 这一评价几乎将戴震推至精于算计的功利主义（用现在的话来说，就是"精致利己主义"）甚至伪道德主义之立场上。值得指出的是，多年之后，郑宗义对戴震哲学重新进行了"最强义、最同情的诠释"，观点有较大幅度的修正。②

（三）张寿安、张丽珠等人提出的"乾嘉新义理学"

在乾嘉儒学的考据之学、义理之学和辞章之学的三分中，姚鼐、翁方纲等人所坚守的"义理之学"实际上是指与汉学相对的"宋学"。更准确地说，即是被奉为官方正学和意识形态的"程朱理学"。但是乾嘉"义理之学"自身由于缺乏范式转移和理论创新，僵化、教条现象严重，其形上空描、道德严苛主义和伦理异化问题饱受当时有识之士诟病。戴震等考据学阵营既然不满当时既有的"义理之学"，指责他们"以理杀人"，那他们又有无另一套义理之学来替代呢？学界对此越来越多地趋于肯定的回答，并且由点及面的深化和扩展。自台北中研院文哲研究所、近代史研究所林庆彰、张寿安等人开始联合执行"乾嘉义理学研究"计划，出版《乾嘉义理学研究》③ 等专著之后，"乾嘉新义理学"开始得到海内外学界的广泛响应，成为乾嘉儒学研究领域的一个热点。④ 这其中，尤以张寿

---

① 郑宗义：《明清儒学转型探析——从刘蕺山到戴东原》，香港中文大学出版社 2000 年版，第 250 页。

② 郑宗义：《明清儒学转型探析》（增订版），香港中文大学出版社 2009 年版，第 322 页。

③ 林庆彰、张寿安主编：《乾嘉学者的义理学——从刘蕺山到戴东原》上下册，台北：中研院文哲研究所 2003 年版。

④ 周积明、黄爱平、吴通福等大陆学者积极诠释和呼应"乾嘉新义理学"，涌现了《18 世纪的中国与世界·思想文化卷》（黄爱平，辽海出版社 1999 年版）、《清代新义理观之研究》（吴通福，江西人民出版社 2007 年版）等研究成果。相关研究综述，参见童小玲《"清代乾嘉学术研究之回顾"座谈会纪要》（载《中国文哲研究通讯》1994 年第四卷第 1 期），陈居渊《清代"乾嘉新义理学"探究》（载《求索》2003 年第 5 期），周积明、雷平《清代学术研究若干领域的新进展及其述评》（载《清史研究》2005 年第 3 期），黄爱平《百年来清代汉学思想性问题研究综述》（载《清史研究》2007 年第 4 期）等。周积明认为，乾嘉新义理学的主要内容包括：力主达情遂欲，反对存理灭欲；力主理气合一，反对理在气先；注重实证、试验、实测以及行为效应和社会功用，摒弃"言心言气言理"的形上性理之学。由于如上范畴皆与宋明"义理学"对立，故称"乾嘉新义理学"，是前近代中国社会内含"近代指向"的重要思想范型。（参见周积明《四库全书总目与"乾嘉新义理学"》，载《中国史研究》2002 年第 1 期）

安和张丽珠两人的研究成果最为引人注意。

张寿安早年以《龚自珍学术思想研究》楔入乾嘉研究领域后，向前追根溯源，先后出版《以礼代理——凌廷堪与清中叶儒学思想之转变》（台北中研院近代史研究所专刊第 72 号，1994；河北教育出版社 2001 年版）和《十八世纪礼学考证的思想活力：礼教论争与礼秩重省》（台北中研院近代史研究所 2001 年版；北京大学出版社 2005 年版）两部著作，分别以凌廷堪"以礼代理说"和乾嘉礼教论争为中心，较为系统地揭示了乾嘉考据学的义理诉求和哲学意蕴。特别是乾嘉学者在各种论辩中对宋明理学所展开的全面反思，及其"打破道统，重建学统"[①] 的积极努力，别开生面，颇为引人入胜。与张氏研究思路类似，或受其启发，"从理到礼"的清代礼学研究业已成为乾嘉研究的另一个热点话题。诸如周启荣曾有"礼教主义"甚至"礼教原教旨主义"的兴起这一提法，来归结乾嘉儒学从主体慎独之学向人际交互性的礼制之学转型。[②]

张丽珠的《清代义理学新貌》、《清代新义理学》、《清代的义理学转型》等系列著作，并称张氏的"清代新义理学三书"[③]，总结和阐发了"乾嘉新义理学"的哲学与思想内涵。她在《清代的义理学转型》这部结穴之作中，总结了清代新义理学与宋明理学大不相同的三层内涵：首先，是经典文本层面上的转型：由义理发挥转向文本考据，更为注重语言学方法与辨伪工夫，回溯汉学，与宋学对垒。其次，是儒家义理层面上的转型：由形上本体转向形下经验，反对存理灭欲，主张达情遂欲。最后，是在现代性层面上的转型：由前现代向现代性的转型与接轨，清代新义理学堪为中国文化内生现代性的先声和推手，为西方现代性思维在中国生根发芽提供了思想土壤和理论准备。[④] 这应是学界对乾嘉儒学思想性最为系统地揭示和概括。当然，这种概括有多少是当时学者的理论自觉和共识，又

---

① 张寿安：《打破道统·重建学统——清代学术思想史的一个新观察》，台北中研院《近代史研究所集刊》2006 年第 52 期。

② 参见周启荣（Kai-wing Chou）：《晚清帝国之儒教礼仪主义的兴起》，斯坦福大学出版社 1994 年版。

③ 参见张丽珠《清代义理学新貌》（台北：里仁书局 1999 年版）、《清代新义理学》（台北：里仁书局 2003 年版）。

④ 参见张丽珠《清代的义理学转型》，台北：里仁书局 2006 年版。

有多少是笔者本人的哲学诠释，是值得进一步探讨的。

（四）杨儒宾的近世东亚反理学思潮研究及其"间主体性"哲学

我国台湾学者杨儒宾十分关注中国古代哲学中的工夫论、身体观、自然观和气论思想，相关论述与深受现代新儒家熏染的台港儒学形成了鲜明差异。他的新近著作《异议的意义——近世东亚的反理学思潮》（台大出版中心 2012 年版）从近世东亚儒学更广阔的视野审视了乾嘉儒学"反理学思潮"的阶段性转型及其理论意义。在该书中，杨氏对于戴震、阮元等人的"相人偶"—"间主体性"哲学思维给予了较正面的评价。首先，该书对"相偶性"（correlativity/intersubjectivity）的提法进行了历史疏解。"相人偶"，源于郑玄对"仁者，人也"的注解："读如相人偶之人"，以及《列子》《白虎通德论》中的"对偶"之说。到了乾嘉时期，清朝戴震的"絜情"论、阮元（1764—1849）"相人偶"说与朝鲜丁若镛（1762—1836）"二人为仁"论，则进一步阐发了儒门仁说的交互性格。人与人之间互动而成德的"相偶性"，遂成为 18 世纪东亚儒学兴起的一个重要概念。[①] 当然，"'间主体性'的解释不是去主体性，而是主张主体性只有在人伦的活动中才可以呈现。而且道德只有在这种交互活动中展现，它才可能由自然状态进一步提升到必然的状态，而且不会犯上以理杀人——事实上是以个人意见杀人的后果。"[②]

另外，在该书中，杨儒宾还就戴震伦理学的人际交互性或关系性作了重点分析和评价。戴震"这套学说将人的本质置放在一种交感性的血气心知上，并在此血气心知上建立一种絜情的人伦之道。血气与人伦的双重

[①] 参见杨儒宾《异议的意义——近世东亚的反理学思潮》，台北：台大出版中心 2012 年版，第 58—63、349—354 页。不仅是"仁"字，"善"字本义也具有人际性。"善"，从羊从二言，本义是指"人与人之间的彼此好言相待"。关子尹解释这种人际性为"产生于主体外的对偶性之交感性的关系"，杨儒宾则简称为"相偶性"。不过，阮元"相人偶"的字源学考证并不是唯一的确解，只是特别强调了"仁体"中的"他人伦理"和"关系伦理"之一面。（参见陈来《仁学本体论》，北京三联书店 2014 年版，第 162—167 页）

[②] 杨儒宾：《异议的意义——近世东亚的反理学思潮》，台北：台大出版中心 2012 年版，第 209 页。

性不但构成了人的本质，它也构成了群体共享的道德基础"①。该书指出戴震对人性的内容分为欲、情、知三个部分，这是一个创见。首先，杨著认为戴震的气论，既是明清气论的一个延续发展，也间接继承了秦汉气化宇宙论的结果。"以'气化的身体观'取代'性理的人身观'，这才是戴震整体思想最后的旨归。"② 其次，杨著指出，戴震的《孟子字义疏证》有意模仿了陈淳的《北溪字义》，并对词条作了精简。因此这并不是一部疏解孟子的解经著作，而是一部诠释或维新儒家传统的哲学著作。再次，该著认为戴震虽然对于理智很重视，不过却是个具有十足道德关怀、情感体认和义理追求的人，因此戴氏绝不单单是一个"理智主义者"。民国胡适在《戴东原的哲学》中，将戴氏定位为一种具有科学实证方法的哲学家，显然是近代整理国故过程中硬套西方科学的一种定见。最后，杨著还指出，戴震与阮、凌、焦、丁等后学，虽然都被归入反朱的阵营之中，可是他们应该算是"同一阵营的两组人马"。③ 例如，凌廷堪等人以礼代理的制度化儒学（制度论）方向，重点关注六经；而戴震形上学则是以孟子性善论为主轴，它为制度论奠定了理论基础，或者说提供了形上依据。只不过戴震与戴震后学之间，在学理上存在一定的阶段性差异。

　　杨著还指出，"相偶性"这个概念，"主张真正的道德不在内心世界……它是在人与人之间的一种互动的关联。"这种交互性格，在 18 世纪东亚儒学社群中具有一种区域共通性，而且与 19 世纪以来西方哲学兴起的主体间性的思维亦有暗合之处。④ 例如胡塞尔的交互主体性、巴赫金的对话哲学、米德的"泛化的他人"、布伯的"我—你"、和辻哲郎的

---

　　① 杨儒宾：《异议的意义——近世东亚的反理学思潮》，台北：台大出版中心 2012 年版，第 271 页。

　　② 同上书，第 270 页。

　　③ 同上书，第 193 页。

　　④ 对于近世东亚儒学界思想共振的现象，冈田武彦曾指出，"在明末抬头的复古思想、唯气思想以及宋明学批判论，直接影响了清朝的戴震和日本古学派的儒学，例如伊藤仁斋、伊藤东涯父子、荻生徂徕与太宰春台等人，可谓他们学术思想的先驱。"参见［日］冈田武彦《戴震与日本古学派的思想——唯气论与理学批判论的展开》，载台北中研院《中国文哲研究通讯》第十卷第 2 期。

"间柄"（关系）说，乃至马克思的"关系"论、拉康的"镜像论"等。①
人性论的这种对偶向度，是对启蒙运动以来本质主义和化约主义的一种批
评和重构。因此戴震、阮元等人的关系／"相偶性"人性论在西方哲学史
上的相互主体性—对话性—间柄说的思想谱系中，不好直接说已经拥有了
某些近世性或现代性的性格，但起码可以说它们是儒学传统中最重要的
"他者"（伦际性）思想家。杨儒宾从社会关系或间主体性的角度来解释
戴震的哲学，是别有新意的。在讨论教条、僵化的朱子哲学的"道德教
化"与"以理杀人"集于一身的悖谬性格（咒术性格）时，林安梧亦曾
不无类似地指出戴震论"血气心知"之人性，是"作为一个历史社会总
体中的具体之个人，而不是一抽象的人性"。相对而言，在一权威、专制
的文化结构中，"那些高举超越的形式性原则的抽象人性论者，极易落到
绝情欲、去心知的地步"，因此，"吾人当今宜由'根源性的慎独伦理'
迈向一'生活世界的交谈伦理'。"② 当然，对于戴震的絜情论和阮元的相
人偶论，方东树的《汉学商兑》有过尖锐的批评："夷、叔两人，其意不
求人偶，而求仁得仁，又何解也?""终食不违，静寿乐山，皆无人偶之
意"，况夫"杀身成仁，岂必二人同杀"③？方东树对道德主体性的坚持，
对于道德意志自我实现的内在价值的肯定，这些对"相人偶"说的批评
是有道理的。显然，"主体间性"显然无法代替"主体性"，乾嘉主体间
性哲学可以作为宋明主体性哲学的补充但不是替代品。因此，如何准确评
价而不过分拔高乾嘉新儒学的反理学思潮，还是值得继续深入探讨的。

（五）吴根友等的"乾嘉新道论"与"人文实证主义说"

明清早期启蒙说，是清代儒学研究领域中马克思主义学派的主流论
述。侯外庐（1903—1987）作为现代中国思想史研究领域中的马克思主
义学派的代表性人物，其《中国思想通史》第五卷已成为提出并论证
"明清资本主义萌芽说"、"明清启蒙说"等重要研究范式的代表作。他依

---

① 杨儒宾：《异议的意义——近世东亚的反理学思潮》，台北：台大出版中心 2012 年版，
第 358—360 页。

② 林安梧：《"以理杀人"与道德教化——环绕戴东原对于朱子哲学的批评而展开对于道
德教育的一些理解与检讨》，载《鹅湖学志》1993 年 6 月第 10 期。

③ 方东树：《汉学商兑》，台北：商务印书馆 1978 年版，第 73 页。

据物质决定意识、经济基础决定上层建筑、历史与逻辑相一致等马克思主义基本原理，着重从分析社会经济状况和阶级关系入手，将思想史与社会史研究结合起来，视野极为宏阔地描绘了明清文化演进的历史进程与外在社会动因。该书从宏观上判断，明清更迭不是历史的倒退，前近代的中国社会仍然在曲折中摸索前进。具体到学术思想的演进，侯外庐指出，"十八世纪的中国社会，是阶级矛盾和民族矛盾相交错的。……这种历史形势反映在当时的思想界，就是一方面有专门汉学之统治地位的形成，另一方面则有戴震、汪中、章学诚、焦循等人的哲学思想的出现。"[①] 这一论述说明了明清思想发展的经济政治等外在压力及其曲折回旋之处，但并没有一笔带过或干脆抹杀清代新兴哲学思想的时代进步性，是具有较高的历史阐释能力和包容性的研究范式。当然，恩格斯亦曾指出过，"如果有人在这里加以歪曲，说经济因素是唯一决定性的因素，那么他就是把这个命题变成毫无内容的、抽象的、荒诞无稽的空话。经济状况是基础，但是对历史斗争的进程发生影响并且在许多情况下主要是决定着这一斗争的形式的，还有上层建筑的各种因素：阶级斗争的各种政治形式及其成果——由胜利了的阶级在获胜以后建立的宪法，等等，各种法的形式以及所有这些实际斗争在参加者头脑中的反映，政治的、法律的和哲学的理论，宗教的观点以及它们向教义体系的进一步发展。"[②] 这就是说，精神文化的发展固然受到外在经济水平的限定，但其发展有其相对的独立性和能动性，有其自身内在的发展逻辑。明清哲学的演进受到了当时经济、政治和社会条件的约束，但有其自身的历史承继性及其塑造意识形态的能力，思想自为演进的动力有时甚至超过外缘性因素的影响，因此有必要对这一时期哲学思想的历史因袭与转型做一番更微观的揭示与分析。

后来萧萐父、许苏民、吴根友等在侯氏明清资本主义萌芽说的基础之上，进一步推进了"明清早期启蒙说"的研究范式。萧萐父先生认为，从万历到五四的三百年间，"伴随着资本主义萌芽，出现了早期启蒙思潮，标志着中国漫长的封建社会及其传统思想已进入马克思所说的尚未达

---

① 侯外庐：《中国思想通史》第五卷，人民出版社 1957 年版，第 393 页。

② 恩格斯：《致约·布洛赫》，载《马克思恩格斯选集》第 4 卷，人民出版社 1995 年版，第 695—696 页。

到'崩溃时期',但已'能够进行自我批判'的历史阶段。"① 当然中国近世资本主义萌芽阶段主要以反抗"伦理异化"② 为主题的文化自我批判与启蒙,虽然在内涵上并不等同于近代西方的启蒙思想,但其鲜明地指向个性自由、初步民主和科学实证等近代性特质,堪为中国思想文化近代化的先声。萧、许两人合作的《明清启蒙学术流变》一书,更为具体地将"中国近三百年"这一历史长时段划分为三个阶段,并微观地展现了中国早期启蒙思想自我批判、启蒙的阶段性变化。③ 其中,对于乾嘉这一段严密罗网下的学术气运,该书总体描述是:"执著追求,潜心开拓,自处洄流而心游未来",主要表现为知性精神的发展与知识专门化的高涨,"带有向晚明启蒙思想复归的特征"。④ 这总体延续了侯外庐的看法,不过多有细化和深化之处。

继萧蓮父先生之后,许苏民、吴根友等又推进了这一研究范式兼收并蓄、综罗诸家的包容开放性,强化了中国近世启蒙思想的证据支撑和内涵抉发,在当下儒家哲学界对于清代学术评价不高的氛围中自成一家言,殊为难得。许氏新出《中西哲学比较研究史》两卷本,由明清之际儒耶对话为起点,全面论述了 16 世纪以来西方学者和中国学者的中西哲学比较研究,传递了世界历史时代中西文化互动的消息以及中国文化所可能有的世界性贡献,揭示了近世中国思想文化转型的自因性、外缘性和连续性,深沉地捍卫了中国哲学的合法性和中国文化的自信心。⑤ 吴根友等新出《戴震、乾嘉学术与中国文化》三卷本,则以戴震哲学为中心,对以往相关研究成果及研究范式做了全面的总结回顾,对乾嘉学术诸面向尤其是哲学思想作了整体性的梳理,并进一步提炼了清代儒学的近代性内涵,体大思精,多有创获。该书首次辩明了乾嘉儒学流行而不自知的"道论形上学",具体分析了"达情遂欲"的伦理学思想,阐释了"容光必照""实事求是"的知识理性与知识分化运动等,这些皆可视为中国传统文化近

---

① 萧蓮父:《吹沙集》,巴蜀书社 1991 年版,第 366 页。
② 萧蓮父:《传统·儒家·伦理异化》,载《吹沙集》,巴蜀出版社 1991 年版,第 141 页。
③ 萧蓮父、许苏民:《明清启蒙学术流变》,辽宁教育出版社 1995 年版,第 2—7、784 页。
④ 同上书,第 6—7 页。
⑤ 许苏民:《中西哲学比较研究史》,南京大学出版社 2014 年版。

代自我转型的明显例证，充分表明明清中国早期启蒙说研究范式的合理性。① 其中，吴著在乾嘉儒学的形上基础和方法论研究方面有两处重要推进，值得重视：一是明确指出乾嘉儒学存在一种通行的形上学基础——"乾嘉新道论"。以戴震为代表的乾嘉诸儒既不满意宋明儒学的理本论，更不满意心本论，遂在气本论的基础之上恢复了《易》、《庸》之"道"的本体地位，成就了一套能够统合理、气、心等传统本体概念的"道本论"。② 简言之，乾嘉新道论由三个部分构成："道一理殊"的道、理二分论，"道赅理气"的道本论以及"察分理"的求道论。由此三者构成的新道论形上学，为乾嘉儒学所可能有的思想创发提供了内在一贯的哲学基础。有此基础之后，吴根友又提出了"人文实证主义"的说法，来概括乾嘉经、史研究中共通的哲学方法论。所谓乾嘉人文实证主义，主要有两层含义：一是就其所使用的研究方法与工具层面而言，带有实事求是的"经验性"、"证实性"特征；二是就其反对宋明理学的抽象思辨，要求通过字、词等语言分析方法所抽绎出来的一整套新的义理之学而言，目的仍在于"求道"，这仍属于广义的人文学研究。③ 形下与形上两相结合的"人文实证主义"，虽然在经、史等领域的具体表现有所差异，但它作为乾嘉学者共同遵循的哲学方法论是有一定的普遍性的。

（六）乾嘉儒学的"情感转向"与"情感主义"研究

在乾嘉儒学研究领域中，余英时的"清代智识主义"提法强调了求真求是的知识理性，刘述先等人"达情遂欲说"则提示了乾嘉伦理学重视情感的倾向。如果说，智识主义和科学求真的精神通常是理性的，而情感通常是非理性的，那么乾嘉儒学在情—理关系亦即情感与理智之间无疑存在着很强的理论张力。当然，胡适在《戴东原的哲学》中曾误认为戴震达情遂欲的道德哲学类似于密尔的功利主义，其"以情絜情"的道德认知也只不过是公私与利弊的权衡、算计，那么这样的道德理性与精于数

---

① 吴根友、孙邦金等：《戴震、乾嘉学术与中国文化》，福建教育出版社 2015 年版。

② ［日］滨口富士雄在《清代考据学的思想史研究》（国书刊行会 1994 年版）中亦曾指出，在考据学方法理念的背后，一贯地存在着"作为儒学的形上学基础"。

③ 参见吴根友、孙邦金等：《戴震、乾嘉学术与中国文化》，福建教育出版社 2015 年版，第 1140 页。

量计算的知识理性其实是一回事。但是，17 世纪以降的明清社会，反抗理性对情欲的过分压抑以及"以理杀人"的伦理异化，主张"情之至者，一往而深"①，"终不离欲而别有理"②，"人之有私，固情之所不能免"③，"情为理之维"④ 等情欲觉醒、情欲解放、情感至上的尚情观念蔚为潮流，"情史""情教""至情""至性"之论迭出。乾嘉儒学亦受此潮流影响，进一步从哲学层面上论证了情欲本身及其合理满足的正当性。最直接促成的哲学进展，就是"使人之欲无不遂，人之情无不达"（戴震《孟子字义疏证》）这一新情理观、理欲观的出现。⑤ 对此，梁启超《中国近三百年学术史》早就指出，戴氏《孟子字义疏证》一书以"情感主义"、"情感哲学"代替"理性哲学"，为中国文化转出一新方向。

　　近年来，李泽厚的"情本体论"、蒙培元的"情感儒学"和黄玉顺的"明清之际儒学的情感转向"的提法等，对于我们重新诠释乾嘉儒学重情欲的思想多有启发。李泽厚认为，"'情'为人生的最终实在、根本"的"情本体论"，是近年来中国哲学界所提出的一个重要构想。⑥ 这种构想虽然不是基于明清"情欲觉醒"和乾嘉"达情遂欲"思潮而提出的，但是如果结合近代西方情感主义道德哲学的兴起、形而上学向生活世界的转向，以及中国明清哲学情（欲）主义的觉醒和道德形上思维的衰降，可以发现李泽厚的"情本体论"有其当下的考量，但它并不是超历史的，而是有着深厚而直接的近世历史渊源。在当代中国哲学界，除了李泽厚的情本体论之外，蒙培元的"情感哲学"和"生命—情感儒学"论，也特别强调了"情感"的生存论意义。"人是情感的存在"，"情感既是人的最

---

　　① 黄宗羲：《时襍谢君墓志铭》，载《黄宗羲全集》第 10 册，浙江古籍出版社 1990 年版，第 427 页。

　　② 王夫之：《读四书大全说》，《船山全书》第六册，岳麓书社 1991 年版，第 745—760 页。

　　③ 黄汝成：《日知录集释》，上海古籍出版社 1985 年版，第 251 页。

　　④ "世儒但知理为情之范，孰知情为理之维乎！"（冯梦龙：《情史》，春风文艺出版社 1986 年版，第 30—31 页）

　　⑤ 张寿安、吕妙芬：《明清情欲论述与礼秩重省》，载台北中研院《汉学研究通讯》2002 年总续 78 期。另可参见钟彩钧主编《明清文学与思想中之情、理、欲》，台北：中研院中国文哲研究所 2010 年版。

　　⑥ 参见李泽厚《该中国哲学登场了？》，上海译文出版社 2011 年版，第 75 页。对其李氏"情本体论"的评论可参见陈来《仁学本体论》第十一章"情感本体"，北京三联书店 2014 年版，第 389—420 页。

原始、最本真的存在，同时也是终极性的存在"①，诸如此类的论述皆意在彰显儒家基于真诚恻怛之情追求情理兼尽乃是其最大的特色。他在梳理中国历代情感哲学的发展历程时指出，戴震"血气—心知"二分以及"欲、情、知"三分的人性论架构，堪为中国古典情感哲学的最后一个系统性论述。有评论指出，相对于宋明儒学和现代新儒学的道德形上学——性情论，蒙先生的"情感儒学"要求人们重新回到日常生活情感这个本源，意在重建儒学理论的出发点和理论基础。但情感儒学之建构是否称得上"儒家形而上学的颠覆"还是一个问题。② 在蒙培元等人的情感论述基础之上，黄玉顺最近认为存在一个"明清之际儒学的情感转向"，即儒学在中国社会现代性转型过程中，发生了由"性其情"转入"情其性"的新型性—情关系结构。具体到戴震所论"情"或"情欲"，认为它们不仅仅是一个自然主义的伦理学概念，更具有一种存在论意义上的本体意蕴。③ 上述的情感主义哲学论述，为重新定位和诠释乾嘉儒学的情感主义哲学提供了新的诠释视域和可能空间。当然，情感儒学论还尚未充分展开，诸如情之本质以及情与欲、情欲与理义、情与性、情与礼、四端（道德情感）与七情（自然情感）等关系问题，皆有待进一步探讨和辩明。

（七）常州公羊学及乾嘉政治儒学研究

在乾嘉儒学研究领域中，常州学派因其开启晚清今文经学之潮流而被赋予乾嘉之异端的色彩。梁启超曾指出，"今文学启蒙大师，则武进庄存与也"，庄存与《春秋正辞》和他的外孙刘逢禄的《春秋公羊经传何氏释例》两书，"与戴、段所取途径，全然不同"，"在清人著述中，实最有价值之创作"。④ 在晚清龚、魏、康、梁等人托古改制的今文经学传统溯源过程中，学界往往有"常州学派为晚清改良主义源头这一印象"⑤，因而

---

① 参见蒙培元《情感与理性》，中国社会科学出版社 2002 年版，第 1—2 页。
② 参见崔发展《儒家形而上学的颠覆——评蒙培元的"情感儒学"》，载《当代儒学》2011 年第 1 期。
③ 参见黄玉顺《儒家的情感观念》，载《江西社会科学》2014 年第 5 期。
④ 梁启超：《清代学术概论》，上海古籍出版社 1998 年版，第 54 页。
⑤ 蔡长林：《从文士到经生——考据学风潮下的常州学派》导言，台北：中研院文哲研究所 2010 年版，第 xvii 页。

过去学界通将清代今文学放在晚清学术框架中来讨论。蔡长林近著《从文士到经生——考据学风潮下的常州学派》纠正了常州今文学是乾嘉考据学之反动的传统定见。这里其实有一个时代错置的问题：庄存与（1719—1788）其实比戴震（1723—1777）的年代还要早，刘逢禄（1776—1829）、宋翔凤（1777—1832）等比凌廷堪、阮元、焦循等人也要早，庄、刘之学与戴、章之学其实产生于同一时代。蔡长林指出，如果"常州学派的意义是属于晚清而非清中叶的"，无疑"是对其现代性的过度强调，而非是对传统学术内部问题回应"。① 庄存与《春秋正辞》等经学著作，原本多是入直上书房期间教授皇子（成亲王永瑆）读书的教学讲义。该书之所以特喜阐发微言大义、强调经义融会贯通的解经方式，观点之所以平实纯正、便于理解，其实是因为基于教学的需要，并不是有意与其他派别标新立异。常州学派与考据学风的歧异与冲突，"其实是文士与经生就学术话语权争夺的一个鲜明范例"②，揭示了乾嘉学术中由文章而学术、由文士而经生的消息。这也就是说，常州今文学从一开始就是一时并起的乾嘉诸派之一，是乾嘉考据学风潮强势影响之下"文人说经"的产物。它既然是从乾嘉儒学内部自然滋生出来的，因此并非是后来乾嘉考据学衰落而继起的产物。常州今文学非考据学衰落之后才出现的儒学新动向，表明了乾嘉儒学内部的思想多元性。这与它后来成为晚清政治改革思想的直接渊源之一的历史事实之间也不矛盾。

而要论晚清政治维新巨匠康、梁，一般皆会上溯到龚、魏，而要理解龚、魏实则势必进一步回溯至庄、刘。近年来，清代公羊学研究有成显学之势，继陈其泰、黄开国等人偏重学术性的历史梳理之后③，艾尔曼、汪晖、曾亦、郭晓东等人的常州今文学研究则有意彰显了前近代中国儒学的制度焦虑与政治意识。艾尔曼《从理学到朴学——中华帝国晚期思想与

---

① 蔡长林：《从文士到经生——考据学风潮下的常州学派》导言，台北：中研院文哲研究所 2010 年版，第 35 页。

② 同上书，第 xx 页。

③ 参见陈其泰《清代公羊学》，东方出版社 1997 年版；增订本，上海人民出版社 2001 年版。黄开国：《公羊学发展史》，人民出版社 2013 年版。另外，蒋庆《公羊学引论——儒家的政治智慧与历史信仰》（辽宁教育出版社 1997 年版），对于当代公羊学和政治儒学研究的复兴也有着重要的推动作用。

社会变化面面观》（1984 年英文版，赵刚译，江苏人民出版社 1997 年版）
和《经学、政治和宗族——中华帝国晚期常州今文学派研究》（1990 年英
文版，赵刚译，江苏人民出版社 1998 年版）两书，率先以江南常州等地
高度专业化、职业化的“学术共同体”为中心，描绘了清代考据学尤其
是政治儒学转承与继起的历史连续性。《经学、政治和宗族》一书特别指
出，庄存与通过“经学与政治”之间的勾连，透过官方的科举与教育渠
道难得地展现了儒家的政治哲学意蕴。后来汪晖等人认可了艾尔曼“经
学与政治”这一研究视域，但进一步突破了原有宗族与宫廷政治的局限，
从更广泛的层面上诠释了常州今文经学的政治意义。① 要言之，庄、刘的
今文经学尤其是春秋公羊学，作为一种王朝的合法性理论，不仅为少数民
族统治的清王朝提供了“如何从儒学礼仪和法律体系中汲取合法资源的
主要途径”，而且在晚清国家重塑过程中也扮演了重要角色。② 特别是何
休在《春秋公羊传解诂》中所说的“中国者，礼义之国也，君子不使无
礼义治礼义”③ 这种“礼义中国”、“文化中国”理念，在庄存与《春秋
正辞》、孔广森《春秋公羊经传通义》和刘逢禄《春秋公羊经何氏释例》
等著作中得到了充分彰显。他们通过“夷狄入中国则中国之”、“中国入
夷狄则夷狄之”的“夷夏之辨”中所彰显出来的“大一统”和“礼义中
国”观念，既为多民族的清王朝从文化和道统的高度提供了合法性论证，
也打通了现代“中国”这一多民族国家认同的理论基础。当然，春秋公
羊学在提供合法性论证的同时，也暗含着对清朝政治中有失平等的种族等
级关系的革命性批判。陈柱《公羊学哲学》开篇即论“《公羊传》之说
《春秋》，甚富于革命思想。汉何休注《公羊》，复立《春秋》新周王鲁
之说，革命之义益著”④。虽然晚清康有为以春秋三世说托古改制，多有
异议可怪之论，遮蔽了其本来面目，但是陈柱寓“拔乱世，反诸正”的
革命理论于《公羊传》之中的现代诠释亦不为无据。总之，“常州今文

---

① 参见夏明方《十八世纪中国的“思想现代性”——“中国中心观”主导下的清史研究
反思之二》，载《清史研究》2007 年第 3 期。

② 汪晖：《现代中国思想的兴起》上卷第二部“帝国与国家”，北京三联书店 2008 年第 2
版，第 522、608 页。

③ 转引自陈柱《公羊学哲学》，李静校注，华东师范大学出版社 2014 年版，第 65 页。

④ 陈柱：《公羊学哲学》，李静校注，华东师范大学出版社 2014 年版，第 11 页。

学—春秋公羊学—晚清以来的新中国观"这种研究路径，使乾嘉儒学的政治哲学意蕴豁然清晰起来。如果当下中国政治儒学有"回到康有为"的声音，那么要理解康有为的"满汉大同"及其后的"五族共和"理论，势必会进一步追溯到庄、刘论证"满汉一体"的政治儒学，尤其是常州春秋公羊学的夷夏之辨。① 曾亦在畅论常州公羊学的思想意蕴及其现实意义时指出，"晚清思潮主要以发端于江苏常州之今文经学为代表，今文经学以《春秋》为主要经典依据，从中阐发出一套极具现实关怀之思想，不仅对晚清思想之变革与现代思想之发生影响至深，且成为推动近代中国社会转型之重要力量。"② 笔者愿意相信，在文化自信相当薄弱、民族问题日趋复杂、国际形势局部动荡的今天，拥有悠久治国经验和智慧的政治儒学会不断复苏和高涨，前近代的乾嘉儒学之政治面向也一定会得到越来越多学者的回顾和研究。

上述研究成果，从不同侧面勾勒出了"乾嘉新儒学"的哲学与思想意蕴，较之以前通常偏重清代中期儒学的方法论转型或者干脆略过乾嘉时期过分偏重明清之际和晚清两个时期，皆已经有了不小的改观。无论是余英时对清儒偏重"道问学"精神的肯定，还是刘述先等人对清儒轻视"尊德性"的批判，双方之间其实有一个共识，即乾嘉儒学充分发展出了一种"容光必照""实事求是"的知识理性。他们坚持无征不信、多闻阙疑的怀疑态度，运用语言考据、人文实证的方法，大力拓展了儒家经籍诠释和名物度数之学。虽然当年章太炎对清儒"大凑于说经，亦以纾死"③表示强烈不满，但对于清儒实事求是的知识理性仍旧给予了高度评价："近世为朴学者，其善有三：明征定保，远于欺诈；先难后得，远于徼幸；习劳思善，远于偷惰。故其学不应世尚，多悃愊寡尤之士也。"④ 章

---

① 参见曾亦、郭晓东编著《何谓普世？谁之价值？——当代儒家论普世价值》第五章"夷夏之辨与民族、国家问题"，华东师范大学出版社 2014 年第 2 版，第 132—159 页。

② 曾亦：《清代春秋学汇刊》编选说明，载庄存与、孔广森《春秋正辞 春秋公羊经传通义》，上海古籍出版社 2014 年版，第 1—2 页。曾亦对于康有为春秋三世说的诠释，可参见曾亦《共和与君主——康有为晚期政治思想研究》第二章，上海人民出版社 2010 年版。

③ 章太炎：《清儒》，载《訄书详注》第十二，徐复注，上海古籍出版社 2000 年版，第138 页。

④ 章太炎：《中国现代学术经典·章太炎卷》，刘梦溪主编，河北教育出版社 1996 年版，第 262—263 页。

氏"三远"之论，对于一个道德与知识兼备的儒者而言虽然还不够完美，然亦足以为其自得。与余英时、刘述先等人多从范型转换的高度纵论明清儒学风气的整体移易相比，张寿安、张丽珠等人的乾嘉新义理学（"以礼代理"），杨儒宾的间主体性哲学，萧萐父、吴根友、许苏民等人的启蒙论述以及蒙培元等人"明清情感转向"则更为具体和深入，各方从不同角度详细论述了乾嘉新儒学的哲理内涵。上述研究除了彰显了乾嘉儒学公认的知识理性之外，还开掘了"能知故善""达情遂欲"的道德理性，"义理必参之以时势"的历史理性，"众人自造""道治合一"的政治理性，等等。总而言之，乾嘉时期不同领域内的学者通过理性精神的综合运用，在打破道统、维新道论与重建学统等方面，自下而上地建立了一整套能够融贯地解释自然—社会历史—道德的知识体系。

但是，清代中期儒学研究仍有四个方面的明显不足，亟待改变：第一，在清初儒学向乾嘉考据学术转型之动因的分析方面，有偏重文化自身演进的内在理路说的（余英时，1976），有强调经济社会力量影响说的（萧萐父、许苏民，1995；岸本美绪，1999），有主张政治因素为主导说的（杨念群，2010），分歧严重，聚讼不已。第二，对于乾嘉时期的儒、释、道以及耶教的关系，以往只强调儒学这一主流，互动研究有待加强。许苏民在儒耶关系与对话的研究方面，做了可贵的探索。第三，未能照顾到清代中前期儒学思想的丰富活力和多元格局以及其中所蕴含的近代性因素，对于经史考证之学背后的时代精神之律动、价值观之转向仍有待进一步发掘。第四，学界对于清代中前期儒学的转型与流变的评价亦有较大分歧：或中断倒退，或迂回前进，抑或转型发展等，不一而足。这表明学界在清代中前期儒学的转型与流变研究领域尚需进一步拓展深化，凝聚共识。

四　研究方法与整体思路

本书的整体思路，准备从清初到乾嘉这一历史长时段的宏观层面着眼，从个案人物的问题意识这一微观层面入手，依据"清初儒学的转型——乾嘉时期儒学的维新与突破——清代中期儒学的流变与近代影响"的逻辑结构展开。在研究方法上，首先，运用哲学分析方法，主要是对于这一时期代表人物的哲学思想进行分析，对清代中前期儒学典型而又隐蔽的形而上学部分进行勾勒、诠释，揭示其背后的道德形上学与价值观的时代性取向。其次，运用文化社会学方法，揭示清代儒学社会日常观念的诸种异动，彰显出此一时期的儒学与其经济、政治与社会背景之间诸多隐密的关联机理。再次，运用历史比较方法将清中期儒学与明清之际、晚清前后两个阶段的儒学进行对比，找出乾嘉儒学转型的主要特点与利弊得失。最后，通过综罗发微，力争做到人物个案与时代思潮的点面结合和史论结合，贯通哲学史、学术史与思想史之畛域，较为全面而深入地展现此一时期儒学寻求思想突破的努力和面临的困境。

依据上述研究思路和方法，在研究内容上拟分为三编：第一编，简要勾勒清代乾嘉考据学术由惠栋、戴震奠基，以龚自珍等人为结穴的历史轨迹。在这一部分，论述重点放在四个方面：一是惠栋、戴震所奠立的"经之义存乎训"乾嘉考据学或诠释学范式；二是戴震哲学的理论架构及其形上学基础；三是乾嘉历史考证学派"义理必参之以时势"的历史哲学；四是"道赅理气"的乾嘉新道论形上学。第二编，通过着重分析乾嘉儒学的几个重大论争来说明其在后戴震时代的分化与流变。戴震哲学思想作为乾嘉儒学的代表性成就，其在各个方向上的继续发展和张大，扬州学派功不可没。但是乾嘉儒学内部几个重大的理论紧张——汉宋之争、儒释之争和经史之争等，预示着乾嘉儒学不可避免地开始自我分化和再次转型。尤其是儒家在"度数之学""经济之学"等方向上的不断扩张，导致了儒家内在一贯的经学体系因为专业知识的过度膨胀而自我裂解。如何在各种知识门类的独立分化运动面前保持儒学的贯通性和整体性，是乾嘉儒学尤其是其经学传统前所未有的新挑战。第三编，特别从观念史角度运用文化社会学方法，细论清代尤其是乾嘉士大夫的社会政治、经济、文化和日常生活观念，凸显乾嘉儒学的多元面向和丰富活力。最后，在结语部分，综论乾嘉儒学"运用理性，别致新知；反抗伦理异化，追求道德解放"这样一条思想主线，客观品评其融情感与理智为一体的维新努力及其得失影响。

第一编

乾嘉儒学的经典诠释
及其义理建构

明末清初的儒学发展之大势，大致可以归结为"由王返朱"四字。反思和对治王学末流之流弊，成为明清之际儒学最为主要的问题意识。不仅宗主朱子学的顾宪成、高攀龙和顾炎武等人对此有充分认识，而且宗主阳明学的刘蕺山、黄宗羲、孙奇逢、李颙等人对此更是感同身受，要求痛彻反省。蕺山先生以"情识而肆，虚玄而荡"这八个字批评王门后学流之流弊，堪为最佳注脚。他说，"今天下争言良知矣。及其弊也，猖狂者参之以情识，而一是皆良；超洁者荡之玄虚，而夷良于贼。"① 这里的情识而肆，是指泰州派的满街皆是圣人；虚玄而荡，则是指浙中王畿等不免流于佛老。面对"神州荡覆，宗社丘墟"（顾炎武语），"天崩地解"（黄宗羲语）的家国之变，儒者们大多只能"无事袖手谈心性，临危一死报君王"②，儒学应对世变的效果令人失望。痛定思痛，文化上反省甚至忏悔意识油然而生，由此吹响了明清儒学自我反思与转型的号角。继清初气象博大的经世致用之学之后，清代中期儒学逐渐转入考据学轨范继续发展。随着儒学由"尊德性"向"道问学"、由"存理制欲"向"达情遂欲"的典范转移，乾嘉学者大都对宋明儒学的形上思辨敬而远之，改用历史语言和经验实证方法来重新诠释经典，形成了一种新的经典诠释传统。这固然可以视为宋明新理学的一种反动，但它绝非一种倒退，亦非一种中断，而是儒学发展史上一次既有得亦有失的扩展。从反对伦理异化和唯道德主义偏执，追求达情遂欲和个性解放的人文主义发展来看，理应视其为明清之际儒学启蒙思潮的延续。

本编将用七章篇幅，着重论述由惠栋、戴震开其端，以龚自珍为结穴的乾嘉儒学所取得的多方面进展。第一章以惠栋为中心，论述惠栋、戴震这两大考据学宗师所奠立的"经之义存乎训"乾嘉考据学或诠释学范式。第二、三、四章，重点论述戴震哲学的理论架构及其形上学基础，主要包括天道一本论、血气心知的人性论、容光必照的认识论以及达情遂欲的伦理学等。第五、六章，分论王鸣盛和赵翼的史学考证工作及其"义理必

————————

① 刘宗周：《刘子全书·证学杂解》第二十五，载《刘宗周全集》，浙江古籍出版社 2007 年版。

② 陈确：《学辨》一，载《存学编》卷一，载《刘宗周全集》，浙江古籍出版社 2007 年版。

参之以时势"的历史哲学思想，指出乾嘉历史考证学派"议论褒贬皆虚文"的史学观点固然是片面之词，但其实是对过去道德主义史学传统的一种矫枉过正式的纠偏。第七章，以乾嘉《易》《庸》之学为主要依据，概述乾嘉儒学的道德形上学基础——"道赅理气"的新天道观。"以道代理"这一哲学本体的转移，意在把儒学从理本论或心本论的既有框架中给解放出来，以恢复原始儒学的自由气息，为清代中期儒学的发展提供了隐性而一贯的哲学基础和思想基调。

第 一 章

惠栋的学术思想与乾嘉
考据学范式的奠立

在乾嘉早期，惠栋融个性、家学和时代思潮为一体开创了吴派汉学，成为乾嘉汉学的典范性人物，堪称一代师。他对于乾嘉学术乃至整个晚清学术的开创性贡献，主要表现为四个方面：一是"若经学则断推两汉"的经学立场；二是"识字审音乃知其义"的训诂学方法；三是认为唐宋《易》《书》皆不足传，别立清代经典注疏之新体例；四是提出了以"理欲相兼"之理欲观为核心的一套新义理学。本章详述惠栋上述治学理念及思想主张，并指出乾嘉学术集大成者——戴震对其反理学思想的评价与反思。

惠栋（1697—1758），江苏元和（今苏州）人，幼承祖训，潜心家学，独树一帜地倡导汉学故训，将个性、家学和整个时代学术紧密联系在一起，终成清乾嘉吴派汉学的典范性人物。正如惠栋再传弟子江藩指出的那样，"本朝为汉学者，始于元和惠氏"[①]，惠栋对于乾嘉学术尤其是乾嘉汉学起到了发凡起例之作用。近三十多年来，在继承梁启超、章太炎、刘师培、胡适、钱穆等人的早期清代学术研究之后，惠栋研究开始趋于活跃并走向纵深，成果较为丰硕。除了日本近藤光男等人对惠氏"学人之诗"的文学研究之外，[②] 近年来学界主要集中在其汉学范式、易学思想以及对

---

① 江藩：《国朝汉学师承记》，载《续修四库全书》第 179 册，上海古籍出版社 2002 年版，第 258 页。

② ［日］近藤光男：《吴郡惠氏三代之文学——清朝学人诗的渊源》，《御茶之水女子大学中国文学会报》1983 年第 2 期。

戴震的影响三个方面。

首先，在惠栋奠立朴学范式方面，李开的《惠栋评传》、漆永祥的《乾嘉考据学研究》以及王应宪的《清代吴派学术研究》等专论都清楚地指出：虽然惠氏具有泥古、博杂和缺少义理阐发的缺陷，但仍不失为乾嘉学术典范转移中的一个关键人物，其"尊汉抑宋""惟汉为是"的尊古立场、"经之义存乎训"的故训研究方法等对乾嘉汉学皆有着创派性影响。①

其次，易学作为惠栋经学研究的核心内容一直备受学界重视，近来涌现出《述者微言》《惠栋易学研究》等代表性研究成果。郑朝晖在《述者微言》一书中指出，惠栋的易学理论呈现出以汉易卦气说为基础的取象说、升降说、明堂论三位一体的结构，"关注的中心不是中国传统的不脱离时空背景的'事实'，而是事物之'理'"，由此不仅发挥出一套理情成善的礼治理论，而且形成了一套类似于西方近代概念演绎性质的逻辑化方法，为清代儒学的转型提供了思想与方法上的双重支持。② 陈伯适《惠栋易学研究》四册，首先详细考证了惠栋的生平与著述，然后重点考证了惠栋对于汉代易学尤其是京房、虞翻、荀爽和郑玄易学的取舍，然后分析了惠栋易学研究的特色，最后至为难得的是，详细总结了惠栋易学的义理观及其得失。③

最后，关于惠栋对戴震的影响，有研究指出戴震由前期尊重宋儒开始向后期"大反程朱"的思想转变与惠栋的直接影响有关。④ 当然，也有研究对此一问题提出了不同意见。本章拟在上述三个方面的研究成果基础之上，重新疏理总结惠栋在"若经学则断推两汉的经学立志""识字审音乃知其义"的训诂方法以及别立经籍新疏体例三个方面的创派性贡献，并进一步指出惠栋以"理欲相兼"之理欲观为核心的新义理学思想。

---

① 张素卿：《"经之义存乎训"的解释观念——惠栋经学管窥》，载林庆彰、张寿安主编《乾嘉学者的义理学》，台北中研院中国文哲研究所 2003 年版，第 317 页。

② 郑朝晖：《述者微言：惠栋易学的"逻辑化"世界》，人民出版社 2008 年版，第 170—225 页。

③ 陈伯适：《惠栋易学研究》四册，台北：花木兰文化出版社 2009 年版。

④ 李开：《戴震评传》，南京大学出版社 1992 年版，第 157 页。

一　尊经好古："若经学则断推两汉"

经典，是任何文化传统和思想派别都不可或缺的文本载体。对于儒家来说，"经"提供了一套稳定可靠的儒家基本信念和指导性精神原则，地位历来十分尊崇。当然，有经典就有对其进行注疏、解释和发挥等研究的"经学"。经学的历史"自汉京以后垂二千年，儒者沿波，学凡六变"。① 到了明末清初之际，经学已然开始弃虚妄返朴实，形成了一股回归经典的潮流。顾炎武"舍经学无理学"的断言，明末复社"兴复古学"的口号，可谓吹响了有清一代经学复兴和通经致用的号角。然而，清初以降学者重新强调经学的重要性以返本开新、寻求普遍共识的尊经行为，会导致两个连锁反应：一个是对经典的不同解释必然会引起经学内部不同历史形态之间的冲突，另一个是尊经会引起与经学并驾齐驱的史学、子学和文学研究者的反抗。

第一个反应的结果很明显，那就是汉宋之争。这关系到经典解释的方式与思想内涵。惠栋的父亲惠士奇已然认为，"宋儒可与谈心性，未可与穷经。"② 惠士奇认为经学宋不如汉的论断，惠栋尝三复斯言，以为不朽。正所谓"张空拳而说经，此犹燕相之说书也，善则善矣，而非书意也，故圣人信而好古"，宋儒的性理之学固然有过人之处，可是这并不能避免惠氏父子用"郢书燕说"来比喻宋儒说经徒逞意见、纰漏百出的缺陷。由于惠栋认定"宋儒经学，不惟不及汉，且不及唐，以其臆说居多而不好古也"，因此汉、宋经学之间，惠栋的最终结论毫无疑问是"若经学，则断推两汉"！③ 经学方面宋不如汉且不如唐的这一基本判断，成为惠栋矢志恢复汉代经学原貌的基本历史依据。之所以断推两汉之经学，惠栋的理由主要有三点：一是近古逼真，"以汉犹近古，去圣未远故也。"④ 反

---

① 永瑢等：《四库全书总目提要·经部总叙》，中华书局 1965 年版，第 1 页。

② 惠栋：《九曜斋笔记》卷二，载《丛书集成续编》第 92 册，上海书店出版社 1994 年版，第 514 页。

③ 同上书，第 515 页。

④ 惠栋：《松崖文钞》卷二，载《续修四库全书》第 1427 册，上海古籍出版社 2002 年版，第 276 页。

之，"事不师古，即为杜撰。"① 二是专门家法渊源有自，"孔子殁后，至东汉末，其间八百年经学授受，咸有家法，故两汉诸儒咸识古音。"（《韵补序》)② 有如皮锡瑞所言："传家法则有本原，守专门则无淆杂。"③ 反之，"自我作古，不可以训。"④ 三是重文字故训，"古文古义，非经师不能辨也。"⑤ 总之，汉儒好古、重家法、尊经，汉代经学近古、专门和用故训的特点被惠栋所继承发明，遂成为惠栋本人治学风格之渊薮。在他看来，"汉学"更符合经典文本之原貌，更为接近文本之原意，因此通过研治汉学来重新厘定经典之真实文本就成为惠栋经学考据的直接动机。然而恢复真实文本只是寻求真实义理的前提基础，其深层次的动机并不在于经典文本本身，而仍在于通经致用。对于这一点，戴震在其《题惠定宇先生授经图》一文中曾指出，"之为经也，欲学者事于汉经师之故训，以博稽三古之典章制度，由是推求义理，确有依据。"⑥ 由经文故训而典章制度而义理之学，最后是践履于修身治世，寻求建立一个太平世界。惠栋本人也曾经援引阎潜邱的话来表明了自己的学术追求："以《禹贡》行河，以《洪范》察变，以《春秋》断狱，或以之出使，以《甫刑》校律令条法，以《三百五篇》当谏书，以《周官》致太平，以《礼》为服制，以兴太平，斯真可谓之经术矣。"⑦ 由此可见，惠栋的学术抱负不可谓不远大。当然，经术与治道之间的距离，治经与治世之间的差别，惠栋作为一介布衣肯定是了然于胸的，至于能不能实现二者的贯通就要另当别论了。

明清之际回归经典之运动的第二个连锁反应，就是引发了乾嘉学术中的义理、考据与辞章三者之间的论争聚讼。这个问题虽然由来已久，可如

---

① 惠栋：《九曜斋笔记》卷二，载《丛书集成续编》第 92 册，上海书店出版社 1994 年版，第 548 页。

② 惠栋：《松崖文钞》卷二，载《续修四库全书》第 1427 册，上海古籍出版社 2002 年版，第 277—288 页。

③ 皮锡瑞：《经学历史》，中华书局 1954 年版，第 234 页。

④ 惠栋：《九曜斋笔记》卷二，载《丛书集成续编》第 92 册，上海书店出版社 1994 年版，第 514 页。

⑤ 吴德旋：《初月楼续闻见录》，载周骏富编《清代传记丛刊》，台北明文书局 1986 年版，第 185 页。

⑥ 戴震：《戴震全书》第六册，黄山书社 1995 年版，第 505 页。

⑦ 惠栋：《九曜斋笔记》卷二，载《丛书集成续编》第 92 册，上海书店出版社 1994 年版，第 514—548 页。

何看待考据学术在诸种传统学术门类中的地位与作用，显然是乾嘉学术论争的焦点问题。一代学术宗主钱大昕曾在《廿二史箚记校证序》中为乙部之史学抱不平，对"经精史粗""经正史杂"的传统成见表示极大不满。① 戴震则力戒后学方希原"事于文章者，等而末者也"②，明显表现出对辞章之学的排斥态度。然而追根溯源的话，乾嘉时期这一争论的始作俑者应即是钱、戴之前辈师长的惠栋。大约在 1754 年，文坛才子袁枚游历扬州时曾投书请益惠栋，惠栋回信直言："士之制行，非经不可，疑经者非圣无法"，劝戒袁枚文章之学应以经术为本原，否则不免舍本逐末。袁枚对此不能苟同，回信反驳道："夫人各有能不能，而性亦有近有不近。孔子不强颜、闵以文学，而足下乃强仆以说经。"③ 很显然，袁枚为文学争一席地的愿望之强烈，丝毫不亚于惠栋尊经态度之坚决。如果说在惠栋生前，经典考据学术的力量尚且势单力薄的话，那么在惠栋等人的直接影响之下的考据学者们声气相接，最终蔚为大观，使经史考据当之无愧地占据了乾嘉学界的主流。这其中除了皖派汉学主将戴震、东南儒宗钱大昕之外，尚包括惠栋弟子余萧客、江声等众多才俊。在距离惠栋去世整整60 年之后，惠氏再传弟子江藩于 1818 年在广州刊行了《国朝汉学师承记》一书，乾嘉汉学学者继编修《四库全书》之后再一次悉数登场，作了一次最有力的集体亮相。

二　识字审音："经之义存乎训，识字审音乃知其义"

惠栋堪称乾嘉学术中的一个典范性人物，不仅仅表现在他对宋学的批评意识和研治汉学的对象转移上，还表现在其"经之义存乎训"这一重视文字训诂的语言学方法上。众所周知，乾嘉考据学术的语言学思想要以戴震"由字以通其词，由词以通其道"为纲领，"至少在方法论的层面，

---

① 赵翼：《廿二史箚记校证》（订补本）下册，中华书局 1984 年版，第 885—886 页。
② 戴震：《戴震全书》第六册，黄山书社 1995 年版，第 375 页。
③ 袁枚：《小仓山房诗文集》文集卷十八，上海古籍出版社 1988 年版，第 1530 页。

戴震实现了中国古典哲学的语言学转向。"① 在这个转向过程中，惠栋功不可没，发挥了引领风气之先的作用。自钱穆之后，一般都认为戴震思想的前后期变化，尤其是语言学方法上是受到了惠栋的刺激使然。

惠栋在《九经古义述首》一文中说："经之义存乎训，识字审音乃知其义。是故古训不可改也，经师不可废也。"② 这就是说经典背后的形上义理就寓于经典文本之中，必须通过训诂方法对经典文本进行疏解之后才能理解经义。在汉字音、形、义的三要素之中，清儒存在一个从注重形训转而更强调音训的明显变化。惠栋对于这一转向起了承前启后、推波助澜的重要作用。音韵学作为经籍训诂的基本功，他很清楚其重要性："读先王典法，必正言其音，然后义全。……音之重于天下也久矣"，"舍《尔雅》、《说文》，无以言训诂也。"③ 他正是基于对于文字学、音韵学和训诂学的重视，才仿照许慎《说文解字》集腋成《惠氏读说文纪》共十五卷，后来由其弟子江声（1721—1799）续补成完璧。然而，正所谓"研究声韵、文字和文法的终极目的也无非是研究字义"④，上述诸种专门之学只是训诂学之手段。如果惠栋的经史考据只是停留在搜集、恢复汉音和汉注的层面而无法透过文字音、形的考据呈现出经籍义理的话，那么就难免戴震的诘问："彼歧故训、理义二之，是故训非以明理义，而故训胡为？"就难免会招致学而不思、本末倒置的批评。

训诂学作为探寻文字和文本意义的学问实质上是一种贯通古今的语义学（或称词义学，而非简单的字义学），不断为后人重新理解经典之微言大义提供支持。它关涉到主体内在视阈和文本整体语境，类似于现在的哲学解释学，应归属于广义的语言哲学范畴。因此，将乾嘉经籍训诂之学等同于音韵学、文字学、校勘学等，仅仅当作是一门技术性、经验性和知识性的科学是不够全面的。故训不是字音学，也不是字形学，更不是语法学，而是直接指向字词的意义并最终指向了经文义理的一门哲学诠释学。

---

① 吴根友：《试论戴震的语言哲学思想》，载《中国哲学史》2009 年第 1 期，第 78 页。

② 惠栋：《松崖文钞》卷二，载《续修四库全书》第 1427 册，上海古籍出版社 2002 年版，第 269 页。

③ 惠栋：《九曜斋笔记》卷二，载《丛书集成续编》第 92 册，上海书店出版社 1994 年版，第 547 页。

④ 齐佩瑢：《训诂学概论》，中华书局 2004 年版，第 43 页。

无论是故训还是理义，皆并非是与主体完全无关的纯粹外在的客观知识，而都是由"我"居中完成的，与个体生命的内在精神价值紧密相连的。正如戴震所说的那样，"故训明则古经明，古经明则贤人圣人之理义明，而我心之所同然者乃因之而明。"这里的"我心之所同然者"通常不大为人注意，其实很重要，它是揭示乾嘉汉学之所以重视训诂学的点睛之笔。"我心"是由一般常识、行为规范、价值标准和理想诉求等为内容所构成的自我意识，表现为特殊的人格，同时"我心"也包含了人人"所同然"的普遍义理，它是人我共通、趋于大同的基础。当自我意识经由训诂方法得以在经典理义中寻求回应、发明的时候，其实是一个特殊个体在理解普遍义理并向上提升的过程，这样做会获得更大程度上的归属感和生命价值感。这种内在生命感受会反过来进一步强化自我认同，为自我超越奠定更高的基础，由此不断形成人与自我互动的良性循环。换言之，惠栋考训经典文义虽失之于琐碎，但其最终目的仍在于博古通今，正所谓"所贵于学者，谓能推今说而通诸古也"，"知今而不知古谓之盲瞽，知古而不知今谓之陆沉。"很显然，惠栋这种"我注六经"之方式仍然不失义理和价值之诉求，只不过手段曲折了些。戴震曾经就惠栋弟子余萧客结撰的《古经解钩沉》一书指出，"今仲林得稽古之学于其乡惠君定宇，惠君与余相善，盖尝深嫉乎凿空以为经也。二三好古之儒，知此学之不仅在故训，则以志乎闻道也，或庶几焉。"① 这既指出了余氏此书正是继承实践其师惠栋"经之义存乎训"这一师法的结果，也表达了对惠栋治经过于泥古不化的委婉批评。

惠栋的"经之义存乎训"观点在明清语言哲学史上固然居于承前启后之地位，不过需要指出的是这并非惠栋的原创，而是直接祖述了其父惠士奇的观点。惠士奇在《礼说》一文中已经明确说道："经之义存乎训，识字审音乃知其义，故古训不可改也。"② 惠栋只是将其当作家法严格遵守，作为其一生治学实践的基本原则和纲领贯穿始终而已。当然，不仅是惠士奇，早在考据学术之开山人物顾炎武那里也早有过了类似的看法。顾炎武说："读九经自考文始，考文自知音始，以至诸子百家之书亦莫不

---

① 戴震：《戴震全书》第六册，黄山书社 1995 年版，第 378 页。
② 徐世昌：《清儒学案》第一册第四十三卷，中华书局 2008 年版，第 754 页。

然"(《答李子德书》)。① 惠栋显然意识到了这一点，最终经由顾炎武而且上溯到宋末王应麟注重训诂的经典解释传统。惠栋《增补郑氏周易》三卷，正是仿照王应麟的《困学纪闻》体例与方法进行的续补之作。四库全书提要对此书的评价是"应麟固郑氏之功臣，栋之是编亦可谓王氏之功臣矣"②，诚斯言矣。

三 别立新疏体例：唐疏《易》《书》皆不足传

惠栋自早年锐意经史，著有《后汉书补注》24卷，中年之后才开始潜心于经学考证。传世的著述有近四十种二百余卷，其中经史考证著作占绝大多数，而经学考据著述又占其经史考证著述中的大半。惠栋对于清代中前期经学有着较为清醒的认识，他说："近代经学，北平孙退谷（承泽）五经皆有著述，而其书不足传。昆山顾宁人，博极群书，独不通《易》学。萧山毛大可《仲氏易》、南海屈介子《易外》，非汉非宋，皆思而不学者也。"③ 在经学考据方面，惠栋最重视当时研究力量相对薄弱的《易》《书》二经。在惠氏看来，"唐人疏义推孔、贾二君，惟《易》用王弼，《书》用伪孔氏，二书皆不足传。至如诗、春秋、左氏、三礼则旁采汉魏南北诸儒之说，学有师承，文有根柢，古义不尽亡，二君之力也。"④ 这就是说在"六经"当中，由于唐代孔颖达、贾公彦在为《易》《书》作疏义时，分别用尽扫汉易的王弼和作伪古文尚书的梅赜两人的文本及注解，经文和经义已失其原貌，变得真伪莫辨、荒诞不经，因此惠栋生平治经的主要精力集中于重新注疏这两部经典。如惠栋所言："说经无以伪乱真。舍《河图》《洛书》《先天图》，而后可以言《易》矣。舍十六字心传，而后可以言《书》矣。"⑤ 在新疏的过程中，他有意与宋代经

---

① 顾炎武：《顾亭林诗文集》卷四，中华书局 1983 年版，第 73 页。
② 永瑢等：《四库全书总目提要·经部总叙》，中华书局 1965 年版，第 2 页。
③ 惠栋：《九曜斋笔记》卷二，载《丛书集成续编》第 92 册，上海书店出版社 1994 年版，第 523 页。
④ 惠栋：《松崖文钞》卷二，载《续修四库全书》第 1427 册，上海古籍出版社 2002 年版，第 276 页。
⑤ 惠栋：《九曜斋笔记》卷二，载《丛书集成续编》第 92 册，上海书店出版社 1994 年版，第 514—548 页。

学相区别，尽扫为圣人立言的"六经注我"的思辨玄风，转入借圣人立言的"我注六经"的实证朴学。

惠氏尚书学著作主要是《古文尚书考》二卷。第一卷主要是辨伪，是从传世的古文尚书58篇中，厘分出孔安国所传的33篇真古文与梅赜作伪的25篇伪古文。第二卷则分篇考证古文尚书语句的原本出处，广征博引，多能发前人所未发。由于惠栋注意到阎若璩的《古文尚书疏证》一书与自己的观点大同小异，因此大体上只是就一些细节考证方面进行了补充完善。惠栋弟子江声后来又在阎若璩、惠栋等前贤的努力基础上，著有《尚书集注音疏》，继续光大惠氏师学。与此同时，王鸣盛、段玉裁等人亦有专书问世。嘉庆二十年（1815），孙星衍撰成《尚书今古文注疏》，成为清人新疏中具有总结性和代表性的尚书学著作。对于惠栋在尚书学方面的贡献，孙星衍曾指出，"及惠氏栋、宋氏鉴、唐氏焕，俱能辨证伪传"[①]，给予惠栋以公正的评价。

在辑佚和整理汉代易学方面，惠栋可谓是自信满满，独步一时。其一生研究易学的著作有近20种，如《周易述》四十卷、《易汉学》七卷、《易例》二卷、《增补郑氏周易》（皆收入《四库全书》）、《易微言》《周易本义辨证》六卷、《易大义》《易法》《易正讹》等，其中传诸今世有17种，几占其生平全部著述近40种之半数。[②] 易学在惠栋学术思想中的重要地位由此可见一斑。也正是凭借他在《周易述》和《易汉学》等著述中所奠立的学术体例与所取得的学术成果，使他成为乾嘉汉学中吴派的开山人物。

惠氏易学的首要贡献在于辑佚汉注。汉代易学至唐代以后就基本散佚失传了，皮锡瑞曾总结了汉易散佚的大致过程："晋以后，郑易皆立学。南北朝时，河北用郑易，江左用王弼易注。至隋，郑易渐衰，唐定正义，易主王弼，而郑易遂亡。"[③] 唐宋以来，传世文献保留了汉代易注较多的惟有唐代李鼎祚的《周易集解》一书。直至宋末，王应麟开始搜辑古书之学，才辑有《郑易注》一卷。惠栋易学与尚书学、春秋学一样，皆有

① 孙星衍：《尚书今古文注疏》序，中华书局1986年版，第3页。
② 漆永祥：《惠栋易学著述考》，载《周易研究》2004年第3期。
③ 皮锡瑞：《经学历史》，中华书局1954年版，第21页。

着深厚的家学渊源。其祖父惠周惕有《易传》《春秋三礼问》，其父惠士奇有《易说》《礼说》《春秋说》等。惠栋在《易汉学》自序中指出，惠有声已经"尝闵汉学之不存也，取李氏《易解》所载者参众说而为之传"，后来口耳相传，至惠士奇成《易说》六卷。惠士奇在此书中认为传诸后世的王弼易学出自费直，但王弼将其"尽改为俗书，又创为虚象之说，遂举汉学而空之，而古学亡矣"。他要求撇开王弼的义理派易学，重新光大汉代象数派易学，包括"孟喜以卦气，京房以通变，荀爽以升降，郑康成以爻辰，虞翻以纳甲"等汉代易学。① 这些汉代象数易学虽然各有不同，然而"指归则一，皆不可废"，表现出明显的尊古返汉的治学立场。惠栋继承了这个治学方向，进一步认定周易经传之微言大义，七十子之徒相传至汉犹有存者，自王弼兴而汉学亡，最终以昌明汉学为己任。他以《周易集解》为蓝本，仿照王应麟《周易注》的做法，辅以经史子集、杂文稗史，广为搜考，集腋成裘，历时三十余年结集成《周易述》《易汉学》等著述，汉代易学文献及其思想梗概至此才大致可观。张惠言《周易虞氏义序》有曰："清之有天下百年，元和徵士惠栋始考古义，孟、京、荀、郑、虞氏，作《易汉学》；又自为解释，曰《周易述》……其所述大抵宗祢虞氏，而未能尽通，则旁征他说以合之。盖从唐、五代、宋、元、明，朽坏散乱千有余年，区区修补收拾，欲一旦而其道复明，斯固难也。"② 从清代中前期整个易学发展史来看，惠栋易学著述是继清初毛奇龄《图书原舛编》、黄宗羲《易学象数论》、黄宗炎《图书辨惑》、胡渭《易图明辨》等著作之后，大规模辑佚和复兴汉代易注的最具代表性的成就，为清代乾嘉汉学重要支流——汉易研究奠定了基础。其后，丁杰、张惠言、孙星衍、焦循、李道平等人又继之而起，要以焦循青出于蓝之"易学三书"为代表，终于使清代易学风气为之一变，面貌为之一新。

惠氏易学的第二个贡献，是明确宗主汉学，排斥魏晋以来的易学，即排斥王弼而主孟喜、虞翻、京房、荀爽、郑玄和费直，直接开启了乾嘉时期所谓的"汉学"这一学术传统。郑氏虽以古学为宗，但是能够兼采今

---

① 孙星衍：《尚书今古文注疏》，中华书局1986年版，第754页。
② 阮元：《皇清经解》卷1218，台北复兴书局1961年版，第3页上。

学以附益其义，融贯会通，因此，"众论翕然归之，不复舍此趋彼。于是郑《易注》行而施、孟、梁丘、京之《易》不行矣。"① 在惠栋易学著述中，《易汉学》最为简明扼要，"使学者得略见汉儒之门径"，尤见功力。不过，皮锡瑞曾经清楚地指出了惠栋易学的缺点，他在《经学通论》中说："国朝二黄、毛、胡之辟宋学，可谓精矣，图书之学，今已无人信之者，则亦可以勿论。惠栋为东南汉学大宗，然生当汉学初兴之时，多采掇而少会通，犹未能成一家之言，其易汉学采及龙虎经，正是方外炉火之说，故提要谓其掇拾散佚，未能备睹专门授受之全，则惠氏之书亦可从缓。"② 当为登堂入室之言。

在惠栋《周易述》之后，秉承尊汉之立场，采取文字训诂之方法，为唐宋注疏的经典重新进行注疏者，几乎遍及四部，不胜枚举，几乎每部重要经籍都有一些带有总结性的考证著作出现。在典章制度及义理发挥方面，亦佳作迭出。最终经过大半个世纪的积淀，阮元先后主持刊刻了《十三经注疏》《经籍纂诂》《皇清经解》等著作，对经籍的字、音、义，进行了细致入微的考释。这是对儒家经籍体系所进行的一次史无前例的结集与整理，功莫大矣。

四 理欲相兼："理字之义，兼两之谓"

如前文所述，戴震指出惠栋所开创的吴派汉学"不仅在故训，则以志乎闻道"，那么惠栋经史考证背后的形上之道或义理之学又有哪些呢？但凡读过惠栋著述的人，都会认同章太炎在《訄书·清儒》一文中的观点，即惠栋及其后学"好博而尊闻"，"缀次古义，鲜下己见。"惠栋治学过程中有无一个成体系或系统的思想原则贯穿其中，确实令人怀疑。方东树《汉学商兑》虽大骂江藩《汉学师承记》一书，但为了攻击戴震反对宋明理学而大方承认了江藩的观点，认为"汉帜则自惠氏始，惠氏虽标

---

① 皮锡瑞：《经学历史》，中华书局1954年版，第101页。
② 同上书，第33页。

汉帜，尚未厉禁言理"①。戴震不遗余力地批评宋儒之"理"确是一个事实，不过戴震"厉禁言理"的新义理学恰是从惠栋反对宋儒之"理"的思想转出而来的。

惠栋有其独特的哲学思想，不过显得十分松散和隐晦，大多是转引他人观点和进行文字训诂方法来表达己意。仅就"理"字来说，惠栋在《易微言》卷下大段地援引《韩非子》的一段文字之后，只是加上一句"此释理字最分明"来表达自己的意见。不过惠栋、戴震等人与宋明理学对"理"字等核心概念理解上的大相径庭，清楚地表明乾嘉汉学与宋明学术的差别不仅仅表现在文字训诂的解经方法上，还表现为双方在义理之学上的分歧甚至对立上。汉宋双方都清楚"字义不明，为害非轻"，② 由于宋学通常被称为理学，"理"字本身以及与之相关的哲学概念就成为惠栋、戴震等人着力批评的对象。双方的分歧主要表现在以下几个方面：

（一）"先天之理"与"舍数无以为理"的区别

惠栋借用《韩非子》说明了他对"理"字的理解："长短、大小、方圆、坚脆、轻重、白黑之谓理。"③ 此"理"实际上是指包括天文、地理在内的物理，亦即"成物之文""万物之规矩"。这与戴震的"自然之极则""不易之则"的说法实质上并无不同，皆属于可以通过外部经验而获得的自然知识。戴震认为，理是普遍必然的自然法则，正所谓"理非他，盖其必然也"④。作为普遍规律的自然法则通过经验发现证实，受到因果律的支配，与意志自由立法的道德法则相去甚远。

在宋明理学那里，"性即理"耳，理既是气化流行之物理，指称普遍必然的规律性知识，也是天德性命之理，指称先验当然的道德律令。王夫之曾经很清楚地指出"理"所包含的这两种差别甚大的含义："凡言理者有二，一则天地万物已然之条理，一则健顺五常、天以命人而人受为性之

---

① 方东树：《汉学商兑》，载《续修四库全书》第 951 册，上海古籍出版社 2002 年版，第 550 页。

② 陈淳：《北溪字义》，中华书局 1983 年版，第 31 页。

③ 惠栋：《周易述》（《易微言》）下册，中华书局 2007 年版，第 506 页。

④ 戴震：《戴震全书》第六册，黄山书社 1995 年版，第 86 页。

至理。二者皆全乎天之事"(《读四书大全说》卷五)。① 对于后一种道德性命之理，朱子高弟陈淳认为，"只是事物上一个当然之则便是理。'则'是准则、法则，有个确实不易底意。只是事物上正当合做处便是'当然'，即这恰好，无过些，亦无不及些，便是'则'。"② 陈淳的"当然之则"，是确定不易的"事物正当合做处"的伦理规范，属于伦理道德的范畴，与普遍必然的自然规律有着本质的不同。休谟早就指出，"应然"与"实然"是两回事情，无法相互推论，切不能将事实陈述与道德陈述混为一谈。可"理"在宋儒那里恰恰通常是道德陈述而与事实陈述不加区分地混在一起，到了清儒手里才开始逐渐将事实之理从道德之理中分化出来，予以专门研究。天理与人道的这一分离，为明清之际道德形上学降格和智识主义兴起的思想转型运动消除了泛道德主义的束缚。

易理是惠栋贯穿义理之学的主线，甚至在其解释明堂、《中庸》和《荀子》时亦皆依易理。在他看来，知识之理必须通过经验积累中得来，表现出鲜明的经验实证主义倾向。"《易》之理存乎数，舍数则无以为理。《春秋》之义在事与文，舍事与文，则无以为义。"③ 易理依存于象数，大义寓于人事，都是具体性的和经验性的，追寻义理就是一个长期积累的过程，不可能指望豁然顿悟。他在《易微言》下(《周易述》卷二十二)中，集中论述了下学而上达、积小善为大善、显微之著、积少成多的道理。有所谓"《易》《中庸》皆言积，《荀子》亦言积，《学记》比年入学一段，乃学之积也。记蛾子时述之，郑氏以为其功，乃复成大垤，此积之效也"④。他在"孟子言积善"条中，认同朱子"集义，由言积善"是对孟子"养浩然之气"乃"集义所生"而"非义袭而取之"这一观点最为恰当的解释。在道德修养方面，同样也坚持了礼治主义的经验主义倾向。

(二)"理一分殊"与"道一理殊"的区别

朱子为了解决道器、体用关系或者本体与现象的关系问题，提出了

---

① 王夫之：《船山全书》第六册，岳麓书社 1991 年版，第 716 页。

② 陈淳：《北溪字义》，中华书局 1983 年版，第 42 页。

③ 惠栋：《九曜斋笔记》卷二，载《丛书集成续编》第 92 册，上海书店出版社 1994 年版，第 530 页。

④ 惠栋：《周易述》(《易微言》)下册，中华书局 2007 年版，第 489 页。

"理一分殊"命题。他说:"天地之间,人物之众,其理本一,而分未尝不殊也。以其理一,故推己可以及人;以其分殊,故立爱必自亲始。"(《孟子或问》卷一)① 这是说在现象层面上万事万物各有一理,此为分殊;而在本体层面上,物理、人文之理其实都源于天理,此为理一。虽然朱熹屡次强调理不离气,认定"理"依存于气中并不是一个客观实体,然而"理"在其哲学体系中居于至关重要的本体地位是毋庸置疑的事实。不过,现象与本体二分是西方哲学的传统,而在朱子那里始终追求现象与本体显微无间,由此导致作为形上本体之"全理"与作为众多分殊之"分理"的关系问题就成为朱子哲学一大难题。惠栋、戴震等人恰恰就针对朱子哲学的基石——理本体论架构进行了批驳。

惠、戴等人的想法是将"理"从"天理"这一先验本体的位置降格为普遍必然的经验性自然法则,然后再恢复《易传》《中庸》等经典著作的道本体论传统,由此重新发展出"道一理殊"的本体论命题。在朱子哲学中,天道与天理都是绝对的至理,通常不加区别地使用。后来陈淳亦如此理解,说"道,犹路也。……道之大纲,只是日用间人伦事物所当行之理。众人所共由底方谓之道",认为"道与理大概只是一件事物"。② 惠栋明确对"道,犹路也"这一通行解释表示了不满。他引用了《韩非子》中的一段话,"道者,万物之所然也,万理之所稽也。理者,成物之文也。道者,万物之所以成也,万物各异理。万物各异理而道尽稽万物之理,故不得不化。"这有两层意思:一是道作为"万物之所然也",是各种必然之理的形上抽象的本体依据,而理则是"成物之文",是具体的物理与人伦,形上之道代替了具体之理的本体地位;二是"万物各异理而道尽稽万物之理",表明了万物道同而理异、道本体而理分殊、道一而理多的差别。基于此,惠栋认为《韩非子》将"道、理二字说得分明。宋人说理与道同,而谓道为路,只见得一偏"③,明确反对宋儒将道与理等同视之。戴震同样认为,"六经、孔、孟之书,不闻理气之分,而宋儒创

---

① 朱熹:《朱子全书》第六册,上海古籍出版社、安徽教育出版社 2002 年版,第 925 页。
② 陈淳:《北溪字义》,中华书局 1983 年版,第 38—41 页。
③ 惠栋:《周易述》(《易微言》)下册,中华书局 2007 年版,第 41 页。

言之，又道属之理，实失道之名义也。"① 在戴看来，理有"分理""肌理""腠理""文理""条理"等多种称谓，以此表明理是千差万别、具体多样的，并不存在一成不变的、涵盖一切的绝对之理，由此提出了"察分理"的主张。惠、戴等乾嘉学者在取消了"理"的本体地位，不仅堵死了向内冥心求理的道路，而且为进一步深入批判宋儒之擅场——道德哲学的领域奠定了本体论基础。

（三）"存理灭欲"与"理欲兼得"的区别

乾嘉时期的道德哲学之焦点在于理欲之辨，主题是达情遂欲。宋儒涵养天理，灭绝人欲的主张，在戴震看来是纯粹是以意见为理，祸害甚深。他激烈批评宋儒"存天理，灭人欲"的说法"适成忍而残杀之具"，成为"以理杀人"的工具。② 相应地，他提出了"今以情之不爽失为理，是理者存乎欲者也"的"理存乎欲"命题，主张理、欲可以不相悖而兼得，反驳了宋儒"不出于理则出于欲，不出于欲则出于理"的理欲二元论。学界对于戴震反理学思想的渊源，主要有两个说法：一个是梁启超、胡适所主张的源于颜、李说；另一个是钱穆所主张的源于惠栋说，即戴震见惠栋之后"论学宗旨盖始变"③。这无疑关系到惠栋反理学思想的历史定位。

乾隆二十二年（1757）冬，时年35岁的戴震与惠氏在扬州卢见曾衙署会面之前，二人其实已神交多年。1765年，戴震撰文《题惠定宇先生授经图》细表自己与惠栋的交往过程以及对惠学精神实质的深刻理解，这显示出戴震对惠学的关注、认同和吸收。1766年，戴震撰成其义理学纲领之《原善》三卷本。从时间上看，戴学受惠栋影响是可以成立的。④ 从治学的思想内容和方法上看，惠、戴两人的相似性则更是钱穆主张的一个有力佐证。惠栋在戴震之前，已经提出"理字之义，兼两之谓也"⑤ 这

---

① 戴震：《戴震全书》第六册，黄山书社1995年版，第64页。
② 同上书，第216页。
③ 钱穆：《中国近三百年学术史》，商务印书馆1997年版，第356—357页。
④ 张寿安：《以礼代理——凌廷堪与清中叶儒学思想之转变》，河北教育出版社2001年版，第190页。
⑤ 惠栋：《周易述》（《易微言》）下册，中华书局2007年版，第504—505页。

一主张理欲相兼、各得其欲的命题。所谓"兼两"，与对立反义，是指阴与阳、性与理、人道与天道、人欲与天理的兼济平衡。另外，"兼两"在这里也有反对将"理"视作为一种无对（绝对）的本体的含义。在朱熹看来，理有如太极，是一个本体性概念；而在惠栋看来，理则成为一个关系性或对偶性①的概念。惠栋认为，"《乐记》言天理，谓好与恶也"，好好色、恶恶臭则是人人共通的天性，饮食男女是人类无可厚非的自然欲求。天性就是人性，人欲需求不仅具有先天的正当性，并且只要能够在后天满足过程中遵守礼节规范之节制，就能够既满足人欲又符合天理的中庸境界，实现理欲兼得。之所以说"康成、子雍以天理为天性，非是"，是因为他们不能够把天性等同于天理而与人欲分裂为对立之两面。惠栋认为结合六经文本来看，"后人以天人、理欲为对待，且曰天即理也，尤谬。"② 这一判断非常类似于王夫之"终不离人而别有天，终不离欲而别有理也"的说法。（《读四书大全》卷八）③ 王夫之、惠栋等人理欲兼得的思想与戴震反理学思想一脉相承，理应被视为戴震"理存乎欲"反理学思想的嚆矢。

不过，需要在此指出的是，学界对于惠栋与戴震之间的学术联系是有争议的。虽然两人在时间上有相继性，在思想主张上也有引为同调之处，戴学在学理上受到了惠栋一定程度的影响应无问题，但是戴学的转型不应被直接视为继苏州惠氏的吴派（苏州学派）而后起的。因为戴震对于义理学的关注及其"由字通词，由词通道"的诠释学方法，在他见到惠栋

---

① "相偶性"（correlativity/intersubjectivity）的提法，源于郑玄对"仁者，人也"的注解："读如相人偶之人"，以及《列子》《白虎通德论》中的"对偶"之说。后来戴震的"挈情"论、丁若镛（1762—1836）"二人为仁"论与阮元（1764—1849）"相人偶"说则进一步阐发了儒门仁说的交互性格，人与人之间互动而成德的"相偶性"遂成为18世纪东亚儒学兴起的一个重要概念。阮元认为，"春秋时孔门所谓仁也者，自此一人与彼一人相人偶，而尽其敬礼忠恕等事之谓也。相人偶者，谓人之偶之也。凡仁必于身所行者验之而始见，亦必有二人而仁乃见。若一人闭户斋居，瞑目静坐，虽有德理在心，终不得指为圣门所谓之仁矣。盖士庶人之仁见于宗族乡党，天下诸侯卿大夫之仁见于国家臣民，同一相人偶之道，是必人与人相偶而仁乃见。郑君相人偶之注，即《曾子》人非人不济，《中庸》仁者也，《论语》己立立人己达达人之旨，能近取譬，即马走水流之意。"（参见杨儒宾《异议的意义——近世东亚的反理学思潮》，台北：台大出版中心2012年版，第58—63、349—354页）
② 惠栋：《周易述》（《易微言》）下册，中华书局2007年版，第506页。
③ 王夫之：《船山全书》第六册，岳麓书社1991年版，第745—760页。

之前就已经初步形成了。1749 年左右，戴震在《与是仲明论学书》中，就已经透露出自己学术开始转向"求道"的消息，以孟子性善论为中心的《原善》三章并非是见到惠栋之后的结撰。双方会面的历史意义在于皖派学术在反对以凿空方式研究经学的学术主张方面找到了自己的同盟军。① 惠、戴两人第一次见面的时候，正值戴震思想发生重大转变的敏感期，虽然惠栋对于戴震开始研治孟子学并没提供什么直接帮助，但在提升后者的方法自觉、学术自信方面应该说是助了一臂之力的。

　　综上所述，惠栋在尊经崇汉之立场、文字训诂之方法、别立新疏之体例、理欲兼得之义理等多个方面深刻影响了乾嘉学术的发展方向，对吴派汉学乃至乾嘉汉学起到了范导性的作用，堪称一代宗师。惠栋弟子余萧客、江声多能恪守师法，江藩、顾广圻、江沅再传弟子亦能绍述吴派汉学之精神。除了吴派弟子之外，惠栋所交游者皆极一时之选，大都是乾嘉学界的扛鼎人物，其中包括沈彤、沈大成等学友，钱大昕、王鸣盛、王昶、戴震等则以师友礼事之。仅就乾嘉汉学三位大师——惠栋、戴震和钱大昕来说，"惠为长辈，戴、钱则为同龄人。惠氏生前，曾在紫阳书院与钱氏论学，又在扬州同戴氏切磋。惠氏给戴、钱很大影响，而二人也积极肯定惠学之功绩。"② 由此可见，虽然惠栋治学缺乏义理阐述这一缺点，早在王鸣盛、王引之、臧庸乃至方东树等人那里就已经招致严厉的批评，但这并不妨害他在乾嘉学界中堪称一代宗师的历史地位。

---

　　① 参见许苏民《戴震与中国文化》，贵州人民出版社 2000 年版，第 49—57 页；吴根友、孙邦金等《戴震、乾嘉学术与中国文化》中册，福建教育出版社 2015 年版，第 804 页。

　　② 漆永祥：《乾嘉考据学研究》，中国社会科学出版社 1998 年版，第 121 页。

第 二 章

戴震哲学思想的理论架构及其形
上学基础

——兼对现代新儒家对戴震哲学批评的一个回应

在乾嘉考据学如日中天的时代，考据学界之翘楚戴震写出了《原善》《孟子私淑录》《绪言》和《孟子字义疏证》等多部哲学著作（这几部书其实只能算是"戴震性善论"的不同版本而已），成为清代哲学的扛鼎之作。按照戴震"人道本于性，性原于天道"的说法，戴震哲学思想整体架构由天道观、人性论、伦理学这三部分构成：首先是自然合目的的、道德化的天道观，其次是"合血气、心知为一本"的人性论，最后是一套以"絜情"为主要工夫的"达情遂欲"伦理学。这个三元一体之理论架构，追求情感与理性、自然与必然、天与人相统一，自成一家之言，在乾嘉道德异化之时代独树一帜，尤见其卓识。

晚清以来，刘师培、王国维、章太炎、梁启超、胡适、钱穆等清学研究大家都有"尊戴""释戴"性质的作品，[①] 为后来的戴学研究奠定了基础。不过，随着时间的推移，学界对戴震哲学思想的评价越来越呈现两极化的趋势。一方面，戴震考据学方法中的科学方法与实证精神、义理著作"以理杀人"之呼声中反对伦理异化的人文精神与自由性格，皆与近代科学与民主思潮遥相呼应，而为世人所推重。另一方面，也有不少人认为戴

---

① 参见丘为君《戴震学的形成：知识论述在近代中国的诞生》，台北：联经出版公司2004年版。吴根友：《20世纪明清学术、思想研究的三种范式述评》，载《中国现代价值观的初生历程——从李贽到戴震》附录，武汉大学出版社2004年版，第381—402页。

震仅仅局限于知性和情欲的满足，未能就情欲的限制、超越界的关怀和形上学的根据给出圆满解释，因而批评戴学是一种缺少规范性的情欲主义、精于算计的功利主义，或者流于平面肤浅甚至扞格不通的智识主义。换言之，近百年来的戴震哲学诠释中，大概有两个自相矛盾的戴震形象：一个是主张"达情遂欲"的戴震，反对"以理杀人"，关注民生，充满了人道主义精神，但也不免被批评有情欲主义之嫌疑。另一个是主张"德性资于学问"（"能知故善"）的戴震，认为"凡去私不求去蔽，重行不先重知，非圣学也"①，不折不扣的是一个理性主义者的形象，为此他又不免使人有以知识代替道德的疑问。

其实，戴学本人力主调和孟、荀，并不想给人一种分裂的印象。他说："诚有能志乎闻道，必去其两失，殚力于其两得。既深思自得而近之矣，然后知孰为十分之见，孰为未至十分之见"②，可见他本人对其理论的融贯性是抱有十足信心的。只是由于他兼顾孟、荀的性善论所要处理的问题极具挑战性，有不少跳跃性缺环需要补足，因此引起争论是正常的。关键是经过同情的理解与补充诠释之后，能否证成其一套三元一体的理论架构。本章拟揭示戴震对于乾嘉儒学形上思维衰降的抗议及其在天人关系论方面的特别看法，尝试着回应现代新儒家的严厉批评，重新衡定其对于近代儒学维新的理论意义和贡献。

一　现代新儒家对于戴震哲学的严厉批评

在众多批评声音中，从宋明儒学"接着讲"的现代新儒家对戴震的批评最为激烈，评价很低。继熊十力在《读经示要》中批判"清儒自戴震昌言崇欲，以天理为桎梏"③ 之后，牟宗三、唐君毅、徐复观、冯友兰、刘述先、郑宗义、李明辉等现代新儒家对于清代中期儒学即便是有所关注，评价基本上也是负面的。他们认为，在"'超越性'之减杀甚至否

---

① 戴震：《孟子字义疏证》卷下，载《戴震全书》第六册，黄山书社 1995 年版，第 215 页。

② 戴震：《与姚孝廉姬传书》，载《戴震全书》第六册，第 370—371 页。

③ 熊十力：《读经示要》卷二，台北：明文书局 1984 年版，第 115 页。

定"① 的思想基调之下，多遵从一种气性之自然人性论传统，反对从超越层面的义理之性来理解人性，缺少贞定的本体基础和向上的超越空间。由于"失掉了心性之基础，到头来只剩下外在的规范"，"不过皆为与道德无关的利益计算，而道德意识亦彻底萎缩矣"!② 甚至直指戴震恐怕开启了另一种"以礼杀人的传统"③，批评可谓极为严厉！要言之，现代新儒家对于戴震哲学的知识论与考据学成就多无异议，但对于戴氏"训诂明而后义理明"的诠释学方法论，孟子学与朱子学之诠释以及缺少道德本体论为基础的情欲主义抑或重智主义道德哲学，却大都不能赞一词。例如，比较重视戴震哲学的劳思光所著《中国哲学史》，亦直指"戴氏本无作严格思考之习惯，又不解形上学思路，故其论议自始即不能自圆也"④。劳先生说戴氏无严格思考之习惯的冤词，当然是一种先入为主、不客观的哲学史论述，徒增了不少误会。

首先，在语言使用方面（"训诂明而后义理明"的方法论问题容后讨论），戴震一直秉持"一字之义当贯群经"的原则，极其强调概念使用时的精确性和同一性。这从《原善》《绪言》《孟子字义疏证》诸书对于道、理、性、命、才、情、权等概念的清晰界定与一贯使用中可以看得很清楚。例如对"理"的定义上，朱熹的定义至少包括：终极之道、自然规律、人伦法则等多重含义，而戴震就是一句话：理者，自然之"极则"或"条理"耳。戴震精准定义概念之后，再由字通词，由词通道，最终形成其理论体系。在建构理论的过程中，戴震并不随意铺陈，力图用最少的概念形成一思想之系统。作为一个追求言简意赅的语言学和哲学大师，在追求思想"经济性"方面堪为表率。这也是他的义理著述篇幅皆短小精悍的原因。屡经删改的戴震"晚年定论"中，《绪言》只有万把字，《戴震字义疏证》篇幅最大也只有四万字左右。⑤ 如果戴震不早逝，相信

① 李明辉：《孟子重探》，台北：联经出版事业公司2001年版，第71页。

② 郑宗义：《明清儒学转型探析——从刘蕺山到戴东原》，香港中文大学出版社2000年版，第250页。

③ 刘述先：《从道德形上学到达情遂欲——清初儒学新典范论析》，载刘述先《儒学思想意涵之现代诠释论集》，台湾中研院中国文哲筹备处2000年版，第103页。

④ 劳思光：《中国哲学史》三下，台北：三民书局2012年版，第802页。

⑤ 参见李畅然《戴震〈原善〉表微》，北京大学出版社2014年版，第5—6页。

这不会是最后的一个版本。除了思维经济性之外，好辩的戴震也很清楚
"必就彼之说穷其人"的反推辩论规则："凡语人者，以我之说告其人；
折人者，必就彼之说穷其人。"① 只不过，为了辩论的需要，他往往把主
要论战对象——朱熹的哲学观点过度归约化甚至极端化。这种问题在哲学
史上可谓比比皆是，不只是主张"其好辩也，君子之教也"的戴震有这
个毛病。

其次，在经典诠释层面，现代新儒家几乎无一不认为戴学精神近荀而
远孟，批评其孟子学不谛并曲解了朱子学。戴震曾说，"盖言之谬，非终
于言也，将转移人心。心受其蔽，必害于事，害于政"，② 儒家经典作为
中国文化的常道，其诠释的好坏会直接影响到民风和政事，不可不慎重。
为此，戴震想取得孔仁孟义尤其是孟子性善论的阐释权，代圣人立言的意
图是很明显的。可是戴震的经典诠释学最受现代新儒家"诟病"的地方，
恰恰是他对于孟子学和朱子学所作的诠释。在戴学的基本精神是尊孟还是
近荀这一问题上，笔者认为，戴震哲学基本理路是以易传的天道论为形上
学根据，别出新裁地发挥了一套源于孟子的性善论，最终落脚在"絜情"
与"心知"的仁智双修工夫上。除了在认识论上基本上继承了荀子，戴
学在天道论、性善论与絜情工夫论等方面，与荀子皆有明显的区别。戴震
私淑孟子的性善论，批评荀子外仁义于心知的"二本论"，绝非是流于表
面的意见。当然，戴学私淑孟子性善论，并不代表此一套理论就是《孟
子》的翻版。在诠释《孟子》的时候，戴震常跳脱文本自身的脉络而别
有新解，其《孟子字义疏证》不应视为一部解读《孟子》的经学著作，
而是一部深具"六经注我"气质的戴学专著，理应列入个人创发的子学
行列。戴震将自己的著作以《孟子字义疏证》的注经体面目问世，原因
其实很简单：一是由于其长期浸淫于考据学的写作习惯使然，二是以
"字义疏证"为名，可以减轻来自考据学界厌谈义理的巨大压力。总之，
诗无达诂，即便是戴震与孟子之间差异明显，可戴震的孟子学力主调和
孟、荀，仍称得上是中国哲学史上极为大胆亦极具特色的诠释系统之一，
不可轻易放过。

① 戴震：《绪言》，载《戴震全书》第六册，黄山书社 1995 年版，第 95 页。
② 戴震：《孟子字义疏证》，载《戴震全书》第六册，黄山书社 1995 年版，第 147 页。

戴震对于朱子学的阐释，与他对孟子学的诠释类似，有不少跳脱文义的片面曲解。戴震极其自负，指责程朱理学“以理杀人”当然想推倒程朱牌位并取而代之。可仅从篇幅上来看，戴震哲学著作的篇幅不仅短小而且其间多有重复，复因当时难以得到公开讨论而无法改进，因此想与体大思精的朱子哲学体系相抗衡，是不成比例的。① 在具体的思想碰撞上，有学者指出戴震所批判的只是意识形态化的官方理学及流俗之见②，他对理论形态的程朱理学批评亦是失焦的、无效的。这等于说程朱理学后来成为民众的思想枷锁，“实为人病而非法病也”，只是实践过程中被政治扭曲的结果，而“如是人病，则谁可免”③？可在笔者看来，理论化的朱子学与官学化的朱子学两者之间很难讲是不相关的，不然官方也不会选择朱子学作为其理论基础，因此并不能排除“人病”恰是由“法病”所引起的可能性。这有如人病与医理之间的关系，病亡固然不能只怪医理不对，但并不能排除误用医理的可能性，也不能排除医理本身存在不足甚至错误的可能性。戴震对于意识形态化的程朱理学之批判，不能说不同时也是对于程朱理学本身所包含的伦理异化性格之批判。如果我们要承认戴震“以理杀人”这一时代最强音的现实意义，恐怕理应也要承认其在哲学理论

① 方东树已经明确认识到戴震“自十七岁有志闻道，谓非求之六经孔孟不得，非从事于字义名物制度无由通其语言文字云云，若是则与程朱固为一家之学矣”，但令他十分费解的是，戴震“何又以之为讥邪?”方氏对此的解释是：“盖由其私心本志憎忌程朱，坚欲与之立异，故力辟求理之学。”（方东树：《汉学商兑》，载《续修四库全书》第951册，上海古籍出版社2002年版，第558页）

② 通俗流行的道德见解，与孔仁孟义的精微之言之间的差别，表面上看似乎只是两者之间是否通俗易懂，其实更为实质性的不同之处在于，前者通常会充斥着种种习焉不察的道德误解甚至谬说。《孟子》有云：“庶民云之，君子存之，舜之明于庶物，宗于人伦，由仁义行，非行仁义”，已经点出了庶民与君子有关成德之教的不同理解。到了明清之际，王夫之对孟子此一辨析的阐发最为通透：“人之异于禽兽者，君子存之，则小人去之矣。不言小人而言庶民，害不在小人而在庶民也。小人之为禽兽，人得而诛之；庶民之为禽兽，不但不可胜诛，且无能知其为恶者；不得不知其为恶，且乐得而称之，相与崇尚而不敢踰越。学者但取十姓百家言行而勘之，其异于禽兽者，百不得一也。……庶民者，流俗也。流俗者，禽兽也。明伦，察物，居仁，由义，四者禽兽之所不得与。壁立万仞，只争一线，可弗惧哉！”（王夫之：《俟解》，《船山全书》第12册，第478—479页）从上述孟子、王夫之对于庶民文化的尖锐批评中，从中可见儒学与儒学占据主流的流行文化之间存在明显距离和巨大张力。

③ 郑宗义：《明清儒学的转型——从刘蕺山到戴东原》，香港中文大学出版社2009年版，第325页。

上对程朱理学传统有维新的贡献。

总之，戴震对于孟子学的继承与对朱子学的批判，"归根结底，实无非在展示他自己完全不同于宋明儒道德形上学的体会"①，意在建构一套戴学系统。其成立与否，关键要看其能否自圆其说，而不应基于他对于孟子的诠释符不符合孟子的本义，也不应基于他对于程、朱的批评对不对。其实，这些都不会从根本上影响戴震哲学理论本身的融贯性与合法性。

最后，在形上义理建构层面，现代新儒学有一个非常实质性的批评，即认为戴震拒斥形而上学，缺少道德形上学的贞定基础。站在形而上学基础主义②的立场上看，戴震的"心知"概念似乎只有认知性而缺少一种价值上归依的本体性（"心体"或"性体"），这造成其哲学建构流于一种平面和肤浅。现代新儒家开山人物熊十力曾毫不客气地批评戴学："清儒自戴震昌言崇欲，以天理为桎梏。（戴震言欲当即为理。然既反对天理之心，即中无主宰，而欲何由得当乎？）其说至今弥盛而贪污、淫侈、自私、自利、伪诈、猜险、萎靡、卑贱之风，弥漫全国，人不成人其效亦可睹矣。"③ 继熊十力之后的海外新儒家基本上都延续了这一价值判断。郑宗义就曾认为东原的心知之道德裁断，"不过皆为与道德无关的利益计算，而道德意识亦彻底萎缩矣！"④ 这一评价几乎将戴震推至精于算计的功利主义（用现在的话来说，就是"精致利己主义"）甚至伪道德主义之立场上。其实，戴震是不解还是不愿依从宋明儒学的形上学思路，以及他

---

① 郑宗义：《明清儒学的转型——从刘蕺山到戴东原》，香港中文大学出版社 2009 年版，第 333 页。

② 所谓形而上学基础主义，这里是指一种认为哲学必先诉诸一个本体论预设或终极实在之基础的哲学传统。（参见［美］理查德·罗蒂《哲学与自然之镜》，李幼蒸译，商务印书馆 2003 年版，第 6 页）

③ 熊十力：《读经示要》卷二，台北：明文书局 1984 年版，第 115 页。

④ 郑宗义：《明清儒学转型探析——从刘蕺山到戴东原》，香港中文大学出版社 2000 年版，第 250 页。多年之后，郑宗义对戴震哲学重新进行了"最强义、最同情的诠释"，观点有较大幅度的修正。（参见郑宗义《明清儒学转型探析》（增订版），香港中文大学出版社 2009 年版，第 322 页）对于学界对戴震哲学缺少形上超越层面的架构，蔡家和认为："戴震与朱子的理论架构不全等同，有些人认为戴震思想是程朱理学的超越义减杀，吾人不采此观点。理由是朱子的理气形上形下、超越内在的区别，不可用在戴震学上，戴震的气学，全部构架就是气化世界，没有气化之外的超越者，既如此，则无所谓超越义减杀的问题。"（蔡家和：《王船山〈读四书大全说〉研究》，台湾学生书局 2013 年版，第 3 页）

有没有另外一套形上学思想，皆是一个值得讨论的问题。如果囿于一种形而上学基础主义的定见，未能充分认知和体味戴震道德哲学中的人道主义命意及其理论贡献，着实令人遗憾。

二　清代形上思维的衰降与戴震的反应

现代新儒家对戴学的批评，与他们对清代学术乃是中国文化之生命精神之衰降这一总体判断有关。熊十力、钱穆、牟宗三、唐君毅、徐复观等人虽然在谁是宋明儒学之殿军（最后大师）的问题上有所不同，但皆一致同意清代是中国哲学之热情与创造性的一个消退期。牟宗三甚至直言不讳地说："自刘蕺山绝食而死后，此学随明亡而亦亡，自此以后入清，中国之民族生命与文化生命遭受重大之曲折，因而遂陷于劫运"，自此以下近三百年学术"吾不欲观之矣"。① 与牟宗三将清代哲学干脆弃之不论相比，唐君毅要温和得多。他对清学由尊德性向道问学的转型，说得最明白透彻：清学虽长于知识论之"横观"和历史哲学之"顺观"，却缺少在哲学层面上对终极义理和心灵境界的超越性之"纵观"。② 具体到戴震身上，也可以说他不懂由孟子而来的宋明儒学之道德形上学，只知横观不知纵观；只从自然经验来看人性，不从先验甚至超验层面来论道德义理。由于

---

① 牟宗三：《从陆象山到刘蕺山》序，上海古籍出版社 2001 年版，第 2 页。熊十力主张真正的宋明儒学之殿军"其必以船山、二曲、亭林三位合为一体而后可耳"。（熊十力：《就良知主宰问题答唐君毅》，载《熊十力全集》第八卷，湖北教育出版社 2001 年版，第 519 页）唐君毅在某种程度上接受了熊十力的意见，在刘蕺山之后更为推重王船山，曾明确宣称："我今之论文化，即承船山之重气、重精神之表现之义而发展"，并最终得出了"中国哲学中之道之流行，止于王船山"的悲观论断。（唐君毅：《文化意识与道德理性》，台湾学生书局 1986 年版，第 8 页；唐君毅：《中国哲学原论导论篇》，台湾学生书局 1986 年版，第 41 页）刘述先则认为，黄宗羲之后的清代哲学"最后连思想也不要了，干脆转上乾嘉考据文献之学（实学、朴学和汉学）"。（刘述先：《黄宗羲心学的定位》，浙江古籍出版社 2006 年版，第 108 页）李明辉亦有类似看法。虽然他认为明末儒学转进至乾嘉学术的过程，是循着相互错综的多重线索进行的，并非一种截然相反和对立的断裂，可是他仍认为这些不同线索背后有一个共同的倾向："'超越性'之减杀、甚至否定。"具体到人性论上，就是遵从一种气性之自然人性论传统，反对从超越层面的义理之性来理解人性。（李明辉：《孟子重探》，台北：联经出版公司 2001 年版，第 71 页）

② 唐君毅：《生命存在与心灵境界》，河北教育出版社 1996 年版，第 13 页。另请参见孙邦金《唐君毅清代学术思想史论述评》，载《新亚学术集刊》第 20 期，香港中文大学新亚书院 2014 年版，第 156 页。

缺少本体论的贞定基础，戴震哲学就可能会基础不牢，显得游移而不够一贯。不仅如此，近世中国由于缺少了本体基础和终极关怀，价值理性最终被工具理性所凌替因而流于科学（知识）主义的狂妄和浅薄。因此，即便是戴震等清儒所擅长的"道问学"之可贵努力，在价值上似亦不甚可取。

对于新儒家的上述判断与批评，需要从历史与理论两个方面来看。历史地看，清儒形上思维之衰降确是一个证据确凿的历史事实。在明清之际诸大师之后，学界日趋讲求实事求是、述而不作，哲学活动日趋平庸和沉寂，少有创造。在考据学界，吴派领袖惠栋以昌明汉学著称，他曾斩钉截铁地说："若经学，则断推两汉！"[1] 惠栋从文本乃至思想上推崇汉代是有其理由的，不过如进一步推论说"自我作古，不可以训"[2]，"事不师古，即为杜撰"[3]，完全排斥形上义理的诠释和发挥，则未免泥古不化、画地为牢。在乾嘉史学界，同样偏重史实而有意地避免道德上的议论和褒贬。在乾嘉三大考据史家之中，钱大昕说研究历史"奚庸别为褒贬之词"[4]，赵翼最欣赏的"良史"是"不著一议，而其人品自见"[5]，王鸣盛则干脆宣称："议论褒贬皆虚文也！"[6] 历史书写如果只有史实描述没有价值评价，只有史料堆砌而没有剪裁取舍，这怎么可能？又有何意义？[7] 乾嘉文坛翘楚袁枚也不免囿于时风之影响而贬低义理思维的必要性。他曾自道"孔郑门前不掉头，程朱席上懒勾留"，明确表示不掺和义理之学和考据学术的争议。可事实上，从袁枚"作史者只须据事真书，而其人之善恶自见"[8] 等主张中，可以明显看出他对理学的厌恶程度还是明显甚过考

① 惠栋：《九曜斋笔记》卷二，载《丛书集成续编》第92册，上海书店出版社1994年版，第515页。

② 同上书，第514页。

③ 同上书，第548页。

④ 钱大昕：《续通志列传总序》，载《潜研堂文集》卷十八，《嘉定钱大昕全集》第7册，江苏古籍出版社1997年版。

⑤ 赵翼：《廿二史札记》卷八"齐书书法用意处"条，中国书店1987年版。

⑥ 王鸣盛：《十七史商榷》，上海书店出版社2005年版，第1页。

⑦ 参见韦政通《中国思想史方法论的检讨》，载《中国思想史方法论选集》，上海人民出版社2009年版，第17页。

⑧ 袁枚：《袁枚全集》第5册，江苏古籍出版社1993年版，第58页。

据。综上可见，清人偏爱经验文本考据、厌恶义理阐发大概是清代鼎盛期之乾嘉时代的一个思想基调，应无疑义。而唐君毅等人就此批评清儒"盖不免有昧于义理天地之广大"①，亦非冤词。

但是，在此必须指出的是，清学由"尊德性"而"道问学"的转型作为宋明儒学后续发展而来的一种结果，其原因恐怕还需要更多地从宋明儒学自身内部去寻找。虽然清学转型之后，与宋明儒学之间让人有种断为两截的感觉，可是这与宋明儒学自身疲弊缠身不仅脱不了干系，而且前后存在相反而相成的承继关系。② 要知道批评理学和心学的，自明末心学家那里就已经非常激烈了，宋明儒学内部早已埋下了形上与形下分崩离析的危机。朱子学天理高悬，王门后学"虚玄而荡"，皆陷入了某种"形上境界的空描"（郑宗义语）之境地。对此，刘蕺山已明确表示过，"今必以闻见以外，而欲隳体黜聪以求睿知，并其睿知而枯矣！是隳性于空，而禅学之谈柄也。"③ 正是出于宋明儒学的反动，清代儒学才呈现出两个十分明显的方向性转变：一是由内在向外在的转变，二是由形上向形下的转变。亦即不断从形上义理界向经验知识界下降，不断从内在心性向外在事物铺陈的趋势。总的来看，明末以降的儒学有如近代西方哲学界"拒斥形而上学"运动一样，也不无类似地表现"一形上心灵的萎缩，对一切形上本体论说的厌恶"。④

在理论上，清儒对道德形上学的拒斥，也需要具体分析和区别对待，不能一概而论。每个时代的哲学家都有其时代的锢蔽，只是有多少、轻重的程度不同。如果说宋明儒者尤其是王门后学流于"虚玄而荡"是一种

① 唐君毅：《中国清代以来学术文化精神之省察》，载《人文精神之重建》，台湾学生书局1989 年版，第105—126 页。

② 从张载到五夫之再到戴震，气论哲学是一脉相承。虽然钱穆认为船山"乃是宋明儒儒家矩矱也。……曰'壁立万仞，止争一线'，此船山讲学与东原之所以绝异"（《中国近三百年学术史》上册，台湾商务印书馆1995 年版，第126—127 页），但有充分的文本与思想勾连表明，船山学"较近于戴震之学"。参见蔡家和《王船山〈读四书大全说〉研究》，台湾学生书局2013年版，第44 页。

③ 刘宗周：《论语学案》，载《刘宗周全集》第 1 册，浙江古籍出版社2007 年版，第373页。

④ 郑宗义：《明清儒学转型探析——从刘蕺山到戴东原》，香港中文大学出版社2000 年版，第171—173 页。

形上学迷思的话，那么清儒"学求其是，不空言性命"① 的做法意在扭转和补救这一偏执。只不过物极必反，极端厌恶和排斥形而上学成风而将思想仅局限于"实事求是"的经验领域，这无疑又陷入了另外一种时代的锢蔽。

戴学作为清学之新典型，对于清代拒斥形而上学的思潮的反应其有两面性：既有认同之处，又有超脱之处。一方面，戴震受到清初思想日趋征实、反对影谈的学风影响，同样表现出拒斥形而上学的思想反转。除了义理之外，在历算、地理、礼制、小学等主要治学领域里，戴震不仅强调继承了清初思想界由"尊德性"向"道问学"的转型，而且通过自己偏主经验主义认识论的考据学成就强化了清代道问学"训诂明而后义理明"的这一治学范式。② 无论是稍后的理学家方东树，还是他的思想知己兼论敌章学诚都看出了戴学"力禁言理"③、"实自朱子道问学而得之"④ 的特质。戴震认为，"理散在事物"，"理义岂别若一物，求之所照所察之外？而人之精爽能进于神明，岂求诸气禀之外哉？"⑤ 事物之理与道德理义不在气禀之外而在经验界之中，故只能通过感性经验和理性归纳透过现象方能认知，"冥心求理"无异于缘木求鱼。戴震反对超验论、坚持经验论的做法，类似于以"拒斥形而上学"著称的逻辑经验主义。⑥ 他直指宋儒"自信之理非理也"，⑦ 认为本体之"理"是一种形而上的主观臆断或独断，对于道德形上学采取了一种拒斥的态度。这一决绝态度，从他将朱子超越经验之"天理"努力拉回到经验界，脱离其超验性，使其变为一种可以经验认知的"条理"可以看得很清楚。客观地讲，反对形而上学的

---

① 章学诚：《文史通义·朱陆》，叶瑛校注，中华书局 1994 年版，第 264 页。

② 参见余英时《论戴震与章学诚》，生活·读书·新知三联书店 2000 年版，第 18—35 页。

③ 方东树：《汉学商兑》，载《续修四库全书》第 951 册，上海古籍出版社 2002 年版，第 558 页。

④ 章学诚：《文史通义》内篇二，叶瑛校注，中华书局 1994 年版，第 58 页。

⑤ 戴震：《孟子字义疏证》，载《戴震全书》第六册，黄山书社 1995 年版，第 156 页。

⑥ 根据强度不同，反形而上学思潮可分为一概拒斥、保持悬置（理性不置可否，归于信仰抉择）、理性假定三个不同层次。对于拒斥形而上学者而言，说有一个不可思议、神秘莫测的超验本体或实体存在，这无异于一种哲学的臆语和赘词，必须予以排除。形而上学悬置派，比较委婉一点，认为由于形而上学已经超出理性的范围，因此只能对其保持沉默，将其归于个人信仰的选择。至于承认有保留最少的形上学之必要，倒算是其中最为开放的一种态度。

⑦ 戴震：《孟子字义疏证》，载《戴震全书》第六册，黄山书社 1995 年版，第 212 页。

时代蔽锢给戴震的哲学建构带来了很大的束缚，尤其是限制了他对孟子以"性善"为"心善"这一超越层面的诠释。这不能不说是一个极大的遗憾。

　　另一方面，从戴震的思想发展演进过程来看，却又有一个从知识研习到道德思考的形上转进。戴震晚年在给段玉裁的信中说："竭数年之力，勒成一书，明孔、孟之道。余力整其从前所订于字学、经学者。"① 戴震直到四十岁左右才开始将阐发"曲尽物情，游心物之先"② 的圣人之道当作自己的最为重要的一个治学方向。③ 这类似于拒斥形而上学的逻辑实证主义到最后又引入了某种"本体论的承诺"。在此之前，他与大多数考据学者类似，都对最后流于狂禅的王学和流于假道学的理学，表示不屑一顾的厌恶之情。

　　戴震天性有强烈的怀疑精神与问题意识，对于义理的偏爱远胜过对考据的兴趣。用余英时的说法，戴震"一身兼擅考证与义理，在乾嘉学术史上为仅有之例"，本性上是一个"刺猬型"的人物却又戴着一个"狐狸"的面具。戴震在当时承受了来自学术界的巨大压力，可谓两面受敌：一方面，其极其鲜明的反理学立场招致了当时致理学家的攻击；另一方面，由于其"经之至者，道也"④ 的强烈义理诉求，也颇为当时厌恶谈论心性义理之学的考据学者所非议。在厌谈义理之学的"狐狸"得势的 18世纪，戴震面对考据学者讨厌刺猬型人物的压力，必须敷衍狐狸一番。⑤章学诚说："戴震《论性》、《原善》诸篇，于天、人、理、气实有发先人所未发，时人则谓空说义理可以无作，是固不知戴学者矣。"（《文史通义·朱陆篇书后》）当时认为戴震哲学诸篇可以不作的"时人"，包括纪昀、朱筠、钱大昕、王鸣盛、王昶等官学两界的达人，可见"狐狸"之人多势众。戴震狐狸之表象掩藏了很长一段时间，自十七岁至四十岁左右期间，主要精力皆集中于考据学。而自 1763 年《原善》三篇著成之后，

---

① 戴震：《与段玉裁第九札》，载《戴震全书》第六册，黄山书社 1995 年版，第 542 页。
② 戴震：《与方希原书》，载《戴震全书》第六册，黄山书社 1995 年版，第 375 页。
③ 段玉裁：《戴东原先生年谱》，载《戴震全书》第六册，黄山书社 1995 年版，第 674 页。
④ 戴震：《与是仲明论学书》，载《戴震全书》第六册，黄山书社 1995 年版，第 370 页。
⑤ 余英时：《论戴震与章学诚》，生活·读书·新知三联书店 2000 年版，第 96 页。

"乐不可言，吃饭亦别有甘味"①，其在义理思考中所得到的一种智性的满足非考据学可比。此后，戴震在义理之学上的思考便一发不可收拾，不再绕路说禅，发愤要"发狂打破宋儒家中太极图"，刺猬的本来面目才日渐清晰起来。

　　戴震自身思想之转变，从他对其"由字以通其词，以词以通其道"②这一乾嘉经典诠释学之基本原则的阐释中，就可以看出端倪。戴震虽然对自己的语言学方法非常自信，可他已经认识到了"为训诂而训诂"的方法论局限，明确反对将义理与训诂对立起来："君子务在闻道也。今之博雅能文章、善考覈者，皆未志乎闻道。"③后来章学诚将戴震"由考据进求义理"的学思路径转述为："余以训诂、声韵、天象、地理四者，如肩舆之隶也；余所明道，则乘舆之大人也。当世号为通人，仅堪与余舆隶通寒温耳！"④戴震这是在批评汉学家"宁言周、孔误，莫道郑（玄）服（虔）非"——只有家法而不论是非，乃是学而不思、抱残守缺之典型。例如对于惠栋唯汉不唯是的倾向，戴震批评说"彼歧训诂、理义二之，是训诂非以明理义，而训诂胡为？"⑤失去了义理或意义之期待，训诂也就失去了方向和意义。这本属于汉学家内部的自我批评，怎么看都类似于后来方东树站在宋学立场对汉学家的批评。戴震于 1766 年《原善·自序》中已经指出"治经之士，莫能综贯"，"学者莫病于株守旧闻，而不复能造新意"（叶书山语）⑥的缺点。换言之，亦即"学者大患，在自失其心"，"闻见不可不广，而务在能明于心"。⑦戴震的经典阐释学，固然十分强调要有"无我"的客观求真态度，然而并没有忘记还要以"有我"的理性思辨精神加以综合条贯，并最终要实现的义理层次的贯通。"心，

---

① 段玉裁：《戴东原年谱》，载《戴震全书》第六册，黄山书社 1995 年版，第 674 页。

② 戴震：《与是仲明论学书》，载《戴东原集》卷九，《戴震全书》第六册，黄山书社 1995 年版，第 370 页。

③ 戴震：《答郑丈用牧书》，《戴震全书》第六册，黄山书社 1995 年版，第 374 页。

④ 章学诚：《书朱陆篇后》，载叶瑛《文史通义校注》，中华书局 1985 年版，第 275 页。

⑤ 戴震：《题惠定宇先生授经图》，载《戴震全书》第六册，黄山书社 1995 年版，第 505 页。

⑥ 戴震：《春秋究遗序》，载《戴震全书》第六册，黄山书社 1995 年版，第 381 页。

⑦ 戴震：《孟子字义疏证》，载《戴震全书》第六册，黄山书社 1995 年版，第 313 页。

全天德，制百行"①，如果失去了情感与理性之"心"的参与，如果丧失
了经验感触能力和理性"就其所知以证明其所不知"的自为演绎能力，
经学考据无异于自我矫化，难免不知文本"精微之所在"②。他在《与某
书》中更是直言："志存闻道，必空所依傍。"③ 只有在理性上能够融会贯
通，自成一家之言，方能为"自得之学"，否则就是食而不化且多食无
益。这里的"空所依傍"，是说人的问学过程中要有自我裁断、自作主宰
的主体性，强调的其实就是理性精神自为演绎的一种能力。戴震已经突破
了考据学由训诂而明义理的"信条"，而达到了抽象义理思辨的层次，在
经典文本与诠释主体之间形成了一种诠释的循环。

在当时的学术环境中，戴震凭其对道德形上义理的偏好，以过人的孤
勇提出了自己一套以性善论为核心的道德学说，"最经济"地恢复了对儒
家心性之学的形上思辨。在"人道本于性，性原于天道"的整体架构中，
自然合目的的天道观即是戴震哲学的道德形上学基础，只是由于戴震的简
约处理而容易被人所忽视。当然，也有学者批评戴震从一开始重建道德形
上学的努力就是失败的，主要问题在于错认（秦汉时期）宇宙生成论为
一种道德价值上的本体论。例如，劳思光先生就批评戴氏的性善论是
"存在语言与道德语言相混"，"可谓重蹈宇宙论及天道观之覆辙，未见其
克服前人困难之表现也"④。接下来，先简要概述戴震天道一本论的主要
内容，并对此批评作一回应。

三 道赅理气的天道一本论

戴震早年就接受了"法象莫大乎天地"——象天法地的同构与相应

---

① 戴震：《郑学斋记》，载《戴震全书》第六册，黄山书社 1995 年版，第 407 页。
② 戴震：《春秋究遗序》，载《戴震全书》第六册，黄山书社 1995 年版，第 381 页。
③ 戴震：《与某书》，载《戴震全书》第六册，黄山书社 1995 年版，第 495 页。
④ 劳思光：《中国哲学史》三下，三民书局 2012 年版，第 791 页。换言之，"究竟道德价值在于人之'合天'乎，抑在于人能有利之'择'乎？此问题乃戴氏说中死结所在也。"（《中国哲学史》三下，第 790 页）杜保瑞教授也有类似的看法。他认为戴震对于本体论问题及本体一功夫问题是完全隔阂不通的，其为解决时代弊端而提出的哲学理论只是以现实操作而有成的一套理论，缺少一种"普遍原理的形上安立"。（参见杜保瑞《戴震重建儒学概念的理解与评价》，载《哲学与文化》2005 年第 378 期，第 25—44 页）

之类推思维，形成了其"人道本于性，性原于天道"——天道—人性—人道（社会历史）三位一体的理论架构。戴震认为，"道有天道、人道"，只不过"天道以天地之化言也，人道以人伦日用言也"①，或者说"在天为天道，在人咸根于性而见于日用事为，为人道"②。天道经由一个"继善成性"的环节而与人道连为一体，且在本质上具有一致性。易传中所谓的"继善成性"，是说"人物之生，其善则与天地继承不隔者也"③，即人之善性分于天道，生生之天德内在于人性之中，并在日常生活中得以展现出天德生生而有条理之完善状态。"在天为气化之生生，在人为其生生之心"④，复经由人"心"作为能动转换，使人在自上而下的"继善成性"与自下而上的"下学上达"之间，实现天道与人道之间往复循环。

　　1776 年，戴震为《孟子字义疏证》作序时指出，自己小时候读到"夫子之文章可得而闻也，夫子之言性与天道不可得而闻也"的话大惑不解，到晚年"读《易》，乃知言性与天道在是"⑤！其实，从戴震早年《法象论》《读易系辞论性》已经基本上可以看出，戴震宇宙论和天道论的直接理论来源是《易传》。最早的《法象论》一文，是戴震对易传"法象莫大乎天地"（象天法地）的宇宙论所作的诠释，并初步建构起了戴震的一套天人同构与相应（天地—日月—阴阳—乾坤—男女—夫妇—君臣）关系理论。它基本上重申了汉唐乃至宋明儒学的宇宙论模式。中年以后的戴震"隐然以道自任"，"乃发狂，打破宋儒家中太极图耳"⑥。《孟子字义疏证》一书开篇先谈"理"（15 条）接着论"天道"（4 条），先"理"后"天道"⑦ 的这一顺序显然是先破后立的有意安排。他先严格地区分了道与理，释"理"为"条理"，颠覆了宋明理学六百年来最核心观念的定

---

① 戴震：《孟子私淑录》，载《戴震全书》第六册，黄山书社 1995 年版，第 37—38 页。

② 戴震：《原善》，载《戴震全书》第六册，黄山书社 1995 年版，第 9 页。

③ 同上。

④ 戴震：《孟子字义疏证》，载《戴震全书》第六册，黄山书社 1995 年版，第 205 页。

⑤ 同上书，第 147 页。

⑥ 段玉裁：《答程易田丈书》，载《经韵楼集》卷七，上海古籍出版社 2008 年版，第 183—184 页。

⑦ 戴震将"道"明确区分成"（天）道"与"人道"两个不同层次的概念，因此为避免混淆，没有直接用"道"字。

义，消解了"天理"的本体地位①；接着他通过恢复"道"的本体地位来取代"天理"。在戴震哲学体系之中，"道"已经成为一个能够统合理、气、心等前代本体性概念的最高概念，并由此建构起一套沟通实然宇宙与应然道德世界的"新道论形上学"②。

（一）太极是"（天）道"不是"理"

《周易·系辞下》有曰："易有太极，是生两仪，两仪生四象，四象生八卦，八卦生吉凶，吉凶生大业"，这一段话堪为易学及儒家传统宇宙论之基本纲领。宋代基于此发展出一套更为系统的太极理论——周敦颐的《太极图说》，并出现了更为直观的、图象化的太极图。朱伯崑先生曾指出，汉唐易学对"易有太极"的解释到了宋明时期发生了一个从宇宙生成论向存有论和本体论的重要转变。③ 在宋儒此一系统化了的本体论体系中，如何理解"太极"这一本体性概念之含义至为关键。

在诸种解释之中，要以朱熹的理为太极说一系最为主流。正所谓"太极，理也"，"太极之义，正谓理之极致耳"，"语道体之至极，则谓之太极；语太极之流行，则谓之道。虽有二名，初无两体"，④ 程颐与朱熹通常用"理"或"道"或"道理"连用来表示太极的实质内涵。太极与道、理，是对阴阳气化流行之内在理论根据的不同表述，并无实质的不同。可以说，朱子远承易传"易有太极"说，近接周氏《太极图说》，直

---

① 戴震释理为条理的文本依据主要有两个：一是诉诸《易传》《礼记》等儒家原始经典；二是明清之际传教士及中国士大夫的天文、历法、算数、几何等自然科学论述。例如，孙璋在《〈性理真诠〉小引》（1753）有曰："天地间物类纷纷，要不外理、气、性三者。……（气）乃万物浑然各具之本质，所以受象成形之材料也，所谓阴阳是也。理也者，即具于万物形体之中，所以定其向而不能违其则者也。气与理二者兼备一物之中，谓之性。性也者，即各物类之本体，具本能而为此为彼、效其用而不乱者也。"（徐宗泽：《明清间耶稣会士译著提要》，台北：中华书局 1958 年版，第 221 页）这段话中对气、理、性的定义，与后来戴震的定义如出一辙。作为历算专家的戴震，非常熟悉明清之际自然科学的相关论述，受到其直接影响并不奇怪。（参见侯外庐《近代中国思想学说史》第七章论戴震、第十章论焦循等内容；张永堂《明末清初理与科学关系再论》，台北：台湾学生书局 1994 年版）

② 新道论形上学的提法，参见吴根友《乾嘉时代的"道论"思想及其哲学的形上学追求》，载《浙江工商大学学报》2010 年第 5 期。郑吉雄也注意到了"道"的重要性，参见郑吉雄《论戴震与章学诚的学术因缘——"理"与"道"的新诠》，载《文史哲》2011 年第 3 期。

③ 朱伯崑：《易学哲学史》第四卷，昆仑出版社 2005 年版，第 439 页。

④ 朱鉴编：《朱文公易说》卷一，文渊阁四库全书本。

抒《程氏易传》，最终形成了太极—道—理三位一体的本体论。这不仅是他本人整个哲学体系的理论基础，也造就了一个宋明易学及儒学传统中影响最为深远的理本体论架构。可正如刘蕺山指出的那样，"千古大道陆沉，总缘误解太极。"① 朱子理为太极说的诠释，在当时就已遭到陆九渊的非议，清初以来更成为清代辨伪运动的众矢之的，基本摧毁了太极即理说的文本依据。戴震继承了这一考据学成果，认为太极是道不是理，为其重建一套天道本体论打开了第一个缺口。

（二）"理属之道"的道—理殊论

　　道、理二字在宋代以前原本很少连用，但随着"理"之地位上升为一本体概念之后，道理不加区分地使用的现象日渐常见。在程颐那里，"散之在理，则有万殊；统之在道，则无二致"，② "道"与"理"还是有所区别地使用的。然而到了朱熹那里，则明确申说"道，即理之谓也"，③ "道也者，阴阳之理也"④，将"道"与"理"皆看成绝对的至理，"理"的重要性明显上升。后来陈淳干脆说"道与理大概只是一件事物"⑤，道与理基本上可不加区分地混用。可是在朱子"物物各一太极"的"理一分殊"理论中，如何界定作为形上本体之"至理"与作为众多分殊之"分理"的关系始终是其一大难题。清初以后，王夫之⑥、惠栋、戴震、章学诚、焦循、凌廷堪等乾嘉学者各自从不同角度分疏了道与理的异同之处，逐渐使"道—理殊"论成为乾嘉学界一个基本共识。⑦

　　戴震在《绪言》中说："六经、孔、孟之书，不闻理、气之分，而宋儒

　　① 黄宗羲：《宋元学案》第一册，中华书局 1982 年版，第 500 页。

　　② 程颐：《易序》，载《二程集》下册，中华书局 1981 年版，第 690 页。

　　③ 朱熹：《〈通书〉注》，载《朱子全书》第 13 册，上海古籍出版社、安徽教育出版社 2002 年版，第 98 页。

　　④ 朱鉴编：《朱文公易说》卷一，文渊阁四库全书本。

　　⑤ 陈淳：《北溪字义》，中华书局 1983 年版，第 41 页。

　　⑥ 王夫之曾指出："'分'者，理之分也。迨其分殊，而理岂复一哉！夫不复一，则成乎殊矣。"（王夫之：《读四书大全说》卷十，载《船山全书》第六册，岳麓书社 1996 年版，第 1118 页）他还说："道者，一定之理也。于理上加'一定'二字方是道。"（王夫之：《读四书大全说》卷十，《船山全书》第六册，岳麓书社 1996 年版，第 992 页）

　　⑦ 有关惠栋、章学诚、焦循、凌廷堪等的道、理关系论，请参见孙郑金《乾嘉易学与"道论"形上学之重构》，载《周易研究》2014 年第 6 期。

创言之。又道属之理，实失道之名义也"①，着力批评了前人不加区别地使用"道"与"理"的做法，认为朱子对"道"的解释其实难以自圆其说。如若仅从文本上看，《周易》共提及"道"百余次，而"理"字仅有寥寥几处且都是指具体的"分理""条理"之义，其涵盖性根本没有"道"那么大。可是，宋儒（实指程朱）完全反过来将"道属之理"，置"道"于"理"之下，其创生、统摄的本体地位渐被"理"所取代。戴震指出，虽然古人亦经常将"道、理二字对举"，但他们"或以道属动，理属静。……或道主统，理主分。或道赅变，理主常。此皆虚以会之于事为，而非言乎实体也"②。无论是从动静、统分、变常哪一种角度来区别，"理"都只是不包括道之实体——阴阳二气与五行的"不易之则"，从属于"道"之下的。戴震认为，宋儒将超脱阴阳之气和具体实际的虚玄之"理"视作本体的做法，绝不可能从《易》《庸》之学中演绎而来，只能是从老庄与释氏的道论转化而来。如其曰："宋儒合仁义礼而统谓之理，……盖由老庄、释氏之舍人伦日常而别有所（贵）[谓]道，遂转之以言夫理。"③ 笔者认为，这一论断大体上还是符合历史实际的（只是儒学接受佛、道的形上刺激倒不是件坏事）。相较之下，易、庸之"道"不仅包含"虚理"，而且还包含"实体"，因此它才应该是儒家形上学体系中的最高概念。

（三）"道赅理气"之天道一本论

在字面上分别道与理之后，戴震接着从理气之辨、道器关系论层面上重新检讨了宋儒的"理本气末""离器言道"论。中国哲学讨论道器关系或者理气关系问题，往往是围绕易传《系辞》中"一阴一阳之谓道"，"形而上者谓之道，形而下者谓之器"这几句话而展开的，基本上是一种形上还是形下关系的讨论。例如刘宗周有曰："形上形下，此千古论道要语。识得形上之道，方许识易有太极。"④ 认识形上之道，此谓立大本，其实就是要求确认自然与道德宇宙之本体是什么。

---

① 戴震：《绪言》，载《戴震全书》第六册，黄山书社 1995 年版，第 84 页。
② 同上书，第 88 页。
③ 戴震：《孟子字义疏证》，载《戴震全书》第六册，黄山书社 1995 年版，第 202 页。
④ 刘宗周：《周易古文钞》下，载《刘宗周全集》第一册，浙江古籍出版社 2007 年版，第 234 页。

朱熹在道器、理气关系论上，认为"太极，形而上之道也；阴阳，形而下之器也"，① 其基本观点通常可以表述为"理本气末"论。即道或理作一种理论根据（气化之"所以然"），是形而上的，而阴阳之气则属于形而下的。对于朱子把阴阳之气认作是形而下的观点，在明末清初气论日渐兴盛的情况下，遭致越来越多的人的批评。例如，刘宗周明确反对说："象山曰：'阴阳已是形而上者，况太极乎'，近之矣。"② 同样的意思，王夫之则说："阴阳，无始者也，太极非孤立于阴阳之上者也。"③ 戴震早年主张"周易当读程子《易传》也"④，对于《程氏易传》《周易本义》中有关太极、两仪、四象和八卦的解释多有肯定。不过，中年以后日趋不满："后世儒者以两仪为阴阳，而求太极于阴阳之所由生，岂孔子之言乎！况'气生于理'，岂其然乎！"⑤ 这里的"求太极于阴阳之所由生"显指朱子的太极即理论，"气生于理"即指朱子的理先气后论，批判的矛头不言自明。

戴震晚年在其《孟子字义疏证》中运用了语言学方法，从句法结构上分析了《易传》中"一阴一阳之谓道"与"形而上者谓之道，形而下者谓之器"这两句话的不同。前者"之谓"句式是"以上所称解下"，意在定义主语是何意，是一种定义判断句。而"谓之"句式则是"以下所称之句辨上之实"，并非是对主词下定义，而只是一种说明两个主词之异同的指称解释句。前者主谓词之间可以等值互换，而后者则不能互换。⑥ 戴震这么细微地辨析"之谓"与"谓之"间的差别，似乎有点吹毛求疵，其实用意只有一个，即反对朱熹将阴阳之气看成是形而下的观点。戴震是

---

① 朱熹：《太极图说解》，载《朱子全书》第 13 册，上海古籍出版社、安徽教育出版社 2002 年版，第 72 页。

② 刘宗周：《周易古文钞》下，载《刘宗周全集》第一册，浙江古籍出版社 2007 年版，第 235 页。

③ 王夫之：《周易内传》卷五，载《船山全书》第一册，岳麓书社 1991 年版，第 561—562 页。

④ 戴震：《经考》卷一，载《戴震全书》第二册，黄山书社 1995 年版，第 192—193 页。

⑤ 《绪言》，第 84—85 页。后来尊戴的黄以周（1828—1899）进一步阐发了戴震的太极气化理论。黄以周认为，宋儒用形上与形下来区分理与气，进而贵理贱气，乃是"不知阴阳虽有气而无形，大（太）极乃元气浑沦之称，未始非气也"。（黄以周《经训比义》，台北：广文书局 1977 年版，第 128 页）

⑥ 参见吴根友《试论戴震的语言哲学思想》，载《中国哲学史》2009 年第 1 期。无独有偶，清初王夫之在《周易外传》卷五注释《系辞上》时已经指出了这一点。参见王夫之《船山全书》第一册，岳麓书社 1991 年版，第 1002—1005 页。

要证明早在《易传》中"谓之"句式中，已经将阴阳二气看成与道一样都是属于形而上的了。

在分辨"之谓"与"谓之"之后，戴震接着又对"形上"与"形下"分别作了定义。在他看来，气化流行化生万物之后，气方有定形，道才凝结为有形之器，有形之先与后，才是形上与形下之区别。形上就是指无定形、有形之先，形下就是指有定形、有形之后。这与朱子所说的形上（先验）与形下（经验）有本质的区别。正所谓："阴阳之未成形质，是谓形而上者也，非形而下明矣。不徒阴阳非形而下……其五行之气，人物咸禀受于此，则形而上者也。"如此一来，太极、道、理、阴阳二气、五行同时皆纳入到戴震形而上学涵摄和讨论的范围。这充分显示出戴震哲学的气论色彩，当是受到了宋明尤其是清初以来日渐兴盛的气论哲学之影响。

不过，严格地讲，戴震的气论不能称之为气本论，因为"气"在戴震哲学并不是最高的概念。在论及道与气的关系时，戴震始终认为，"天道，五行、阴阳而已矣"①，"一阴一阳，道之实体也"②，气还只是天道化生万物的一种物质载体（实体）。这实体之中还同时寓有阴阳气化流行的道理——"不易之则"。在戴震看来，"古人言道，恒赅理气。理乃专属不易之则，不赅道之实体"③，并非如朱子所说："辨别所以阴阳而始可当道之称。"④ 天道"赅理气""合物与则"，是阴阴五行之"气"之实体与不易之"理"的统合体，乃是气和理二者之浑沦。⑤ 这与庄子的能够"生天生地""万物毕罗"之"道"颇有几分类似，皆是一种宇宙生成论

---

① 戴震：《原善》，载《戴震全书》第六册，黄山书社 1995 年版，第 12 页。

② 戴震：《孟子字义疏证》，载《戴震全书》第六册，黄山书社 1995 年版，第 175 页。

③ 戴震：《绪言》，载《戴震全书》第六册，黄山书社 1995 年版，第 88 页。

④ 戴震：《孟子字义疏证》，载《戴震全书》第六册，黄山书社 1995 年版，第 176 页。

⑤ 张立文曾根据"谓之气者，指其实体之名；谓之道者，指其流行之名"（《孟子私淑录》，第 37 页）这一说法，将戴震的道、气关系界定为"气言其体，道言其化"的"气体道化"论。（参见张立文《戴震》，台北：东大图书公司 1991 年版，第 134 页）从动静关系角度而言，戴震确有一种气体道化的意思。不过，戴震在这里只是把气作为道的"实体"，绝非道之"本体"之义。依据戴震"道赅理气"之命题，道作为最高概念，是理与气的浑沦，气依于理，理寓于气，戴震显然有意地避免将气与道等视之的。戴震的理气关系论，非常类似于船山。正所谓："气无可御之理，又如何以理御得？"此气之世界即理之世界，气与理是不分的，气与理是合一的。在某种意义上，此气不仅是物质性的，也兼具有精神性或伦理性的意义，而且它是具有辩证发展能力的本能。（参见林安梧《王船山人性史哲学之研究》，台北：东大图书公司 1991 年版，第 98—101 页）

意义上的本根之道。

戴震此一"道赅理气"的天道本体论，既非单纯的气本论，更非单纯的理本体，而是综合宋明儒学中的气本论与理本论两种传统之后产生的新形态。为了说明其本体论的一贯性和包容性，戴震借用了孟子"且天之生物也，使之一本，而夷子二本故也"的说法，依据天人相通不隔（"一本"）与相隔不通（"二本"）这两个标准，对儒学史上不同的本体论形态作了判教。

戴震、告子归于道家，而将陆王心学则归之于佛教一并予以批判："告子以自然为性使之然，以义为非自然，转制自然，使之强而相从，故言'仁，内也，非外也；义，外也，非内也'。立说之指归，保其生而已矣。陆子静云：'恶能害心，善亦能害心'，此言实老、庄、告子、释氏之宗指：贵自然以保其生。"他们有一个共同点，将仁义道德之名教与自然对立起来，不能够将自然与必然（理义）予以辩证统一地对待。戴震这种大而话之的笼统讲法，显然难称得上是客观的态度，也是难以服人的。相对而言，戴震对于朱子学的批评算是客气的。在朱子的理本论架构中，"理"只是作为单纯抽象的至道，与阴阳五行之气相即不杂，难免给人一种理气分裂、视理"如有物焉"的缺憾。戴震认为朱子的天理观"如有物焉，得于天而具于心"并不是他本人的臆断，而实有所本。朱熹自己在说明"理先气后"时说，"且如万一山河大地都陷了，毕竟理却只在这里"。① 陈来认为，朱子的天理确实"如有物焉"，具有某种超越气化事物之上的、超绝的实在性，只不过随着明清理学"去实体化转向"，"理不再是首出的第一实体，而变为气的条理，因此人性的善和理本身的善，需要在气为首出的体系下来重新定义。"② 王夫之、戴震即是天理"去实体化转向"运动中的两位哲学健将。

当然，如果撇开"理"之规范性而只以无定形之气为本体的话，则人性的先天内容只能是自然的本能和欲望而已，失去了先天的形上根据，仁义外在、性恶之论恐怕是难以避免的结论。因此戴震所论理与气、血气与心知，总是一体同时出现的。至于由孟子"本心""良知"概念发展而

---

① 黎靖德编：《朱子语类》卷一，台北：文津出版社1986年版，第4页。

② 陈来：《诠释与重建——王船山的哲学精神》，北京大学出版社2004年版，第194页。

来的心本论，戴震认为它只是"气之精爽"——生命进化至最高级阶段所拥有的一种主动思维能力而已。虽然他特别看重"心知"及其能够"进乎神明"的道德功用，对于心知之道德情感与道德理性能力皆有极致的发挥（此容后再论），不过此"心"多是从认知功能意义上来谈的，基本上不具备道德本体之含义。总之，宋明儒学的气本论、理本论与心本论这三大本体论形态，皆与天道有间而不能体用一源、显微无间地全然相通。相较之下，唯有以"合血气、心知为一本"①的天道作为宇宙之根源且为道德之本体，而非单纯以气或理为本体，才能避免陷入戴震所说的"二本"之论。理、气兼备的天道一元论的优点，即在于"气不与天地隔者生，道不与天地隔者圣"②，即能够保证天人之间"不隔"而相通，避免陷入人性中的理、欲仍各有所本的二元分裂与对立的困难。有学者就此指出，天道一本论就是改静态的形上学为一动态的存有论，改一"规范性之道德观"为一"发展性之道德观"③，较之理本论或是气本论更为浑沦与圆融，亦能更好地诠释接续了"赞育天地""生生不已"之易道精神。

"道赅理气"之天道一本论的伦理学意义，主要是为戴震"理存乎欲"提供本体论基础。由于"理"一般意味着一种理性的道德法则，"气"意味着一种具体感性的情欲需求，因此兼摄"理""气"就意味着兼顾人的"理""欲"。针对宋儒一般强调"存理（制）灭欲"的理欲关系论，惠栋指出"后人以天人、理欲为对待，且曰天即理也，尤谬"，④戴震则主张"理存乎欲"，都追求一种理欲兼尽平衡的人道理想。

四　"仁义之心，原于天地之德者也" 的自然合目的论

戴震用"天道"取代了"天理"作为其终极的本体概念，既是为了

①　戴震：《孟子字义疏证》，载《戴震全书》第六册，黄山书社1995年版，第172页。

②　戴震：《原善》，载《戴震全书》第六册，黄山书社1995年版，第15页。

③　戴景贤：《明清学术思想论集》（下编），香港中文大学出版社2012年版，第119页。

④　惠栋：《周易述》下册，中华书局2007年版，第504—506页。

满足一种宇宙生成论之解释，更是意在为其性善论主张提供形上依据。换言之，戴震的天道观既是宇宙论也是道德本体论。以往研究，大多注意到戴震天道观的宇宙论性质或自然主义特质，而对于天道一本论对于戴震性善论究竟具有何种意义则不甚明了。胡适当年就已经看出了"戴震的天道论是一种自然主义"①，倪德卫则继而认为，祖源于《易传》的戴震哲学更接近于一种"目的论的自然主义"②，似更准确。由于戴震悬置形而上学的思维局限，对其天道论的道德内涵阐释多是点到即止，没有充分展开，这给我们理解戴震是如何解释人性为什么是善的问题带来了一定困难。对此，劳思光先生认为，戴震哲学对于天道论与人性论的理论勾连，匆匆跳过，语焉不详，"于是其他理论皆成无根之意见矣"③。甚至有人认为，戴震的性善论与其本体宇宙论并无关联。④ 对此，笔者认为可以为戴震的天道观作一合理的补充与回应。

正所谓："人道本于性，性原于天道"⑤，天道有生生之天德，人性有生生之性；天地大化流行而有条不紊，人之日用常行亦有不易之则（条理）。简言之，天道善，人道善，如此天道论遂成为戴震论证其性善论的形上根据。在论证天道符合人类道德目的时，戴震主要依据的是《易传》中"一阴一阳谓之道，继之者善也，成之者性也"这句话。天人之间的"继善成性"，被他当作天道下贯、勾连人道的理论基础。可是问题在于，

　　①　胡适：《戴东原的哲学》，台湾商务印书馆 1963 年版，第 30 页。

　　②　[美]倪德卫（David S. Nivison）：《儒家之道：中国哲学之探讨》，万白安编，周炽成译，江苏人民出版社 2006 年版，第 328—329 页。目的论，teleology，简言之，就是认为事物的存在运动皆源于并指向于某种"目的"的理论，或者说是将目的因看成为事物存在和发展最终归宿的哲学理论。在解释自然界之所以如此（必然）的问题上，它似乎是一个有人格、有意识而具有内在目的指引下的结果，带有自然拟人化的色彩。前定和谐理论、自然法之正义论的哲学基础皆是一种自然合目的性理论。黑格尔就宣称："当我们说世界是受天道的支配时，这意思就包含那前定的目的或神意在世界中是普遍有效力的，所以依此而产生出来的事物是与前此所意识着、意愿着的目的相符合。"在戴震看来，自然是生、息循环的，自然状态是仁慈、明智且和谐的。人类心知的责任就是发现它并遵守它，实现那自然的和谐。这与卢梭对于"自然状态"的看法有些类似："由于自然状态是每一个对于自我保存的关心最不妨害他人自我保存的一种状态，所以这种状态最能保持和平，对于人类也是最为适宜的。"

　　③　劳思光：《中国哲学史》三下，台北：三民书局 2012 年版，第 783 页。

　　④　岑溢成：《戴震孟学的基础》，载黄俊杰编《孟子思想的历史发展》，台北：中研院文哲研究筹备处 1995 年版，第 214 页。

　　⑤　戴震：《孟子字义疏证》，载《戴震全书》第六册，黄山书社 1995 年版，第 200 页。

在这个世界上，只有拥有道德意志者才有道德目的可言。一种无意志、无目的之天又怎么说是道德的呢？天道又如何能够作为人性的本体依据呢？戴震在这里，展现了中国道德哲学传统中很特别的一种德性自然主义传统。

戴震虽然颇推崇汉学，可是他对"天"的理解与荀子的客观自然之天、汉代天人感应的神秘之天皆构成了明显的区别。这从戴震对《中庸》"天命之谓性"的解释中就可以看出来。他说"论气数，论理义，命皆为限制之名"①，"命"只是作为先天自然的限定性（"受命之初"）和后天不可逾越的律则规定性（"非受命者所得踰"），用来解释天地万物"各限于所分"而各各不同的原因，完全消解了"天命"作为道德义务、命令之意涵。由此可见，戴震哲学中的"天"，首先是"自然"之天，非是一个有道德意志和赏善罚恶之能力的神秘之天。可是很特别的一点是，戴震虽然否认了"天命"的道德含义，也不承认有一个超越的意志存在，却并不否认天或自然具有某种道德性——"天德"。戴震哲学中的"自然之天"虽然没有道德意志，却同时还是个高度拟人化的"义理"之天。在他看来，"善，以言乎天下之大共也"②，"仁义之心，原于天地之德者也"③，天道在道德上并不是中立的，而是自然而然地具有合乎人类道德之至善目的的完满性。这可以从两个方面来理解：一方面，天道不是由某个神圣的意志所给定的，它是自然而然的，是非人为的；另一方面，天道虽不是由一个有超越的道德意志所主宰，却先天地包含着生生之德、有条不紊之理则（天理）与和谐的道德秩序在其中。因之戴震的"天道"既是符合自然法则的（天行有常），同时又是合乎人类道德目的（天有生生之德）的。此时，自然之宇宙也即是一个道德之宇宙，自然天道之运行既遵循自然因果律，同时又能够符合应然的道德法则，成为一种自然与应然的统一体。"自人道遡之天道，自人之德性遡之天德，则气化流行，生生不息，仁也。"此处的天道，显然已经上升到为一种道德价值上的本体，乃人极之所从出。对天道自然而又合乎目的的解释，如同预设一个全

---

① 戴震：《答彭进士允初书》，载《戴震全书》第六册，黄山书社1995年版，第357页。
② 戴震：《原善》，载《戴震全书》第六册，黄山书社1995年版，第9页。
③ 同上书，第11页。船山对于继善成性的类似解释是："性继善而无为，天德也。"

善的上帝存在一样，这其实是戴震一笔带过而未明言的"本体论承诺"。①

在相信自然绝对完满性的哲学家中，将自然视同于上帝的斯宾诺莎堪为戴震之同道。如果他们两个人说出了同样的话，一点也用不着奇怪。因为戴震在四库馆臣任上时，四库子部天文算法类书及"存目"提要多出自他的手笔，有理由相信戴震熟谙于利玛窦《天主实义》等西方科技与哲学著作。② 戴震的哲学与斯宾诺莎自然神论，两者皆"置伦理学于宇宙观的基础之上"③，两者之间具有惊人的相似性。其一，两人在天道完美无缺的自足性认知上有共通之处。戴震相信天道生生之仁与人道生生之仁是一体相通的，他说："与天地通者生，与天地隔者死。……人物与天地，犹然合如一体也。"④ 依据天道而创生的人类，其本性也拥有了这种道德的完满性（还只是潜在的），通过人的道德实践最终展现出一种合乎天道的道德秩序。此种人为的道德秩序源于天道而又复归于天道，天与人、自然之宇宙与道德之宇宙最终真正地合二为一。持有自然神论的斯宾诺莎则不无类似地认为，"所有的自然现象，就其精妙与完善的程度来说，实包含并表明神这个概念。……所以我们最高的善不但有赖于对于上帝有所知，也完全在于对于上帝有所知。"此处的"神""上帝"可以与"自然"互换，神所拥有的"最高的善"其实不是神的有意造作之结果，而是"自然"的天然本性使然。其二，两人在解释天地为何有不仁之现象时亦有异曲同工之妙。戴震认为这不能怪罪自然本身，而应归之于生物不顺应天道而"失其养"的结果。正所谓"'天地之大德曰生'，物之不以生而以杀者，岂天地之失德哉!"⑤ 斯宾诺莎也反对将先天的缺陷归之于自然，他说："在自然界中，没有任何东西可以说是起于自然的缺陷，

---

① 这是借自美国逻辑实证主义哲学家蒯因的说法。他在当时"拒斥形而上学"情绪弥漫的时代时，率先提出恢复本体论在哲学研究中的重要性，可谓起到了扭转乾坤的作用。（参见陈波《蒯因》，台北：东大图书公司1994年版，第284—285页）在乾嘉学界普遍拒斥或悬置形而上学的时代里，戴震谈论天道、精研理义，与蒯因的"形而上学的承诺"有异曲同工之妙。

② 参见李天纲《〈孟子字义疏证〉与〈天主实义〉》，载《学术集林》卷二，上海远东出版社1994年版；《钱宝琮论文集》，载《李俨、钱宝琮科学史全集》第九卷，辽宁教育出版社1998年版；许苏民：《中西哲学比较研究史》，南京大学出版社2014年版，第796—808页。

③ 侯外庐：《中国思想通史》第五卷，人民出版社1957年版，第430页。

④ 戴震：《答彭进士允初书》，载《戴震全书》第六册，黄山书社1995年版，第358页。

⑤ 戴震：《孟子字义疏证》，载《戴震全书》第六册，黄山书社1995年版，第200页。

因为自然是永远和到处同一（和谐）的。"① 两个人都认为，天地有生生之仁德、有天地万物相生相克之和，展现出一种仁爱、和谐的道德之大全，具有先天的道德合法性。其三，双方在伦理学所追求的终极目标上也有一致性。在自然天德具足无漏的前提下，斯宾诺莎认为伦理学的任务就是寻求"人的心灵与整个自然相一致的知识"，而戴震则认为成德之教就是要人"归于必然"，认识那生生不已的"自然之极则"（"不易之则"）。

当然，无论是斯宾诺莎还是戴震的自然合目的论，在很大程度上都是人类道德理想在宇宙万物上的主观投射，饱含了一种过分拔高自然的浪漫主义情怀。其实，我们很容易找到"天地不仁以万物为刍狗"的反例，证明自然宇宙并非是一个有道德的宇宙。冯友兰就认为，"宇宙是道德底"的观点其实是一种"实体形上学"，是一种神秘主义的说法。可是在中国大多数儒者看来，恐怕并不认为天地有生生之仁只是一种理论上的预设或承诺，而不是一个自然而然的事实，不是一种生命的真实体验。戴震认为，"人之神明出于心，纯懿中正，其明德与天地合矣"②，天道与人道"斯二者，一也"③。天道生生不息之伟力是人们可以真切感受到的，天道造物之广大与多样亦让人以赞叹不已，人类有理由相信通过天、地、人、我之间的同感异情，而有一体之仁。此一体之"仁"作为一种前反思的、主客未分的浑然在世的生存论体验，大概是儒者共认的"生命共感的情调"④，或者"本体论的觉情"⑤。这种生命仁心之体验和基调，不是等到宋明儒学那里才出现，早在易传"继善成性"的表述中就已经深探其源，只是为后来的宋明儒家"仁者与天地万物为一体"的一体观所认可和张大。戴震虽然批判宋明儒学，但天人一体观的传统则是明明白白地继承了下来。

戴震的自然主义却又道德化的天道观，对于其建构一套道德哲学有两

---

① ［荷兰］斯宾诺莎：《伦理学》，贺麟译，商务印书馆 2009 年版，第 11 页。

② 戴震：《原善》，载《戴震全书》第六册，黄山书社 1995 年版，第 15 页。

③ 同上书，第 11 页。

④ 陈立胜：《恻隐之心："同感"、"同情"与"在世基调"》，《哲学研究》2011 年第 12 期。

⑤ 牟宗三：《心体与性体》，载《牟宗三先生全集》第 7 册，联经出版事业公司 2003 年版，第 308 页。牟宗三在其《五十自述》中多次谈及由"虚无怖慄"之实感继而"证苦证悲证觉"的"觉情"（觉悟向道之情）。参见《五十自述》，台北：鹅湖出版社 2000 年版，第 11、188 页。

方面的作用：一是对形而上学进行祛魅化，进而与宋明时期形而上学的虚玄或独断拉开距离；二是形而上学的回归，是通过自然主义的合目的论恢复了天道生生之仁的价值本体地位。这不仅为戴震接引孟子仁义内在于人性之中的观点奠定了形上学基础，为戴震"由自然归于必然（实然）"的道德学说提供了理论上的可能性，最关键的是为戴震的絜情理论提供了先天内在的情感驱动力。正是有了这种源于天德之仁心的内在驱动，人类自一开始就是非单纯追求情欲满足的道德动物了。正如有学者指出的那样，"明乎'生生'在东原道德哲学中所具有的枢纽地位，我们才不致误将东原视为与西方伦理学中的情感主义（sentimentalism）或效益主义（utilitariansim）同科。"① 总而言之，戴震哲学不是没有本体论，只是坚持了一种朴素而内在的、自然主义一元论立场。因此，批评戴震哲学为"无根之意见"，或者批评戴震不懂"实然"与"应然"之间的区别，皆可再商榷。

---

① 郑宗义：《明清儒学转型探析——从刘蕺山到戴东原》，香港中文大学出版社 2009 年版，第 346 页。

第 三 章

戴震的人性论及其对孟子性善论的诠释

　　后世对戴震哲学的两极化评价，虽然与后来评价者的哲学立场差异有很大关系，但更主要的恐怕还是与戴震性善论所要处理的哲学问题本身极具挑战性有关。戴震将自己的孟子学诠释，视如孟子辟杨、墨和韩愈辟佛类似的正本清源式的反异端工作，护教性质特别明显。他在《孟子字义疏证》序言中直言："苟吾不能知之亦已矣，吾知之而不言是不忠也，是对古对人贤人而自负其学，对天下后世之仁人而自远于仁也"，因此截断众流，直承孔孟，即"求观圣人之道，必自孟子始"。① 可是，戴震既排斥佛、道，又批评荀学、程朱理学和陆王心学，其哲学抱负可谓爆棚，不得不让人对其护教性质的儒学体系能否证成抱有普遍的怀疑。

　　本章拟梳理一下戴震性善论的具体内容。

一　"人能明于必然"的人性论

　　戴震说："性者，飞潜动植之通名；性善者，论人之性也"②，将"性"分成了人物共有之"性"与"人性"两个外延不同的概念。万物皆从天道气化流行生发而出，"气化生人生物以后，各以类滋生久矣"③，戴震先从人类所脱胎而来的人物共有之性开始谈性。"人物以类滋生"，

---

① 戴震：《孟子字义疏证》，载《戴震全书》第六册，黄山书社1995年版，第124页。
② 同上书，第190页。
③ 同上书，第179页。

就是说天地万物无奇不有，然有种类差别。一类事物有一类事物共同的本质属性或内在规定性，与他类事物构成本质区别。"有天地，然后有人物，有人物而辨其资始曰性"，这里的"辨其资始曰性"，是说性之实质内涵莫过于分有于天道的种种不同的自然禀赋或者天性而已。

当然，在气化流行的过程中，"杂糅万变，是以及其流形，不特品物不同，虽一类之中又复不同。"为什么同一类事物也有外形甚至品性上的差别呢？同样是人，为何人人又有那么不同呢？戴震依据《大戴礼记》中"分于道谓之命，形于一谓之性"之说法，认为这是由于"天命"——先天的禀赋限制所导致的。他根据孟子"故凡同类者，举相似也，何独至于人而疑之？圣人与我同类者"（《告子上》）的说法，继而认为，"性虽不同，大致以类为之区别，故论语曰'性相近也'，此就人与人相近言之也。"① 一个人是男是女，是美是丑，是高是矮，是昏是明，等等，多是由于人"各限于所分"——分有自然禀赋的限制（天命）所导致的。这些出于先天原因而导致的种种差别，虽然可以说明人类之间不尽相同，但并不是本质差别或本性的不同，只是"命"（先天因素）和"才"（实体材质）之不同，皆属于程度上的差别。"其不同类者各殊也，其同类者相似也"，"同类之相似，则异类之不相似明矣"，不同类事物之间才有本质（本性）上的差别。

既然"性"是事物的类本质，那么"人"作为一个类名，其区别于他物的类本质何在呢？戴震通过人禽之辩的讨论，阐明了哪些是人物共有之性，哪些是人类特有之性。"人与物同有欲"，"人与物同有觉"②，有血气的生命体无一例外地都具有两种自然属性：一是欲望，二是知觉。其中，欲望需求作为一种生物本能，乃"性之事也"，即满足生理需求的行为构成了包括人类在内的所有生命体存有、运动的基本内容。而知觉乃是"性之能也"，即生命体为追求欲望满足而不断进化出来的感知能力。能动的知觉能力，作为生命体之情欲需求能够得到满足的一个决定性条件，也是人与动物所共有的，不过"觉"与"欲"相比，前者需要通过后天的不断学习、训练方能得以提高、趋于成熟。总之，"其心能知觉，皆怀

---

① 戴震：《孟子字义疏证》，载《戴震全书》第六册，黄山书社 1995 年版，第 180 页。

② 戴震：《原善》，载《戴震全书》第六册，黄山书社 1995 年版，第 9 页。

生畏死，因而趋利避害，凡血气之属同也。"① 人类与动物之性皆"禀受于天"，既然同属有血气、有知觉之生物，就会表现出类似的自然特征。对于人物之性的共通之处及其本质区别，戴震总结道：

> 凡血气之属皆知怀生畏死，因而趋利避害；虽明暗不同，不出乎怀生畏死者同也。人之异于禽兽不在是。禽兽知母而不知父，限于知觉也；然爱其生之者及爱其所生，与雌雄牝牡之相爱，同类之不相噬，习处之不相啮，进乎怀生畏死矣。一私于身，一及于身之所亲，皆仁之属也。私于身者，仁其身也；及于身之所亲者，仁其所亲也；心知之发乎自然有如是。人之异于禽兽亦不在是。

戴震以两个"人之异于禽兽不在是"，说明无论是完全自利的"怀生畏死"，还是更高一级的、有利他表现的"进乎怀生畏死"，皆是人与动物共有的天性。反过来说，有无"怀生畏死"之情欲与更高级的利他之表现，皆已不能当作人禽之辩的标准。戴震不以有无能动的利己能力作为人禽之辩的标准，这是大家已有共识的，而最让人意外的是，他基于动物常见有利他行为的事实，较少见地排除了以有无亲亲、利他行为作为人禽之辩的标准。

那么"人之异于禽兽"的本质属性究竟是什么呢？戴震明确指出，"物循乎自然，人能明于必然，此人物之异"，"人之异于禽兽者，虽同有精爽，而人能进于神明也。"② 人性的本质即在于"人能明于必然"的"心知"能力，类似我们今天所讲的理性能力。晚清康有为更为清楚地指出："爱、恶、仁、义，非惟人心有之，虽禽兽之心亦有焉。然则人与禽兽何异乎？曰异于其智而已。其智愈推而愈广，则其爱恶愈大而愈有节，于是政教、礼义、文章生焉，皆智之推也。故人之性情，惟有智而已，无

---

① 戴震：《读易系辞论性》，载《戴震全书》第六册，黄山书社 1995 年版，第 349 页。戴震认为趋利避害、怀生畏死是人的天然本性，在乾嘉后期得到越来越多的人的认同。例如，刘宝楠在《论语正义》中反问道："人未有知其不利而为之，则亦岂有知其利而避之弗为哉？"（《论语正义》，台北：文史哲出版社 1990 年版，第 769 页）

② 戴震：《绪言》，载《戴震全书》第六册，黄山书社 1995 年版，第 120 页。

智则无爱恶矣。"① 当然，人作为有理性的动物，其特有的"心知"能力与人物共有的"知觉"能力有着根本区别的，"知觉云者，如寐而寤曰觉，心之所通曰知。百体皆能觉，而心之知觉为大。"② 两者相较，"知觉"似乎只停留在感性认识的层次，而"心知"则上升到理性认识之自觉高度。这就是说，"人与物咸有知觉，而物之知觉不足于此。……人以有礼义异于禽兽，实人之智大远乎物！"③ 动物出于本能地循乎自然，而无法像人一样通过理性能力主动地认知事理、自觉地体认天道，最终"进于神明"——用理性的力量实现"自然"与"必然"的协调，将人提升到至善之境界。一言以蔽之，有可以自觉体认并实践天道的理性（既包括知识理性也包括道德理性）才是人的本质属性。

戴震以"血气—心知"论人性，既表现有"血气"情欲需求，更讲求"心知"理性规范，问题是二者如何协调统一。黄俊杰曾依据戴震就人的自然禀赋论性，指"戴震将人性理解为人的生物性的生存本能"④，并判定其理论渊源是上承先秦以降悠久的'生之谓性'之人性论传统，"近于告子，而远于孟子。"⑤ 应该讲，戴震的人性论确实是自然主义的，与孟子性（心）善论亦确有不同，但是"近于告子"之判断则是冤词。戴震的人性论包含了"血气"这一自然属性，同时也强调了"心知"这一极具社会道德属性的意涵，两者是缺一不可的。他所理解的生物性本能只是就人物共有之性（自然禀赋）而言的，绝没有说人性就是生物性本能。人性之中除了自然禀赋之外，还包含有融情感与理性于一体的"心知"要素，这与告子的"生之谓性"切不可混为一谈。历史地看，无论是相较于汉儒以气禀论性，还是相较于宋儒以道德论性，后来戴震的血气心知论显然是兼而有之，更具综合性和包容性。

---

① 康有为：《康子内外篇·爱恶篇》，载《康有为全集》第一集，姜义华、张荣华编校，中国人民大学出版社 2007 年版，第 101—102 页。

② 戴震：《孟子私淑录》，载《戴震全书》第六册，黄山书社 1995 年版，第 55 页。

③ 戴震：《绪言》，载《戴震全书》第六册，黄山书社 1995 年版，第 60 页。

④ 黄俊杰：《孟子思想史论》卷二，台北：中研院中国文哲研究所 2006 年版，第 368—369 页。

⑤ 同上书，第 342 页。

二　"果实之白，全其生之性"的
性、命、才关系论

自孟子的四心/四端说被比作如种子的萌芽和发端以后，以种子喻性就成了儒家的传统。儒家用谷种、杏仁、桃仁、莲实等种子含蕴生机之仁、之善的例子，来说明人性本具生生之仁、之善的观点，可谓比比皆是。① 戴震亦不例外。他在说明人性本善的时候，也使用了"果实之白"（果仁）这一隐喻。他顺承天道论，通过这一隐喻所展现出来的他对人性本善的理解有一种很特别的自然主义天性论气息。

戴震早年在《法象论》一文中，就已经使用了"果实之白"来比喻人性。他说："草木之根干、枝叶、花实，谓之生；果实之白，全其生之性谓之息。"② 类似的表述，还有"卉木之株叶华实，可以观夫生；果实之白，全其生之性，可以观夫息"。戴震用"生"与"息"这两个概念来理解自然界生命循环往复的过程。他说："显也者，化之生于是乎见；藏

---

① 参见陈立胜《王阳明"万物一体"论——从"身一体"的立场看》，台大出版中心2008年版，第242—243页。董仲舒在《春秋繁露·深察名号篇》中，说："性比于禾，善比于米。米出禾中，而禾未可以全为米也。善出性中，而性未可全为善也"，用"米出禾中"来说明"善出性中"的性与善二分观点。朱熹曾说："看茄子内一粒是个生性"，直接用茄子比喻人性。朱熹还说过："一粒粟生为苗，苗便生花，花便结实，又成粟，还复本形。一穗有百粒，每粒个个完全；又将这百粒去种，又各成百粒。生生只管不已，初间只是这一粒分去。"（《朱子语类》卷九四，第2374页）这里采用粟的种子与生发，来隐喻其性即理的观点。对于"理一分殊"，朱熹除了用月印万川的譬喻来，他也经常使用树木之本根与枝叶花果的例子。他说："太极如一一木生上，分而为枝干，又分而为生花生叶，生生不穷。到得成果子，里面又有生生不穷之理，生将出去，又是无限个太极，更无停息。只是到成果实时，又却少歇，不是止。"（《朱子语类》卷七五，第1931页）谢良佐（上蔡）也说过类似的话："桃杏之仁，可种而生者谓之仁，言有生之意。推此，仁可见矣。"王阳明则用"天植灵根"来隐喻其"良知"的圆满自足性。王阳明为此还作了一首诗畅论其义："所以君子学，布种培根原。萌芽渐舒发，畅茂皆由天。"（王阳明：《门人王嘉秀宋夫萧琦子玉告归书此见别意兼寄辰阳诸贤》，载《全集》卷二十，外集二，第733页；另参见陈立胜《王阳明"万物一体"论》第247、267页）到了清初陈确那里，为了说明其人性待后天发用斯善的观点时指出，"人性无不善，于扩充尽才后见之也。如五谷之性，不艺植，不耘耔，何以知其种之美耶？"黄宗羲对同门的这一解释，在其《与陈乾初初论学书》中予以了批评，认为"性之为善，合下如是，到底如是"，"非有所增"亦"非有所减"也。（参见李明辉《孟子重探》，联经出版事业公司2001年版，第102页）

② 戴震：《法象论》，载《戴震全书》第六册，黄山书社1995年版，第477页。

也者，化之息于是乎见。生者，至动而条理也；息者，至静而用神也。"①
其中，"生"指生命依据一定条理而气化流行、运动生发过程之显现。而
"息"，则是指生机待发的收藏状态。息藏的生命状态仍旧完整地包含并
延续了诸种生命全部的生机与信息，因此绝非生命的绝对死亡、寂灭和终
结。在生命这种连续性的生息转换中，关键的连接点就是种子。戴震所谓
的"果实之白"，就是果实里的内核或仁心，生命依据种子之性而生成，
又复归结为种子之性。花木草卉的枝干叶茎、花卉果实都是生命运动生长
的动态呈现，而所结出果实的内核（果仁）则是生命信息"静而藏者"②
之静态收藏。果仁是诸种生命的种子，是诸种物性的集大全者。它如同一
个小宇宙，包含了天道生生的所有潜在规定性，是具足无漏的大全。

后来他在《孟子字义疏证》中同样使用了"核中之白"来比喻性，
用"根干枝叶、为华为实"来比喻才。他说：

> 孟子所谓性，所谓才，皆言乎气禀而已矣。其禀受之全，则性
> 也；其体质之全，则才也。禀受之全，无可据以为言；如桃李之性，
> 全于核中之白，形色臭味，无一弗具，而无可见，及萌芽甲坼，根干
> 枝叶，桃与杏各殊，由是为华为实，形色臭味无不区以别者。虽性则
> 然，皆据才见之耳。成是性，斯为是才。别而言之，性、命、才；合
> 而言之，是谓天性。③

类似的话，他在《原善》中已经说过：

> 言乎本天地之化，分而为品物者也。限于所分曰命，成其气类曰
> 性，各如其性以有形质，而秀发于心，征于貌色声曰才。④

---

① 戴震：《原善》，载《戴震全书》第六册，黄山书社 1995 年版，第 10 页。
② 同上书，第 8 页。
③ 戴震：《孟子字义疏证》，载《戴震全书》第六册，黄山书社 1995 年版，第 196 页。
④ 戴震：《原善》，第 7 页。对于心性情才关系，船山有过类似的看法："盖命于天之谓性，
成于人之谓才；静而无为之谓性，动而有为之谓才；性不易见而才则著，是以言性者，但言其才
而性隐。张子辨性之功大矣哉！"（《船山全书》第十二册，岳麓书社 1996 年版，第 129—130
页）

　　这两段话重点在谈命、性与才三者的定义以及其间的相互关系。他用果实之性收藏于果仁，来比喻人类之性收藏于心；而果仁生发为枝干花叶，则是依性而成的才质实体；命则是"花与花不同，实与实不同，叶与叶不同"等才质实体在分有天道过程中种种差别的原因，即"各限于所分"的先天限制。① 性为先天禀受，才为后天体质，命为先天限定性，先天的性、命皆由后天材质来显现。

　　对于性命关系，戴震基本上依据的是《大戴礼记》中的"分于道谓之命，形于一谓之性"这句话。命，是天命，指先天的自然禀赋；性，是人性，特指人的类本质。他在《中庸补注》说"生而限于天，是曰天命"②，很清楚地定义了天命是指人类有所能亦有所不能的自然禀赋或局限性。命在这里作为"限于所分"之"命"，指人力无法改变的先天限定，诸如种族、性别、美丑等自然属性。这与船山对命的"莫之致而至""无所事之者"等人力无法改变的先天禀赋之理解，如出一辙。船山、戴震对天命的非道德化诠释，与宋明儒学通常将"天命"定义为一种"天生德于予"的道德义务或使命（义命）构成了明显差异。此外，戴震还运用了"谓之"与"之谓"的句法分析，对于孟子说口、耳、声、臭、四肢等自然欲求是"性也，有命也，君子不谓性也"，而仁、义、礼、智、圣等道德义理则是"命也，有性也，君子不谓命也"（《孟子·尽心下》）的说法，进行了辨析。戴震认为，孟子"'谓'（性）犹云籍口于性耳，君子不籍口于性以逞其欲，不籍口于命之限而不尽其材。后儒未详审文义，失孟子立言之指。不谓性非不谓之性，不谓命非不谓之命。由此言之，孟子之性……所谓人无有不善，即能知其限而不踰之为善。"这段辩驳意在指出，孟子虽然始终认为仁、义、礼、智等道德理义才是愉悦圣人与我"心之所同然者"，亦即人之异于禽兽的本质内涵，但是孟子并没有排斥口、耳、声、臭等自然欲求于人性之外，并没有像宋儒那样将

---

① 戴震：《答彭进士允初书》，载《戴震全书》第六册，黄山书社1995年版，第357页。
② 戴震：《中庸补注》，载《戴震全书》第二册，黄山书社1994年版，第51页。

人欲与人性截然分开甚至对立起来谈。①

戴震在处理才与性的关系时，认为才是性的实体，而性是才的依据。其中，性作为内在根据，是无形而待发用为才质的；才作为材质，是依据人性生发出来的外在实体表现。二者一隐一显、一息一动，构成了生命生生不已的连续过程。不过，戴震继承孟子情才等"若夫为不善，非才之罪"的说法，明确反对将才质之美丑归因于人性之善恶。正所谓"可即材之美恶以知其性，材于性无所增损故也"，②"才可以始善而终于不美，由才失其才也，不可谓性始善而终于不善。性以本始言，才以体质言也。体质戕坏，究非体质之罪，又安可咎其本始哉！"后天才（材）质纵然有美丑、好坏、良莠之分，这只是由于分有天道之厚薄、清浊不同以及后天养护上的差别使然，但并不影响人性的完满自足性，不能说人性有善恶之分。在戴震看来，"性能开通，非不可移，视禽兽之不能开通亦异也"，即便是天性愚笨、才质不好之人，也不能归罪于人性之不善。人性就像一颗种子的遗传基因特性，作为一种完满的潜在性，与物性"往往限于一曲"相比，唯人性"得之也全"，亦即是"有欲、有情、有知"的最完美的统一体。可见戴震对于人性所具有的"达情遂欲"之欲求能力、"以情絜情"之情感能力、"明于必然"的理性能力，皆抱有十分乐观的态度。

---

① 后来阮元在《性命古训》中，屡引东汉赵岐（106—201）《孟子正义》中的性命关系论："口之甘美味、目之好美色、耳之乐音声、鼻之喜芬香，四体谓之四肢，四肢懈倦则思安佚不劳苦，此皆人性之所欲也。得居此乐者有命禄，人不能皆如其愿也。凡人则任情纵欲而求乐；君子之道，则以仁义为先，礼节为制，不以性欲而苟求之也，故君子不谓之性也。仁者得以恩爱施于父子，义者得以义理施于君臣，好礼者得以礼敬施于宾主，知者得以明智知贤达善，圣人得以王道王于天下，此皆命禄，遭遇乃得居而行之，不遇者不得施行。然亦才性有之，故可用也。凡人则归之命禄，任天而已，不复治性；以君子之道，则修仁行义、修礼学知，庶几圣人，矻矻不倦，不但坐而听命，故曰'君子不谓命也'。"阮元总结道："惟其味、色、声、臭、安佚为性，所以性必须节，不节则性之情欲纵矣。惟其仁、义、礼、知、圣为命，所以命必须敬德。……可以见汉以前性命之说，未尝少晦。"（阮元：《研经室集》，中华书局1993年版，第211—212页）

② 船山认为，"若不会此，则情既可以为不善，何不去情以塞其不善之原，而异端之说由此生焉。乃不知人苟无情，则不能为恶，亦且不能为善。便只管堆塌去，如何尽得才，更如何尽得性！"此外，船山还说："不贱气以孤性，而使性托于虚；不宠情以配性，而使性失其节。"（《船山全书》第六册，岳麓书社1991年版，第1069—1070页）

　　既然戴震认为人性是得自天道之大全，自足完美而无加损①，可又如何解释恶又由何而来？戴震对于这一问题谈得不多，大体上主张"恶"只是由于后天的蔽锢不改之"习"——包括"欲失之于私，情之失之于偏，知之失之于蔽"等。他说："分别性与习，然后有不善，而不可不善归性。凡得养、失养及陷溺、梏亡，咸属于习。"此"习"大概指两种后天的不良习气："任其愚（蔽）而不学不习乃流为恶"，任其私而不平不公乃流为恶。也许有人还会问，人既然性本善，又为何任其愚、任其私呢？这关涉到本善之人性的发用与实践工夫的问题。"人道举配乎生，性配乎息"②，人性本完满，无加损，但其生机尚待发用。人性还只类似于一颗种子，只是一种静态的潜在性和可能性，要想变为现实还需要后天的努力。这需要结合戴震对于人性内涵的具体展现过程来谈。

　　戴震认为，"人生而有欲，有情，有知。三者，血气心知之自然"③，视欲望、情感和心知为人性的三个具体内容。戴震精细地分析了欲、情、知三者各自的内容、功能及其具体发用过程中所可能存在的缺陷。人的身体感官须"资以养其生"而有声色臭味的欲望，因"五行生克为之也"而有"爱畏"之分；人的心理"感而接于物"而有喜怒哀乐之情感表现，因"时遇顺逆为之也"而有"舒惨"之分；人的理性"辨于知者"而有美丑、是非之辨，因"志虑从违为之也"而有"好恶"之分。对于一个人而言，这三种要素必须同时具备，可是三者又都有自身难以避免的缺点："欲失之为私，私则贪邪随之矣"；"情失之为偏，偏则乖戾随之矣"；"知失之为蔽，蔽则差谬随之矣。"④此处的私、偏、蔽，基本上囊括了戴震对于后天之"恶"的理解：既有欲望的过度问题，也有情感能力的偏差问题，更有理性能力不足以及意思力薄弱等问题。如此一来，这三者如

　　① 戴震的"果仁"的完美自足论，有如朱子所说"人性上不可添一物"（《孟子章句集注》序）。此外，亦有些类似于莱布尼茨所说的"单子"（monad）论。单子虽然"无一弗具，而无可见"——不可见却包含了诸种生命全部的信息。每一种单子都具有与众不同的"内在的原则"，据此才能形成丰富多彩而又前定和谐之世界。（参见陈修斋、段德智《莱布尼茨》，台北：东大图书公司1994年版，第85—120页）
　　② 戴震：《原善》，载《戴震全书》第六册，黄山书社1995年版，第8页。
　　③ 戴震：《孟子字义疏证》，载《戴震全书》第六册，黄山书社1995年版，第197页。
　　④ 同上书，第197页。

何各司其职并相互配合，最终实现人人皆能达情遂欲的必然状态——纯粹中正之善，就成为戴震伦理学重点要解决的问题。

三　"心之所喻则仁也"的心性关系论

儒家人性论通常亦可称之为心性论，可见"心"在儒家道德哲学中的枢纽地位。就戴震而言，如果只论性不论心，则未免显得太奇怪。戴震说"孟子所谓性，所谓才，皆言乎气禀而已矣"，似乎完全没有"心"的地位。其实不然。如果完全遵从自然主义的路线来解释人性，物性皆包含在果实的内仁之中，那么人性它又在哪里，寓于何种实体之中？按照现代遗传学的道理，人类生命的全息种子应该是受精卵或胚胎，而不能是别的。戴震却直指人心则是人性的渊薮，《原善》中屡次指出"心，全天德，制百行"，"存其心，湛然合天地之心，如息"①，"天人道德，靡不豁然于心"②，"秀发于心，征于貌色声曰才。"③从性存于心、秀发于心、天德豁然于心等表述中，张载"为天地立心"、心学"性由心显"之主张呼之欲出。他在《答彭进士允初书》中更是直白地提出"心统其全"的主张，重申了《礼记》之"人者，天地之心"的观点。他是这样说的：

> 人之得于天也，虽亦限于所分，而人人能全乎天德。一以身譬之，有心，有耳目鼻口手足，须眉毛发，惟心统其全，其余各有一德焉，故《记》曰："人者，天地之心也。"④

戴震在《原善》中还指出：

> 天地之德可以一言尽也，仁而已矣。人之心，其亦可以一言尽

---

① 戴震：《原善》，载《戴震全书》第六册，黄山书社1995年版，第8页。
② 同上书，第11页。
③ 同上书，第7页。
④ 戴震：《答彭进士允初书》，载《戴震全书》第六册，黄山书社1995年版，第357页。

也，仁而已矣。耳目百体之欲喻于心，不可以是谓心之所喻也，心之所喻则仁也。心之仁，耳目百体莫不喻，则自心至于耳目百体胥仁也。心得其常，于其有觉，君子以观仁焉。耳目百体得其顺，于其有欲，君子以观仁焉。①

对于人心，戴震多是从"气之精爽""秀发乎神"的生物进化角度，认定"心知"是人类这一高级动物所特有的理性思维能力。胡适曾据此认为，"戴震认清了理在事物，只是事物的条理关系；至于心的方面，他只承认一个可以知识思想的官能。"② 由于东原一概拒斥先验的本体（包括本心），明确指认朱子"得于天而具于心"③ 和陆、王"无善无恶，心之体"等说法，皆属于"守己自足，既自足，必自大"④ 的独断论。因此可以确定东原论"心"并不具备宋明儒学所诠释的孟子学之"本心""良知"之先验本体地位。可是胡适此说没弄明白的是，东原论"心"除了有"认知心"（知识理性）之外，还有"道德心"（道德情感与理性）的内涵。从东原说"心之所喻则仁也"⑤，理义乃"心之同所然者"⑥，不仅表明他遵从了孟子仁义内在的立场，也可以看出此心作为"性之能"，拥有体认天道生生之仁、移情感通、裁断是非的道德功能。张载说"合性与知觉，有心之名"，从功能上看，心既有生生之道德情感，也有知性的物理认知，还有道德价值的判断与诉求。心的自觉，明显地贯注了一种自求其情、反躬强恕和遵守普遍的不易之则（包括道德法则）的道德主体性。可以说，戴震哲学中的"心"，作为承载天道（天德）、收藏善种的能动之机，虽无本体之实却有"虚灵明觉"本体之用，与天道一样皆堪为戴震哲学的核心概念。

---

① 戴震：《原善》，载《戴震全书》第六册，黄山书社 1995 年版，第 16 页。

② 胡适：《戴东原的哲学》，台湾商务印书馆 1963 年版，第 59 页。

③ 《朱子语类》第 98 卷："理在人心，是谓之性。心是神明之舍，为一身之主宰。性便是许多道理得之天而具于心者。"

④ 戴震：《答彭进士允初书》，载《戴震全书》第六册，黄山书社 1995 年版，第 360 页。

⑤ 戴震：《原善》，第 15 页。

⑥ 同上书，第 17 页。

四　"知而无蔽"与"容光必照"的智识主义

在戴震人性论的三要素——欲、情、知之中，"知"并不是在达情遂欲之后才起作用的，而是自始至终一直起着规范性和导向性作用。戴震哲学中与"血气"相对应的"心知"概念，除可以运用其中的知性理性功能来实事求是地认知物理与人文知识之外，还可运用其中的道德理性来反躬内省、照察和规范自己的道德行为。正所谓"人之知，小之能尽美丑之极致，大之能尽是非之极致"①。戴震说"美丑"（有时用"美恶"），通常是针对外在有形的材质好坏与事物之合理性程度而言的，偏知性和审美；论"是非"，则通常是针对内在的道德善恶之判断而言，偏德性。知性的运用"存乎巧也"，可以避免因无知而导致严重的道德后果；德性的运用"存乎智也"②，保证道德行为的合目的性。工具理性与价值理性二者并举，相互配合，方能实现道德之手段与目的的统一。③

（一）仁、智、勇三达德与智的自觉

在心知能力的道德应用方面，戴震区分了仁、智、勇这三种德性。他对仁、智、勇下过明确的定义："智也者，言乎其不蔽也；仁也者，言乎其不私也；勇也者，言乎其自强也。"④"仁"是一种生生之仁心，在人身上表现为一种顺遂情欲的本能以及更深层的道德感通能力，是道德的内在驱动力。"智"作为一种道德理性，要求人们依据道德规范（理义）行事，并表现为经、权灵活运用达到目的的一种智慧。"勇"作为一种道德意志的决断能力，让人能够即便是独处的时候亦能够"戒慎恐惧"，在顺遂情欲的时候仍能够"不违志虑"，始终处于一种"自强"——诚敬坚毅的道德状态。它们在发用时所表现出来的能动性，大体上对应于我们今天

---

① 戴震：《孟子字义疏证》，载《戴震全书》第六册，黄山书社 1995 年版，第 195 页。从此可以看出，有人指戴震的伦理学只是一种社会哲学而不是成己之学的观点，不免有偏。

② 戴震：《原善》，载《戴震全书》第六册，黄山书社 1995 年版，第 10 页。

③ 参见戴景贤《明清学术思想史论集》（下编），香港中文大学出版社 2012 年版，第 103 页。

④ 戴震：《孟子字义疏证》，第 209 页。

所讲的道德情感、理性（更准确地讲是经、权灵活运用的道德理性或智慧）与意志这三种能力。"道责于身，舍是三者，无以行之矣"，"既以智仁勇行之，即诚也。"① 要想达到一种至"诚"——圆满自足、真实无妄的有如天德流行之状态，道德理性、情感与意志三者必须充分配合，方能率性而行、事事无碍。

不过，戴震在智、仁、勇三者之中特别偏重"智"和"仁"，并相应地提出了"语德之盛者，全乎智仁而已矣"② 的仁、智双修理论。他认为，"以言乎事，则天下归之仁；以言乎能，则天下归之智"③，"得乎生生者谓之仁，得乎条理者谓之智。至仁必易，大智必简，仁智而道义出于斯矣。"④ 达情遂欲的本能，是天德生生之仁的自然体现，戴震通过上述的絜情理论展现了他对于"欲而不私"问题的思考。而为确保不会出现有悖于普遍正义原则的"知而有蔽"问题，戴震特别偏重道德理性"容光必照"的普遍审查与自律能力。戴震认为"人莫大乎智足以择善也"，⑤进而提出了"德性资于学问，进而圣智"的重智主义主张。这一主张后来被焦循进一步概括、强化为"智，人者也；不智，禽兽也"⑥，"明之与昧，因习而殊"⑦、"其性能知事宜之在我，故能变通"⑧ 的"能知故善"论。在此基础之上，晚清受到西方科技文明刺激的康有为（1858—1927）又继而推演之："人道之异于禽兽者全在智"，"人之性情，惟有智而已。……存于内者智也，发于外者爱恶也"，最终提出了一套"仁体智用""唯智能生万理"⑨ 的极端重智主义理论。清代哲学向近代转型的内在连续性由此亦可见一斑。

---

① 戴震：《孟子字义疏证》，载《戴震全书》第六册，黄山书社 1995 年版，第 209 页。
② 同上书，第 205 页。
③ 戴震：《原善》，载《戴震全书》第六册，黄山书社 1995 年版，第 7 页。
④ 同上书，第 8 页。
⑤ 同上书，第 16 页。
⑥ 焦循：《孟子正义》，中华书局 2007 年版，第 586 页。
⑦ 同上书，第 735 页。
⑧ 同上书，第 585 页。
⑨ 康有为：《康子内外篇·仁智篇》，载《康有为全集》第一集，中国人民大学出版社 2007 年版，第 108—109 页。

戴震、焦循的重智主义，与宋儒的"德性之知，不假见闻（之知）"① 等强弱程度不同的反智主义观点可谓针锋相对，其理论矛头不言自明。按理来说，仁、智、勇三达德，亦道德之仁心、智慧和勇气三者之间可以相得益彰却不可偏废。可戴震为何要坚持以智摄仁、勇这一被指为近于荀学的立场呢？以知代善、先知后行的观点，极有可能造成戴震哲学之重情主义与重智主义不相融会而两相断裂，根本不像是首重情欲顺遂的戴震所说的话。其实，在此大可不必以辞害意。戴震之所以特别重智，是因为时代环境使然，是有其现实原因的。这只是戴震特别针对"以理杀人"② 这一泛道德主义传统所发表的一个真知灼见：仁和勇都必须经过理性法庭的审查，才能确保其正当合理性或者合法性。在明清时期，仁而不智、有勇无谋的道德异化现象实在多得不胜枚举。尤其是在当时道德强制气氛令人窒息的背景之下，由于不智（不当的道德认知和判断）所致的道德问题，较之于不仁、无勇的问题要更为多见和棘手。如果在不仁、不智（"以意见为理"）的情况下，越是"持之必坚"甚至于"不愧不怍"，所造成的道德后果越严重。有鉴于此，戴震对于好心办坏事的之不智行为，十分警惕。他说："忠信由于质美，圣贤论行固以忠信为重，然如其质而见之行事，苟学不足，则失在知，而行固之谬，虽其心无弗忠弗信，而害道多矣。行之差谬，不能知之，徒自期于心无愧者，其人忠信而不好学，往往出于此，此可以见学与礼之重矣。"③ 更为最直接的例子，则是官方理学所代表的那一整套价值观，处处充斥着"执理无权"的不智甚至反智的愚民色彩。④ 戴震斥其"以理杀人"，就是要诉诸理性进行启蒙，辨明当时教化、僵化的价值观的蒙昧之处。

至于"自强"之"勇"，针对的问题当属知、情、意等"心知"三

---

① 程颐：《二程遗书·伊川先生语》卷二五，上海古籍出版社 1992 年版，第 3 页。

② 王夫之曾经说过类似的一段话："执差一段假名理，便要使气，求胜于人"。王夫之在解释孟子论不动心"持其志，勿暴其气"时说："暴者，虐而害之之谓。故不芸苗而任其草满者，暴其苗也；助之长而揠死之者，亦暴其苗也。陵压其气，教他一向屈而不伸者，暴其气也；执着一段假名理，便要使气，求胜于人，到头来却讨个没趣，向后便摧残不复振起者，亦暴其气也。"（《船山全书》第 6 册，岳麓书社 1991 年版，第 924—925 页）

③ 戴震：《孟子字义疏证》，第 207 页。

④ 关于愚忠、愚孝的例子，参见孙郑金《明清儒学对君臣关系与忠君伦理的多元省思》，《武汉大学学报》（人文科学版）2015 年第 3 期。

要素中常见的的意志力薄弱（勇气不足）问题。他说："虽智足以得理，而不敬则多疏失，不正则尽虚伪"，"益之以勇，盖德之所以成也。"① 只是"勇"的问题，是戴震晚年在《孟子字义疏证》中才开始真正着手处理的问题，未来得及充分展开。如果假以时日，相信戴震在这方面会有更充分的思考。

（二）"容光必照"的德性反思与澄明

戴震认为，"德性始乎蒙昧，终于圣智"，德性有如身体一样，有一个从幼稚到成熟的发展过程。"学以牗吾心知"（《与某书》），"学问犹饮食"，学习对于促进人的知识理性与道德理性成熟虽然很重要，但是这种能力不是生来就有的，需要经过一个漫长甚至痛苦的学习、磨炼过程所造就的。戴震相信，经过对道德"理义"（道德原则与价值标准）、"条理"（礼仪规范）的不断学习和反思抉择，"虽愚必明"，最终道德理性能力会渐趋于成熟，会从道德蒙昧状态走向道德的自觉、自律和自由状态。"所谓善，无他焉，天地之化，性之事能可以知善矣"，② 这里的"知善"实指一种成熟的道德理性作为仁心正当发用的轨范与保证而已。"理义非他，所照所察之不谬也。何以不谬，心之神明也"，只有通过理性审查之后的仁、义、礼等道德理义，才能成为道德推扩的客观依据和判准。当一个人"尽美丑之极致"与"尽是非之极致"③ 时，才会有良善的道德结果可期。反之，对于一个无法分辨好恶与是非的人而言，既无真正的道德可言，其道德行为之结果恐怕也是凶多吉少。

为了达到周行不谬的理义或道德智慧，戴震发出"解蔽斯能尽我生"④ 的口号，坚持将理性的审查能力和启蒙精神贯彻到底。"如日月有明，容光必照，则圣人矣"，在践行德性的过程中，任何既有的社会道德规范（知识）都不能豁免于工具理性与价值理性的双重审查。一方面，

---

① 戴震：《孟子字义疏证》，第 205 页。

② 戴震：《原善》，第 9 页。后来焦循曾将其归纳为"能知，故善"。参见焦循《性善解三》，载《焦循诗文集》，广陵书社 2009 年版，第 159 页。

③ 戴震：《孟子字义疏证》，第 197 页。

④ 戴震：《沈处士戴笠图题咏序》，载《戴震全书》第六册，黄山书社 1995 年版，第 396 册。

"智足知飞走蠕动之性，以驯以拳；知卉木之性，（生生以息），良农以时刈，良医任以处方"①，这是指运用工具理性实现在利用厚生（达情遂欲）之手段、方法上的明智。不然，以道德代替知识，往往仁心越是泛滥越是适得其反。另一方面，"凡人行一事，有当于理义，其心气必畅然自得；悖于理义，心气必沮丧自失。以此见心之于理义，一同乎血气之于嗜欲，皆性使然耳。"② 道德心在发动过程中，价值理性会相应地表现出"畅然自得"与"沮丧自失"的道德情感意向。道德好恶的意向，只有合乎价值理性的要求，才会表现出自我满足感；反之，如不合乎价值理性的自我要求，会表现出自我厌恶感。道德目的之正当性、手段之合目的性，仁、义、礼的既有标准，哪一样通不过理智的观照、审查，都会陷仁心于不仁、不义之"不悦"境地。只有"理义在事情之条分缕析"并且能够"悦者必其至是者也"③ 的道德理性，才拥有"不惑乎疑似，不滞于习闻"④，"能不惑乎所行"⑤ 的主宰与规范能力，因此也才不会被情欲的需求牵着鼻子走。正所谓："居之安、资之深，取之左右逢其源，我之心知极而至乎圣人之神明矣！"当手段与目的统一、情欲与理义兼尽，心知/理性经过转识成智之后达到一种的大智慧或伦常明见，才可以实现理、事圆融无碍之境界。这也即是儒家所谓的"发乎情，止乎礼"的"发而皆中节""止于至善"之状态。

　　总之，戴震说"智也者，其仁之藏乎"⑥，意指在达情遂欲的过程中，道德理性始终发挥着关键作用："举理，以见心能区分；举义，以见心能裁断。"⑦ 他重学、重知、重智，只是为情欲寻求"极之当世与千古而无所增，穷居一室而无所损"的普遍轨范，最终目的仍旧在于"尽夫义命之不可已，而不慊吾志也"⑧，并不是要以工具理性代替价值理性。劳思

---

① 戴震：《原善》，第 16 页。
② 戴震：《孟子字义疏证》，第 158 页。
③ 同上书，第 156 页。
④ 同上书，第 198 页。
⑤ 同上书，第 183 页。
⑥ 戴震：《原善》，第 10 页。
⑦ 戴震：《孟子字义疏证》，第 153 页。
⑧ 戴震：《沈处士戴笠图题咏序》，载《戴震全书》第六册，黄山书社 1995 年版，第 394 页。

光痛批戴氏对"主宰义"和"自由义"之"意志"问题全无了解①，显是过论。

五 "归于必然，适完其自然"的至善追求

戴震对于理智能力之阐扬，对"不易之则"之追求，似乎达到了可以宰制甚至超克情感之自然倾向的程度。这多少让我们看到了朱熹用"天理"对治"人欲"的影子。不过，强调"情欲得其平"的戴震本人，不会同意这一点。戴震哲学思想之核心，皆凝练在下面这一段话之中：

> 心知之自然，未有不悦理义者，未能尽得理合义耳。由血气之自然，而审察之以知其必然，是之谓理义；自然之与必然，非二事也。就其自然，明之尽而无几微之失焉，是其必然也。如是而无憾，如是而后安，是乃自然之极则。若任其自然而流于失，转丧其自然，而非自然也。故归于必然，适完其自然。②

"性者，其自然也"，此处的"自然"是指人与生俱来的自然本性，既包括与生俱来的血气/感性的情欲需求，也包括心知/理性辨别美丑与是非之能力。而对于"必然"，戴震经常说"善，其必然也"，"理非他，盖其必然也"，③ 这里的"必然"非指自然因果律意义上的必然性，而是指手段上的合理性、道德理义上的合目的性和道德实践上的自律自为性，皆指向于道德上的完满状态。如果"必然"只是被动地遵循自然的因果必然性，那么戴震无疑是一个主张道德概由他律决定的决定论者，道德的自律和自由对他来说永远只能是个幻象。其实，胡适当年就已经很准确地指出自然与必然的内涵差异："自然是自己如此，必然是必须如此，应该如

---

① 劳思光：《中国哲学史》三下，三民书局 2012 年版，第 787、816 页。
② 戴震：《孟子字义疏证》，第 171 页。
③ 戴震：《戴震全书》第六册，黄山书社 1995 年版，第 86 页。

此。"① 戴震对于自然与必然的定义，实类似于西方伦理学中实然与应然的对举。② 由于"理义"在日常生活中经由"心知"而得来，而"心知"又内在于人的自然天性之中，因此由心知而得来"必然"（道德理义）并不是对"自然"（情欲需求）的违逆与超克，而是"自然之极致"，是顺应人性之自然（情欲）并在心知的引导下所达到的一种情理兼尽的道德状态。"自然者，天地之顺；必然性，天地之常"③，血气与心知、情欲与理义皆是发自天性，归于天道。换言之，情欲与理义非截然对立之关系，完全不需要"以理夺情"或"舍情言理"④ 来实现一个至善的世界。

① 胡适：《戴东原的哲学》，台湾商务印书馆 1963 年版，第 37 页。
② 蔡家和：《戴震哲学的伦理义涵——从自然到必然如何可能》，载《鹅湖学志》2008 年第 41 期。
③ 戴震：《原善》，第 11 页。
④ 戴震：《孟子字义疏证》，第 155 页。

第 四 章

戴震的絜情理论及其普遍正义原则

在诸多戴震道德哲学诠释中，"达情遂欲"的情欲主义、"能知故善"的理性主义，抑或"遂其群生"的功利主义皆有之。这些诠释可能都没有触及戴震道德哲学的真谛。戴震论"心"既有"知"也有"情"，论"情"既讲自然情欲也讲道德情感。在戴震看来，人类顺承天地生生之德，在孟子"不忍人之心"这一纯粹内在的"反思性情感"自主驱动之下，通过"自求其情""以情絜情"和"情得其平"三个步骤，最终指向了"天下共遂其生""推诸天下万世而为准"的普遍正义状态。戴震道德哲学并没有将道德动机简单归结为情欲满足最大化，也没有将絜情工夫简单理解成功利的算计，因此看似是效益主义的，其实深具义务论特质。可试问，重情欲与重智识、"絜情"与"智照"这两种工夫又如何能够辩证地统一在同一套哲学体系当中？在戴震哲学的最高追求——"由自然归于必然"之理论架构中，自然（实然）又如何能够同时是必然（应然）的呢？本章拟围绕戴震哲学这一关键问题，对其絜情理论的整体建构作一最同情的诠释。

一 "合血气、心知为一本"的一本论

在戴震哲学体系中，"天道生生"、"道赅理气"等形上理论为其"理存乎欲"的理欲观提供了理论基础。[①] 在他看来，人是肉体与精神、感性与理性、情与理的统一体：有"血气"斯有"心知"，血气是心知的物质

---

① 参见孙邦金《乾嘉易学与新道论形上学之建构》，载《周易研究》2013 年第 6 期。

基础，心知是人的本质属性。一方面，基于先天血气材质，通过后天的学习不断提高，可以"学以进于神明"。另一方面，通过"心知"的培养，亦可以反过来变化气质，充分发挥血气材质之美。总之，血气与心知两者之间是一种交相并进的辩证统一关系，应该"合血气、心知为一本"①，不应该将两者割裂起来看。正如惠栋批评的那样，"后人以天人、理欲为对待，且曰天即理也，尤谬"②，超离血气而空谈心知，或者只谈血气而不论心知，都是割裂天人、理欲关系的"二本"之学，即片面的"有蔽"之知。

戴震认为，"人以有礼义，异于禽兽，实人之知觉大远乎物则然"③，后来对于心知能力的阐扬，对"不易之则"的追求，似乎达到了可以宰制甚至超克情感之自然倾向的程度，这多少让我们依稀看到了朱熹用"天理"对治"人欲"的影子。不过，认为"心，全天德，制百行"④ 和强调"情欲得其平"的戴震大概不会同意这一点。戴震对于心的道德情感与认知、情与理关系的哲学思考，其核心观点皆凝练在下面这一段话之中：

> 心知之自然，未有不悦理义者，未能尽得理合义耳。由血气之自然，而审察之以知其必然，是之谓理义；自然之与必然，非二事也。就其自然，明之尽而无几微之失焉，是其必然也。如是而无憾，如是而后安，是乃自然之极则。若任其自然而流于失，转丧其自然，而非自然也。故归于必然，适完其自然。⑤

此处的"自然"是指人的与生俱来的自然本性，既包括"血气"这一与生俱来的情欲需求，也包括"心知"的仁爱情感、辨别是非、区分美丑的材质性能。至于"必然"，戴震经常说"善，其必然也"，"理非

---

① 戴震：《孟子字义疏证》，第 172 页。
② 惠栋：《周易述》下册，中华书局 2007 年版，第 504 页。
③ 戴震：《孟子字义疏证》，第 191 页。
④ 戴震：《郑学斋记》，载《戴震全书》第六册，黄山书社 1995 年版，第 407 页。
⑤ 戴震：《孟子字义疏证》，第 171 页。

他，盖其必然也"① 与"善"和"理"的意思相近②。它非指自然因果规律意义上的必然性，而即指合目的、合理的道德理义，以及道德实践上不得不然的自律自为性。胡适当年解释得很好，"自然是自己如此，必然是必须如此，应该如此"③，类似于西方伦理学中"实然"与"应然"的对举。④ 不过，在戴震看来这两者不是割裂对立的，而是可以辩证统一的。由于"理义"在日常生活中经由"心知"而得来，而"心知"又内在于人的自然天性之中，因此由心知而得来"必然"（道德理义）并不是对"自然"（情欲需求）的违逆与超克，而是"由血气之自然"，"就其自然"，顺应人性之自然（情欲需求），并在心知的引导下达到"自然之极致"———一种情理兼尽的道德完满状态。"自然者，天地之顺；必然者，天地之常"⑤，血气与心知、情欲与理义皆是发自天性，归于天道。换言之，情欲与理义非截然对立之关系，不需要"以理夺情"或"舍情言理"⑥ 来实现一个至善的世界。

无论是欲望还是情感，作为生物进化意义上的人类自然需求，有先予以满足的必要性。这种被戴震称之为"达情遂欲"的生命冲动，"在天为气化之生生，在人为其生生之心"，既是宇宙生生不息之力量的源泉，也是人类生命力的最原始的表现。情欲需求在道德上不仅无可厚非，而且必先予承认情欲需求的道德正当性。正是在此处，戴震与宋明理学在"情欲"的定位上产生了明显分歧。戴震在《孟子字义疏证》中指出，"理也者，情之不爽失也，未有情不得而理得者也。"⑦ 也许我们可以想象"有情得而理不必得者"，却无法想象"有情不得而理得者"。日常经验告诉我们，即便是有时候不存在理性错误，我们的情感仍不予认可，因为它们是不道德而非不理性。我们似乎拥有一个比理性层次更具根源性的道德情

---

① 戴震：《戴震全书》第六册，黄山书社 1995 年版，第 86 页。

② 杨儒宾：《儒家的身体观》，台北：中央研究院中国文哲研究所 2015 年修订二版，第 403 页。

③ 胡适：《戴东原的哲学》，台湾商务印书馆 1963 年版，第 37 页。

④ 蔡家和：《戴震哲学的伦理义涵——从自然到必然如何可能》，载《鹅湖学志》2008 年第 41 期。

⑤ 戴震：《原善》，第 11 页。

⑥ 戴震：《孟子字义疏证》，第 155 页。

⑦ 同上书，第 152 页。

感（其实即同情）在起作用。① 戴震批评宋儒偏重理义而轻视人情，脱离情欲而空谈理义，导致了理义对于情欲的过分压制，有违于基本的人伦常道。特别是面对明清愚忠、愚孝、愚节等日益常见的伦理异化现象，戴震愤然指出，"今既截然分理欲为二，治己以不出于欲为理，治人亦必以不出于欲为理。举凡民之饥寒愁怨、饮食男女、常情隐曲之感，咸视为人欲之甚轻者矣。"② 戴震并没有将宋儒的"人欲"（不当的情欲）概念直接误读成正当的"情欲"而谬加批判，而是着重批判了当时社会"治人亦必以不出于欲为理"、正常的情欲需要"咸视为人欲之甚轻者"的道德强制和伦理异化现象。为此，他针锋相对地提出"体民之情，遂民之欲"的主张，认为"饮食男女，生养之道也，天地之所以生生也"③，"道德之盛，使人之欲无不遂，人之情无不达，斯已矣"④，他将情达欲遂这一民生问题视为最大之人道，表现出极大的人道关怀和现实批判精神。

戴震认为情欲皆发自天性以及"未有情不得而理得者也"等观点一出，就遭到了一些学者尤其是理学家的尖锐批评。例如，程瑶田（1725—1814）曾公开批评戴震"去私""去蔽"是"不知本"（天赋明德），"不知性善之精义"⑤。程晋芳（1718—1784）则认为，戴震"尊情为性"的主张流弊甚深，根本无法避免情得而理不得的情况："如吾情有不得已者，顺之勿抑之，则嗜欲横决，非始于情之不得已乎？匡张孔马怵于时势而诡随，马融蔡邕迫于威力而丧节，亦可以不得已谅之乎！"⑥ 程晋芳等人对情欲主义缺乏道德定准的批评是有道理的。可是，戴震并不是不清楚"若任其自然而流于失，转丧其自然，而非自然也"，情感偏私放失可能导致的道德困境有时甚至要比绝情禁欲、违拗自然天性更为可怕。他虽然反对朱熹"情根于性而主宰以心"的性体情用论，但是他在说情

① 参见［美］M. L. 弗雷泽《同情的启蒙——18 世纪与当代的正义与道德情感》，胡靖译，译林出版社 2016 年版，第 7—8 页。

② 戴震：《孟子字义疏证》，第 217 页。

③ 戴震：《原善》，第 27 页。

④ 戴震：《孟子字义疏证》，第 197 页。

⑤ 程瑶田：《论学小记·诚意义述》，载《程瑶田全集》，陈冠明等校点，黄山书社 2008 年版，第 31—32 页。

⑥ 程晋芳：《正学论》二，载《勉行堂文集》卷一，《清代诗文集汇编》第 343 册，上海古籍出版社 2010 年版，第 439 页。

欲是性的同时还强调"人能明于必然"的"心知"这一本质属性，况且他所说的"情"也不只有"情欲之情"这一种含义。① 为了避免情得理不得的情况，戴震提出了"解蔽斯能尽我生"② 的口号，坚持将感通移情与理性照察结合起来并且贯彻到底。只是在情欲与理义的先后次第关系上，戴震认为理义是通过人情之正来规定的，而宋明理学则通常认为情欲是通过理义之正来规定的。双方对理义、情欲等概念的本末轻重既不同，其理论建构遂相去甚远。③

戴震主张生生不息之天德内在于人性，而有以情絜情之同情心（仁心），再加之理智的照察和规范，实现全人类的普遍幸福。戴震的伦理学实际上是"将人的本质置放在一种交感性的血气、心知上，并在此血气、心知上建立一种絜情的人伦之道。血气与人伦的双重性不但构成了人的本质，它也构成了群体共享的道德基础。"④ 总之，人心会表现出怀生畏死、趋利避害的"血气"之情欲需求，也会表现出人人达情遂欲、互不侵害的"心知"之理性要求，问题是二者如何能够不冲突而相互配合，既"欲而无私""情得其平"，又"知而无蔽""容光必照"，实现至善。为此，戴震提出了一套逻辑绵密的絜情理论。

二　"情"之两层含义："情欲之情" 与"絜情之情"

在《原善》中，戴震对于人类种种情感表现作了非常细致的现象学描述。诸如"喜怒哀乐，爱隐感念，愠悁怨愤，恐悸虑叹，饮食男女，

①　儒家通常有四端与七情的明确区分。明清之际，与蕺山的人情与性情之区别相类似，船山也有过情欲之情与性情之情的区分："慕天地之大而以变合以无害也，视情为善，则人极不立矣。"此情显非指恻隐之同情，而是指情欲之情。（参见王夫之《船山全书》第六册，岳麓书社1991年版，第1072页）

②　戴震：《沈处士戴笠图题咏序》，载《戴震全书》第六册，黄山书社1995年版，第396册。

③　参见郑宗义《明清儒学转型探析——从刘蕺山到戴东原》（增订版），香港中文大学出版社2009年版，第326页。

④　杨儒宾：《异议的意义——近世东亚的反理学思潮》，台大出版中心2012年版，第271页。

郁悠戚咨，惨舒好恶"①，等等，不一而足。其中，"饮食男女"显是指生理欲望，而"惨舒"是指身体欲望满足与否所产生的痛苦与快乐；"愠懆怨愤，恐悸虑叹"现在多归于心理情绪；剩下来的"喜怒哀乐"，再加上"爱隐感念""好恶"等，类似于我们现在所说的"七情"，即通常所说的主观心理感受和道德情感。令人遗憾的是，以思想清晰著称的戴震却浑沦地谈情欲和道德情感，没有对上述现象作出进一步的分类，给我们判断不同性质的情感现象带来了一定困难。如果按照戴自己"人生而有欲，有情，有知。三者，血气心知之自然"②的说法，上述描述既有欲有情也有知；如果按照其人性"血气"（欲望）、"心知"（情感加理性）的两分法，上述欲望和情感现象既有大都属于血气—感性层面，也有心知—理性的成分。"一以身以譬之，有心，有耳目鼻口手足须眉毛发，惟心统其全"③，情感反应既有肉体层面的，也有心灵层面的。其中，戴震与生理欲望相提并论（达情遂欲）的"情"，基本上指一种与生理欲望同处于感性层次的心理感受及其反应，亦即是喜、怒、哀、乐等通常与"道德情感"相对称的"自然情感"。

除了"情欲之情"之外，戴震似乎更为看重与肉体（"耳目百体"）之"欲"有别的"心"之"情"，即指爱、恶等情感认可或不认可的道德情感。戴震在谈情欲满足的时候同时要求做到"欲而不私"，既要考虑到自身情欲需求的正当性，也要考虑并满足他人同样情欲需求的公平性。正所谓"在己与人皆谓之情，无过情无不及情之谓理"④，理义不外乎人情，只是保持情无失无偏无私、恰当好处的原则规范罢了。当戴震为了达到"情得其平"而采取"以己之情絜人之情"的絜情举动时，顺遂自己情欲需求的同时又能够感受到别人的感受和需求时，此"絜情之情"已不是一己之私情，而是一种具有普遍性的道德情感——拥有道德互动与推扩功能的"同情"（sympathy）。更准确地说，对他人所处情境及其情感进行想象与感同身受的移情能力——"共感"或"共情"（empathy）。在

① 戴震：《原善》，第15页。
② 戴震：《孟子字义疏证》，第197页。
③ 戴震：《答彭进士允初书》，载《戴震全书》第六册，黄山书社1995年版，第357页。
④ 戴震：《孟子字义疏证》，第153页。

美国当代情感主义者 M. 斯洛特看来，正是这种共感"构成了道德赞许或谴责的核心或基础"①。

　　人人都有自爱之情，可是我们为什么需要设身处地，为什么甘愿感同身受，把别人的"惨舒"尤其是痛苦看成是我们自己的痛苦呢？这种从孟子"恻隐之心"化来的深层而纯粹（无偏失的）道德同情，有点类似刘宗周与"人情"相对而言的"性之情"，与戴震所描述的诸种情欲之情虽然同样具有先天自然特征，却是有本质区别的。如果有人认为孟子所说的恻隐之心，它作为一种仁爱之心，既是一种道德情感也是人类的天然本性，是情亦是性，戴震大概没有理由反对，只会由衷地表示赞成。可很特别的是，戴震并不同意朱子将孟子"四心"认作是情、将仁义礼智认作是性的性、情二分理论②，明确指出孟子的"四心"乃"谓之心，不谓之情"③。在朱子哲学中，情、性之间是一种"性是体，情是用"（《朱子语类》卷九十八）的体用关系。朱子的"性体情用"论虽然十分经典，但是历来招致不少非议。④ 首先，按照"一字之义当贯群经"的训诂学原则，仅从字面上理解，孟子"四心"乃是指恻隐、羞恶、辞让与是非之"四心"，当然不能直说是"四情"。其次，"四心"之中，恻隐之心、羞恶之心、辞让之心和是非之心虽说都是人心先天具足的原初性能，但是前两者偏道德情感，后两者则偏道德认知，因此"举理，以见心能区分；举义，以见心能裁断"⑤，"四心"是既有情又有知、仁智兼备的道德心，

---

① Michael Slote. *Moral Sentimentalism*. London：Oxford University Press，2010，p. 34.

② 朱熹在《四书章句集注》中提出自己的情、性二分及其心统性情论："以仁义礼智为性，恻隐、羞恶、恭敬、是非为情也。仁义礼智，性也。心，统性情者也。"

③ 孟子"四心""四端"是情还是性，历来有争论。例如王夫之认为，此四心、四端"明是说性，不是说情。仁义礼智，性之四德也"（王夫之《船山全书》第六册，岳麓书社 1991 年版，第 1064—1065 页），明确反对朱子将四端解释为四种道德情感。这充分体现船山以性节情的情性关系论："不贱气以孤性，而使性讬于虚；不宠情以配性，而使性失其节。"（《船山全书》第六册，岳麓书社 1991 年版，第 1068 页）最好的解释是，四心既是性也是情。理由是心不单纯是性也不单纯是情，但心既含具性也含具情，是性与情的浑沦。（参见蔡家和《王船山〈读四书大全说〉》，台湾学生书局 2013 年版，第 24 页；曾昭旭《王船山哲学》，里仁书局 1983 年版，第 191 页）

④ 对于朱子的"性发为情"的性体情用论，黄宗羲有过批评："是故性、情二字，分析不得，此理气合一之说也。体则情性皆体，用则情性皆用，以至动静已发未发皆然。"（《黄宗羲全集》第一册，浙江古籍出版社 2005 年版，第 136 页）

⑤ 戴震：《孟子字义疏证》，第 153 页。

不好笼统地都归属于道德情感范畴来理解。最后，更为根本的，从逻辑上讲，既然"四心"是情，仁义礼智是性，那么"四心"作为仁义礼智的"四端"，性生于情，情似乎更具有原初性、先在性和生成性的本体地位才是。原先视为洪水猛兽的"情欲之情"，以及受此连带被压制的"絜情之情"，到了戴震这里以达情遂欲之名被解放，地位大大提升。相应地，就难怪乎朱子的性（理）体情用论被戴震批评为"舍情求理，其所谓理无非意见也"。

至于如何絜情而去私，全其生生之仁心、仁德，戴震提出了"以情絜情"以去其私的三个步骤：一是"使人自求其情"，发扬为仁由己的道德自由精神，避免道德强制的可能；二是以"以我之情絜人之情"，遵循无偏无私的公平原则，避免由于远亲近疏而可能造成的偏私；三是"推诸天下万世为准"，通过仁、智、勇的综合运用达到普遍正义状态。

三　"使人自求其情"的反身性原则

在戴震看来，"使无怀生畏死之心，又焉有怵惕恻隐之心？"① 如果自身麻木不仁，缺失了自身道德情感意向这一参照系，是难以设身处地为他人着想的。可是"昔人知在己之意见不可以'理'名，而今人轻言之。今使人任其意见，则谬；使人自求其情，则得"②。戴震结合孔子的"恕"道、孟子的"反身而诚"和《大学》中的"絜矩之道"提出了自己"使人自求其情"的原则方法。即便是智者或圣人，在既没有明白事物之原委，又没有设身处地的"自求其情"，而仅仅依据现成的道德规范甚至教条来给出道德方案，是很难避免"不知事情之难得，是非之易失于偏"的偏颇臆断的。只有每个人都能够发挥自身的道德主体性，在"自求其情"的基础之上再"以情絜情"，才能够摆脱对所谓"天理"的独断和盲从。此正所谓："惟以情絜情，故其于事也，非心出一意见以处之，苟舍情求理，其所谓理无非意见也。未有任其意见而不祸斯民者。"③ 此处的

① 戴震：《孟子字义疏证》，第 184 页。
② 同上书，第 154 页。
③ 同上书，第 155 页。

"舍情求理"，是特别针对朱子"（理）如有物焉，得于天而具于心"的批评。在区分和裁断理义的道德理性能力上，戴震对于"众人所共推为智者"甚至"圣人"皆抱有不同程度的怀疑。一个人的道德感知能力或高或低，道德知识或多或少总是有所偏差，这虽然是一个事实，但这并不意味着一般庸众就无须运用"自求其情"（有如孟子的"求其放心"）的能力，丢掉自己本有主动的道德自主性，而去被动地遵从一个智者或圣人的指示去行动。况且一个道德规范必须经由众人的自觉与认可方能成为普遍性的行为准则，绝不能因为一个"智者"或"圣人"所言就拥有了毋庸置疑的合法性。戴震要求反身而诚，自求其情，先得出一个真诚恻怛的道德情感为理义之起点，其意义在于"要求人类从自由具体的感性生活中，从自己自由的社会实践中抽象出维护人的自由，更好地实现人的自由本性的道德、伦理，而不是把历史上的道德、伦理作为教条束缚人与时俱进的自由本性"①。"自求其情"作为普遍而首要的主体存在与道德实践原则，无论对于愚夫愚妇还是对于圣贤明哲都是同样适用的，这充分彰显出戴震道德哲学所饱含的平民意识与自由精神。

在此还需要辨析的是，戴震的"自求其情"的意思并不是指追求自己情欲需求的满足，并不是指人人为我式的自爱，而是结合自身已有经验去想象处在一定情境之下他人的身心感受。这显然不是一种自私自利的道德本能或直觉，而是一种包含"反思性自主"精神在内的"反思性情感"。② 这种把自身感受当作反思对象而非满足对象的反思性情感，并不一定是自身亲身经历过的，其强烈程度皆可能有所不同，但是与人己之间的真实感受是可以大致保持一致的。孟子说"万物皆备于我矣。反身而诚，乐莫大焉。强恕而行，求仁莫近焉"，戴震的"自求其情"就是"反身而诚"。其情感动机与其说是为了他人和公众最大利益的满足，不如说是"不忍人之心"的内在要求而对他们情感予以认可或不认可的同情。因此戴震的伦理学看似是追求外在权益最大化的功利主义，其实把内在良心自我要求的道德义务视为更为根本的道德动机。

---

① 吴根友：《分理与自由——戴震伦理学片论》，载《哲学研究》1999 年第 4 期。

② ［美］M. L. 弗雷泽：《同情的启蒙——18 世纪与当代的正义和道德情感》，胡靖译，译林出版社 2016 年版，第 1—7 页。

四 "以我之情絜人之情"的公平原则

英国近代学者乔瑟夫·巴特勒曾指出，"仁爱与自爱不是同一回事，但这不是对仁爱心存偏见的理由。我们通过一些原则（如仁爱）可以实现自爱，然而这些原则并不是自爱本身。"[①] 戴震说一己的达情遂欲，当然属于自爱层面，然而当一个人通过自求其情来设想别人所处情境下自己的感受时，这已经不是单纯的自爱了。戴震清楚地认识到自爱与仁爱的区别：

> 人之生也，莫病天无以遂其生。欲遂其生，亦遂人之生，仁也。欲遂其生，到于戕人之生而不顾者，不仁也。[②]
>
> 仁者，生生之德矣，民之质矣，日用饮食，无非人道之所以生生者。一人遂其生，推之而与天下共遂其生，仁也。[③]

"一人遂其生"是自爱，而"遂人之生"、"天下共遂其生"才是仁爱。人人都有遂己生生之权利，然而人人亦都有遂人生生之义务。为了从"欲遂其生"推扩到"亦遂人之生"，"与天下共遂其生"，戴震接着提出了第二个道德实践原则，即"以我之情絜于人之情"的公平原则。戴震说：

> 凡有所施于人，反躬而静思之："人以此施于我，能受之乎？"凡有所责于人，反躬而静思之："人以此责于我，能尽之乎？"以我絜之人，则理明。天理云者，言乎自然之分理也；自然之分理，以我之情絜人之情，而无不得其平是也。[④]
>
> 《大学》"絜矩之道"，不过"所恶于上，毋以使下"云云，曰

---

① J. Butler（乔瑟夫·巴特勒），*Five Sermons Preached at the Rolls Chapel and A Dissertation Upon the Nature of Virtue.* Edited by Stephen L. Darwall. Indianapolis, Ind. Hackett, 1983, p. 251.

② 戴震：《孟子字义疏证》，"理"条。

③ 同上书，"仁义礼智"条。

④ 同上书，第152页。

“所不欲”、曰“所恶”，指人之常情不堪受者耳。以己絜之人，则理明。①

无论是“所施于人”还是“所责于人”，皆需要“反躬”——其实即是“自求其情”为前提。如果通过反躬自问、自求其情得出了自己“所不欲”“所恶”等“人之常情不堪受耳”的情感意向，那么就不应强加给别人。亚当·斯密在其《道德情操论》中指出，“一个人永远不该偏私，将自己置于他人之上，通过损害他人的利益来获利，哪怕自己的获得远远高于对他人的损害。”将人、己之情两相对照以求其平恕的絜情原则，其实从孔子“己所不欲，勿施于人”的“忠恕之道”和《大学》里的“絜矩之道”化来的。如果你不想别人如此对待你，则你就不应该如此对待别人。② 这一原则不仅是儒家伦理的基本原则，也成为当代全球伦理对话中的金律，戴震显然也认识到了这一原则的伦理学意义。

不过，在对絜矩之道的众多研究成果中，不少人批评其尚不足以成为一个绝对普遍的原则。戴震的絜情原则被指有一个明显的理论漏洞，即“欲出于性，一人之所欲，天下人之同欲也”③ 这一前提并不具有普遍必然性。即便是自己“所欲”“所好”，抑或“不欲”“所恶”皆是经过“自求其情”的结果，但是它们就一定能施于人、责于人吗？毕竟我们可以说“人是同有欲的”，但不能说“人是同所欲的”。④ 每个人都有情欲需求不假，人与人之间的情感意向在大多数情况下也可以是一致的，可是情欲取向和趣味难免不尽相同，仍不能保证道德情感好恶意向及其程度上的一致性，仍无法避免在絜情过程中会发生想当然的误会。此即焦循所说的，“不能以己之性情例诸天下之性情，即不得执己之所习、所学、所知、所能例诸天下之所习、所学、所知、所能。”⑤ 由于情感取向的个体

---

① 戴震：《与段玉裁第九札》，载《戴震全书》第六册，黄山书社1995年版，第541页。
② 在近些年来有关全球伦理讨论中，“己所不欲，勿施于人”被当作一种“金规则”或底限伦理。不过，西方道德哲学传统中，金律的标准表述通常是“你要别人怎样对你，你就怎样对待别人”（马可福音7.2），亦即欲人施诸己，亦施于人。
③ 戴震：《孟子字义疏证》，第152页。
④ 容肇祖：《戴震说的理及求理的方法》，载容肇祖《容肇祖集》，齐鲁书社1989年版，第689页。
⑤ 焦循：《一以贯之解》，载《焦循诗文集》，广陵书社2009年版。

差异性、社会历史环境差异性等原因所导致的移情障碍，主要表现为两个方面：一方面，"己所欲"须有"人亦有欲"这一条件，不然自己的"偏好""偏爱"等越俎代庖式的善意之举易导致一种道德强制；另一方面，"己所不欲"须有"人亦不欲"这一条件，否则由于自己的"无感""无情"而造成道德冷漠。当然，这不是说以情絜情这个原则是全然错误的，只是说它存在漏洞和缺环，需要一定的条件限定方为普遍有效。① 在具体道德实践过程中，可以辅助以交流彼此的真实感受，尊重絜情对象的知情权，征得对方的同意权等理性规范工夫"去蔽"，避免善意的道德强制和无意的道德冷漠等局限。

笔者认为，戴震本人不仅已经意识到其第二个絜情原则有缺环之处，还进一步认识到即便是满足了絜情对象的知情权和同意权，仍有可能造成不同程度的人道困境。戴震激烈批评的"以理杀人"，就是在礼教成为自觉的伦理异化情境中人们"同所欲"的共谋行为。为了保证在絜情过程中情欲需求的正当性，戴震又提出了第三个道德实践原则——"推诸天下万世而为准"作为终极性原则。

五　"推诸天下万世而为准"的普遍正义原则

戴震依絜情而推扩的最终目的，指向于人人皆能够情达欲遂的王道理想状态。如果絜情之举达不到"情得其平"，还存在道德亏欠或强制现象，道德情感的"平情"要求绝不会停止。可是"情得其平"的标准又如何确定呢？答案是"中节之为达道，纯粹中正，推之天下而准也"。② 戴震认为，不能以一人、一时、一地为准，甚至也不能某一社会最大多数人的最大顺遂为准（历史上极端颠狂之年代并不难想象），必须"推诸天下万世为准"！必须"极之当世与千古而无所增，穷居一室而无所损"！东原说："一人以为然，天下万世皆曰'是不可易也'，此之谓同然。"③

---

① 郑宗义对于戴震此处的理论缺环作推论与补充。参见郑宗义《明清儒学转型探析——从刘蕺山到戴东原》（增订版），香港中文大学出版社 2009 年版，第 347—348 页。

② 戴震：《孟子字义疏证》，第 200 页。

③ 同上书，第 153 页。

戴震所谓的"心之同然",不仅是指一己自身内部的道德同情与感通,还指具体历史情境下的人际之间"相偶性"互动①。虽然一时一地很难完全避免道德冷漠或强制现象,不过戴震相信人们通过长期的互相体认是可以最大限度地了解对方的真实情欲需求的,并避免絜情过程中对他人的误读和强制。可以说,在具体时空情境下的公平絜情原则最终上升为一个必然的"不易之则"——类似于今天政治道德所讲的"普遍正义"原则,以此作为由自然通向必然至善的桥梁。正所谓"尽夫义命之不可已,而不慊吾志也"②,应该说"普遍正义"而非"达情遂欲"才是戴震伦理学的最高追求。

正是为了避免絜情之后仍旧可能存在的偏失,保证实现"尽得理合义"的普遍正义,曾经宣示"理性乃情感之奴隶"的休谟也设想应该有一个超脱个人局限的"普遍视角"。亚当·斯密基于对普遍正义的追求,也认为同情推扩到最后也必须向一个"内在的、想象的公正审视者求助"③,以免情得而理不得。戴震清楚地意识到,"欲不患其不及而患其过","(情)未当也,不惟患其过而务自省"④,道德情感"未有不悦于理义者,未能尽得理合义耳"。这不是絜情理论的基本原则不正确,只是还不够好,"未能尽得合义耳",要实现"推诸天下万世为准"的普遍正义还需要很长的路要走。按理来说,只有合乎平情要求并且通过理性审查、摆脱了个体差异性和社会历史环境差异性局限的道德理义,才能成为道德推扩的普遍法则。正如戴震自己说的那样,"智也者,言乎其不蔽也;仁也者,言乎其不私也;勇也者,言乎自强也","道责于身,舍是三者,无以行之矣。"⑤ 除了仁心的移情感通之外,"智"与"勇"则是实现普遍正义另外两个不可或缺的要素。

---

① 参见杨儒宾《异议的意义——近世东亚的反理学思潮》,黄山书社1995年版,第358页。

② 戴震:《沈处士戴笠图题咏序》,载《戴震全书》第六册,黄山书社1995年版,第394页。

③ 〔美〕M. L. 弗雷泽:《同情的启蒙——18世纪与当代的正义和道德情感》,胡靖译,译林出版社2016年版,第120页。

④ 戴震:《答彭进士允初书》,载《戴震全书》第六册,黄山书社1995年版,第359页。

⑤ 戴震:《孟子字义疏证》,第209页。

"智也者，其仁之藏乎"①，"所谓善，无他焉，天地之化，性之事能可以知善矣"②，"小之能尽美丑（有时用"美恶"）之极致，大之能尽是非之极致"，戴震屡屡谈及"容光必照"的理智照察工夫的重要性。焦循后来将其精义概括为"能知故善"。仁心虽然具有道德情感的感通和移情能力，但在具体实践过程中还需要道德理性的照察、审辨与裁断，确立仁、义、礼、智等具体道德规范，即"理义非他，所照所察之不谬也。何以不谬，心之神明也"，"尽夫情欲之微而区以别焉"③。在絜情推扩的过程中，"如日月有明，容光必照，则圣人矣"，任何既有的社会道德规范（知识）都应经过理性尤其是价值理性的审查。一方面，"智足知飞走蠕动之性，以驯以豢；知卉木之性，（生生以息），良农以时刈，良医任以处方"④，运用工具理性可以更为明智地选择道德实践的手段和方法。不然，以道德代替知识，往往仁心越是泛滥越是适得其反。另一方面，"凡人行一事，有当于理义，其心气必畅然自得；悖于理义，心气必沮丧自失。以此见心之于理义，一同乎血气之于嗜欲，皆性使然耳。"⑤ 道德心在发动过程中，价值理性会相应地表现出"畅然自得"与"沮丧自失"两种截然不同的道德情感意向。只有达到"悦者必其至是者也"⑥ 的情理兼尽，具备了"不惑乎疑似，不滞于习闻"⑦、"能不惑乎所行"⑧ 的主宰与规范能力，才不会一味地被情欲牵着鼻子走，才可以实现"如是而无憾，如是而后安"的心安理得之境地。正所谓："居之安、资之深，取之左右逢其源，我之心知极而至乎圣人之神明矣！"这也即是儒家所谓的"发乎情，止乎礼"的"发而皆中节"、"止于至善"之状态。反之，道德目的之正当性，手段之合理性，仁、义、礼等既有规范，哪一样通不过道德情感与理智的双重审查，都可能会陷仁心于不仁、不义之"不悦"

---

① 戴震：《原善》，第 10 页。
② 同上书，第 9 页。后来焦循曾将其归纳为"能知，故善"。（参见焦循《性善解三》，载《焦循诗文集》，广陵书社 2009 年版，第 159 页）
③ 戴震：《答彭进士允初书》，载《戴震全书》第六册，黄山书社 1995 年版，第 359 页。
④ 戴震：《原善》，第 16 页。
⑤ 戴震：《孟子字义疏证》，第 158 页。
⑥ 同上书，第 156 页。
⑦ 同上书，第 198 页。
⑧ 同上书，第 183 页。

或"不是"境地。

当然，"德性始乎蒙昧，终于圣智"，情理融贯的德行有如身体一样，有一个从幼稚到成熟的发展过程。"学以牗吾心知"（《与某书》），"学问犹饮食"，学习对于促进人的知识理性与道德理性成熟很重要，此谓"德性资于学问"。然而这种能力不是生来就有的，需要经过一个漫长甚至痛苦的学习、磨炼过程所造就的。戴震相信，经过对道德"理义"（道德原则与价值标准）、"条理"（礼仪规范）的不断学习和反思抉择，"虽愚必明"，最终道德理性能力会渐趋于成熟，会从道德蒙昧状态走向道德的自觉、自律和自由状态。当一个人"尽美丑之极致"与"尽是非之极致"①时，才会有良善的道德结果可期。反之，对于一个无法分辨好恶与是非的人而言，任其自然情欲而流于放失，既无真正的道德可言，其道德行为之结果恐怕也是凶多吉少。

虽然说"语德之盛者，全乎智仁而已矣"，但戴震也意识到除了情感与理性因素之外，普遍正义的实现还需要道德意志的决断和果行的勇气，即"益之以勇，盖德之所以成也"②。遗憾的是，戴震在其晚年《孟子字义疏证》中才开始谈"勇"德，并着手处理仁、智、勇三者如何配合的问题，还未进一步展开就英年早逝了。劳思光先生痛批戴氏对"主宰义"和"自由义"之"意志"问题全无了解，③ 显是过论。

六　从"共遂其生"到"得理合义"
的义务论特质

戴震认为人性的具体内涵有欲、情、知三个基本要素，其中人性之"心知"部分，既是先天本有道德推扩的同情心，亦是"未有不悦于理义者"的同理心，是仁与智（后来还包括勇）的统一。在从自然而必然的过程中虽"未能尽得理合义耳"，但心知经由"以情絜情"可以"情得其平"而去其偏私；经由不断学习和事中磨炼可以养成智慧去其蔽障，依

①　戴震：《孟子字义疏证》，第 197 页。
②　同上书，第 205 页。
③　劳思光：《中国哲学史》三下，台北：三民书局 2012 年版，第 787、816 页。

循普遍正义的"不易之则"（道德原则）辨析美丑、是非和善恶；再"益之以勇"而"德之所以成"，三者相互配合，最终使"得理合义"的普遍正义原则能够底定。此心知之于情感感通能力、理义规范能力、道德人格之展现，亦是天道有条不紊之和谐在人类身上之绽放，因此不必要以理夺情①去空守一个理义的世界，而至"体民之情，遂民之欲"的人道关怀暗而不彰。为了贯通生生之天道与达情遂欲之人道，顺承天地生生之德实现"天下共遂其生"的道德目标，戴震并没有把道德行为准则归结为公众利益最大化，而是出于"不忍人之心"的深切同情与公平絜情要求，推诸天下万世为准，最终上升到"尽得理合义"的普遍正义状态。因此戴震的伦理学看似是功利主义的，其实是深具义务论特质的。

1714 年，比戴震稍早的一个叫曼德维尔（1670—1733）的荷兰人，写了一本书题为《蜜蜂的寓言——私人的恶德，公众的利益》，书中描绘了一个"细看个人皆是邪恶附体，聚焦成众之后却成福地"的自私自利却一片繁荣的社会景象。② 后来经由 1776 年亚当·斯密的《国富论》等经典理论化之后，"自私"的人性论便成为一个西方经济、政治和社会各领域的一个通行假设。这里不是说自私的后果不是无害，而是人们在趋利避害的理性选择下结果通常会利大于弊。当然在某些条件下，自私的选择是可以让人毁灭的。更为准确地讲，戴震所说的达情遂欲，并非以一己情欲之满足为善为理义，而是一种人道的普遍实现。它类似于现代西方德性伦理学所说的"幸福"（happiness）或"顺遂"（human flourishing）③，更接近于追求幸福的德性伦理学④，究竟与功利主义不相侔。双方的理论分歧十分明显：第一，在本体论层面，戴震有对生生之天道/天德有形上关

---

① 关于存理夺情，朱子《四书章句集注》有云："孟子固时君之问，而剖析于几微之际，皆所以遏人欲而存天理。"

② ［荷兰］伯纳德·曼德维尔：《蜜蜂的寓言——私人的恶德，公众的利益》，肖聿译，中国社会科学出版社 2002 年版。

③ 参见［美］A. 麦金泰尔（Alasdair MacIntyre）：《追求美德》（After Virtue: A Study of Moral Theory）序，宋继杰译，译林出版社 2003 年版。

④ 虽然康德曾指出，亚里士多德将道德建基于幸福，无异于一种道德的安乐死。李明辉认为在义务论与目的论两大类型的伦理学之间，德行伦理学根本没有提出令人信服的说明。［参见李明辉《再论儒家、康德伦理学与德行伦理学——评唐文明的〈隐密的颠覆〉》，《台湾东亚文明研究学刊》2015 年第 12 卷第 2 期（总第 24 期）］

怀或承诺，深具天道一体之仁的觉情；第二，最关键的是，在人性论上，戴震坚持以儒家的性善论为理论基础，而没有直接以自私、自利的人性本恶为其理论出发点。戴震主张生生不息之天德内在于人性，而有以情絜情之同情心（仁心），再加之理智的照察和规范，实现全人类的最大幸福。戴震的伦理学实际上是"将人的本质置放在一种交感性的血气、心知上，并在此血气、心知上建立一种絜情的人伦之道。血气与人伦的双重性不但构成了人的本质，它也构成了群体共享的道德基础"①。

以今观之，戴震哲学也许只是揭示或者说恢复了两个简单的常识：一是有血气而后有心知，情欲需求是人类本能需求，自然而正当，勿需对其道德过敏。当然亦不能任其偏私放失。二是指出人的本质属性是心知而非血气，尤其是"未有不悦于理义"的"心知"能力。人不是先有道德理义而后才有道德情感与理性，而是有了道德情感和理性才会有道德理义，才会有对于达情遂欲过程的约束规范。正所谓"理也者，情之不爽失也；未有情不得而理得者也"，道德理义作为"自然之极则"，始终是贯穿或围绕着"共遂其生"之人道目的而发动的，而非虚玄莫测"有如一物焉"。说到底，戴震的道德哲学就是"反身平情""共遂其生"并最终"得理合义"的一套极高明而道中庸的常道伦理学，饱含人道关怀和生活气息。他要求情理兼尽、会通孟学与荀学的哲学诉求总体上能够自成一家之言，不仅在乾嘉道德异化时代尤见其卓识，亦是明清以来中国思想界不可多得的儒学新诠。

---

① 杨儒宾：《异议的意义——近世东亚的反理学思潮》，台大出版中心 2012 年版，第 271 页。

第 五 章

王鸣盛的经学考证与史学理论

在传统四部之学中，经学是主流，史学叨陪次席，呈现出一种以经学为主、史学为辅的格局，而史学学者的治学道路也通常表现出由经入史的共同特点。在惠栋、戴震等的经学考证与诠释之外，乾嘉学术界还涌现出了以钱大昕、赵翼和王鸣盛三人为代表的乾嘉历史考证学派，长期致力于校订史籍文本、编排史料、考论史实等工作，对于廓清、夯实中国史学之基础功莫大焉。乾嘉考证史学在史学理论、研究内容、研究方法和整体风格上表现出其别具一格的特质，出现了王鸣盛《十七史商榷》、钱大昕《廿二史札记》和赵翼《廿二史札记》等一大批影响当时、传诸后世的众多考论精审的史学著作，堪为乾嘉学术中的一门绝学，而且在整个中国史学源流之中也足成一军。它作为乾嘉学术的重要组成部分，显然受到经学考证风气的直接影响，反过来又助推了乾嘉学风不断向考据、实证方向移动。我们有理由认为，如若没有乾嘉考证史学的参与，乾嘉儒学之治学范围、成就与影响无疑会大打折扣，时代学风难以发生整体性移易之现象。

可是，乾嘉学界史学异数章学诚却直言："整辑排比，谓之史纂；参与检讨，谓之史考，皆非史学"①，批评的矛头直指当时风行"史纂""史考"的乾嘉历史考证学派。② 章学诚这一讥评影响很大，几成后世定论。现在看来，乾嘉考证史家之所以群体性地甘心皓首于"史纂""史考"之学中而对于哲学"义理"和道德"褒贬"少加问津，其背后其实都自觉或不自觉地隐藏着一套在无形中起支撑作用的价值标准和历史哲

---

① 章学诚：《浙东学术》，载叶瑛校注《文史通义校注》，中华书局 1985 年版，第 524 页。
② "乾嘉考证历史学派"提法，可参见杜维运《清代史学与史家》，中华书局 1988 年版。

学。虽然，清儒对此一历史形上学回答因人而异，或多或少，或显或隐，或清楚或模糊，但总体上都持有一个不言自明的价值立场和治学态度。我们现在需要补白的是，乾嘉史学家所坚持的这套不言自明的史学理论或哲学依据到底是怎样的？本书拟用两章内容分别发掘王鸣盛、赵翼史学（兼及钱大昕）研究背后的历史哲学思想，从中管窥乾嘉史学较之前代史学所表现出来的由主观转而客观、由重褒贬转而重事实的这一重大思想异动与时代特征，并重估章学诚当时对乾嘉考证史学的讥评。

本章先谈王鸣盛。王鸣盛（1722—1798），字凤喈，一字礼堂，别字西庄，晚号西沚。23 岁入苏州紫阳书院肄业，33 岁时以一甲第二名进士及第，累官侍读学士、内阁学士兼礼部侍郎、光禄寺卿。42 岁时，因母丧丁忧后不复出仕，后移居苏州，晚年致力于学术研究与写作。生平可见钱大昕《西沚先生墓志铭》及王昶《王鸣盛传》。其《蛾术编》纂成之后，王鸣盛在该书的跋里不免自负地说："我于经有《尚书后案》，于史有《十七史商榷》，于子有《蛾术编》，于集有诗文（受苏州紫阳书院院长沈德潜影响，编有七子诗选十四卷，为江左七子之一），以敌弇州（明王世贞）四部，其庶几乎？"[1] 王鸣盛漫汗四部，著作等身。在经学方面，主张恢复郑学，当为"吴派"考据学后劲；在小学方向，文字宗《说文》，音韵主《尔雅》；在史学方面，又熟练地运用了其文字音韵学、目录学、金石学等手段考证史籍，不尚议论褒贬，成为乾嘉历史考证学三大家之一。但是王鸣盛自视甚高，好辩论，爱翻案，观点鲜明甚至极端，颇具争议性。相对于钱、赵二人，王鸣盛的史学成就虽然得到了学界的认可，但对三大师中王氏史学思想的研究却最少，尚显薄弱。

一　经学考证中的崇郑立场与泥古倾向

王鸣盛认为，"经以明道，而求道者不必空执义理以求之，但当墨守汉人家法，定从一师而不敢他徙"[2]，一直强调"治经断不敢驳经"的尊经立场。不仅如此，他同时还认为"尔雅与说文皆斯文之幸存者，不可

---

① 沈懋德：《蛾术编》跋，载王鸣盛《蛾术编》，商务印书馆 1958 年版，第 33 页。

② 王鸣盛：《十七史商榷》自序，上海书店出版社 2005 年版，第 2 页。

驳也"①，连同治经的工具书也十分尊崇不疑。王鸣盛不假思索地就一味地崇郑和泥古，是王鸣盛治经的主要特点，也是其主要缺点。

（一）"惟郑为是，诸家皆非也"的崇郑立场

王鸣盛在《后案》全书伊始即指出，"尚书后案何为作也，所以发挥郑氏康成一家之学也"，"予于郑氏一家之学可谓尽心焉耳矣"。他认为，古文尚书三十四篇（郑注三十四篇，是于伏生今文尚书二十九卷之中分出盘庚二篇、康王之诰以及泰誓三篇，共计 34 篇）"自安国递传至卫宏、贾逵、马融及郑氏皆为之注，王肃亦注之，惟郑师祖孔学，独得其真"。可惜的是，三十四篇汉注不传于今。"自宋至明，攻诋郑学者遍天下，故辨孔之伪者有之，而识郑之真者则无之。"因此，王鸣盛重疏《尚书》一般以郑注为准，正所谓："惟郑为是，诸家皆非也。"② 他后来在《蛾术编》中"说人"部中专列有两卷赞述郑玄一人，对于郑玄的重视由此可见一斑。

那么，又用什么方式来注疏《尚书》以呈现郑注原貌呢？王鸣盛说："予遍观群书，搜罗郑注惜已残阙，聊取马（融）王（肃）传疏益之。又作案以释郑义，马王传疏与郑异者条晰其非，折中于郑氏。名曰'后案'者，言最后所存之案也。至二十五篇则别为《后辨》附焉。"③ 他采用了以下体例来恢复郑氏尚书学的原貌：①用直接在经文之后加案语的方式，以说明经文某些用字的形、音；②罗列出收集到的郑氏注疏，并通常以马、王注疏为补充；③再加以自己的案语以分析诸家注疏之得失，以确解文义；（正是他这种唯郑、唯古为是的泥古立场，受到了人们的极大非议）④全书最后就一些重要问题作出考辨，附有《尚书后辨》二十五篇。

王鸣盛之所以崇郑，是因为与他非常看重汉代经学之"家法"有密切关系。所谓家法，又称师法，"谓守其一家之法"。汉代经师立为博士官后，通常只专治一经而不务他经，因此治经精深专一，自成一家之言。并且这种自成一格的经学传统，在师徒之间经过严格授受而迭相传承，不

① 王鸣盛：《蛾术编》卷三十三，商务印书馆 1958 年版，第 485 页。
② 王鸣盛：《尚书后案》，商务印书馆 1958 年版，第 35 页。
③ 王鸣盛：《尚书后案》，学海堂皇清经解本，卷 404，第 1—2 页。

会轻易现出背离师法之解释。因此，汉代经学研究之制度与师法传授之家法呈现出渊源有自、有条不紊、脉络清晰等特点。可是，汉代经学与师法在历经六朝离乱的扰乱之后，散亡严重，尤其是"自唐中叶以后，凡说经者皆以意说无师法。夫以意说而废师法，此夫子之所谓'不知而作'也"。① 在王鸣盛看来，唐宋以后经学注疏之所以与经典之本意与圣贤之初衷越来越远，正是因为"以意说而废师法"之故。为了改变经学发展过程中这种师法凌替、"不知而作"、今不如昔的局面，王氏希望通过"求古"来"求是"，即通过一心致力于恢复汉注尤其是郑注的手段来恢复六艺及其所包含的圣贤之道的本来面目。

（二）"舍古无是"的泥古倾向

汉代家法固然有条不紊、渊源有自，但是，正是由于其治经专一和尊师泥古，又难免会出现偏执难通的痼疾。如果不加辨析地、一味地尊经泥古，即使恢复了汉代经学之原貌，也可能与"求是""求道"之最终目的失之交臂。

在"求古"与"求是"的问题上，王鸣盛与戴震发生了一场不大不小的学术争执。王鸣盛和戴震曾经双双为惠栋弟子余萧客（仲林）的《古经解钩沉》作序。戴序说："试诘以求理义于古经之外乎？若犹存乎古经中也，则凿空者得乎？"② 认定要"通乎古圣贤之心志""志乎闻道"，就必须借助文字学和语言学等小学之手段。在重视小学手段这一点上，戴震与王鸣盛并无实质不同，但是王序中的一段话则表明两人在此一治学手段所要达到的目的之认识上存在重大差异。王序说："间与东原从容语：'子之学与定宇何如？'东原曰：'不同，定宇求古，吾求是。'东原虽自命不同，究之求古即所以求是，舍古无是也。"③ 他明确反对戴震"求古"乃是为了"求是"的观点。王鸣盛到底是坚持了"求古即所以求

---

① 王鸣盛：《十七史商榷》卷二十七"师法"条，上海书店出版社 2005 年版，第 190—191 页。

② 戴震：《古经解钩沉序》，载《戴震文集》卷十，《戴震全书》第六册，黄山书社 1995 年版，第 378 页。

③ 王鸣盛：《古经解钩沉序》，载《西庄始存稿》卷二十四，《续修四库全书》第 1434 册，第 316 页。

是，舍古无是"的观点，明显带有将求古之手段混淆于求是之目的，将
求古等同于求是的泥古倾向。在这一点上，王氏无异于重蹈了惠栋泥古之
覆辙。

　　王鸣盛作为惠栋之后学，对于惠氏汉学一味地信古尊汉的立场也曾表
示了异议。他曾经在《与孙仲伯舍人书》中直接批评道："惠氏（士奇）
于训诂甚精，非毛氏（西河）比，然其有意与朱子立异之处，我辈亦勿
效也。"① 他甚至直指一些汉学家基于汉儒偏主训诂、宋儒偏主义理的偏
见而将汉、宋之学互相对立起来的观点为"异端邪妄之谈"。诚如王氏所
说："学者若能识得康成深处，方知程伊川、朱晦庵义理之学，汉儒已见
及，因时未至，含蕴未发，程朱之时，训诂失传，经无家法，故轻汉儒。
而其精研义理，仍即汉儒意趣，两家本一家。如主伯亚旅，宜通力以治
田；醯醢盐梅，必和剂以成味也。彼异端邪妄之谈，又何足道哉。"② 如
果训诂没有了义理追求就失去了方向和目的，而义理没有了训诂支撑要么
是以辞害意，要么是一往而胡说。因此，训诂与义理之间显然是和则两
利，离则两伤。王鸣盛虽然意识到了这一点，可是其实际治学过程中却并
没有很好地贯彻执行，呈现出一种矫枉过正式的偏执。

　　《戴东原文集》卷三有一通《与王内翰凤喈书》③，专门讨论了《尚
书·尧典》"光被四表，格于上下"一句中的"光"字的读法与含义，更
为清晰地凸显了二人在对待"汉学"之态度上的分歧。王鸣盛在《尚书
后案》中，基于郑玄注而将"光"理解成"充实""光耀"之义。但戴
震认为，"横转写为桄，脱误为光，追原古初，当读'古旷反'，庶合充
霩广远之义"。言下之意，讽刺了王鸣盛是"信古而愚愈于不知而作"的
典型之一。其实，戴震所认为的光当作桄作横的观点，其实并没有否定郑
注，只是说相较而言，郑注"光"为"充"没有揭示"光"之本字应为
"横"字，读音亦有区别。对此，戴震此一更为溯本求源的"求古"论
断，王鸣盛大不以为然。虽然王鸣盛在《尚书后案》中已经列举了多条

----

① 王鸣盛：《西庄始存稿》卷二十九，载《续修四库全书》第 1434 册，第 352 页。
② 王鸣盛：《十七史商榷》卷六十四"顾欢论道佛二家"条，上海书店出版社 2005 年版，
第 522 页。
③ 戴震：《戴东原文集》卷三，载《戴震全书》第六册，黄山书社 1995 年版，第 277—
279 页。

"光"训作"横"的例子，但最后的结论仍然是"郑注作光，……则作光是也"。① 王后来又于《蛾术编》卷四中专列"光被"条目，反讥戴震"狂而几乎妄"，理由是戴震不知"汉儒说经，各有家法"，不知"予小子则守郑氏家法是也"。② 今天看来，戴震显然已经看到了王氏唯郑注是从的株守之缺陷，仅以"光"这一个字为例批评王鸣盛"以谓信古而愚，愈于不知而作，但宜推求，勿为株守"③，应该说是一个理性客观的学术批评。可是，王鸣盛不仅固执地坚持"郑氏家法"而不求进一步的确解，而且还反唇相讥，识见与器量皆有所不及也。即使对于真实性备受争议的《周官》经，王鸣盛就认为其为信史是毫无疑问的。"《周官》以六卿兼统群职，两汉虽承秦制，大改周礼，然尚有条序。"④ 应该说，王鸣盛虽然也有"求是"论道的明确诉求，可是惠、王二人正是因为过分局限于"尊经""信古""好古"而"求古"的治学取向，使他们在思想义理的阐发上裹足不前，影响有限。

二 "议论褒贬皆虚文"之实证史观之辨析

王鸣盛在其《十七史商榷》一书中，反复强调"史家纪事，莫善于得实"，"史以纪实也"，坚持无征不信，注重经验事迹收集，讲求实事求是的如实记录，反对过分议论与褒贬。中国史学一直强调秉笔直书的传统，正所谓"其文直，其事核，不虚美，不隐恶，故谓之实录"。（《汉书·司马迁传赞》卷六二）而王鸣盛则进一步认为，"学问之道，求于虚不如求于实，议论褒贬，皆虚文耳；作史者之所记录，读史者之所考核，总期于得其实焉而已矣，外此又何多求耶！"这里的"虚文"，即"议论褒贬"，应该既包括认识论意义上的对历史事实的议论解释，也包括价值判断意义上的对历史人物道德的褒贬评判。王鸣盛对于治史的方法和理论

---

① 王鸣盛：《尚书后案》，学海堂皇清经解本，卷404，第2页。
② 王鸣盛：《蛾术编》卷四，商务印书馆1958年版，第71—74页。
③ 戴震：《戴震全书》第六册，黄山书社1995年版，第278页。
④ 王鸣盛：《十七史商榷》卷四八"荀勖论省官"条，上海书店出版社2005年版，第358页。

依据虽然没有系统说明，然而我们可以从其斩钉截铁式的史学立场上，似乎可以推论出他所信从的乾嘉史学风气背后定然隐藏着一套自己独特的史学理论。事实上，王鸣盛在处理主观性与客观性、事实与褒贬这两个史学重大问题上，确实不同于以往，表现出鲜明的时代特征。

（一）主观与客观：乾嘉史学从主观视角向客观视角之异动与转型

一般说来，在还原事实真相上史家通常有所"议论"，必须对历史是怎样的、又是为什么这样的等问题做出解释。换言之，就是对历史事件来龙去脉的推理、因果关系的分析与解释，甚至于还包括对历史人物心理动机的猜测与想象。史学与自然科学的不同之处在于其研究对象通常是过去了的，已经无法通过直接经验来进行观察研究。史家唯有通过辨析有限而散乱的传世文献和历史文物等资料，并通过自己的推理补上缺失的中间环节，最终将证据串联起来构成因果链条，进而揭示出事件的前因后果。史家除了收集、辨析和推理既有证据之外，有时还需要猜测与想象。因为除了外在环境等客观条件之外，历史人物行为的内在动机对历史事件影响也不能不加重视。但史家大多并非历史当事人，对于历史人物的真实动机有时候只能通过合乎人之常情与合乎常识理性的猜测甚至想象来加以"合情合理的"推测。固然由于此种"合情合理的"推测有时甚至与实际的想法风马牛不相及，因此史家应尽力避免个人主观任意的解释，可解释在一定限度内是史家所不可缺少的，也是不可避免的。这就是说，"在史学上纯客观的解释，亦如没有一点解释的纯叙述，事实上都是不可能的"。①否则，历史就因为散乱无章而无法理解。

可是，王鸣盛似乎恰好错误地拒斥了史家这种"合情合理的"的解释。他在《商榷》序中说"但当正文字、辨音读、释训诂、通传注则义理自见，而道在其中矣"，明确将其史学研究的主要任务限定在文字考证与训诂文义上，对于史料间因果关系的分析与推理、历史人物心理的推测与想象几乎不置一词，不免过于消极。由于在求实与求虚之间，在史料与史观之间，王氏史学呈现出求实避虚、不尚议论的鲜明特点，因此章学诚

---

① 韦政通：《中国思想史方法论的检讨》，载《中国思想史方法论选集》，上海人民出版社2009年版，第17页。

说乾嘉史学乃是"皆非史学"的"史纂""史考"而已的批评，显然绝非无的放矢，起码放在王鸣盛身上是绝不冤枉的。而后人将王鸣盛认作是主张"史学即为史料学"，"不以空论为学问，亦不以'史观'为急图，乃纯就史料以探史实也"① 的史料学派或实录史学的先驱之一，也是不错的。正因如此，后来人们在批评近代以史学科学化为志业的史料学派的时候，通常会一并对作为史料学派重要先驱的乾嘉史考之学表示了极度不满，认定其真乃无意识之尤、学而不思和知而不返的反面典型。例如，余英时曾就此认为，"近代中国史学，从清代训诂考证的基础上出发，一度凑泊而汇入兰克（Leopold von Ranke）历史主义的末流，真是一个值得惋惜的发展"。②

从文本解释学的观点来看，对历史事实和人物的文字描述已经包含了人的主观因素，因此史籍文本是不可能完全摆脱价值评价的，纯粹客观的史实记载是不存在的。固然如此，完全脱离经验事实和史籍文本之基础的历史形上学，如若存在也只不过是臆造的空中楼阁罢了。准确地讲，"夫史以纪实也"③，史学在纪实与议论之间当以纪真求实为第一要事，史家首先应该以尽量客观和准确的态度来秉笔记录文本、厘清事实之真相，即使做不到完全客观，也要自觉地尽其最大可能追求客观。但是，历史事件及其文本的考证要追求的客观性还只是史学研究的初步和基础，在事实与文本之外价值评判和义理阐发也是不可或缺的，甚至于缺少了一定的评选标准史家都不知道该记录什么，不该记录什么。余英时之所以认为乾嘉考证史学及其后续发展"值得惋惜"，是因为基于考据史学没能够正确处理主观性与客观性、事实与评价之间的关系这一事实判断。大概清儒不喜议论是事实，可是清儒是否就误认为历史可以百分之百客观的呢？这本身就是一个仍旧有待证明的问题。

从理论上讲，王鸣盛《十七史商榷》中所体现出来的史学观点无疑是大可商榷的，不过，这并没有解释王鸣盛、钱大昕等为何会主张此一种

---

① 傅斯年：《傅斯年全集》第 4 卷，欧阳哲生主编，湖南教育出版社 2003 年版，第 356 页。

② 余英时：《历史与思想》自序，载韦政通《中国思想史方法论选集》，上海人民出版社 2009 年版，第 184 页。

③ 王鸣盛：《十七史商榷》，上海书店出版社 2005 年版，第 15 页。

史观并且翕然成风的原因。王鸣盛的史观作为思想史上的实在，其本身尚需要合情合理的历史解释，否则我们就无法理解为什么他会这样想。要想解释西庄（王鸣盛）为什么如是想，需要回到乾嘉时期这一具体历史情境之下，设身处地地从王鸣盛自身的角度为其史考之学作一回护。王鸣盛在当时所反对之"议论"并非泛泛而论，要一概地拒斥任何形式的历史解释，而是确有所指的。准确地讲，他所反对的是宋明史学跳脱史实依据的驰骋议论，尤其是"因弄笔反令事实不明"的不良倾向。借用余英时的观点，"议论"作为一种对事实的解释有着两种意义完全不同的理解：一种是缺乏或者不依据事实证据的"玄学派的解释"（interpretation），另一种是依据史实而进行的"批判派的解释"（explanation）。而事实上，"中国传统的历史哲学，显然是属于玄学派的成分居多，运用的解释也是玄学派的解释"。[①] 王鸣盛反对的似乎不是批判的解释，而是玄学派的解释——强解春秋笔法之"弄笔"行为。他对中国史学"因弄笔反令事实不明"的传统感叹道："春秋书法，去圣久远，难以揣测，学者但当阙疑，不必强解，惟恐天下不乱，考其事实可耳。况乃欲拟其笔削，不已僭乎？究之是非千载炳著，原无须书法笔底予夺，若因弄笔，反令事实不明，岂不两失之？"[②] 王氏已经看到，中国史家无法较为自觉而清楚地区别纪实与议论、叙述与评价之间的界限，通常将过度的解释凌驾于事实叙述之上，造成了中国古史中"理想化的成分与真实的成分"，"信史与传说糅合在一起"的局面。相对而言，"凡著述，空际掉弄，提唱驰骋，愈多愈乱人意；纪载实事以备参考，虽多不甚可憎"耳。[③] 在中国史学特重议论与褒贬的大背景之下，为了扭转史学中议论褒贬日益脱离真史实和具体环境而流于"虚文"的趋势，王鸣盛将批评的对象转向了最热衷议论和褒贬的宋儒及其史学。例如，他曾经为宋代孙之翰撰《唐史论断》一书的佚亡而感到庆幸。因为他从该书仅存的序文推测，此书"欲效春秋

---

① 韦政通：《中国思想史方法论的检讨》，载《中国思想史方法论选集》，上海人民出版社2009年版，第16页。

② 王鸣盛：《十七史商榷》卷七十一"李昭德来俊臣书法有"条，上海书店出版社2005年版，第613页。

③ 王鸣盛：《十七史商榷》卷二十九"刘昭李贤注"条，上海书店出版社2005年版，第203页。

书法，以褒贬予夺示劝戒，以制度为不必具载，不作志。幸其书亡，若存，徒汩乱学者耳目。论断虽多平正，皆空论，亦不足传"。其中，"以制度为不必具载，不作志"的史观，在王鸣盛看来尤成问题。这里面的问题意识和批判意思，其实包含着清儒业已另辟蹊径重构了一套隐蔽的史学理论。正是由于指导史学研究的历史哲学出现了整体性异动，乾嘉史学才呈现出其截然不同于以往的时代性特色。

　　这个异动主要表现在视角转换上，由注重从个人的人格、智慧与道德因素等内在角度来理解历史，转而倾向于从政治、经济、社会环境等外在角度来解读历史。中国人过去论史特重人格因素、政治因素与道德因素的分析，道统的比重太大，负担过重，而往往对外在经济、文化与社会风俗、制度等因素则不甚措意，[①] 因此难以真实全面地把握历史发展之复杂多面性和客观必然性。大致从顾炎武前后开始，"凡经义、史学、官方、吏治、财赋、典礼、舆地、艺文之属，一一疏通其源流，考正其谬误"[②]，史家开始群体性地致力于留心并积累反映客观社会现实环境的各种外在性知识，并分门别类地予以考证、归纳和总结。正是有了史家对于史学方法、价值和功能等自身问题的认知发生了集体性转变，我们才能够解释，为什么中国强调春秋笔法、议论褒贬的史学传统为何一变而转出为以史料搜集与考核为急图的乾嘉考据史学。王鸣盛正是受到此种史观转型的驱使，对于史志中有关地理、职官、科举、物价、钱法等影响重大的经济社会因素有意予以特别重视，而对于很多宋儒史学著作中对这方面内容的轻视态度表示了不满。例如，他借孙之翰所撰《唐史论断》一书进一步申论道："大抵作史者宜直叙其事，不必弄文法、寓予夺；读史者宜详考其实，不必凭意见、发议论。宋人略通文义，便想著作传世，一涉史事，便欲法圣人笔削，此一时习气，有名公大儒为之渠帅，而此风益盛，名公大儒予不敢议，聊借甫（孙之翰）以发之。"[③] 这里的名公大儒，实际上就是指朱熹及其以"辨名分，正纲常"为宗旨的《通鉴纲目》第 59 卷一

---

　　① 参见刘述先《研究中国史学与哲学的方法与态度》，载《中国思想史文法论选集》，上海人民出版社 2009 年版，第 170 页。

　　② 潘耒：《日知录》序，载黄汝成《日知录集释》，上海古籍出版社 2006 年版，第 2 页。

　　③ 王鸣盛：《十七史商榷》卷九十二"唐史论断"条，上海书店出版社 2005 年版，第 860 页。

书。朱熹此书首言正统，特重春秋书法，随事笔削，寓道德褒贬于一两字之间，体系严整而融贯。正如该书序例所说，"大纲概举，而鉴戒昭矣；众目毕张，而几微著矣"。① 不过，这显示编纂此书的主要目的不在关注史实，而是重在以历史微言倡导道德大义，存在变史为经的企图。王鸣盛认为，史学以纪实叙事为本分，以道德殷鉴为功用，但是史学如果没有了纪实叙事这一主要任务，或者为了彰显道德目的而任意剪裁、取舍史料，那么史学就僭越了自己的领地变成了纯粹的历史哲学或道德哲学了。在王氏看来，朱子此书固然流行甚广，地位甚高，但仍不免舍本逐末，因其价值评判没有真实全面的事实之支撑而失之主观片面，最终不可避免地陷入"因弄笔反令事实不明"的两失境地。王鸣盛这个曲笔式的批评虽过于刻薄，但不能说没有道理。我们不能简单片面地将其反感议论褒贬之行为理解为中国史学传统衰微、降格之表现，而应该从中国史学理论自身的内在紧张和偏转来准确界定清儒这种转变的动机与意义。

（二）事实与褒贬：对道德主义史学传统唯道德倾向之反省

除了史学的主观性与客观性问题之外，史家依据何种标准对于历史人物的是非功过作出定论历来争执不下。史家一般不会否认，历史在确保其真实可靠性的基础之上，还必须对历史事件做出评判，对历史人物有所褒贬。在这一问题上，王鸣盛似乎又异乎寻常地排斥这一历史常识。王鸣盛既然坚持"议论褒贬，皆虚文耳"的观点，要求史书遵循"宜直叙其事，不必弄文法、寓予夺"的征实原则，那么受到章学诚及后人的"史考"之讥自在情理之中。不过，这一批评尚显笼统，我们需要回到当时的环境中作具体辨析王鸣盛所反对的究竟是怎样的一种"褒贬"。

史家刘知几有所谓"盖史之为用也，记功司过，彰善瘅恶，得失一朝，荣辱千载"（《史通·曲笔》），堪为中国史家为何历来重视史评的最佳说明。中国史家大概自《尚书·毕命》开始就无一不是希望"彰善瘅恶，树之风声"的道德家。他们无论通过什么样的笔法和方式，都必然

---

① 朱熹：《资治通鉴纲目序例》，载《朱子全书》第 8 册，上海古籍出版社、安徽教育出版社 2002 年版，第 22 页。

会借由对历史人物的忠奸、善恶、好坏的真实记载和道德褒贬，进而实现其殷鉴后世、提撕风教的史家理想。我想这一点是王鸣盛所不可能反对的，也反驳不了的。难怪乎，王鸣盛亦曾信誓旦旦地表白道："若无史学，小人更何所惮哉？有史在，恶人多福者，其恶千载炳然不灭矣。"① 这与刘知几的史家理想并无二致。王鸣盛重视史书的道德褒贬，从其推崇"太史公曰"之"论体"中亦可见一斑。众所周知，司马迁在《史记》中每每以"太史公曰"的口吻，对历史人物之功过及事件之得失加之"断语"。因其充分体现了作者的史学裁断和史家理想，因而成为《史记》的画龙点睛之笔而备受后人推崇和效仿。正如王鸣盛所言："司马氏于纪、传、世家，每篇缀以评断，此论体也。班氏因之，乃不称论称赞，范氏则每篇并用两体，论无韵，赞有韵，而且整比其句，概作四言，范氏是也，以后史家多遵之"。② 应该说，历代正史的"论""赞"体例之创设"要总未有能出史记之范围者"。而"若前明所修元史，全部皆无论、赞，则几不足为史矣"。③ 他对司马迁所开创的这种用以"评断"历史当事人是非功过、德行高低的"论体"，不仅没有表示反对，反而认为以议论褒贬为实质内容的论、赞部分应是史书所必不可少的。

具体到"范蔚宗以谋反诛"之事，王氏认为，"读其书，贵德义，抑势利，进处士，黜奸雄，论儒学则深美康成，褒党锢则推崇李杜，宰相多无述而特表逸民，公卿不见采而惟尊独行，立言若是，其人可知，犯上作乱必不为也"。④ 我们很难想象，一个主张道德"褒贬"皆为"虚文"的王鸣盛，却信从了"读其书想见其为人"的道德感通方法，进而依据史书中所贯注的强烈道德情感来推断一个史家应该具有被章学诚称为"史德"的史家之崇高道德心灵。这种推断姑且不论是否符合事实，但是王鸣盛对道德的尊崇态度，对历史道德褒贬的重视态度是呼之欲出的。而在

---

① 王鸣盛：《十七史商榷》卷六十一"江总自序"条，上海书店出版社 2005 年版，第 491 页。

② 王鸣盛：《十七史商榷》卷七十"新书尽黜旧书论赞"条，上海书店出版社 2005 年版，第 602 页。

③ 王鸣盛：《十七史商榷》，上海书店出版社 2005 年版，第 5 页。

④ 王鸣盛：《十七史商榷》卷六十一"范蔚宗以谋反诛"条，上海书店出版社 2005 年版，第 487 页。

"汉惟利是视"条中，王鸣盛认为刘邦"屡败穷蹙不以为辱，失信废义不以为丑也"，活脱脱是一个"始终惟利是视，顽钝无耻"之徒。反之，"若以沛公居项羽之地，在鸿门必取人于杯酒之间，在垓下必渡乌江而王江东矣"。① 王氏显然没有一味地以事实结果之成败来论英雄，而是能够用一种超越事实经验和功利得失之上的道德原则来评价历史人物，实属难得。另外，我们知道，出于文笔简省的需要，史家通常会使用多人同传的类叙法或者顺带提及的带叙法将多人合传叙述。王鸣盛虽然认可了这种做法，但对史家合传中由于归类不慎导致鱼龙混杂、善恶不分的现象大为不满，并因此强烈主张"凡作史者，美恶必宜别卷，所以类族辨物，使薰莸异器，阅者一览便知"。② 之所以他不能忍受忠奸、美恶同卷同传，只是唯恐美善不彰耳。

到此，我们须明白，当一个历史学者强调事实考证时，并不等于说他就完全抛弃了价值判断和义理阐述。不过，我们又会有一个疑问，这么重视道德褒贬的王鸣盛所反对的"褒贬"又是怎么的一种褒贬呢？这得从中国史学家家春秋，人人史、汉的史学传统谈起。正如上文所提到的那样，中国史学的传统过分强调了道德人格在历史上实际所起到的作用，而对于其他因素则估计不足、重视不够。虽然我们有着世界上连绵不绝的不畏强权、秉笔直书的史家精神和绝无仅有的浩瀚史籍，可是我们对诸如战争过程、经济数据、人口资源状况、科学技术、社会民俗等诸多非道德、非政治、非个人性的社会因素则通常一笔带过，语焉不详。我们今天当然不能过分求全责备，苛责古人，可是其背后显然隐藏着一套人们习以为常的价值倾向。

道德主义史学在重视道德理性的宋明儒学那里表现得最为明显和典型，到了乾嘉时期，无论是经学家还是史学家都在呼吁"道德的解放"。戴震从哲学高度批判了理学"以理杀人"的流弊，而考据史家对道德主义史学亦形成了批评共识，从史学角度批判了"强立文法，擅加与夺，以为褒贬"（王鸣盛《十七史商榷序》）的道德说教史风。准确地讲，乾嘉史学"反对

---

① 王鸣盛：《十七史商榷》，上海书店出版社 2005 年版，第 16 页。
② 王鸣盛：《十七史商榷》卷八十二"美恶宜别卷"条，上海书店出版社 2005 年版，第 740 页。

褒贬"不是说反对就历史人物的道德因素进行分析评价，而是反对将历史成败一股脑地归因于个人尤其是君王的道德因素的唯道德主义和道德理想主义。早在整个有清一代学术之开山——顾炎武那里就已经有此历史睿识。正所谓："纣以不仁而亡天下，人人知之，吾谓不尽然。……然则论纣王之亡、武之兴，而谓以至仁伐至不仁者，偏辞也，未得为穷源之论也。"①对黍离之悲感受真切的顾炎武其本人极富道德正义感，不过仍然清醒地指出，"君不见天道幽且深，败亡未必皆荒淫"（《骊山行》），并没有简单地将明亡的责任全部归咎于明代君臣的不仁不义、道德败坏，而是看到了明末之时势业已不能凭借个人道德力量所能挽救的社会现实。要求史学摆脱道德主义的束缚，在分析个人心智及其道德因素之外，还需要对政治、经济和社会等各种影响社会的背景因素加以全面分析，方能真实、客观和全面地理解历史的律动。否则，难免会陷入"不尽然"的历史"偏辞"之中。其时，王夫之所论"凡得失之数，度之于彼，必察其情；度之于此，必审其势，非但其力之强弱也。情有所必争，力虽弱未可夺也，强者勿论已。势有所不便，力虽强未可恃也，弱者勿论也"。② 顾、王二人在强调道德气节之外复重视情境、时势之论，如出一辙。

在清初诸儒之后，包括全祖望、王鸣盛、钱大昕、赵翼、邵晋涵等清代史家对于顾炎武及其《日知录》推崇备至，在历史观和治史方法皆受其影响甚深。钱大昕在谈及正盛行其世的考证学风时说："文致小疵，目为大创，驰骋笔墨，夸曜凡庸"，指出考证经史的学者经常犯有吹毛求疵、断烂琐碎的毛病。不过相较而言，钱大昕最不能忍受的是"空疏措大，辄以褒贬自任，强作聪明，妄生疻痏，不卟年代，不揆时势，强人以所难行，责人以所难受，陈义过高，居心过刻"③ 这样的史学文章，批判的矛头直指宋明史学爱好高谈阔论之风气。所谓"不卟年代，不揆时势"，就是缺乏对历史环境等客观因素的全面了解。而脱离了具体历史环境的道德评价无疑会陷入就道德而论道德的抽象思辨，道德标准高则高

---

①　顾炎武：《日知录》卷二"殷纣之所以亡"条，载黄汝成《日知录集释》，上海古籍出版社 2006 年版，第 82 页。

②　王夫之：《宋论》卷十，载《船山全书》第 11 册，岳麓书社 1992 年版，第 241 页。

③　钱大昕：《廿二史考异》序，上海古籍出版社 2004 年版，第 1 页。

矣，然而高尚到违背人之常情常理、世之时势的时候，就会陷入"陈义过高，居心过刻"的唯道德主义泥潭而有失公允，让人难以接受。

乾嘉时期另一史学大家赵翼治史虽然不纠缠于文字训诂，不"局促于狭义之考证"，与钱、王二人有很大区别①，但是同样明确反对了唯道德主义的史学倾向。赵翼在论及南宋"和议"时，对人们通常一边倒地指责秦桧等奸臣亡国、徒以和议为辱的观点表示了不同看法。他认为，宋、金之间和议并存局面主要是南宋在整体力量上处于下风这个现实力量对比——"时势"所决定了的，而这一时势并非秦桧所致，其实秦桧有着"身在局外者，易为空言；身在局中者，难措实事"的难言之隐，即心存主战的结果可能是打不赢反而损失更大的顾虑，因此不能将和议的责任全部推给秦桧。王夫之也认为，即使在南宋内部精诚合作、倾其全力的条件下，至多也只可能收复黄河以南故地，而想进一步恢复北宋全部故地也是不可能的。就时势而论，对于明清易代赵翼也认为是不可避免的，进而讥评"明末书生误国"，认为"书生徒讲文理，不揣时势，未有不误人家国者"。② 在这一点上，由于赵翼似乎为奸臣粉饰，在民族大义面前是非不分而遭到了人们的非议。赵翼的表述确实有些问题，但我们不能以辞害意。最能充分而准确地表述赵翼史学观点的，应是下面这一句话："义理之说与时势之论往往不能相符，则有不可全执义理者。盖义理必参之以时势，乃为真义理也。"③ 从中我们注意到，赵翼并不是不讲义理（道德褒贬），而是说"不可全执义理""义理必参之以时势"。即对任何一个人的道德责任的界定，皆需要结合当时的现象时势来谈。重视时势，就是分清楚有哪些责任应由某个时代的时势或全体人民去负，有哪些责任应由历史当事人去负。我们评价一个人的道德责任，首先要分离出那些历史当事人本不应负责也负不起的那些历史责任。否则又会陷入高蹈义理而无助于明了历史成败之真相，正所谓："知义理而不知时势，听其言则是，而究其实则不可行者也。"正是在道德之外，赵翼非常注重社会时势因素，因

---

① 参见杜维运《赵翼传》附录《廿二史札记校证本前言》，台湾时报文化出版公司1985年版，第370页。

② 赵翼：《廿二史札记》卷三十五"明末书生误国"条，中国书店1987年版，第508页。

③ 赵翼：《廿二史札记》卷二十六"和议"条，中国书店1987年版，第341页。

此他的治学视野非常宽广，尤其在官制科举、边疆民俗、刑律钱粮以乾隆朝战争史等方面尤其究心，深造自得。

也许有人认为，乾嘉考证史学重视社会外在因素，将历史律动简单理解为客观时势使然，那么人的因素、人的力量又何从表现？似乎史学又从道德决定论的偏颇走向了经济、政治、文化等历史决定论的泥潭。当时确实存在矫枉过正的偏向。不过，这种偏向与历史决定论盛行于 20 世纪的中国有何学术思想史上的联系，值得我们进一步研究。我们在此需要指出的是：一是乾嘉考据史学仍旧属于中国史学这一大传统，漠视个人智慧和道德等力量是不可想象的。二是当时人们已经注意到并深入思考过这个重大史学问题。比如非常注重外在时势的赵翼，对于人类的道德力量对历史有何贡献这一问题上虽未有系统阐述，然多用诗以论之。在时势与道义之间，并没有将"时势"看成是完全不可抗拒的而免除了个人所应该肩负的历史责任。诚如瓯北诗云：

明知势不敌，百死坚孤忠。举事虽无成，浩气贯白虹。[1]
始知势要场，自守良不易。内重外乃轻，此际须道义。[2]

每个人都是历史参与者，通常都力图以最佳之行为来因应社会时势与环境。但当明知不可为而必须为之的时势条件之下，人们是选择屈从时势还是选择伸张人格尊严与道德意志显然是无比艰难的。难则难矣，固然有此"虽无成""良不易"，赵翼在诗中还是肯定了人类的"浩气"与"道义"之崇高价值。

三　"以不议为议"的史学化境之追求

通过上述辨析，我们发现王鸣盛"议论褒贬皆虚文耳"的观点的准确含

---

[1]　赵翼：《静观二十四首》之二十二，载《赵翼诗编年全集》，天津古籍出版社 1996 年版，第 1425 页。

[2]　赵翼：《偶得九首》之七，载《赵翼诗编年全集》，天津古籍出版社 1996 年版，第 571 页。

义。在明清之际以来的史学开始反思唯道德倾向，并要求从道德主义中解放出来的大背景之下，有两点需要纠正学界多年以来形成的成见：一是王鸣盛此说固然是意在强调史学的客观性之要求，但似乎并没有否定史学的主观性；二是王鸣盛固然是在反对史学传统中的道德主义偏颇，但并没有否定道德褒贬的重要性。至此，我们不禁要问，既然乾嘉史家批判了前人史学在客观性与主观性、事实与评价上存在偏颇之处，那么他们自己又是怎样解决这些问题的呢？由于乾嘉考证史家在史学方法和理论上通常是隐蔽的和散乱的，多数对此语焉不详。通过仔细寻绎，我们仍旧能够发现其蛛丝马迹。

（一）"以不议为议，且虽议而仍归于不议者也"

针对史家的议论褒贬与事实时势不能够相得益彰的问题，王鸣盛认为史学当然要褒贬，不过应该力求达到"以不议为议，且虽议而仍归于不议者也"的最高境界。"议"在这里，其实就是指道德的"褒贬"。王鸣盛希望在"不议"与"议"之间保持统一，视"以不议为议"为史书笔法之最高标准，也就是希望在抽象的价值判断与具体的事实陈述之间，保持一种具体而无间的统一。同样是李昭德为来俊臣诬告而冤死之事，新、旧唐书和通鉴的史笔书法各各不同。王鸣盛以此为例说明了史笔境界之高下差别。《旧唐书》纪传中只写道："万岁通天二年六月，内史李昭德、司业少卿来俊臣以罪伏诛"，传赞中也未对两人忠奸之分别加以说明。非有丰厚历史知识储备的人读至此段，当然无法对二人做出客观而公正的评价，如此这般的史笔就无法彰显历史彰善瘅恶之教化内涵。《新唐书》在记载此事时并"深许其（指李昭德）忠"，新、旧之间当以新书为优。可是新唐书赞论部分又"颇嫌太刻"，有失平允，不够尽善尽美。而相较之下，王鸣盛更欣赏《资治通鉴》对此事的处理。他认为，《通鉴》"书此事，但平平叙述，各书其官，采史家'人无不痛昭德而快俊臣'云云，则二人一枉死、一伏罪，千载而下自是显然别白，即今读书展卷之下，孰不一痛之、一快之乎？此真叙事良法，可以翼赞天命天讨之权者也"。三种版本中，《通鉴》史笔之所以更胜一筹，是因为其既记述了事实之经过，又在尽量避免史家主观意见影响的情况之下，呈现了是非、善恶与忠奸之分，寥寥数语可即令千载不惑，书法细致、分明而又饱含道德关怀。由此可见，王鸣盛在以何种方式进行价值评判和义理阐发方面，存在是直书还是曲笔，是"于序事中寓论断"还是"于序事外加论断"等表达方式和史学境界上有着自己一套标准。

其实，王鸣盛"以不议为议""虽议仍归于不议"的史法、史笔主张，可能是受到了顾炎武"史记于序事中寓论断"①的观点之影响。在这一点上，钱大昕、赵翼等亦有类似的见解。钱大昕认为，"夫良史之职，主于善恶必书，但使纪事悉从其实，则万世之下，是非自不能掩，奚庸别为褒贬之词。"②而赵翼则在称赞《齐书》书法时说道："此数传皆同一用意，不著一议，而其人品自见，亦良史也。"③赵翼甚至由于欧阳修《新唐书》"以春秋书法，寓褒贬於纪传之中"的做法，实现如钱大昕所说的"但使纪事悉从其实"，褒贬而不露痕迹，因此《新唐书》此点"则虽史记亦不及也"。④综上可见，正如杜维运所指出的那样，"即使反对褒贬的清乾嘉时代的历史考据学家，其所反对者乃'各出新意，掉弄一两字，以为褒贬'（按：出自钱大昕《十驾斋养新录》卷十三'唐书直笔新例'条），'强立文法，擅加与夺，以为褒贬。'……在基本精神上，他们是不否认史学有褒贬在其中的，只是不必太主观，将事实赤裸裸地写出来，是非善恶自然为天下所共见了。"⑤这种史法和史笔之追求，看似简单，只要裸露全部事实即可自动呈现出是非善恶的褒贬来，但实际上这是很难做到的史学化境。

（二）王鸣盛的"不议"之议

从根本上讲，"以不议为议，且虽议而仍归于不议"，在事实与褒贬之间融合无间只是史家的一个理想追求。凭着王鸣盛本人的史才和史笔，是绝不可能做到这一点的，他自己似乎也没准备朝向此目标作一番认真努力。事实上，他自己不仅褒贬历史人物，而且经常大胆翻案，语出惊人，表现

①　顾炎武：《日知录》卷二十六"史记于叙事中寓论断"条，其中有曰："古人作史，有不待论断而于序事之中即见其指者，惟太史公能之。"（载黄汝成《日知录集释》，上海古籍出版社 2006 年版，第 1428 页）

②　钱大昕：《续通志列传总序》，见《潜研堂文集》卷十八，载《嘉定钱大昕全集》第九册，江苏古籍出版社 1997 年版，第 285 页。

③　赵翼：《廿二史札记》卷九"齐书书法用意处"条，中国书店 1987 年版，第 116 页。

④　赵翼：《廿二史札记》卷二十一"欧史书法谨严"条，中国书店 1987 年版，第 285 页。

⑤　杜维运：《史学方法论》，三民书局 1986 年增订版，第 279 页。

有截断众流、标新立异之癖好。钱大昕亦曾经就王鸣盛喜好信口雌黄而出言相劝过。内藤湖南曾就此不无见地地指出，王鸣盛治史不尚褒贬议论"只是原则而已，实际上他时常以旧有的方式对人物有所议论。在这一点上，钱大昕完全摆脱了旧式，成为了纯粹学术的研究"。① 确实，王鸣盛不如钱大昕那么言行一致、沉潜而纯粹。例如，王鸣盛认为东晋名臣王导"看似煌煌一代名臣，其实乃并无一事，徒有门阀显荣、子孙官秩而已。所谓'翼戴中兴，称江左夷吾'者，吾不知其何在也"②，批评《晋书》对王导的评价"殊多溢美"，名不副实。后来，史学大家陈寅恪特撰文反驳王鸣盛，认为王氏所举之反证皆"源出小说，事涉个人末节"，不足深论。③不仅对于政治人物，而且对于古今学术同行，王鸣盛也时常口无遮拦，不时骂某某为"无知"、为"妄人"，甚至他所激赏的王应麟、戴震等都未能幸免。我们可以从王鸣盛对《南史》作者的评价中，可见其一斑："凡人无学则心粗，小有才则胆大，延寿学浅心粗极矣，幸其无才，胆不甚大，未敢凭臆欺人，但以描头画角了事，间有有据而增改者，尚为有益而可信。"④ 此类苛刻评语比比皆是，诚可谓极尽挖苦之能事。从王氏此种欠缺史学谨严气度之表现可以推见其为人。对此，前人已多有辨正，此不赘述。⑤ 另外，史书笔法之曲直、隐显，自然不能千篇一律，强求雷同。王鸣盛的史学研究同其经学考证类似，都存在过分偏执于一隅而有失开放公允的缺陷。

四 经史研究与历史语言学方法

常言道，工欲善其事必先利其器。在考证经史的过程中，乾嘉学者在

---

① ［日］内藤湖南：《中国史学史》，上海古籍出版社 2008 年版，第 262 页。

② 王鸣盛：《十七史商榷》卷五十"王导传多溢美"条，上海书店出版社 2005 年版，第 368 页。

③ 陈寅恪：《述东晋王导之功业》，载《陈寅恪集·金明馆丛稿初编》，北京三联书店 2001 年版。文中认为《晋书》所论不虚，"王导之笼络江东士族，统一内部，结合南人北人两种实力，以抵抗外侮，民族因得以独立，文化因得以续延，不谓民族之功臣，似非平情之论也"。

④ 王鸣盛：《十七史商榷》卷五十五"梁武即位事梁书南史叙次不同"条，上海书店出版社 2005 年版，第 420 页。

⑤ 参见黄曙辉《〈十七史商榷〉整理弁言》，载《十七史商榷》，上海书店出版社 2005 年版，第 7 页。

治学的方法和手段上表现出明显的共通性。其中，文字、音韵和训诂等语言文字学（小学）几乎成为乾嘉学者经史考据必备之工具与手段。王鸣盛对于语言文字和金石史料考古的重视，使其成为近代历史语言学派的先驱之一。

（一）无小学自然无经学亦无史学

小学对于经史考证的重要性，王鸣盛的总体认识是"未通小学，不可说五经、史、汉"。不仅"无小学自然无经学"①，而且"欲通古今，赖有文字，亦赖有史，故字不可不识，史不可不读"。显然将小学认作是经史考证的必由之手段。这一点，在乾嘉考据学者中间已经是通见。

在小学之文字与音韵之关系上，王鸣盛更强调文字学，尤其看重《说文》。他认为，"小学有二，首文字，次声音。论其根本，声音原在文字之前，论其作用，必以文字为主，声音反在所缓，盖二者皆易变乱，但文字实，声音虚，既从实处捉定，声音虽变不怕。唐以前字学书存者尚多，而说文之存，尤为斯文之最。能通说文，得其门而入，可与言学矣。其次则声音亦稍留意"②耳。在经义与经文之间，王鸣盛认为需要经由知晓经典文字而通达文义；在文字与音韵之间，王鸣盛则强调文字学为小学之根本。正所谓："读书必先求识字，欲识字必先通说文，后生浅涉，未得其门，须先将汉志此一段（按指艺文志六艺略部分有关小学的论述）与说文序及慎子冲上书参互绅绎，以考字书之来历，然后将五百四十部详加研究，则文字明矣。若从玉篇、广韵、集韵、类篇问津，岂不茫无畔岸哉！"③ 王鸣盛在小学方面独重许慎的《说文解字》，认为"说文为天下第一种书"，他对"小学之冠"推崇备至的理由是："说文从史篇溯原而上，兼取古文，又复下参秦篆，会通古今，既精且博，所收之字比扬雄又甚多，固已美备，况又当诸家尽亡之后，欲求识字，舍此奚适邪？"④ 清

---

① 王鸣盛：《蛾术编》，商务印书馆 1958 年版，第 6 页。

② 王鸣盛：《十七史商榷》卷八十二"唐以前音学诸书"条，上海书店出版社 2005 年版，第 723—724 页。

③ 王鸣盛：《十七史商榷》卷二十二"三苍以下诸字"条，上海书店出版社 2005 年版，第 161 页。

④ 同上。

儒虽然普遍推崇《说文》，而王鸣盛则似乎到了无以复加之地步。利用古字书的目的，当然是对于经史典籍中的文字错讹加以校正，具体方法则有本校、对校、他校和理校等。在谈及"文字淆讹"时，王鸣盛认为，文字最易淆讹，容易令人望文生义，难求甚解，但基本上可以将用字错误的情况分为"有用流俗妄造字者，有本有其字不可通用而误通者"①，有不知避讳而妄改者②等基本类型。比如说，以"介"为"个"，以"投"为"透"等属于妄造字的例子；而以"渡"为"度"等则属于误通的例子。正是有了这种方法论的觉解，清儒在文本考证上才能够收到事半功倍之效。

（二）"以金石为史料"

王鸣盛治史主张凭借小学之手段，收集比较诸种传世之文献与实物之证据，旁征博引，校对文字之错讹，解释地理典章制度，辨别历史记载之真伪，着实成为王国维"二重证据法"之先导，成为近代主张"史料便是史料学"之史料学派的重要先驱。整个乾嘉时期，王鸣盛最先明确地提出了"以金石为史料"③的新方法理论，强调金石文字、古代实物等直接证据对史籍考证的重要性：

> 搜罗偏霸杂史，稗官野乘，山经地志，谱牒簿录，以暨诸子百家，小说笔记，诗文别集，释老异教，旁及于钟鼎尊彝之款识，山林冢墓神祠庙伽蓝碑碣断阙之文，尽取以供佐证，参伍错综，比物连类，以互相检照，所谓考其典制事迹之实也。④

王鸣盛在《十七史商榷》虽然认为"史以纪事传信，较碑版尤

---

① 王鸣盛：《十七史商榷》卷六十四，上海书店出版社 2005 年版，第 537 页。
② 参见王鸣盛《十七史商榷》卷六十八"避讳之例"条等，上海书店出版社 2005 年版。
③ 王鸣盛：《十七史商榷》卷六十八"以金石为史料"条，上海书店出版社 2005 年版，第570 页。
④ 王鸣盛：《十七史商榷序》，载《十七史商榷》，上海书店出版社 2005 年版，第 2 页。

要"①，但是仍旧明确强调了"以金石为史料"具有不可替代的实证效用。他认为，注重金石考古方法"始于史记秦皇纪、汉书郊祀志，今此则魏收元文，北史袭之。金石之学，魏收、郦道元、阚骃等已重之"。②用金石史料作为物证与历史文本进行对勘，古来有之，但是王鸣盛当是最早自觉、熟练运用此项方法和技术的先行者。例如，他在"段志玄新旧碑异同""王忠嗣两传异同"诸条中，就用自己得到的唐代残碑及当时尚存石碑之拓本校正新、旧唐书文本的正误，取得了令人信服的效果。③

（三）声音、文字之后，又何求焉？

经史研究中小学仍只是手段，这一点王鸣盛本人很清楚。他于《商榷》中说："声音、文字，学之门也，得其门者或寡矣，虽然，苟得其门，又何求焉？终身以之，惟是为务，其它概谢曰我弗知，此高门中一司阍之老苍头耳。门户之事熟谙极矣，行立坐卧，不离乎门，其所造诣，铃下而止，不敢擅自升堂阶，况敢窥房奥乎？"④ 也就是说，文字之学虽是史学登堂入室之阶梯与门径，但绝非乙部之学的全部。文字之学是手段不是目的，经史考证如果仅仅局限于为了考证而考证的层面，其所能取得的成就肯定是非常有限的。在考证经史文本与史事实情之余，王鸣非常强调融会贯通。正所谓："大约学问之道，当观其会通，知今不知古，俗儒之陋也；知古不知今，迂儒之癖也。心存稽古，用乃随时，并行而不悖，是谓通儒。"⑤ 他虽然还远没有达到文本考证与义理阐发圆融无间的地步，但他显然已经自觉地认识到了乾嘉考据学在义理阐发上的局限，存在思想上的强烈焦虑，因此一直希望突破考据学的局限达到古今学人治学的最高

---

① 王鸣盛：《十七史商榷》卷六十八"字体不正"条，上海书店出版社 2005 年版，第 590 页。

② 王鸣盛：《十七史商榷》卷六十八"以金石为史料"条，上海书店出版社 2005 年版，第 570 页。

③ 参见王鸣盛《十七史商榷》卷八十六，第 759 页，卷八十八，第 783—789 页，以及卷九十"直皋纪功碑"条，第 808 页等处，上海书店出版社 2005 年版。

④ 王鸣盛：《十七史商榷》卷八十二"唐以前音学诸书"条，上海书店出版社 2005 年版，第 725 页。

⑤ 同上书，第 724 页。

境界——"通儒"境界。

王鸣盛于 1798 年去世之后，赵翼在《王西庄光禄挽诗》中评价了王氏一生：

> 束发攻书到老翁，未曾一日辍研穷。
> 遍搜汉末遗文碎，不斗虞初小说工。
> 后辈岂知真学问，几时再有此淹通。
> 存亡莫道无关系，直在苍茫气数中。[①]

寥寥数言，王氏治学之勤奋、汉学之专长、博杂淹通之程度可谓跃然纸上。最后一句"存亡莫道无关系"，似乎是针对考据学脱离社会现实环境的批评的回应。我们不禁要问，乾嘉诸儒钻研遗文碎句的动机究竟在哪里呢？也许从上述对王鸣盛的学术思想，尤其是治史及其背后隐藏的一套史学思想的分析中能够寻找到一些答案。

需要特别指出的是，一个时代的典型的学术风气，通常率先是从某个地方性区域学者群体身上表现出来风格类型开始进而风及影响全国的。以地域性风格来划分乾嘉学术研究的话，通常分为四派，即以歙徽为中心的皖派、以苏锡常为中心的吴派，以扬州中心的扬州学派以及杭宁绍为中心的浙东学派。其中，王鸣盛的出生地嘉定州，自清代雍正年间改隶太仓直隶州，毗邻吴派学术中心苏州等地。王氏自小在其间受到由惠栋开创的吴派汉学的熏陶，后来自然而然地成为吴派学术之后劲。并且较之创派宗师惠栋而言，王鸣盛的治学范围与成就已经不让前贤，更有超越前代之势。

仅就嘉定一县而言，在乾嘉时期影响风教可谓一时无两。当时除了王鸣盛出生于嘉定之外，尚有以"东南儒宗"钱大昕为首、以"嘉定九钱"为核心的钱氏家族，以及《日知录集释》的作者黄汝成（1799—1837）等人。王鸣盛和钱大昕是嘉定同乡又是姻亲，王氏妹妹王顺瑛乃钱大昕之妻，钱氏乃其妹婿也。两人早年是一起求学于苏州紫阳书院的同窗，在北京为官时也彼此交通，并且二人志同道合，在学术研究方面也是声气相

---

① 赵翼：《赵翼诗编年全集》，天津古籍出版社 1996 年版，第 1251—1252 页。

通。王鸣盛于乾隆二十八年（1763 年）归田之后移居苏州①，同一时期的钱大昕任苏州紫阳书院（1789—1804）山长亦长住苏州，而金石大家王昶归田后住在青浦，三人距离很近，往来密切，声气相通，人称"江南三老"。另外，身为乾嘉史学三大家之一的赵翼住常州，也与王、钱二人一样早早致仕归田，潜心学术之余时相酬酢，相互奥援。以苏常为中心的学者群体，不仅仅自觉地相互学习借鉴和批评促进，而且与皖派、扬派与浙东学派以及全面其他地区的学者相互交流，逐渐形成了一个影响全国的地域性文化群体。他们在治学的领域与对象、内容与方法上的同似性以及相互之间影响的密切性上，对乾嘉知识考据与人文实证学风的形成发展显然发挥了不可替代的重大作用。如何从地域性学术共同体的角度来阐发乾嘉学风的形成发展，当是今后乾嘉学术研究中一个值得重视的研究方向。

---

① 参见黄文相《清王西庄先生鸣盛年谱》，台湾商务印书馆 1986 年版，第 45 页。

第 六 章

赵翼的历史哲学与史学解放

赵翼（1727—1814），常州阳湖（今常州市武进区）人，清代著名诗人。赵翼历来负有诗名，归宗性灵派旨趣，与袁枚、蒋士铨一起并称"江右三大家"或"乾隆三大家"。1772 年，赵翼自四十六岁乞养归田之后，"闲居无事，翻书度日。而资性粗钝，不能研究经学，惟历代史书，显而义浅，便于浏览，爱取为日课，有所得辄札别纸，积久遂多"。① 虽然其学术事业起步较晚，但由于他才思敏捷加之勤勉高寿，相继精心结撰出《陔余丛考》《廿二史札记》《檐曝杂记》等影响甚广的经史考证性著作。其中，由《陔余丛考》论史部分扩展而来的《廿二史札记》是赵翼的代表性著作，与王鸣盛的《十七史商榷》、钱大昕的《廿二史考异》并称为乾嘉三大史学名著。② 在该书中，赵翼依照二十二部正史顺序，对于各部史书的书法体例进行归纳分析，对重要的历史事实和论断重新加以辨证，对历史人物进行品评，并通过对相似的经济、政治和社会历史现象的归纳以找出历史发展的规律等，不一而足。"世人多以三书并举。然以实情论，王氏学问不如钱，故其考证稍欠精密；而其综合能力不如赵，故对一代特征不能详列并举。"③ 在他们三人中间，就乾嘉治史典范和史籍考证之精审程度而言，当推钱氏为第一，王、赵二氏次之；就史学义理之旨趣高低而言，当推赵氏为第一，王、钱二氏次之。在乾嘉学术界，瓯北（赵翼）以其"诙谐豪放的天性，'额尖面小似猿'的颜状，纵横的诗才，

---

① 赵翼：《廿二史札记》，中国书店 1987 年版，第 3 页。
② 赵兴勤：《赵翼评传》，南京大学出版社 2002 年版，第 212 页。
③ 李宗侗：《中国史学史》，中国友谊出版公司 1984 年版，第 179 页。

客观的史学，经世的思想"① 表现出诸多过人之处。

一　赵翼与乾嘉考证史学

在乾嘉史学界，赵翼（1727—1814）虽然与王鸣盛、钱大昕并称三大家，但赵翼与后两者在治学理念、方法和手段等方面存在非常大的差异。正如杜维运所指出的那样，"瓯北致力于克服中国史学之传统缺陷，能触及使近代史学家真正感兴趣之问题，能超越孤立之繁琐事实之上以观察，自其中归纳出社会史与制度史发展趋势之通则"，而不"局促于狭义之考证"。② 此处所谓狭义之考证，是指主要运用小学手段与方法专事考证史籍文本与历史事实，而于道德褒贬与思想阐发不甚关注。较之于文本考证，赵翼治史并不以考证见长，而是更加关注于道德义理层面上的总结、议论与阐发。这主要有两方面原因：一方面如其诗云："试观六籍垂，解者何纷纶。一字千万言，犹未得其真。……如何偶一得，辄夸创获新？"③ 赵翼对于斤斤计较于文本考据的学者并不抱有正面的观感。另一方面，可能与他自学成才没有受过严格的经学与小学训练有关。④ 当然，即使赵翼考证学功底不深厚，也反感为了考据而考据，这也并不必然意味着他治史就可以取得成功。赵翼治史之所以能够不受考证学的束缚，取得了较高的成就，根本原因还是因为他在历史研究的方法、体例和指导思想上有着过人之处。

赵翼治史在方法学上有一个非常鲜明的特点，就是他非常善于运用"以类相从"的排比归纳方法，然后再运用综合方法从多个方面对史事进行研究，最终从相似历史现象中总结出可资借鉴的历史规律性认识。与钱大昕"所注重多在事实之考订，年月之辨证"相比，赵翼"则较扩充范

---

① 杜维运：《史学方法论》，三民书局1986年增订版，第253页。

② 杜维运：《赵翼传》附录《廿二史札记校证本前言》，台湾时报文化出版公司1983年版，第370页。

③ 赵翼：《偶得九首》之二，载《瓯北集》卷二一，《赵翼诗编年全集》，天津古籍出版社1996年版，第570页。

④ 杜维运先生在其《廿二史札记考证》一文中考出其错漏390条，并将其归为五类：未细稽原文而误；删节原文不慎而误；照原文抄录不慎而误；望文生义未尝参稽原文而误；以部分概括全体而误。（参见杜维运《赵翼传》，时报文化出版公司1983年版，第九章第六目。）

围，将相类之事实，或相连之事实，比附参证，以得一代之特征"。① 也
正是由于赵氏善用归纳和综合等研究方法，他也才有可能较之同时代史家
有着更多义理上之贡献。例如，赵翼认为纪传体最能体现以"以类相从，
不拘时代""别立名目"② 为特点的归纳法特质。他将二十二史摆脱时代
次序的限制，将类似的人物归纳在一起合立一传的书法，称为"类叙法"
（顺带夹叙则称为"带叙法"）。这种方法不拘泥于一时一地和时间先后次
序，依人物的身份等级和行为性质"以类相从"，然后再"别立名目"，
如"分公卿将相为列传，其儒林、循吏、酷吏、刺客、游侠、佞幸、滑
稽、日者、龟策、货殖等"，分门别类地加以叙述。这样做的好处不仅在
于"其事可传"，而且"亦见其简而该也"，亦即"有详简得宜而无复出
迭见之弊者"。③ 正所谓："盖人各一传，则不胜传；而不为立传，则其人
又有事可传，有此带叙法，则既省多立传，又不没其人，此诚作史良
法。"④ 赵翼很推崇这种史书写法，并将其运用到自己的治史过程中。具
体说来，就是首先通过"以类相从"，排比出同类或者相连之史实，然后
再通过比附参证进而总结出一般规律，以殷鉴后世。由于能够从纷乱复杂
的历史现象中找出规律性的联系，因此较容易把握历史律动与变迁之趋
势，遂成为后世以归纳法治史之典范。复由于赵翼根据史实内容之不同进
行排比归纳，在科举、官制、纪年、称谓、礼仪、灾异和财政货币等方面
多有一代之总结和跨时代之比较，在专题史研究方面堪为表率。上述分类
研究反映了一个时代的多重侧面，如若合在一起看则可以较为全面地反映
某个时代之全貌，这样在分析归纳的基础之上又形成了其综合研究之
方法。

二　"不著一议而人品自见"的历史书法

在事实与褒贬之间，清代考证史学开山顾炎武所提出的"史家于序

---

① 李宗侗：《中国史学史》，中国友谊出版公司 1984 年版，第 165—166 页。
② 赵翼：《廿二史札记》卷一"各史例目异同"条，中国书店 1987 年版，第 2 页。
③ 赵翼：《廿二史札记》卷四"后汉书编次订正"条，中国书店 1987 年版，第 47 页。
④ 赵翼：《廿二史札记》卷九"齐书类叙法最善"条，中国书店 1987 年版，第 117 页。

事中寓论断法"①，后来得到了诸多乾嘉考证史学家们的高度认同，表现出重视历史文本与事实考证、轻视道德褒贬与主观议论的明显倾向。甚至于对于考据学术不甚措意的袁枚，也表现出"作史者只须据事真书，而其人之善恶自见"②的类似主张。与王鸣盛"议论褒贬皆虚文"③和钱大昕"奚庸别为褒贬之词"④的观点并无实质不同的是，赵翼也同样推崇事实既明、褒贬自见的史学观点，不喜多作主观议论和褒贬，推崇"不著一议而人品自见"的历史书法。

赵翼认为，历代正史之中最能体现历史人物道德忠奸、美恶的纪传之中，《齐书》和《新唐书》写得比较好。《齐书》是因为其"数传皆同一用意，不著一议，而其人品自见，亦良史也"。⑤而他极为推崇《新唐书》则是因为"欧史不惟文笔洁净，直追史记，而以春秋书法，寓褒贬于纪传之中，则虽史记亦不及也"。无论是"不著一议而其人品自见"，还是"以春秋书法，寓褒贬于纪传之中"，显然都与"各出新意，掉弄一两字，以为褒贬"⑥与"强立文法，擅加与夺，以为褒贬"⑦等做法不相侔。赵翼不主张在人物纪传中对传主加之以直接的道德议论，而是认为应尽量避免以道德褒贬决定甚至代替记载历史事实的做法，尽量避免以个人意见与喜好来影响历史事实的记录呈现。但这并不表示，赵翼反对对历史人物施加任何道德褒贬。事实上，赵翼与王鸣盛、钱大昕等在治史上的最大区别，即在于赵氏不仅不刻意回避带有个人主观色彩的议论与褒贬，反而非常擅长于此道，并经常以此为自得。例如，他对武则天的评价，"人主富有四海，妃嫔动至千百，后既身为女主，而所宠幸不过数人，固亦无足深

① 顾炎武：《日知录》卷二十六"史记于叙事中寓论断"条。顾炎武认为，"古人作史，有不待论断而于叙事之中即见其指者，惟太史公能之。"（载黄汝成《日知录集释》，上海古籍出版社2006年版）

② 袁枚：《随园随笔》卷四"作史"条，载《袁枚全集》第5册，江苏古籍出版社1993年版，第58页。

③ 王鸣盛：《十七史商榷》序，黄曙辉校，上海书店出版社2005年版，第1页。

④ 钱大昕：《续通志列传总序》，载《潜研堂文集》卷十八，《嘉定钱大昕全集》第九册，江苏古籍出版社1997年版，第285页。

⑤ 赵翼：《廿二史札记》卷九"齐书法用意处"条，中国书店1987年版，第116页。

⑥ 钱大昕：《十驾斋养新录》卷十三"唐书直笔新例"条，载《嘉定钱大昕全集》第7册，江苏古籍出版社1997年版，第350页。

⑦ 王鸣盛：《十七史商榷》序，上海书店出版社2005年版。

怪。故后初不以为讳，并若不必讳也。……然则区区帷薄不修，固其末节，而知人善任，权不下移，不可谓非女中英主也。"① 在女性"失节事大"的中国道德传统之中，能够站在"她者"的女性角度，将私德与公共政治相对地区分开来看待，对武后予以客观公正的既贬又褒之评价，殊为难能可贵。

包括赵翼在内的乾嘉考证史家普遍要求的"不著一议而人品自见"等观点，固然不免时代精神走偏之处，其客观主义或者科学主义史学理论为后人多所非议，但是有两个针对他们的不当批评需要指正。一是他们固然是意在强调史学的客观性之要求，但似乎并没有否定史学作为一门人文科学的人文性与主观性；二是他们所反对的并非历史褒贬本身而是史学传统中道德主义的偏颇，并没有否定道德褒贬的重要性。因为史学家都应该很清楚，史学与自然科学的不同之处在于其研究对象通常是过去了的，而且大多无法通过直接经验来进行观察研究。史家唯有通过辨析有限而散乱的传世文献和历史文物等资料，并通过推理补上缺失的中间环节，尤其是还须对历史人物的心理作出自己"合情合理"的解释甚至想象，最终将证据串联起来构成因果链条，进而揭示出事件的前因后果。因此，"在史学上纯客观的解释，亦如没有一点解释的纯叙述，事实上都是不可能的"。② 否则，历史就因为散乱无章而无法理解。这一点，赵翼等恐怕不会一点都意识不到。

这与乾嘉史学界呼吁"道德解放"的思潮有关。史学要想实现从惟道德的异化倾向中解放出来，一方面在其内部的事实与褒贬问题上，需要将历史事实置于更为优先的地位；另一方面在其外部的经史关系上，则需要应将史学从经学附庸地位中给解放出来，给予历史研究的客观性适当的认可。应该说，包括赵翼在内的乾嘉考证史家中重事实而轻道德的共通立场，恰是对于重道德而轻史实、重主观而轻客观的道德主义史学传统的反动的结果。

---

① 赵翼：《廿二史札记》卷十九"武后纳谏知人"条，中国书店1987年版，第258页。
② 韦政通：《中国思想史方法论的检讨》，载《中国思想史方法论选集》，上海人民出版社2009年版，第17页。

三 "义理必参之以时势"的历史哲学

中国道德主义史学传统异常重视道德褒贬，其背后隐藏着道德具有至高无上的这一基本价值立场。换言之，在此一传统之中，道德法则超越了一切自然法则和其他社会法则而成为最高的历史法则，历史哲学的主流总是将上至君臣、下至百姓的道德状况看成是政治成败、历史盛衰的决定性力量，因此道德的褒贬几乎成为历史学家的根本诉求。在人们眼中，道德与政治因素的历史重要性要远远高于经济与社会因素之上，与道德修身相比，诸种外在社会知识之研究大概都是学问之末端、雕虫之小技耳。正是在这个意义上，不妨可以说中国二十四部正史都只是一部司马迁《史记》的注脚！只是一部道德忠奸、政治王寇的剧本。中国史学传统中无处不在的道德主义和唯道德倾向，不仅是乾嘉考证史家所批评的对象，也是我们今天继续反思的地方。

对于有清一代学术气运的变化趋势，余英时曾借用龚自珍在《阮尚书年谱第一序》中的观察，将其概括由尊德性向道问学的转变。唐君毅亦曾经不无类似地指出，清儒"忽性理而重事理"，认定清学的主流乃是一种"物理之学"和"事理之学"。[1] 清代儒学之智识主义或知识理性的兴起，总体表现为批评宋儒空谈道德义理、忽略社会实际，具体表现在史学领域就是开始自觉运用事与理、时势与义理相结合的历史理性，有意识地强调形下时空环境与外在客观因素，以避免片面地以道德理性（性理或义理）代替历史理性的史学偏颇。更准确地讲，乾嘉史学"反对褒贬"实是主张即事穷理、就事论事、具体问题具体分析，并非反对就历史人物的道德因素进行分析和评价，针对的是过去"立理以限事"、将历史成败一股脑地归因于个人尤其是君王的道德因素的唯道德主义和道德理想主义的做法。当时的钱大昕最不能忍受的就是"空疏措大，辄以褒贬自任，强作聪明，妄生疻痏，不卟年代，不揆时势，强人以所难行，责人以所难受，陈义过高，居心过刻"[2] 这样的史学文章，批判的矛头直指宋明史学

---

① 参见唐君毅《中国哲学原论·原教篇》，台湾学生书局1984年版，第698页。

② 钱大昕：《廿二史考异》序，上海古籍出版社2004年版，第1页。

爱好高谈阔论之风气。所谓"不卟年代，不揆时势"，就是缺乏对历史环境等客观因素的全面了解。而脱离了具体历史环境的道德评价无疑会就陷入就道德而论道德的抽象思辨，道德标准高则高矣，然而高尚到违背人之常情常理、世之时势的时候，就会陷入"陈义过高，居心过刻"的唯道德主义泥潭而有失公允，让人难以接受。正所谓"唯有实事求是，护惜古人之心，可与海内共白"①，历史书写的首要任务不是道德褒贬，而是据实秉笔直书。钱大昕在《春秋论》等文章中指出，司马光《资治通鉴》纪事编年时只依据政权更迭而不以儒家正统为依归，可谓史家"据事直书，不烦褒贬"之实事求是精神的典范。可朱熹《通鉴纲目》却将《春秋》笔削之例、正统之论推至极致，多处滥用《春秋》义例，用道德褒贬凌替了历史事实。例如，《通鉴纲目》援引《春秋》中"（昭）公在乾侯"之例，黜武后纪年而虚尊唐中宗年号，这在钱氏看来无疑是违背历史事实的处理。"于是唐无君而有君，中宗无年号而有年号。后儒推衍其例，以夏少康始生之岁为元岁，而夏之统不中绝。又有议引汉孺子婴居摄之号，而黜王莽纪元以存刘氏之统者。……此亦极笔削之苦心，而称补天之妙手矣！谓如此而合于《春秋》之旨，则愚窃未敢以为然也。"② 其实，《春秋》"公在乾侯"之例，是因为鲁昭公当时虽"失国"但未"失位"，因此这样写仍旧是据实而书，非公位已去而虚尊的特例。而唐中宗年号已去并改用武后纪年，朱子援前例尊中宗而黜武宗，这显然既不符合《春秋》义例，也违背了实事求是这一基本原则。当然，有人认为《春秋》"是经不是史"，即它并不是一部纪事写实之史书，而是一部"重义不重事"的政治道义论著，其要义即在于对历史人物加以道德褒贬与笔削，以微言显大义。依此看，"《春秋》有例无达例"③，宋儒的正统观和道德笔削也不能说没有经典依据，只是难以避免枉顾事实和情势，"好言褒贬，持高论以自豪"④ 的弊病。钱大昕对朱子的批评，表面上是清儒和宋儒双方在历史书法上存在明显分歧，实质上是双方在历史理性与道德理性

---

①　钱大昕：《廿二史考异》序，上海古籍出版社 2004 年版，第 1 页。

②　钱大昕：《春秋论下》，载《潜研堂文集》，上海古籍出版社 1989 年版，第 20 页。

③　刘逢禄：《春秋论上》，载《刘礼部集》卷三，道光十年刘氏思误斋刊本。

④　刘毓崧：《吴礼北竹西求友图序》，载《通义堂文集》卷九，《续修四库全书》第 1546 册，第 11—12 页。

两者之间有不同侧重。赵翼等在道德"义理"之外复强调历史"时势"的重要性，即是乾嘉考据史家重新诠释其历史理性的具体体现。

在赵翼史学中，他将被宋儒上升为最高历史法则的道德法则称为"义理"。它是人类经由道德理性得出的应然法则，是人所共知并应予切实遵循的，带有类似于朱熹哲学中的"天理"所具有的绝对普遍的意义。可是问题在于，如果一切的历史进程都是应然的，符合道德理性的规定和设想，那么历史就是由人类的自由的道德意志所决定的，按照人类所设想的最佳道德状态行进的，不存在例外的违背道德良善的现象。可是事实上并非如此。人类经由自由意志所体现出来的理性力量在历史发展中所扮演的角色、所起到的作用，似乎并不足以左右历史前进的方向，甚至有时候与人类的道德理性不仅不相侔反而背道而驰。正如马克思所说的那样，"在真正的历史上，征服、奴役、劫掠、杀戮，总之，暴力起着巨大的作用。历史往往是由恶的力量推动的"。① 显然，历史并不是尽然按照应然的道德原则或"义理"所规定的方向前进的。换言之，不谈"时势"只谈"义理"是无法真正认知历史全貌，理解历史的来龙去脉的。

赵翼正是认识到上述"义理之说与时势之论往往不能相符"的历史实际，才认为如果徒用普遍而绝对的道德原则这一终极"义理"来解释历史，往往会陷入"书生徒讲文理，不揣时势，未有不误人家国者"② 的唯道德主义的偏颇和局限。为此，他进而提出了"义理必参之以时势"——须在"义理"之外再假以"时势"才能完整地理解历史的历史解释理论，作为其史学理论的哲学基础。他是这样表述其历史哲学纲领的：

> 义理之说与时势之论往往不能相符，则有不可全执义理者，盖义理必参之以时势，乃为真义理也。③

这里的"时势"，主要是指历史中不能为人所能控制和改变的非个人因素，包括物质的、心理的与社会等多方面的力量，其实就是指某个历史时

① 马克思：《资本论》第 1 卷，人民出版社 2004 年版，第 790 页。
② 赵翼：《廿二史札记》卷三十五"明末书生误国"条，中国书店 1987 年版，第 508 页。
③ 赵翼：《廿二史札记》卷二十六"和议"条，中国书店 1987 年版，第 341 页。

期外在于个人的全部社会环境因素的总和。与道德"义理"表现出来的内在性与主观性相比，"时势"则表现出强烈的外在性和客观性之特点。在赵翼看来，如果脱离具体历史实际或时势来解释历史，无疑是犯了"全执义理"的绝对主义之偏颇。那怎么才能够摆脱出历史解释理论中的偏重"义理"的理论困境呢？赵翼认为，如果我们结合具体的历史实际来勾勒历史事件中的因果链条的话，则既可以避免脱离实际空谈义理的虚妄，亦可以实现对历史的合理解释。此正所谓"义理必参之以时势，乃为真义理也"。反之，"知义理而不知时势，听其言则是，而究其实则不可行者也。"① 例如，在谈到刘秀起兵不到三年就能够称帝光武的时候，赵翼认为显然这不是刘秀一个人的道德高尚所致，乃是由于"是时人心思汉，举天下不谋而同。……因民心之所愿，故易为力也"。② 这里的"民心之所愿"，虽然多指社会道德上的必然性，属于义理的范畴；不过民心向背等社会心理因素显然有别于个人主观道德意志，显然也可以说是属于广义上的个人无法决定的时势范畴。由此可见，时势与义理虽然"往往不能相符"，但在赵翼这里并不总是一对相反的范畴，历史通常是二者合力形成的结果，缺一不可。只是二者在何时分别居于何种地位，是需要具体分析的，不能一概而论。这里面还是包含了一套比较深刻的历史辩证法思想的。

正值清儒反思道德主义史学传统的思潮兴盛之际，赵翼试图避免道德决定论而对外在社会环境因素——"时势"多所强调的倾向是非常明显的。例如，在谈及刘邦建汉的时候，赵翼认为刘邦是"无赖之徒"，其手下亦多是"亡命之徒"，可是正是这一帮看似乌合之众却取得了成功，建立了汉室。这段历史恐怕不能够仅从道德上进行解释，其根本原因应该是"此气运为之也"。③ 这里的"气运"，指的是一种带有一定神秘性的包罗各种个人、社会与环境因素为一体的综合体。它既包括秦末时期的"时势"——当时外在的社会环境因素，也包括"义理"——历史人物的智谋与道德水平、人心的道德向背等。相比而言，刘邦能成功，道德"义理"固然重要，但在赵翼看来恐怕不如"时势"更具有决定性。后来，

---

① 赵翼：《廿二史札记》卷二十六"和议"条，中国书店 1987 年版，第 341 页。
② 赵翼：《廿二史札记》卷三"王莽时起兵者皆称后汉"条，中国书店 1987 年版，第 44 页。
③ 赵翼：《廿二史札记》卷二"汉初布衣将相之局"条，中国书店 1987 年版，第 21 页。

赵翼甚至基于对于历史时势的重视为已经被历史钉在耻辱柱上的奸臣秦桧退让求和的行为辩护，其立论的开放与大胆程度令人惊讶，当然亦因此遭到了很多人的非议。他以"身在局外者，易为空言；身在局中者，难措实事"为由，认为"秦桧谓'诸君争取大名以去，如桧但欲了国家事耳'"的说法，实际上道出了南宋"兵力本弱，而所值辽、金、元三朝皆当勃兴之运"的现实困境。由于这一历史时势"盖天之所兴，固非人力可争"，是高蹈道德义理所不能解决的，因此不能"以人而废言"。① 言下之意，既然强烈抗争也改变不了"宋之为国，始终以和议而存，不和议而亡"的基本态势，那么秦桧卖国求荣的行为可以说是出于当时敌强我弱的历史情势所迫不得已而采取的权宜之计和保全策略，别人在这种"时势"之下可能并不比秦桧做得更好，因此不仅不能将历史的全部责任归咎于秦桧一人。这明显是在为秦桧开脱历史罪责。至此，我们会发现赵翼对道德主义史学之偏颇的批评，对于历史时势环境因素的强调，有时不免矫枉过正而又滑入了历史决定论的偏颇之中去了。关于历史决定论，伯林作过以下的解释："决定论宣称每个事件都有一个原因，从这个原因中，事件不可避免地产生。"② 赵翼为秦桧所做的辩护，意在表明一个完全为环境所迫而无法施展自由意志的人，怎么能够为其行为的后果负起历史的责任呢？这个辩护看似能够成立，却避免不了人们对于历史决定论的诘难：既然决定论认定每个人的行为都是受到因果律规定的，那么它会"把人们做的好多事情的责任，推到非人的原因上面，从而使他们对自己的所作所为有无需负责任的感觉"③，那么又何谈历史的责任与褒贬呢？再者说来，由于"时势"等外在而客观的环境因素是会不断变化的，并没有一个统一的标准和原则，因此环境决定论通常会陷入一种相对主义的泥潭，极容易导致人们要么不知所从，进退失据，要么回到成王败寇的强盗逻辑与弱肉强食的原始状态中去。赵翼似乎并没有明确意识到时势论背后的理论缺陷，因此其"义理必参之以时势"的史学追求时常表现出"义理必替之以时势"的偏颇来。

---

① 赵翼：《廿二史札记》卷二十六"和议"条，中国书店1987年版，第341页。
② ［英］以赛亚·伯林：《自由论》，译林出版社2003年版，第366页。
③ 同上书，第367页。

　　历史单纯依据几条抽象的道德法则是无法解释清楚的，全然依据客观的自然规律也是难窥全貌的。毕竟，人类社会发展的历史已然不是一部纯粹的自然演化史，而是深深打上了人为道德印记的历史。可以说人类社会的历史既是一部自然史，更是一部道德史。赵翼的历史哲学固然有些矫枉过正，但他并没有脱离中国史学道德主义传统的底色，也没有否认"义理"关怀在历史中的重要意义。朱熹的历史"义理"虽然受到了赵翼等清儒的批评，但是朱子对于道德理性的历史意义认识得则非常深刻。正所谓："人之性本无不善，而其日用之间，莫不有当然之则，则所谓天理也。人若每事做得是，则使合天理。天人本只一理。若理会得此意，则天何尝大，人何尝小也。"（《朱子语类》五三卷）人类伟大之处恰在于其能理会得了作为"当然之同"的"天理"，即能够按照道德理性去行动，历史也正是在人类道德理性的指引下才慢慢从自然状态中进化而来的。面对时势，明知不可而为之的道德信念与价值创造所表现出来的有别于自然因果律的终极关怀，当是人类道德进化的源泉之所在。赵翼为秦桧所做的辩护，准确地讲，不是想翻案，而是想从时势论的角度认为不能归罪于秦桧一人，应该为秦桧免除他所不应该承担而应该是那个时代全体人们所承担的历史责任，进而让道德的褒贬回到历史事实的基础之上。赵翼的时势论只免除了秦桧所不应承担的那部分历史责任而非全部责任，因此并没有完全陷入历史决定论的泥潭之中。对于道德义理和个人自由意志的重要性，赵翼有诗云："明知势不敌，百死坚孤忠。举事虽无成，浩气贯白虹。"[①] 在他看来，面对国家生死存亡的关键时刻，即使慷慨赴死于事无补，道德的坚守仍旧是必要的和值得称赞的。

四　"所欲咸得遂"的伦理学思想与史学解放

　　道德主义在重视道德理性的宋明儒学那里表现得最为明显和典型，到了乾嘉时期，无论是经学家还是史学家都在呼吁"道德的解放"。戴震从

---

　　① 赵翼：《静观二十四首》之二十二，载《赵翼诗编年全集》，天津古籍出版社1996年版，第1425页。

哲学高度批判了理学"以理杀人"的流弊，而考据史家对惟道德主义之史学传统亦形成了批评共识，从史学角度批判了"强立文法，擅加与夺，以为褒贬"（王鸣盛《十七史商榷序》）的道德说教史风。

赵翼不仅从史学上，而且在其众多"说理非经籍，记事非史家"① 的"说理诗"中直接道出了其要求道德解放的伦理学思想。在瓯北的"说理诗"当中，除了主要阐述自己的历史观之外，还将理论焦点集中于理气论、人性论和伦理学等中国传统哲学的义理之学上。虽然赵翼的哲学思想不够系统，但是他"向来嫌理学，此亦无雩吟"②，怀疑既有成说的精神和批判宋儒的立场还是非常鲜明的。最为赵翼所怀疑与批评的哲学思想则主要是朱熹的理学，尤其是朱熹的理气论和人性论。

首先，是对"气从理出"之理气论的批判。乾嘉以来，清儒对于朱子学道德严格主义倾向的批评话语日渐高涨，儒学日益面临着一个要求适度满足情、欲等自然天性的哲学转型。③ 在理气论上，赵翼批评的矛头直指强调"理先气后""理本气末"的朱子学，当属从一个侧面反映了清代哲学相对于宋明哲学的这种转型诉求。《瓯北集》伊始所收录的《古诗二十首》，应是赵翼最早年的说理诗，其中坦承了他对理气论的初步思考。其中有两首诗云：

> 后儒强为诠，分别气与理。既名之曰性，理早落气里。舍气而言理，又一重障矣。④
> 人乘生气生，气散则灭渐。既散岂复聚，还又为生机。譬如花落后，明年开故枝。宁必旧花魂，来作新花姿？⑤

---

① 赵翼：《静观二十四首》之二十四，载《赵翼诗编年全集》，天津古籍出版社1996年版，第1426页。

② 赵翼：《即目》，载《瓯北集》卷五十，载《赵翼诗编年全集》，天津古籍出版社1996年版，第1694页。

③ 参见郑宗义《明清儒学转型探析——从刘蕺山到戴东原》（增订版）第七章"明清儒学的转型"，香港中文大学出版社2009年版。

④ 赵翼：《古诗二十首》之六，载《瓯北集》卷一，载《赵翼诗编年全集》，天津古籍出版社1996年版，第2页。

⑤ 赵翼：《古诗二十首》之二十，载《瓯北集》卷一，载《赵翼诗编年全集》，天津古籍出版社1996年版，第6页。

在后面这一首诗中，赵翼表明了自己的气一元论立场，认为气化流行而为万物，而万物生死在于气的聚散。气本身存在有定形与无定形之分别，但无所谓生灭，是永恒之存有。前一首诗当中"分别气与理""舍气而言理"的理气二元论或理本论，与赵翼的气本论主张相反对，正是他所要批判的对象。瓯北早年所主张的气本论、反对理本论的立场，基本上贯穿了其一生而未稍改变。嘉庆六年（1801），赵翼76岁时写的《静观二十四首》，则是赵翼说理诗最具有代表性的一组诗，展现了诗人对于理气关系这一哲学本体论问题最为成熟的思考。

> 谓气从理出，众口同一辞。理从何处来，非虚悬两仪。有气斯心知，有知斯是非。是非方是理，而气已生之。岂非气在先，早为理之基？况或理所无，而为物所有。有知变无知，连理木不朽。无知变有知，老枫或成叟。试问此何理，磅礴出气厚。为语诸腐儒，陈言未可守。①

上面两组诗从思想主旨上看，大同小异，皆是指责"气从理出"的理本论观点乃是"陋儒"之见，继续申论其"气先理后"之气本论思想。

但是，我们还是不得不指出，先验知识的可能性、人类认识能力的超验之运用等问题仍旧困扰着我们，清儒采取拒斥或者悬置形而上学的态度并非是建设性的态度。而仅就赵翼而言，由于其仅局限于知识论的层面而回避了宋明儒学所关注的审美和道德层次上的问题，双方讨论的问题根本不在同一层次上，因此不能说他驳倒了以朱子为代表的宋明新儒学。不过，赵翼等的"气外无理"之批评，应该说一方面是想从理论上避免朱子理气论玄虚之流弊，另一方面想把知识从"天理"中给解放出来，挺立知识的独立地位。为此，乾嘉诸儒在本体论上大都改换门庭，替之以气本理末的气本论立场。这反映了清儒之学在本体论上相对于宋儒之学所发生的重大转变。赵翼之所以将"理"一直限制在特殊的条理和规律范围之内，似乎并不是因为他不理解朱子哲学中的理的形上绝对的超越意涵，

---

① 赵翼：《静观二十四首》之三，载《赵翼诗编年全集》，天津古籍出版社1996年版，第1420页。

而是有意想从根本上拒斥或悬置有关本体之理的形而上学。

其次，明确提出了"弱肉强之食"的自然状态论。在朱熹那里，理气论经由理欲关系论又转而演绎出一套伦理学与政治学。如果说赵翼也有自己一套伦理学思想，显然不是建立在理本论之上，而是气本论之上，具体说来就是建立在气化之自然状态是怎样的这一认知的基础之上。赵翼通过诗歌体裁所表述出来的伦理学思想当然失之粗浅，不过其立论的起点与价值取向较之以往有着很大不同。他与霍布斯的政治哲学中的自然状态理论相类似，他也从人类社会"弱肉强之食"的原始状态这一起点来演绎其伦理学思想的。他屡屡用诗歌来表达他对这一人类自然状态的认同：

> 弱肉强之食，理本天所设。厥初生民时，即茹毛饮血。戕物以养人，固非甚作孽。要之物类中，等差亦有别。①
>
> 维人与万物，同生天地内。弱肉强之食，不知始何代。……佛氏严戒杀，此心固难昧。……将无物养人，本天意所在。于物何太忍，于人何过爱。此理不可问，思之动深慨。虽渐牺用麵，聊减羊踏菜。庶几节嗜欲，略少我心痗。②
>
> 弱肉强之食，同类咨吞攫。天亦无如何，敛手坐穷漠。于是生圣人，创制立条约。③
>
> 洪荒甫一辟，即强食弱肉。饮血而茹毛，久已习成俗。④

所谓"弱肉强之食"是说包括人类在内的不同种类与同一种类的生物之间，为了取得维持生存的必需品都不可避免地借助甚至猎取其他生命，其实就是指生物生存竞争中所依循的优胜劣汰的自然法则。在自然状态下，生物通过杀生来实现自我保存其实无所谓道德与否的，正所谓：

---

① 赵翼：《偶得九首》之一，载《瓯北集》卷二一，《赵翼诗编年全集》，天津古籍出版社1996年版，第569页。

② 赵翼：《放言九首》之二，载《瓯北集》卷二二，《赵翼诗编年全集》，天津古籍出版社1996年版，第602页。

③ 赵翼：《杂题》之八，载《瓯北集》卷二三，《赵翼诗编年全集》，天津古籍出版社1996年版，第634页。

④ 赵翼：《静观二十四首》之十三，载《赵翼诗编年全集》，天津古籍出版社1996年版，第1412页。

"戕物以养人，固非甚作孽"，但在社会状态下任由这一"自然欲望公理"横冲直撞却是不能容忍的。它必须经由趋利避害这一自我保存的"自然理性公理"来人为建构一种普遍有效的伦理规范、法律政治制度等规则，进而实现对社会秩序的建构。

与戴震认为的"凡血气之属皆知怀生畏死，因而趋利避害；虽明暗不同，不出乎怀生畏死者同也"[1]的观点类似，赵翼认为基于利己的天然情感，人人都有贪生怕死、损彼利己的天性。这就是说，怀（爱）生畏死、趋利避害是人类普遍而天然的本性。与霍布斯认定自我保存是整个社会能够得以良善的"首要的善"相似，赵翼等亦无一不认定自我保存对于人类生命存续的必要性与天然正当性。这与"存理去欲"——"以天理为正，人欲为邪也"的道德成说相比，清儒对于利、欲的截然相反的肯定态度显示出他们建构的是一套新型的伦理学。

最后，提出了"所欲咸得遂"的伦理学思想。自我保存的前提是要求合理满足自然欲求，在这个意义上讲自然欲求本身是天然的、必要的而且正当的，是值得肯定的。赵翼基于对人欲的肯定，进而明确提出了其"所欲咸得遂"的伦理学主张：

> 儒者好辟佛，斥为异端异。岂知佛与儒，各有其极至。东方主生长，其圣亦生意。立教因人情，万有我皆备。饮食与男女，所欲咸得遂。但随事设防，发情止礼义。[2]

赵翼虽然提出了"遂欲"主张，但是如何实现从"遂欲"的自然状态向"随事设防，止乎礼义"的社会道德状态过渡却语焉不详。出于戴震与赵翼在基本立场上比较接近，也许我们可以借由戴震以"体民之情，遂民之欲"[3]的王道政治为最终目标、以"达情遂欲"为基本内容的伦理学思想，对其进行最为合理的诠释。

---

① 戴震：《孟子字义疏证》中，载《戴震全书》第六册，黄山书社 1995 年版，第 181 页。

② 赵翼：《杂题》之二，载《瓯北集》卷二三，《赵翼诗编年全集》，天津古籍出版社 1996 年版，第 634 页。

③ 戴震：《孟子字义疏证》上，载《戴震全书》第六册，黄山书社 1995 年版，第 161 页。

戴震为了避免利己这一同等需要之间所产的情欲冲突，尤其是不顾别人满足欲望的同等需要而只顾满足一己之欲的自私自利之行为，通过道德的自律和感化还是远远不够的，还必须通过人类理性制定出"情得其平"所依据的普遍规范。此即赵翼所谓的"于是生圣人，创制立条约"，亦即人类通过运用自己理性的设计、创制、协商和选择诸能力，逐渐形成系统的伦理礼仪和政治法律制度等不同效力的社会行为规范，才能进至（并非是恢复）"饮食与男女，所欲咸得遂"（用戴震的话来说，就是"体民之情，遂人之欲"）的社会秩序。

至此，我们大致可以看出，王夫之、戴震、赵翼等既承认了合理满足"人欲"的天然正当性，还自觉从理论上尽力避免或者说抵制了宋儒所担心的自然主义的道德理论以及弱肉强食的政治哲学。他们达情遂欲的伦理学，既反对放纵情欲的自然主义的道德主张，也试图避免单纯依从既定的先验天理失之刻板与枯寂的缺陷，最终是希望在情与理之间保持一种情理兼尽的动态平衡。赵翼对朱子"天命之谓性"的解释所提出的异议，也可以视作清儒对于宋明儒学的反动的一个例证。朱子曾将"天命之谓性"解释为"人物之生，因各得其所赋之理"，这里的"理"显然具有生来即有的先验性。可是赵翼指出，无论是道德规范还是社会政治制度都不可能是天赋的，明确否定了"天理"具有先验性。至于人类道德可以升华至感通"天理"这一"人道之极功"的境界，"非谓人物初生时，同得天理之全"① 的结果，乃是通过后天不断的道德认知与实践所实现的。总而言之，戴震、赵翼等认为自然状态非恶，认为自然欲求是道德之前提，认为利己情感是道德之源泉，认为道德法则是人类通过理性后天约定俗成的，是后天经验性的而非先天超验性的，这些观点与宋儒强调"存理去欲"的伦理学相比，着实有点针锋相对和创新求变的意味。

赵翼希望把史学从（唯）道德主义传统的偏颇之中摆脱出来的"道德解放"诉求，与当时戴震从哲学高度对宋明理学"以理杀人"的唯道德主义之批判两者是高度暗合的，与现代兴起的"新史学"思潮也不无相通之处。赵翼的史学理论从一个侧面反映了整个乾嘉儒学并非只限于文

---

① 赵翼：《檐曝杂记》卷五"僭删朱子中庸首节章句"条，载《续修四库全书》第 1138 册，上海古籍出版社 2002 年版，第 346—347 页。

本考据这一重维度，而是具有着多重开放的思想创获。由于文本体裁之故，我们对于赵翼的哲学思想可能存在过度诠释的嫌疑，但是不难从中发现，乾嘉考据学术并非只是为了考据而考据那么简单，其实别有一番思想的天地散落或隐藏在其中。这一时期除了对于客观的自然科学知识的关注之外，对于人性与道德的理解亦包含了众多近代人文主义的慧解，尤其值得我们去发现、分析和诠释。

第 七 章

乾嘉儒学的"新道论"形上学

　　乾嘉学术有时亦称为乾嘉汉学，惠栋的《易汉学》为开风气的标志性著作。易学广大，无所不包，在一定程度上可以说，乾嘉诸儒治经多是以汉代易学研究为先导和主干的。可是乾嘉易学自引领风气的惠栋开始，其尊经泥古的立场，存而不论的治学特点，以及食古不化的缺点都有了至为明显的表现。他激烈批评"宋儒经学不惟不及汉，且不及唐，以其臆说居多而不好古也"，因此"若经学，则断推两汉"！① 难怪乎，学界至今对于乾嘉易学有无在诸如易道、易理、易义等形上义理层面建构起一套系统的哲学理论并为各类研究奠定价值基础，一直颇持怀疑态度。

　　不过即便有此怀疑，我们大概也不会否认，大凡学术研究其背后都自觉或不自觉地隐藏着一套无形中起支撑作用的文化心理、哲学理论和价值标准。乾嘉经学考证学者在义理层面的确多是点到即止，存而不论，引而不发，然而这并不意味着他们就没有形而上学层面的哲学思考。在"由字以通其词，以词以通其道"② 的乾嘉治学范式之中，求道仍旧是其最高追求。尤其是乾嘉学术领袖戴震"隐然以道自任"，"乃发狂，打破宋儒家中太极图耳"。③ 戴震所要打破的，其实不仅仅指宋儒《太极图说》的文本真实性，更是指宋明儒学依此所建构起来的一整套宇宙本体论和道德形上学。有研究认为，戴震一方面对"理"字的解构性诠释，颠覆了宋

---

　　① 惠栋：《九曜斋笔记》卷二，载《丛书集成续编》第92册，上海书店出版社1994年版，第515页。

　　② 戴震：《与是仲明论学书》，载《戴震全书》第六册，黄山书社1995年版，第370页。

　　③ 段玉裁：《答程易田丈书》，载《经韵楼集》卷七，上海古籍出版社2008年版，第183—184页。

明理学六百年来最核心观念的定义；另一方面他对"道"字的建构性诠释，又建立了清儒经典诠释的新典范。① 吴根友则进一步指出，与宋明理学的气本论、理本论与心本论相比，乾嘉时代的哲学形上学当以"道本论"为其典型形态。② 在该时代的思想体系中，"道"既是一种超越任何具体学科专门技术的崇高价值理想，也是一种与认识论相关的真理，成为当时能够统合理、气、心等前代核心哲学概念的最重要概念。

本章拟接续这一研究思路，通过着重分析清初至乾嘉时期的王夫之、惠栋、戴震、焦循等对诸如太极、道、理、气等本体性概念理解上的变化，来进一步揭示乾嘉易学"以道代理"之思想异动与时代特征，及其重构儒学形上学——一套能够兼摄"理"与"气"的新"道论"哲学体系的理论。清儒解构"天理"，重构"道论"，复兴易大传"弥纶天地"之道论传统，意义重大，主要表现在两个方面：一是"道一理殊"的"察分理"学说，为乾嘉智识主义的思想转型与典章度数之学的张大消除了泛道德主义的束缚；二是"道赅理气"的道本论，为"理存乎欲"的新理欲观及"达情遂欲"的道德形上学重构奠定了本体论基础，充分诠释和接续了"继善成性""赞育天地""生生不已"的大易精神。

一　清代中前期易学对于"理为太极说"的解构性批评

清代易学首先从文本考证层面上证明宋儒的太极图论说其实是受到了道家、佛教影响之下的臆造与拼凑，与易传中的"易有太极"原初主旨大不相侔，是背离了儒家经典与道统的过度诠释。清初诸如黄宗羲、宗炎兄弟、毛奇龄和胡渭等对宋明时期虚妄怪诞的易学玄风的澄清，应该说是站得住脚的。晚清经学大家皮锡瑞曾就此指出，"宋人图书之学，近儒已摧陷廓清，学者可勿道矣"。③ 在推翻了太极图说的文本可靠性之后，清

　　① 参见郑吉雄《论戴震与章学诚的学术因缘——"理"与"道"的新诠》，载《文史哲》2011 年第 3 期，第 164 页。
　　② 参见吴根友《乾嘉时代的"道论"思想及其哲学的形上学追求》，载《浙江工商大学学报》2010 年第 5 期。
　　③ 皮锡瑞：《经学通论》，中华书局 1954 年版，第 28 页。

代易学紧接着从义理层面阐释了太极的多元内涵，主要有三派观点：

一派是以方孔炤、方以智父子以及李光地等为代表，依旧认为太极是无所不包的终极真理。方孔炤在注"易有太极"时说："两间皆气也，而所以为气者在其中，即万物共一太极，而物物各一太极也。儒者不得已而以理呼之，所谓至理统一切事理者也。有精言其理御气者，有冒言其统理气者。故老父分宰理、物理、至理以醒之。"① 方以智则指出，太极就是一个"先天地万物，后天地万物，终之始之，而实泯天地万物，不分先后、终始者也"② 的无对待者。方氏父子认为太极"实之曰所以"③，乃气之"所以为气者"（其理御气），即气化流行的形上依据。他们反对"其（太极）统理气"的观点，意在避免太极有如一物高高在上的误解，这在一定程度上仍旧遵从了朱子太极即理的传统立场。虽然他们已经觉察到万物之"理"其实多种多样，有"宰理""物理""至理"等分别，如果直接用"理"字来称呼"太极"显然不够妥帖，但认"理"为太极仍是"儒者不得已"而为之的最佳选择。

一派是以刘蕺山、黄宗羲、王夫之、戴震等为代表，改以接续张载的"太虚（极）即气"的气本论主张。刘蕺山认为，"一阳一阳之道，即太极也。天地之间，一气而已，非有理而后有气，乃气立而理因之寓也。就形下之中而指其形而上者，不得不推高一层，以立至尊之位，故谓之太极而实本无太极之可言"。④ 黄宗羲同样认为，"盈天地间一气而已矣"。⑤ 在理气关系上，刘蕺山和黄宗羲都反对理气相即不杂的理先气后、理本气末理论，当然也就不会同意程朱的理为太极说。理与气乃"一物而两名，非两物而一体也"⑥，气是理之实体，理是气之条理，二者不是两个截然分离的不同存在，而是同一个存在的两个方面。虽说"实无太极之可

① 方孔炤：《周易时论合编》卷十，载《续修四库全书》第 15 册，上海古籍出版社 2002 年版，第 548—549 页。

② 方以智：《东西均·三征》，载《续修四库全书》第 1134 册，上海古籍出版社 2002 年版，第 516 页。

③ 方以智：《东西均·反因》，载《续修四库全书》第 1134 册，上海古籍出版社 2002 年版，第 544 页。

④ 刘宗周：《圣学宗要》，载《刘宗周全集》第二册，浙江古籍出版社 2007 年版，第 230 页。

⑤ 黄宗羲：《明儒学案》卷六十二，中华书局 2008 年版，第 1566 页。

⑥ 黄宗羲：《明儒学案》卷四十四，中华书局 2008 年版，第 1061 页。

言"，但如果说太极只是无定形的浑沦一气而已，并非纯粹只是一理，想必他们是同意的。而清初最能阐发横渠易学及其气论的王夫之也不无类似的指出，太极"其实阴阳之浑合者而已，而不可名之为阴阳，则但赞其极至而无以加，曰太极"，而"阴阳，无始者也，太极非孤立于阴阳之上者也"。① 这种把太极当作是"非孤立于阴阳之上"的"阴阳（之气）之浑合者"。王夫之继而批评朱子的理为太极论，认为，"太极最初一〇，浑沦齐一，固不得名之为理"。② 在他看来，"形而上之道与形而之器，虽终始一理，却不是一个死印板刷定底"，如果理是永恒不变的先天存在，那么它又如何能够因应万事万物的运动变化呢？因此"天一理也，则犹有语病"③，对太极为一理的观点明确表示了怀疑。

　　一派是毛奇龄、李塨、胡渭、惠栋、张惠言等另辟蹊径，从数本论的角度解构了程朱易学的理本论。胡渭在李塨论易的基础之上，"窃意所谓太极者，一而已矣。命筮之初，奇偶未形，即是太极"。④ 他从揲蓍次序的角度认为太极乃蓍占未分奇偶、四象（七八九六）、八卦之前的整体、大一或大衍之数（五十，其用四十九）。当太极纯粹变成了筮占或画卦的初始程序时，其形上本体之超越意涵基本上消失殆尽，这样太极无论与汉唐易学的宇宙生成论，还是与宋明易学的存在论之间的关系皆可被悬置起来存而不论。后来，胡煦（1655—1736）、惠栋、张惠言在注"易有太极"时，基本上依从汉注而持有与上述类似的数本论观点。稍早的胡煦认为，"但当未有形质之先，止有气耳。此气初萌，莫不托始于乾元，毓灵于太极"。⑤ 惠栋注曰："太极，大一也"⑥，"一在易为太极"。⑦ 张惠言则将太极认作"太一"，而"太一即乾元也"⑧，亦即"万物资始"六十

① 王夫之：《周易内外》卷一，载《船山全书》第一册，岳麓书社1988年版，第561—562页。

② 王夫之：《船山全书》第六册，岳麓书社1996年版，第1110页。

③ 王夫之：《读四书大全说》卷九，载《船山全书》第六册，岳麓书社1996年版，第1005页。

④ 刘保贞：《〈易图明辨〉导读》，齐鲁书社2004年版，第89页。

⑤ 胡煦：《周易函书》，中华书局2008年版，第77页。

⑥ 惠栋：《周易述》，中华书局2007年版，第287页。

⑦ 惠栋：《易微言》上，载《周易述》，中华书局2007年版，第437页。

⑧ 张惠言：《周易虞氏义》，北京大学出版社2012年版，第150页。

四卦、万一千五百二十策的乾元。乾嘉以来，仍有不少学者继续申述太极为乾元、坤元或易元的说法，对于太极即理的看法提出了不同意见。例如姚配中（1792—1844）的合乾元与坤元为一体的"易元"说，"以阐发易中微言精义，而一归于元"。[①] 以太极为乾元、太一的观点，除了承认太极莫非就是一个开始或起点之外，基本上拒斥对于太极进行道德形而上学性质的判断，这从一个侧面反映出乾嘉易学的尚征实而不尚玄谈的特点。

清儒对于太极即理说的解构性批评，从一个侧面反映出虽然宋易对清代中前期易学影响仍然很大，但是易学思想已经出现多元化甚至颠覆性的显著变化。我们认为，清儒通过对宋儒太极即理的解构性批评固然有得有失，却为他们重建一种新道论形上学打开了一道阀门，开辟了理论道路。简言之，乾嘉易学通过恢复易庸之"道"的本体地位，最终形成新道论形上学有三个理论节点：首先他们批评程朱易学"道""理"不分、理一分殊的观点，改以主张"道""理"二分、道一理殊的观点；然后，再通过辨明阴、阳之气属形上而非形下，重新阐发传统的理气之辨与道器关系，提出一套"道赅理气"的新本论架构；最后，通过天道—人道之间的勾连，为其达情遂欲的新伦理学奠定本体论基础。下面，我们依次论述之。

二　乾嘉学者道、理二分的"道一理殊"论

众所周知，以戴震为代表的乾嘉诸儒治学极为擅长文本考据，他们试图"打破太极图"的反理学主张一般是通过关键概念的考证与辨析来实现的。方东树在其《汉学商兑》中批评戴震等汉学家，"著书以辟宋儒、攻朱子为本，首以言心、言性、言理为厉禁"。[②] 段玉裁则从积极方面指出，戴震等反对理学乃是"就《孟子》字义开示，使人知'人欲净尽，

---

　　① 姚配中：《姚氏易学阐元》（张寿荣跋），载《续修四库全书》第31册，上海古籍出版社2002年版，第12页。

　　② 方东树：《汉学商兑》，载《续修四库全书》第951册，上海古籍出版社2002年版，第550页。皮锡瑞亦就此指出，"戴震作《原善》、《孟子字义疏证》，虽与朱子说抵牾，亦只是争辨一个理字"。（载皮锡瑞《经学历史》，中华书局1959年版，第313页。）康有为则认为："乾嘉诸儒，以义理为大禁，今欲挽其流失，乃不求复义理之常，而徒备言义理之变。"（朱一新：《朱侍御复康长孺第四书》，载《康有为全集》第一卷，中国人民大学出版社2007年版，第328页。）

天理流行'之语病"。① 无论是从消极角度还是从积极角度来看，精于文字训诂的戴震在其晚年定论《孟子字义疏证》一书中，首先疏证了"理"（共 15 条），紧接着就是"道"["天道"与"（人）道"各 4 条]，这显然并不是随意的安排，而是有其思想深意的。他意在通过一破一立的做法，开门见山地将其理论矛头直指"理"字，然后通过重新诠释易庸之"道"论来取代宋明之"理"学。

（一）戴震"理属之道"的"察分理"思想

继惠栋"道一理殊"之后，戴震指出，"道"不仅包含"虚理"而且还包含"实体"，因此它才应该是儒家形上学体系中的最高概念。这为他进一步提出"道赅理气"的道本论埋下了伏笔。如仅从"虚理"层面来看，戴震认为，"道者，居处、饮食、言动，自身而周于身之所亲，无不该焉也"，它既是实体实事的内在规则，又是包含人伦法则的价值规范，已经颇类似于今人所讲的"真理"概念。② 但是，它作为"无不该焉"的终极真理，要想对其进行具体分析讨论，必须"分言之始明"（《孟子字义疏证·道》）。为此，戴震进一步提出了"察分理"的主张，来作为"求道"的具体途径。他说："理者，察之而几微必区以别之名也，是故谓之分理。在物之质，曰肌理，曰腠理，曰文理。得其分则有条而不紊，谓之条理。"换言之，"理非他，盖其必然也"③，"天理者，言乎自然之分理也"④，宋儒所谓的"天理"无非是组成天道与人道的各种必然规律和具体法则而已，那么"察分理"无非是指认识并遵从一种与主体无关的必然性而已。可是戴震"察分理"学说除了包括实事求是地认知物理和人伦这一内涵之外，还须具有能够"尽夫情欲之微而必区以别焉"的伦理学内涵。因为戴震认为"理者，情之不爽失，未有情之不得而理者也"，所有的"道"或真理都既应是客观必然的，也应是不违背

---

① 戴震：《戴震文集》（段玉裁序），中华书局 1980 年版，第 228 页。
② 吴根友：《乾嘉时代的"道论"思想及其哲学的形上学追求》，载《浙江工商大学学报》2010 年第 5 期。
③ 戴震：《戴震全书》第六册，黄山书社 1995 年版，第 86 页。
④ 戴震：《孟子字义疏证》卷上，载《戴震全书》第六册，黄山书社 1995 年版，第 152页。

人情的。这样一来，"察分理"学说既是一种格物穷理的认识论，也是一种达情遂欲的伦理学，是融事实认知与价值选择为一体的，"归于必然适完其自然"的智慧活动。朱子的理学观由于难以统一外在"格物穷理"与内在"制欲存理"这两种性质截然不同的活动，而一直给人以内外断裂的印象。与之相比，戴震统合天道与人道的"察分理"主张无疑是一种出人意表的新哲学。

（二）章学诚"惟道无所不通"的"即器明道"论

章学诚作为一位与当时考据风潮格格不入的史学异端，卫道意识非常强烈，有意无意地视戴震为其理论对手。可是他正是受到了戴震等的理论压力与影响，同样对"理"字基本上避而不谈，但是，他对"道"字有诸多新颖别致的解释，最终建构了一套与戴震有同有异的道论思想。

章学诚对"道"字下过以下定义："是天著于人，理附于气。故可形其形而名其名者，皆道之故，而非道也。道者，万事万物之所以然，而非万事万物之当然也。人可得而见者，则其当然而已矣。"① 章氏此处没有明说的"道"，是指"万事万物之以然"背后的"所以然"，作为"万物之所以然"的形上根据，其实类似于朱子之"理"。而"人可得而见者"的"万事万物之所以然"——"道之故"，对于偏重史学的章学诚来说，尤其是指承载着圣人之道的"仁义忠孝之名""刑政礼乐之制"而已，包括诸如名物、方志、掌故、典章、制度等各种有形有名的历史记录和遗迹。由于"道"体本身并非寂然不动、自在自足的，因此人们只有通过这些历史遗迹和表象来理解或彰显"道"之内涵。此即章氏六经皆史、籍史明道的思想主旨。

相对于朱子对"道"或"理"的理解，章学诚的道论有同有异。他承认"道"是"万事万物之所以然"，也认为它是隐藏在器物背后的最高真理，并且具有"形而上"（《易传》）的抽象性、"道公而学私"（《与朱沧湄中翰论字书》）的普遍性、"器拘于迹而不能相通，惟道无所不通"

---

① 章学诚：《文史通义·原道》，载叶瑛校注《文史通义校注》，中华书局 1985 年版，第 119—120 页。

（《原道》）的终极综贯性等特点。但是，他一方面指出，"道非必袭于天人性命、诚正治平，如宋人之别以道学为名，始为之道。文章学问，毋论偏全平奇，为所当然而又知其所以然者，皆道也"，批评了宋明道学过于尊德性而短于道问学，内容涵盖面过于偏狭；另一方面，又从"古人未尝离事而言理"（《易教上》），"君子即器以明道"角度，指出"明道"的途径应该遵从下学而上达的经验主义路线，批评了宋儒"直到先天未画前"的先验主义认识线路。这两点批评，与戴震等的反理学主张其实有着异曲同工之妙的。

最为关键的，章学诚还主张道乃"无定体者"，并非是一成不变的，其内容不可以局限于六经文本。正所谓："夫道备于六经，义蕴之匿于前者，章句训诂足以发明之。事变之出于后者，六经不能言，固贵约六经之旨，而随时撰述以究大道也。"① 显然，在章学诚眼中并没有一绝对不变、完满自足之"道"，而是应随着人类社会的发展变化而不断地丰富、增加与变化的。章氏对"道"之因应变化这一特点的强调，意在批评和摆脱宋明理学脱离社会实际及其变化的先验主义、教条主义的窠臼。而这也是比较符合《易传》中"道"之气化流行、生生不已的特点。

（三）焦循、凌廷堪的道、理关系论

在乾嘉时期，凌廷堪比较推崇戴震，与焦循、阮元等乾嘉学术健将交往密切。以礼学著称的凌廷堪认为"圣人之道，至平且易也。……圣学，礼也，不云理也"②，毫不讳言其反理学立场。他说："《论语》、《大学》皆未尝有'理'字，徒因释氏以理事为法界，遂援之而此新义。是以宋儒论学，往往理事并称。……无端于经文所未有者，尽援释氏以立帜。其他如性即理也，天即理也，尤指不胜屈。故鄙儒遂误以理学为圣学也"③，凌氏与戴震一样直指宋明理学实乃禅学。由于凌廷堪以"礼学"对治"理学"，其思想皆以缘礼复性为依归，故而对于"道"学少有论及。只

---

① 章学诚：《文史通义·原道下》，载叶瑛校注《文史通义校注》，中华书局1985年版，第139页。

② 凌廷堪：《校礼堂文集》，中华书局1998年版，第31—32页。

③ 同上书，第142页。

是说"道无迹也，必缘礼而著见，而制礼者以之"，简单论及礼与道的关系。固然如此，我们仍旧可以从凌氏（包括阮元）制礼、约情、复性的礼学论述中清楚地看出惠、戴等道、理二分思想的明显印迹。

焦循的道、理关系论，基本上皆源于戴震。他也十分强调"道"的生化赞育功能，认为"一气反复往来，是为道"①，"以爻之定言，谓成既济。未成既济之先，生生不已，是之谓道"。②另外，他说："盖道不可穷，而理则宜穷"③，提出了道无限而理有穷（限）的观点，用无限之道取代了有限之理的本体地位。不仅如此，他在注释戴震非常欣赏的《大戴礼记》中"分于道，谓之命；形于一，谓之性"这一段话时，说："理犹性也，穷理即是尽性。物不可以终尽而性则宜尽。理之言分也，道既分而为命，命乃定而成性。"④从道分为命，命定为性，尽性穷理，直到知天体道，其中无疑隐藏着一套穷神知化的系统哲学理论，惜因短寿而未能充分展开。

综观上述几家的道、理关系论，他们基本上把处于太极地位上的先验本体之"理"，降格理解为"条理""分理"等具体的人伦与物理规范，进而恢复了《易传》《中庸》之"道"的本体地位。这显示出方东树说乾嘉诸儒"厉禁言理"所言不虚，"道""理"二分的观点在乾嘉时期已近乎共识。当"理"一旦变成一个纯粹中性与客观的描述性概念之后，朱子哲学中"理"之本体地位就难以避免被取消的危险了。

三　乾嘉新道论哲学的思想史意义

综上所述，以戴震为代表的乾嘉诸儒在批评综贯宋明儒学中理本论、气本论传统的基础之上，恢复了《易》《庸》之"道"的本体地位，确实使"道"成为当时最能够统合理、气、心等前代核心哲学概念的最重要概念。由"道一理殊"的道、理二分论，"道赅理气"的道本论，以及

---

①　焦循：《易通释》卷五，九州出版社2003年版，第116页。
②　同上书，第111页。
③　同上书，第116—117页。
④　同上书，第117页。

"察分理"的求道论三者构成的乾嘉道论形上学，其思想史意义正如朱子理本论建构的理论效果一样，也是多重而复杂的。虽然乾嘉诸儒显得过于拘谨而未能畅谈其中曲折，然而围绕着易学尤其是《易传》为核心而展开的哲学建构，当为乾嘉时期乃至整个清代中前期学术研究所可能有的创发性进展奠定了理论基础。无论是对于易学本身发展而言，还是对于明清哲学思想的流变而言，皆是如此。要言之，有以下两个方面：

首先，"道"与"理"的相对二分，为乾嘉智识主义的思想转型与典章度数之学的张大消除了泛道德主义的束缚。冯友兰认为，"道学家所讲的理，有自然规律和道德规律的双重意义，害他们是混而不分的。戴震所讲的理也有双重意义，他在一定程度上作了应有的分别"。① 戴震等既然不再视"理"为先验的终极本体，而是看成为一种具体的可经验的"不易之则"，那么在拒斥或悬置形而上学的本体论承诺的条件下，便可以最大限度地、实事求是地呈现出这些知识。而道的内涵一旦改变，"求道"的进路与方法上也将随之改变。用凌廷堪的话说，求道的方式大致有两种："夫实事在前，吾所谓是者，人不能强辞而非之；吾所谓非者，人不能强辞而是之也，如六书九数及典章制度之学是也。虚理在前，吾所谓是者，人既可别持一说以为非；吾所谓非者，人亦可别持一说以为是也，如理义之学是也。"② 在"实事在前"与"虚理在前"这两种基本思维方式或者认识路线面前，孰能求是、问道的答案是一目了然的。

事实上，乾嘉学术在典章度数之学的深化与扩展上所取得的辉煌成绩也是有目共睹的。仅从易学来看，除了通过辑佚、整理汉易之外，乾嘉易学出现了高度符号化、形式化和数学化新动向与新视域。例如，胡煦的《周易函书》、江永的《河洛精蕴》、李锐的《周易虞氏略例》、焦循的"易学三书"（《易通释》《易图略》《易章句》）等，都是将几何学、代数学与易学之学紧密地结合起来，从自然哲学之角度推进了周易象数之学的发展。江永认为，"以数推卦，以卦推数，确然见其有不可易之理耳"。③

① 冯友兰：《中国哲学史新编》第六册，人民出版社 1989 年版，第 37—38 页。
② 凌廷堪：《校礼堂文集》，中华书局 1998 年版，第 317 页。
③ 江永：《河洛精蕴》，巴蜀书社 2008 年版，第 19 页。

惠栋则认为，"《易》之理存乎数，舍数则无以为理"。① 在此，"理"字成为一种数理与形式，其在道德意味明显衰减。他们相信，如果能够将易学原理通过精密的数学形式加以说明，无疑是证实易道之广大、完美的最有力支持。正由于他们"以数明理""知我者益加密焉"（焦循《易图略·叙目》）的不断努力，使得易学初步具备了现代科学中高度符号化和形式化的数学化特质。这应视为整个乾嘉道论在支持儒学智识主义转型过程所取得的一个具体成果。

其次，惠、戴等乾嘉学者取消了"理"的本体地位，堵死了向内冥心求理的道路，为进一步深入批判宋儒道德哲学提供了形上学支持。如果说朱子道德哲学可以表述为"存理制欲"的天理观，那么在经由戴震等"以理杀人"的伦理学批评之后，乾嘉时期道德哲学的主题渐渐转变为了一种"达情遂欲"的人道论。

在戴震看来，"道有天道、人道。天道以天地之化言也，人道以人伦日用言也"②，无论是"天地之化"还是"人伦日用"都是道体生生不已的具体表现，二者是相通的。其新道论的道德哲学意义，主要表现为如何通过天道与人道的勾连，落实为"血气心知"的人性论与"道不出人伦日用之常"的伦理学。一方面，"道赅理气"的道本论对于人性论意味着，当兼赅理气的天道在流行落实到人身上时，既会表现出人人达情遂欲、互不侵害的道德要求（"心知"），也会表现出怀生畏死、趋利避害的情欲需求（"血气"）。这为乾嘉诸儒证明人的自然情感欲求的先天合法性提供了本体论依据。另一方面，"道赅理气"之道本论的伦理学意义主要表现在理欲之辨上。由于"理"一般意味着一种理性的道德秩序，"气"意味着一种具体感性的存在，因此兼摄"理""气"就意味着兼顾人的"理""欲"。针对宋儒一般强调"存理（制）灭欲"的理欲关系论，惠栋指出"后人以天人、理欲为对待，且曰天即理也，尤谬"③，戴震则主张"理存乎欲"，都追求一种理欲兼尽平衡的人道理想。应该说，惠、戴等"达情遂欲"的反理学命题与伦理学思想，很好地诠释接续了"赞育

---

① 惠栋：《九曜斋笔记》卷二，光绪聚学轩丛书本。
② 戴震：《孟子私淑录》，载《戴震全书》卷六，黄山书社 1995 年版，第 37—38 页。
③ 惠栋：《周易述》下册，中华书局 2007 年版，第 504—506 页。

天地""生生不已"之易道精神。

　　当然，最后应该指出的是，乾嘉道论在本体概念分疏、考证过程中所表现出的丰富思想性内涵，固然因此可以说乾嘉学术背后隐藏暗含了自己一套新兴的哲学思想，但因受时风与方法之局限，当时除了戴震等少数人之外的大多数人的哲学思想亦多是存而不论而未能充分展开，不能不令人遗憾。

第二编

乾嘉儒学的思想论争
及其分化流变

在义理、辞章与训诂三分天下的乾嘉儒学基本格局之中，戴震除了不擅辞章之学外，在义理和训诂领域皆能独步学林，引领风潮。不过，像戴震这种道、技双全的"通儒"或者说复合型人才，世上并不多见。儒学在后戴震时代的发展不得不"术业有专攻"，势必更趋于专门化。后戴震时代儒学的专门化发展，扬州学派最为代表。诸如王念孙、王引之对于戴震"因声求义"小学思想之推进，任大椿等对于典章制度之学的承继，汪中等对于荀学等诸子学的阐扬，阮元等对于数学等畴人（度数）之学和中国科技史的整理，凌廷堪、阮元和焦循等对于戴震"絜情"哲学的演绎，等等。这其中除了道德义理之学的发挥之外，大多数皆是专门精深的专家之学，这是乾嘉诸儒长期群体性地致力于经典诠释和知识考证的结果。它既确立并张大了诸种专门知识在儒学传统中前所未有的相对独立地位，亦为从考证学术中转出经世思潮和接引西方知识分科体系做了必要准备，意义十分重大。当然，清代中期儒学在嘉道之际由考据而经世的再次转型实际上早自乾嘉时期就已经开始了，其内部诸如汉宋之争、经史之争、儒释之争等重大论争已经埋下了自我裂变的种子。再加上晚近的中西之争，更使得儒学必须以一种新的面貌应对内在紧张与外部时局之挑战。

本编拟用六章的内容来论述清代中期儒学在后戴震时代的分化与裂变。第八、九章论述扬州学派对于戴震学术思想在多个方向上的推进。第十章，通过分析江藩《国朝汉学师承记》与方东树的《汉学商兑》针锋相对的汉宋之争，指出乾嘉儒学开始走入自我反思和总结的阶段。第十一章，以龚自珍人性论对心学、佛学的汲取为例，表明清代中期儒学的儒释之争及其多元开放意识。第十二章，讲述章学诚和龚自珍的"六经皆史论"中所凸显的经史之争和重整经史子集的学术史动向，不仅显示乾嘉史学有与经学强烈争胜的面向，也意外地提前预告了经学最终"分裂而入数科"的近代命运。第十三章，通过分析揭示傅斯年史料主义和历史语言学方法的乾嘉儒学渊源，进而表明近代中国学术发展虽然在掺入了中西之争之后变得更为复杂，但乾嘉儒学始终是其直接入口，仍旧表现出顽强的生命力。

第八章

扬州学派与戴震语言典章
度数之学的发展

　　江藩在《国朝汉学师承记》中曾说"本朝三惠之学，盛于吴中，江永戴震诸君继起于歙，从此汉学昌明，千载沉霾一朝复旦"①，将狭义的乾嘉汉学分为吴、皖两大派别。这一观点，后来为章太炎、梁启超、胡适等清学研究大家所普遍接受，可以说江藩的这一句话奠定了乾嘉学术史及后续研究的基本格局。正如梁启超所指出的那样，"吴、皖派之说，出自江氏《汉学师承记》"。② 这一点也得到了其对手方东树的认可。然而，乾嘉学术的内容并不局限于乾嘉"汉学"这一狭义范围，乾嘉学术的流派当然亦远不止吴、皖这两派，事实上乾嘉学术的具体内容、学术流派远较此为丰富、复杂和多样。据支伟成纂述的《清代朴学大师列传》记载，仅就乾嘉时期的经学考证学者而言，除了吴、皖两派之外尚有北派、常州今文经学派、湖南今古文兼采派、浙粤汉学兼采派、南北怀疑派等。③ 据统计，该列传的传主共计 370 余人，其中扬州学者约占 8%，几与吴中（苏州）、徽州、常州等地平分秋色，那么扬州学者能否自成一派呢？从某种意义上说，与吴、皖两派皆有着密切师承或渊源关系的常州学者能否

---

　　① 　江藩：《国朝汉学师承记》，载《续修四库全书》第 179 册，上海古籍出版社 2002 年版，第 258 页（下文引用此书皆为此版本）。
　　② 　梁启超：《清代学术概论》，东方出版社 1996 年版，第 5 页。另可参见漆永祥《江藩与汉学师承记研究》，上海古籍出版社 2006 年版，第 389—390 页。
　　③ 　参见支伟成《清代朴学大师列传》目录，泰东图书局 1926 年版，第 1—12 页。从内容上看，经学考证只是清代（乾嘉）朴学的一部分，支伟成还列有小学、史学、地理学、金石学、校勘目录学、诸子学、治事学、历算学、博物学等学术门类。

与吴、皖两派鼎足为三，是关系到重塑乾嘉学术基本格局和整体面貌的一个重要问题。

一 戴震后学与扬州学派

"扬州学派"这一乾嘉时期区域性学术流派名称，是由江藩的对手——方东树率先提出来的。方氏在《汉学商兑》批评扬州著名学者汪中非议经籍，重视荀、墨等子学的"四书次第"之论时，说"其后扬州学派皆主此论"，将诸多扬州学者看成是一个有着共通的治学对象、方法和风格的群体。不过，同样为扬州学者的江藩在其《汉学师承记》中却并没有将扬州学者单独列为一派，而是将扬籍学者分别按照师承渊源关系归属于吴派和皖派之名下。显然这是基于扬州学派大多只是吴、皖诸派的延续和发展的判断，认为扬州学派并无单独成派之理由和必要。除此之外，还有诸多因素似乎让人难以将扬州学者看成是一个在思想上存在内在有机联系的学术流派。比如，扬州学者中间既有考证学家，也有宋学家。诸如黄生、王懋竑（1668—1741）、朱泽沄（1666—1732）等多是宋学专家，与乾嘉考证学者（包括扬州）几乎清一色地批评宋学的立场是不相侔的。上述将扬州学者分解到吴、皖两派名下的这一做法，得到了近代支伟成和今人洪湛侯①、龚鹏程等不少人的支持。当代台湾学者龚鹏程即认为，乾嘉汉学分为吴、皖、扬三派的看法大多是梁启超等的"后见之明"，并不符合历史实际。他说如果认为扬州学派是源于戴震的话，那么"扬州学派并无独立门户之资格，顶多只能视为皖派或皖派之分支"。② 这种说法虽然有一定的道理，但是龚鹏程也看到了这并不是反对扬州学派存立的充分理由。因为如果我们反过来看的话，汪中等的诗词文章与诸子研究，焦循、凌廷堪等的戏曲研究，阮元等的科技史研究早已逾越戴震等皖派的治学范围，因此仅用皖派来界定扬州学者的治学成绩和风格并不妥贴。换言之，扬州学术即便是祖源于戴震，也并不妨碍扬州学派事实上之

---

① 参见洪湛侯《徽派朴学》，安徽人民出版社 2005 年版。

② 龚鹏程：《博学于文——清朝中叶的扬州学派》，载龚鹏程《中国文人阶层史论》，兰州大学出版社 2004 年版，第 160 页。

存立。当时的扬州学术能否自成一派，当然要看到扬州学派与以戴震为主要代表的皖派之间的顺承关系，不过也应该看到扬州学者较之吴、皖两派有诸多推陈出新的特别之处。

18 世纪末 19 世纪初的扬州府地域有所谓"八治"，领有高邮、泰州两州，以及江都、甘泉、仪征、兴化、宝应和东台六县。扬州在清初遭到毁灭性打击之后，在清代中叶由于盐业、漕运中心等商业繁荣而重新鼎盛。扬州学者群体之间不仅有着同乡、同学、同年或师生等多重关系，而且彼此之间还存在密切的宗族与姻亲现象。例如，清代宝应籍学者群体中间，耆宿王懋竑和朱泽沄两人是邻近至交还是儿女亲家，王氏的儿子王箴传既是朱泽沄的学生又是他的女婿。而他们两家与宝应刘氏家族也有着密切关系。刘台拱曾师从王懋竑的儿子王箴传，见到王氏及朱泽沄遗书之后才始治程朱之学。刘宝树和刘宝楠两兄弟则是刘台拱的从侄，刘恭冕则为刘宝楠的儿子。刘台拱的母亲又是朱彬的姑母，两人表兄弟，而朱彬的族祖父就是王懋竑的至交——朱泽沄。像焦循与阮元这两位扬州学者中的佼佼者也存在姻亲关系，焦循是阮元的族姐夫，这一层关系要有利于两人在学术思想上的相互交流和支持。这一时期以阮元为领袖的扬州学者间的频繁互动，逐渐累积了区域性知识精英共同体自身内部的文化认同，形成了自身的一些特点。① "扬州学派"研究大家张舜徽撰《清代扬州学记》明确指出了扬州学派两个与众不同的治学特色："首先在于能'创'"，"其次在于能'通'"，"这都是吴、皖两派学者所没有，而是扬州诸儒所独具的精神和风格"。② 继张舜徽之后的大多数清学研究者，诸如祁龙威、王俊义、田汉云、黄爱平、林庆彰、张寿安、杨晋龙、赵昌智等大都认可扬州学派的存立。③ 台湾学者杨晋龙在对于扬州学派的研究成果做了较为全面的勾勒之后认定："无论承不承认存在扬州学派，但王氏父子、汪中、焦循、阮元……扬州学者的表现，是为乾嘉考据学发展的高峰。道光以下的学术主流地位，则逐渐转移给标榜恢复汉代今文学的'常州学派'，这

---

① 参见［美］梅尔清《清初扬州文化》，朱修春译，复旦大学出版社 2004 年版，第 132—146 页。

② 张舜徽：《清代扬州学记》叙论，广陵书社 2004 年版，第 3 页。

③ 参见赵昌智主编《扬州学派人物评传》，广陵书社 2007 年版，第 2—5 页。

应是相关学者间一个比较具有共识的认知。"① 我们认为，以地域论，扬州学者人物众多、声气相通，足成一军，扬州学派提法是可以成立的；以学理论，扬州学派虽受皖派影响最为明显而吴派次之，但在一定程度上形成了独到的见解与别样的特色；以影响论，扬州学派为后起之秀，有其超胜之处：不仅家风绵长，交流密切，精诚协作，而且沾溉近代学林不少，影响较广。

近人陈去病在《五石脂》中说："徽人在扬州最早，考其时代，当在有明中叶。故扬州之盛，实徽商开之。扬，盖徽商殖民地也，故徽郡大姓如汪、程、江、洪、潘、郑、黄、许诸氏，扬州莫不有之，大略皆流寓而著籍者也。而徽扬学派，亦因以大通。"② 由于受到明清时期大量徽州商人移民扬州的影响，徽、扬两地之间的经济文化往来异常频繁，可以说扬州几乎成为徽商的"殖民地"。陈去病的"徽扬学派"提法，非常准确地指出了徽、扬两地文化所呈现出的一派互动与交融现象。

从师承关系与学术渊源上看，固然扬州学者与吴、皖两派皆有着密切关系，但相对而言扬州学派算得上是皖派（主要是戴震）的嫡系。除了江藩是吴派惠栋的再传弟子之外，诸如王念孙、焦循、任大椿、凌廷堪和阮元等扬派大家皆与戴震有着或直接或间接的学术继承关系。戴震去世之后，凌廷堪对于《戴氏遗书》"读而好之"，并撰写了《戴东原先生事略状》，"聊自附于私淑之末"。凌氏在该文中首次系统地指出了戴震后学的师承谱系："其小学之学则有高邮王给事念孙、金坛段大令玉裁传之；测算之学则有曲阜孔检讨广森传之；典章制度之学则有兴化任御史大椿传之，皆其弟子也。"③ 其中，王念孙、任大椿皆是扬州人。后来支伟成进一步指出，戴震"施教于京师，而传者愈众。声音训诂传于王念孙、段玉裁，典章制度传于任大椿。既凌廷堪以歙人居扬，与焦循友善，阮元问教于焦、凌，遂别创扬州学派"。④ 其中，扬州的王念孙、焦循、凌廷堪、阮元等亲炙与私淑后劲，在戴震后学之中占去大半矣。正所谓："戴氏弟

① 杨晋龙：《〈清代扬州学术〉导言》，载台北"中央研究院"中国文哲研究所《中国文哲研究通讯》2005 年第 15 卷 1 期，第 111 页。

② 陈去病：《五石脂》，江苏古籍出版社 1999 年版，第 326 页。

③ 凌廷堪：《戴东原先生事略状》，载《校礼堂文集》卷三十五，中华书局 1998 年版。

④ 支伟成：《清代朴学大师列传》，泰东图书局 1926 年版，第 145 页。

子，舍金坛段氏之外，以扬州为最盛。"① 应该说，乾嘉学术在后戴震时代的发展，扬州学人功莫大焉。然而值得我们拷问的是，扬州学派在光大戴震学术方面有何贡献？又有无缺失之处呢？为何没有能够像常州学派那样有力引领后乾嘉时代的学术发展？又为何没有能够做出嘉道时期长期居扬的包世臣、魏源（还可以包括陶澍、林则徐等长期执政江苏的高级官僚）那样的文化贡献呢？

戴震治学的最高旨趣是"志乎闻道"（《与姚孝廉姬传书》），但是他并没有直接通过"六经注我"式的"尽心知性知天"这一心性体证路径来建构起一套道德形上学体系，而是采取了"我注六经"式的"由字通辞通道"的客观考证路径，借由重新恢复《易》《中庸》《孟子》等先秦原始儒学中的道德哲学来阐述自己的义理之学。相对于宋明儒学强调"先立本其大本"的"直指本心"之理路，戴震等乾嘉学者则较为普遍地采取了"转识成智"的"绕路说禅"之理路。戴震认为，"经之至者，道也。所以明道者，其辞也。所以成辞者，字也。必由字以通其辞，由辞以通其道。"（《与是仲明论学书》）在经—字—词—道之间，构成了一个诠释学循环。这里蕴含于经籍之中的"道"就是儒家的形上义理之学，而要想彰显经籍中的形上义理则必须依靠文字、音韵和训诂学等小学工具对经籍文本中的字、词进行解释。与此同时，"义理非他，存乎典章制度者也。……理义不存乎典章制度，势必流入于异学曲说而不自知"。要想实现"观乎人文以化成天下"的儒家理想，要想彰显寓于经籍之中终极的人文之"道"，除了须具备小学工具之外，还必须在知晓一定程度的自然之"道"与社会之"道"。正如凌廷堪所说："先生之学无所不通，而其所由以至道者则有三：曰小学，曰测算，曰典章制度。"② 戴震除了有深厚的小学功底之外，对于"测算之学"等自然科技知识和"典章制度之学"等社会知识也有过深入研究，是乾嘉学者中间不可多得的"通儒"之一。戴震的自然之学是为了"去蔽"，避免由于知识缺陷而导致的道德愚昧与无知；其社会之学则是为了"去私"，避免人人只顾自己不管他人

---

① 刘师培：《南北考证学不同说》，载刘师培《清儒得失论——刘师培论学杂稿》，中国人民大学出版社 2004 年版，第 244—245 页。

② 凌廷堪：《戴东原先生事略状》，载《校礼堂文集》卷三十五，中华书局 1998 年版。

的社会不道德状态。一言以蔽之，戴震所有学问皆可以囊括进"德性资于学问，进而圣智"（《孟子字义疏证》上）这一主旨之下，其不同领域的学问之间看似畛域分明，实际上有着密切的内在逻辑关联。后来胡朴安对此作了一个较为全面的总结："由声音以求文字，以文字以求诂训，由诂训以求典章制度，由典章制度以求义理。"① 这样，戴震治学就呈现出三大层面、依次递进、内在一贯之整体格局：首先要掌握基础性、工具性的小学工具，然后运用小学工具等多种手段对形上义理之依托的名物典章制度之学（包括测算）进行考证，进而最终彰显出其中的义理之学或至道之论。

接下来，我们就分别从小学与经籍考证、典章制度与科技史研究、哲学（义理）思想三个方面，来具体分析扬州学人对于戴震学术思想的继承、深化与转进，并尝试着揭示扬州学派在后戴震时代的学术发展道路上所存在的诸多重大缺失。

二 扬州学者对戴震"因声求义" 小学思想的深化

在文字、音韵、训诂等小学领域，戴震有《六书论》三卷、《声韵考》四卷、《声类表》九卷、《方言疏证》十三卷等著作。戴震在运用小学手段考证经籍文本时，特别注意防止"缘词生训"和"守讹传谬"两种习见错误。其中"缘词生训"是指不明原意而望文生义的主观臆断，"守讹传谬"（讹体字即假借字）则是指不明因古音相同相近假借它字（即"破其假借之字而读以本字"）而对字音的误读和字义的误解。汉字是象形文字，通常是以形表义，在乾嘉以前基于"形近而义通"原则来解读字义的训诂方法较为通行。在陈第、顾炎武、江永等前人的音韵研究成果的基础之上，戴震继而提出了"故训、声音，相为表里"，"俾疑于义者以声求之，疑于声者以义正之"② 这一音韵—训诂学主张。戴震在给秦蕙田的信中，指出这一主张的核心——"因声求义"的训诂学原则：

---

① 胡朴安：《〈戴东原先生全集〉序》，安徽丛书编印处，1938 年。
② 戴震：《转语二十章序》，载《戴震集》，上海古籍出版社 1980 年版，第 106 页。

"凡故训之失传者，于此亦可因声知义矣"①，并举出《诗经》中"宁"字乃声转假借"乃"字的实例。在汉字的音、形、义三要素中，他特别重视声音对于故训的重要性，开启了乾嘉语言学思想从重视形训到重视音训的转向。这一转向，在戴震两个最著名的学生——段玉裁和王念孙的"段王之学"那里得到了至为系统而杰出的创造性发展，造就了中国"训诂学上的革命"。② 段玉裁是《说文解字》研究专家，在音韵学方面也有很深的造诣，已经明确地意识到"治经莫重于得义，得义莫切于得音"（段玉裁《王念孙广雅疏证序》）的道理，但相对偏重于文字学。应该说，将经由音韵学而发明训诂学的道理阐述得最为系统并且能够熟练运用此一方法的人则是王念孙。

戴震首次游学北京之时，得到了钱大昕、纪昀、秦蕙田等名儒的极力揄扬，后被王安国延聘至家给其子王念孙当了一年左右的家庭教师。王念孙算是唯一能够真正亲炙于戴震的学生。受戴震的直接影响，王念孙继邵晋涵《尔雅正义》与段玉裁《说文解字注》之后，开始研治《广雅》，成小学名著《广雅疏证》三十二卷，并有《读书杂志》八十二卷。后来王引之子承父业，撰有《经义述闻》三十二卷、《经传释词》十卷，是为小学领域大名鼎鼎的"高邮王氏四种"。作为戴震的学术传人，这些著作"可以说完全是戴氏训诂学原则和方法的精密运用的成果"。③ 早在李斗的《扬州画舫录》中，就对王念孙作出过以下评价："深于声音训诂之学，海内宗之。其学不蹈于虚，不拘于实，能发戴、惠之所未及。"④ 这显然肯定了王念孙（及王引之）对于戴震之小学有青出于蓝的贡献。

在《广雅疏证序》中，王念孙进一步申述了戴震"因声求义"的音韵—训诂学思想及古音学理论。他说："训诂之旨，本于声音。故有声同字异，声近义同，虽或类聚群分，实亦同条共贯。……或望文虚造而违古义，或墨守成训而鲜会通，易简之理既失，而大道多歧矣。今则就古音以求古义，引申触类，不限形体，苟可以发明前训，斯凌杂之讥亦所不

---

① 戴震：《论韵书中字义答秦尚书蕙田》，载《戴震集》，上海古籍出版社1980年版，第55页。

② 王力：《中国语言学史》，山西人民出版社1985年版，第157页。

③ 参见薛正兴《王念孙王引之评传》，南京大学出版社2008年版，第193页。

④ 李斗：《扬州画舫录》卷三，中华书局1960年版，第70页。

辞。"王引之还曾转述过其父类似的一段话:"训诂之旨,存乎声音。字之声同声近者,经传往往假借,学者以声求义,破其假借之字而读以本字,则涣然冰释。如其假借之字而强为之解,则诘鞫为病矣。"(王引之《经义述闻序》)上述训诂学言论表达了同一个宗旨,即要求"不限形体",即不局限于"形近而义通"的传统通行的训诂原则,改以"音近而义通"的原则以声求义,找出古籍中因声假借之字的本字,读出原音,字义方能涣然冰释。

王念孙、王引之等在音韵学领域的精深研究,使本为经学之附庸的音韵学蔚为大国,奠定了成为中国现代语言科学尤其是音韵学的基础。他们熟练地运用因声求义的训诂方法,在校勘经籍文本、释读文义的时候显得得心应手,最终使诸多难以卒读的文本字通句畅,易于理解。中华书局选编的"十三经清人注疏"二十四种之中,扬州学派的著作就占六种,这与扬州学者善用小学方法群体性地致力于经学考证事业是分不开的。像王氏父子的《读书杂志》《经义述闻》等著作,作为在文字、音韵、训诂、校勘学等方面皆具有精湛造诣的王氏父子在考证群经过程中的心血结晶,不仅在当时有着重要影响,更为后学树立了乾嘉考证学术的治学典范,追随者众多。章太炎曾指出,"近世德清俞樾、瑞安孙诒让,皆承念孙之学"。① 章氏作为俞樾的学生,曾把俞樾与其所祖源的王氏父子的著作作了比较,认为俞樾的"《群经平议》不如《经义述闻》谛,《诸子平议》乃与《读书杂志》抗衡,及为《古书疑义举例》……视《经传释词》益恢廓矣"。② 有研究指出,"就系谱学的角度而言,作为清学中坚的考据学从18世纪中叶徽州的戴震传至扬州的王念孙与王引之,再由王氏父子传给俞樾(1821—1906),然后再从杭州的中国汉学重镇'诂经精舍'的代表性教授俞樾传给19世纪和20世纪之交的余杭的章太炎,其过程也许有若干曲折,但是脉络却是完整的"。③ 戴震的文字、音韵、训诂等小学成就以及乾嘉考证学术典范之基础——(历史)语言学方法论,能够为私

---

① 徐复:《馗书详注》,上海古籍出版社2000年版,第145页。

② 章太炎:《俞先生传》,载《章太炎全集》(四),上海人民出版社1985年版,第211—212页。

③ 丘为君:《戴震学的形成——知识论述在近代中国的诞生》,新星出版社2006年版,第51页。

淑王氏父子的俞樾以及孙诒让、章太炎等19世纪和20世纪之交的学者所继承，王氏父子以及后来的任大椿、黄承吉等扬州学者是功不可没的。

　　严格意义上讲，乾嘉考证之学不只是经籍文本的考证与校勘等，还包括水地、礼仪、戏剧曲艺、方志、经济、政治制度等古代人文社会知识的钩沉与考证，还应包括天文、历法、测算、医药等自然科技知识的客观研究等。戴震是个通儒，在上述几个方面皆有过人建树，在当时罕有其匹。扬州学派则能继其后张大其军，在诸多学术领域都取得了骄人成就，最终使得乾嘉学术蔚为大观。张舜徽认为，清代学术"以吴学最专，徽学最精，扬州之学最通。……无扬州之通学，则清学不能大"。① 应该说，这一判断是准确的。

三　扬州学派的名物典章制度之学

　　戴震的典章制度与名物考证之学，主要集中在水地、礼仪、方志、科技研究方面，有《考工记图》二卷、《水经注》四十卷、《直隶河渠书》一百零二卷、《葬法赘言》四卷等、《深衣解》一卷，并纂修有《汾州府志》三十四卷、《汾阳县志》十卷著作多种。扬州学人在这些方面多有继承与发展。例如与戴震同在四库馆任职的任大椿（1738—1789），除了辑佚小学古籍之外，最主要的贡献就是继戴震《深衣解》之后撰成《弁服释例》《深衣释例》等古代弁服（一种礼仪用衣冠）、深衣（类似长衫）等服饰史专著。私淑戴震的凌廷堪则著有《礼经释例》十三卷，将全部《仪礼》拆散了重新比较整理贯通一番，发现出若干原则，实经学界一大创作也。在方志方面，则有汪中的《广陵通典》，焦循的《北湖小志》等。后来龚自珍在《阮元年谱第一序》中对阮元治学范围的概括，最能够显示扬州学派在后戴震时代对乾嘉学术的深化与扩充方面所做出的巨大贡献。

　　虽然戴震与扬州学者在经籍文本与名物典章制度考证方面有高度的共识，但是两者在如何对待与义理、制数之学鼎足为三的"辞章之学"的问题上分歧十分明显。段玉裁在《戴东原先生年谱》中说："先生合义

---

① 张舜徽：《清代扬州学记》，广陵书社2004年版，第2页。

理、考核、文章为一事，知无所蔽，地无少私，浩气同盛于孟子，精义上驾乎康成、程、朱，修辞俯视乎乾、欧焉。"① 这一评价显然是多有过誉之辞的。戴震虽欲融义理、辞章与考据之学为一炉，但是严格地讲，戴震只是一个研究过辞章之学且较能为文的学者，可并不能算一个真正的文人。这从在戴震著作中几乎没有诗词制艺之文，以及与姚鼐、袁枚（似从未谋面）等文学家道不同不相为谋式的对待中可见一斑。之所以如此，是因为与戴震相对轻视文章之学有关。1755 年，戴震在给方希原的信中说："古今学问之途，其大致有三：或事于理义，或事于制数，或事于文章。事于文章者，等而末者也。……大本既得矣，然后曰是道也，非艺也。"② 无论"桐城义法""肌理""性情"之文有何缺陷，戴震直接将文章视为"等而末者"无疑属于因噎废食的偏激之辞。章学诚曾就此针锋相对地批评道："马、班之史，韩、柳之文，其与于道，犹马、郑之训诂，贾、孔之疏义也。戴氏则谓彼皆艺而非道，此犹资舟楫以入郡而谓陆程非京路也。……由是言之，文章之用，较之区区掇拾之功，岂可同日语哉？"③ 章学诚批评戴震多有过当之外，然而上述这一批评应该说是允当的。

相对而言，扬州学者通常既是学者亦是文人，对于辞章之学的态度是非常开放的。像汪中、焦循、江藩、阮元等学者，除了在典章制度等专门之学方面有重大贡献之外，还能够会通经史、诸子及诗文，尤其是他们的文学成就也得到了世人的普遍肯定。对于文章之学，焦循认为其"有用之一身者，有用之天下者，有用之当时者，有用之百世者"。其中科举应试、应酬交际之文"皆无足轻重"，然"若夫朝廷之诰、军旅之檄、铭功纪德之作、兴利除弊之议，关于军国之重、民物之生，是文之用于天下也"④，应予以重视。有鉴于对于词曲、诗文等文艺重要性的深度认知，扬州学者要么是学者型文人，要么是文人型学者，较好地实现了治学—为文—求道三者之间的统一。"博学于文"之"博通"当是扬州学者的重要

---

① 段玉裁：《戴东原先生年谱》，载《戴震全书》卷六，黄山书社 1995 年版，第 709 页。

② 戴震：《与方希原书》，载《戴震全书》卷六，黄山书社 1995 年版，第 375 页。

③ 章学诚：《又与正甫论文》，载《章氏遗书》卷二十九，文物出版社 1985 年版。

④ 焦循：《与王钦莱论文书》，载《雕菰集》卷十四，《焦循诗文集》，广陵书社 2009 年版。

特点，这与戴震治学风格的差别是非常明显的。龚鹏程认为，"扬州的文化风气或形象，本来就是兼容并蓄、广博开放的"，是多元化的。如"焦循所说，为学应该'通核'而不应'据守'，实比汪中更能代表扬州的精神"。① 像汪中《哀盐船文》等骈体散文，焦循的《花部农谭》《剧说》（另有《曲考》佚），凌廷堪的《元遗山年谱》《燕乐考原》，并襄助黄文旸、李经等在扬州编校完成了中国历史上第一部戏曲提要的《曲海》，阮元主编的《淮海英灵集》《两浙辅轩录》及其"文选"研究，江藩的诗词制艺等，皆非戴学所能局限，较之戴学更显博大之气象。

四　扬州学派的数学与科技史研究

在"测算"等自然科技之学方面，戴震有《原象》一卷、《迎日推策记》一卷、《勾股割圆记》三卷、《历问》一卷、《古历考》二卷、《续天文略》三卷、《策算》一卷等著作。后来孔继涵将戴震上述著作与其在四库馆中所校的算术古经，合为"算经十书"刻印于世。阮元等在《畴人传·戴震》一节中，对戴震上述数学诸作分别进行了提要钩沉，并认为，"所为步算诸书类，皆以经义润色，缜密简要，准古作者；而又罔罗算氏，缀辑遗经，以绍前哲，用遗来学，盖自有戴氏。天下学者，乃不敢轻言算数，而其道始尊。然而戴氏之功，又岂在宣城下哉？"言下之意，在乾嘉早期戴震不仅能够继清初梅文鼎等之后把算数之学发扬光大，更重要的是，戴震通过自己的努力将算数之学这一自然科学门类与传统"方技"之学区别开来，极大地提升了其在儒学传统学术架构中的地位，开启了中国传统数学最后一次发展高潮的序幕。

一般认为，中国的数学在明代就已经在很多方面落后于同一时期的欧洲了，此后 300 余年间中国数学的发展水平似乎要看其西化水平而定。18 世纪中叶至 19 世纪中叶的乾嘉百余年时间里，"随着一些古典数学著作被重新发现和研究，成就了中国传统数学最后的辉煌"，因而此一时期被视为中国传统数学最后一次复兴的高潮期。② 惠栋、钱大昕、江永、戴震

---

① 龚鹏程：《中国文人阶层史论》，兰州大学出版社 2004 年版，第 166—177 页。

② 田森：《中国数学的西化历程》，山东教育出版社 2005 年版，第 162、134 页。

等乾嘉学术元老皆精通天文、历法和数学，并且在这些方面都有专门的自然科学著述。不过他们的研究水平，不仅没有超越明末清初时期宣城梅文鼎（1633—1721）、梅毂成（1681—1763）和扬籍泰州人陈厚耀（1648—1722）等在《数理精蕴》中所展现出来的水平，而且大都是围绕于古代数学、天文、历法等著作文本的考证、复原和理解等"求是"性质的工作，还不是完全基于原初性的好奇心与问题意识驱使之下，希望站在古人的肩膀上对上述领域展开探索性、创新性的研究。正如钱宝琮先生曾就戴震的数学研究成果及影响指出的那样，"震于我国古代算学绝续之交，颇知尊重古学，从事提倡，洵属盛举"，然而"戴氏于乾嘉古算学复兴运动，实为一草创之功臣，而非发扬之健将也"。① 戴震引领了乾嘉学者对中西传统数学进行大规模整理以及中西方数学互动的风气，为中国数学等自然科学知识门类的近现代奠定了必要基础。

历史常常是一种"无心插柳柳成荫"的过程，经过惠栋、江永、戴震等乾嘉早期学人在自然科学知识诸领域内的长期积累与拓展，自然知识话语开始在乾嘉中后期学者中间逐渐流行起来。到了焦循、凌廷堪、阮元、黄承吉、徐复等扬州学者驰骋学界的时候，诸如代数与算术几何等自然科技问题日益成为当时学术研究的重要课题和交流对象，自然科学知识的专业化研究已然成为一种风尚。例如，扬州江都学人徐复在参加省试见到同乡黄承吉（1771—1842）时，黄氏"诘以九章算法"，徐"不能答，以为耻，典衣购算书归。……（与江藩）相质问，未及一年，弧三解之正弧、垂弧、次形、矢较诸法，皆能言其所以然矣"。② 汪中也曾有意研治数学，虽因病未能，但是将梅氏遗书赠给其好友江藩，嘱咐其"何不为此绝学"③！江苏元和人李锐在给焦循的信中更是发出三大宏愿，要把中国（包括西方）古代历法、天文和数学三个关系密切的科学领域的发展史"欲一一究明其所以然，无所疑惑而后快"。（李锐：《观妙居日记》）可见数学已经成为当时扬籍学者群体治学的重要领域，数学、历法

---

① 钱宝琮：《戴震算学天文著作考》，载《李俨钱宝琮科学史全集》第9卷，辽宁教育出版社1998年版，第145页。

② 江藩：《国朝汉学师承记》卷七，中华书局1983年版，第117页。

③ 江藩：《国朝汉学师承记》卷七，载《续修四库全书》第179册，上海古籍出版社2002年版，第114页。

与天文等自然科学类的知识话语的风行及相互攻错，明显提高了儒家原有的"小道""末学"（甚至于"奇技淫巧"）等自然科技知识研究的专业化、科学化水平，极大地改变了儒家知识之学的整体面貌。

在后戴震时代，儒门中的科技专门人才开始群体性地涌现。乾嘉中后期，最为著名的三位数学专家焦循、李锐和汪莱（安徽歙县人，另一说是凌廷堪），当时人称"谈天三友"。焦循在其《加减乘除释》一书卷一中，对于研究数学等先验知识的重要性作了说明。他说，像《九章算术》等过去的数学（科学）著作通常局限于"指其事物之所在，而使学者人人可以案名以知术也。然名起于立法之后，理存于立法之先"。[①] 其中的"名"是指名称或概念，"法"是指计算方法，"理"是指运算规则或公理。大致的意思是说，像《九章算术》等是可以用来指导解决实践经验中的问题，但是却在经验性技术与方法（"术"）的遮蔽之下忘记了先于经验就已经存在了先验性的数学原理（"理"）。这种观点，其实是焦循受到钱塘以声韵部首重新编辑、注释许慎的《说文解字》的做法的启示之后，得出的一个总结性意见。焦循对一般性数学方法的追求而独立构造出了一套符号算术系统和法则，表明"乾嘉时期的数学家完全有能力理解（西方的）符号代数方法"。[②] 焦循后来"以数之比例，求《易》之比例"（焦循《易通释》自序），将算术（代数）原理和符号语言方法（可以称为符号代数语言方法）运用于自己的易学象数研究，亦取得了新颖独到的重要成果。李锐和汪莱则就西方借根方法与中国传统天元术及增乘开方法孰优孰劣争得不可开交，焦循承担了居中沟通调停的重要角色，最终使二人的工作均超出了当时传入的欧洲代数学及中国传统代数的水平。[③] 他们在数学与符号语言方法上所做出的努力，为 19 世纪中叶以后从西方传入的代数学和微积分学容易被国人接受和理解进行了必要准备。

在乾嘉学者尤其是徽扬学者的自然科技研究领域中，阮元主持编撰

---

① 焦循：《加减乘除释》卷一，载《里堂学算记》，《续修四库全书》第 1045 册，上海古籍出版社 2002 年版，第 224 页。

② 田淼：《中国数学的西化历程》，山东教育出版社 2005 年版，第 146 页。

③ 同上书，第 169 页。

（李锐贡献尤多，钱大昕、凌廷堪、谈泰、焦循、周治平等列身其间）的《畴人传》当可大书特书。这部书将自然科学家（主要是天文、历算学者）的事迹专门结集并予大力表彰，是中国儒学乃至中国文化发展史上的第一遭，堪称中国第一部古代科技史专著。《畴人传》共计46卷，共有传主280人，其中中国人243人，附录西洋人37人。在该书序言中，阮元展现了他对儒学全体知识架构及其"实事求是"之精神的理解。他说："数术穷天地，制作侔造化，儒者之学，斯为大矣。"言下之意，如果在过去偏重心性道德之学的儒学传统中再加入"数术""制作"等自然科技之学，儒学方能成为应付内圣与外王之学的全体之学。阮元又说："综算氏之大名，纪步天之正轨，质之艺林，以谂来学。俾知术数之妙，穷幽极微，是以纲纪群伦，经纬天地，乃儒流实事求是之学，非方技苟且干禄之具。"① 他不仅大力提倡将自然科技知识直接纳入儒学的范围以扩大其偏狭的知识视域，而且明确将自然科学等实事求是之学——"实学"与迷信神秘成分颇多的"方技"之学、应付科举考试的"干禄"之学区别开来，表现出自然科技知识在儒学门庭中不断挺立并且专业化的明显趋势，对于中国近代自然科学的引进与发展沾溉深远。

继阮元之后，扬州甘泉人罗士琳依《畴人传》体例撰成《续畴人传》6卷，共得前书所未收者补遗12人，附见5人，续补20人，附见7人，凡44人，其中多为清代人。其后，钱塘数学家诸可宝、清末澧州黄钟骏、清末华世芳、近人严敦杰、钱宝琮等皆前赴后继地结撰续篇。乾嘉学术能够与中国近现代自然科技强势话语之间构成一种继承和转进的内在连续性，当是扬州学人在大力发扬戴震小学思想之后又一推陈出新之表现。

---

① 阮元：《〈畴人传〉序》，广陵书社2009年版，第1—2页。

第 九 章

扬州学派与戴震哲学思想的发展

戴震的哲学著作数量较少但最重要，主要有《原善》三卷、《绪言》（在此前后另有《孟子私淑录》）和《孟子字义疏证》三卷等"义理三书"，以及《答彭进士允初书》等书信。这些著作虽然在当时学界引发的争论较多，评价不一，但是受到了洪榜、段玉裁、凌廷堪、焦循、阮元等人的高度重视，引发了多名扬州学者的后续研究。对于戴震哲学思想的影响，扬州刘师培有过很全面的总结："焦理堂作《论语通释》、《格物说》、《性善说》（还应包括《孟子正义》——今按），攻乎异端，解以申戴氏之仁恕之说。阮芸台作《论语论仁》《孟子论仁论性命》《古训一贯解》，亦多本戴氏之说。……凌次仲作《复礼说》三篇，谓理与礼同，洪伯初有《上朱学士书》，极论戴氏言义理有功于世道。学术所及，风靡东南。若钱竹汀、孔巽轩、王德甫，其解释性、理咸本于戴氏之说。"[1] 总体上看，扬州学者在对戴震的义理之学多有阐发的同时也有不同理解，并且在"实事求是"客观性研究之外如何凸显"性灵裁断"的主体性因素问题上形成了自身独到的见解。

在扬州学者中间，与戴震"达情遂欲"之哲学思想最能相通的，有汪中、焦循、凌廷堪和阮元等人。

一 汪中的荀子学与人道主义思想

汪中与戴震都曾客幕于冯廷丞宁绍台道署，并"尝为顾炎武、胡渭、

---

① 刘师培：《东原学案序》，载《左庵外集》卷十七，《清儒得失论》，中国人民大学出版社 2004 年版。

梅文鼎、阎若璩、惠栋、戴震作《六君子颂》"（见阮元《容甫小传》，似未撰成），一生"称颂戴氏"。① 汪中对于自己与戴学的关系曾作出以下表白："是时古学大兴，元和惠氏、休宁戴氏，咸为学者所宗。自江以北，则王念孙为之唱而君（指李惇）和之，中（指汪中自己）及刘台拱继之。并才力所诣，各成其学，虽有讲习，不相依附。"② 汪中治学特立独行，虽然与他人交流攻错并"不相依附"，但是承认了其与惠、戴之学事实上存在风从与顺承的关系。后来刘逢禄在《容甫先生遗书叙》一文中指出了汪中与戴震在思想上的暗合之处："盖先生说经之书，多在惠定宇、戴东原……诸先生著述未刊行之前，而默与之合者，多手削之。"具体而言，汪、戴两人在思想上的共通之处表现大致有以下两个方面：

其一，两人对于荀子之学皆多所肯定。汪中认为荀卿之学，出于孔氏，"六艺之传赖以不绝者"，对于荀子的大力表彰算是乾嘉时期第一人。戴震虽然研治《孟子》而非《荀子》，但是荀子"解蔽"的认识论及其"生之谓性"的人性理论对戴震义理之学的影响是非常明显的。

其二，在对宋儒的态度上，戴震反对宋儒"以理杀人"代之以"达情遂欲"之学不用复言，而汪中也同样非常反感宋儒"以死伤生"的义理之学。汪中在其《述学》中的《释媒氏文》《妇子许嫁而婿死从死及守志议》《妇人无主答问》诸文中，饱含了对男权的无情批判和对女性的深切同情的人道主义思想。对于女子许嫁而婿死从死或守志的伦理异化现象，汪中直言："夫妇之礼，人道之始也。……今也生不同室，而死则同穴，存为贞女，没称先妣，其非礼孰甚焉。"③ 正因为汪中具有这种毫不留情的反叛精神，宋学家翁方纲曾批评汪中乃"名教罪人"。④

---

① 徐复：《訄书详注》，上海古籍出版社 2000 年版，第 152 页。

② 汪中：《大清故候选知县李君之铭》，载《汪中集》，"中央研究院"中国文哲研究所筹备处 2000 年版，第 256 页。

③ 汪中：《述学·女子许嫁而婿死及守志议》，载《汪中集》，"中央研究院"中国文哲研究所筹备处 2000 年版，第 39 页。

④ 翁方纲：《书墨子》，载《复初斋文集》卷十五，《续修四库全书》第 1455 册，上海古籍出版社 2002 年版。

二　凌廷堪的"以礼代理"说

"自附于私淑之末"的凌廷堪以治礼学闻名，在思想上力主"以礼代理"，新建有异于"理学"的新典范，同样暗含了一种反宋学的立场。他本人在《戴东原先生事略状》一文中指出，戴震"《原善》三篇、《孟子字义疏证》三卷，皆标举古义以刊正宋儒，所谓由故训而明理义者，盖先生至道之书也"。[①] 可以说，凌氏"不只在礼学上受徽儒影响，在义理思想上亦深受戴震、程瑶田的影响"，戴震、程瑶田等"重视情欲满足的思想趋势，成为廷堪思想的基调"。[②] 凌廷堪认为，"夫人之所受于天者，性也。性之所固有者，善也。所以复其善者，学也。所以贯其学者，礼也。是故圣人之道，一礼而已矣"。[③] 这一句话堪为凌氏哲学之总纲。他首先遵从荀子"生之谓性"及"化性起伪"的礼学思路，肯定了"饮食男女"等情、欲满足问题乃人类生存的首要问题，继而将如何"制礼以节之"使人人都能够节欲养情以化成人道的问题[④]，置为其儒（礼）学研究之中心要务。虽然凌廷堪遵从了"节性故善"的功夫进路，与戴震的"能知故善"的智识主义道德理论不尽一致，然双方在扭转对于情、欲需求的负面评价以及"达情遂欲"之人道追求等方面是一脉相承的。另外，《镜花缘》的作者李汝珍曾受业于凌廷堪，受其影响，这部小说中浓烈的人道主义尤其是男女平等的思想，应该是间接继承了戴震、凌廷堪反对以理杀人、重建礼仪伦常的思想特质。

三　阮元的"相人偶"说与"节性"论

阮元的哲学思想主要体现《论语论仁论》《孟子论仁论》《性命古训》《复性辨》《节性斋铭》诸作之中，基本上沿袭了戴震、凌廷堪的人

---

① 凌廷堪：《戴东原先生事略状》，载《校礼堂文集》卷三十五，中华书局 1998 年版。

② 张寿安：《以礼代理——凌廷堪与清中叶儒学思想之转变》，河北教育出版社 2001 年版，第 25—30 页。

③ 凌廷堪：《复礼上》，载《校礼堂文集》卷四，中华书局 1998 年版，第 27 页。

④ 凌廷堪：《荀卿颂》，载《校礼堂文集》卷十，中华书局 1998 年版。

性修养理论，明确主张"生之谓性"，反对"流为主静"①的复性说，提出了一套"以礼节性"的仁学理论。阮元在运用历史语言考证之方法，对《论语》《孟子》诸经典文本有关性命与仁学论述进行归纳之后，得出了自己的结论。

其一，他从字面上将孔门之"仁"解释成"相人偶"——"以此一人与彼一人相人偶而尽其敬礼忠恕等事之谓也"。②训"仁"为"相人偶"，不是阮元的创见，而是源于郑玄等汉儒对《中庸》"仁者，人也"的经注。在阮元之前，已经有惠栋、臧琳、钱大昕、凌廷堪等注意到了这一点。③所谓"相人偶"，是说"仁虽由人而成，其实当自己始，若但知有己，不知有人，即不仁矣"。亦即"仁"并非只是一个人内心中所具备的天然之道德情感或一种全然自足的道德知识，而是一种体现于人与人之间交往过程中的道德实践行为。正所谓："仁必须为，非端坐静观即可曰仁也"④，有意地与冥心静观以向内求理、求仁的宋儒区别开来。在道德的诠释中，宋儒更具有主体性、普遍性和内在超越性，而阮元等对道德的理解则具有人际性、社会性和现实性。如果说，人的本质是一切社会关系的总和，那么清儒"相人偶"论则彰显出道德的外在实践面向。杨儒宾曾就此指出，仁在这里"是事件语词，而不是心性论语词"，并且此义是阮元和韩国丁若镛（主张"二人为仁"）两人所共许。⑤时至晚清，康有为、谭嗣同等基于社会团结与改良的需要，更为重视儒家道德哲学中的社会实践这一面向，进一步发展了清儒的"相人偶"说而有"感通""爱力""互利"诸说。康有为认为，"夫仁者，相人偶之谓"，"仁从二人，

---

①　阮元：《节性斋铭》，载《研经室集》，中华书局1993年版，第1075页。

②　阮元：《研经室集》，中华书局1993年版，第176页。阮元对"相人偶"的详细疏解如下："春秋时孔门所谓仁也者，自此一人与彼一人相人偶，而尽其敬礼忠恕等事之谓也。相人偶者，谓人之偶之也。凡仁必于身所行者验之而始见，亦必有二人而仁乃见。若一人闭户斋居，瞑目静坐，虽有德理在心，终不得指为圣门所谓之仁矣。盖士庶人之仁见于宗族乡党，天下诸侯卿大夫之仁见于国家臣民，同一相人偶之道，是必人与人相偶而仁乃见也。郑君相人偶之注，即《曾子》人非人不济，《中庸》仁者也，《论语》己立立人己达达人之旨，能近取譬，即马走水流之意。"

③　参见张丽珠《清代的义理学转型》，里仁书局2006年版，第359—360页。

④　阮元：《研经室集》，中华书局1993年版，第180页。

⑤　杨儒宾：《异议的意义——近代东亚的反理学思潮》，台大出版中心2012年版，第350页。

人道相偶，有吸引之意，即爱力也"。① 谭嗣同继而指出，"仁从二从人，相偶之义也"，否则"人于人不相偶，尚安有世界"？② 梁启超更为直白地说："仁者，人者。我利人，人亦利我"③，将道德实践直接解释为人、我互助互利的行为。由乾嘉考据学转进而来的前近代儒学，居然以其"相人偶"之一套仁学诠释为近代中国维新变法思想奠定了道德基础，起到了意想不到的作用，可见传统与现代不绝如缕的连续性。

其二，阮元在辨明"仁"是见诸行动、付诸实践的道德行为而非一种自足的道德本心或善性之后，指出"仁"之具体内容就是"克己复礼"。阮元重新解释"克己复礼为仁"的特别之处不仅在于将"仁"的立足点由个人转至人际之间，还在他对于"克"与"己"字的特别解释："克者，约也，抑也。己者，自也。"在阮元看来，"克"字只是约束和节制之义，与断绝与禁止有着根本区别；"己"字只是自己或个人之间，并不是指个人的私欲。可是"至程氏，直以己为私，称曰'己，私致。'集注谓身之私欲，别以'己'上添'身'字，而专以'己'字属私欲，于是宋后字书皆注'己'作'私'"。④ 如依宋儒理解，克字取"禁止"义，己字取"私欲"义的话，那么"克己复礼"就诠释为禁抑个人之情欲、复归天地之性的复性论，孔门之仁学就变质成宋儒的有违人道主义的"存理灭欲"之论。

其三，在对于"仁""克己复礼"的新解基础上，阮元特别针对李翱等的复性论提出了自己的截然不同的人性论主张——节性论。阮元在《塔性论》一文中，借塔、台之别，批评唐宋儒者尤其是李翱以"佛性"解孔孟人性论的"反向格义"做法。李翱以佛教义理解读儒家义理，是"直以塔为台。口崇古台，而心炫西塔，外用台名，内在塔实也"。阮元接着又写了一篇《复性辨》，更是直指李翱的复性说完全是从形上和玄虚的层面上来看待孔孟"人性论"，不仅不切人性和社会实际，而且开启了以佛乱儒的源头。在阮元看来，"情之动静弗息，则不能复其性而烛天

---

① 康有为：《中庸注》，载《康南海先生遗著汇刊》第四册，宏业书局 1976 年版，第 45 页。

② 谭嗣同：《仁学》，台湾学生书局 1998 年版，第 14 页。

③ 梁启超：《新民说》，载《饮冰室专集》第三册，中华书局 1978 年版，第 35 页。

④ 阮元：《研经室集》，中华书局 1993 年版，第 182 页。

地"，宋儒尊性黜情的性情论也犯了"阴释而阳儒"之虚静灭情的毛病。正所谓："若以性本光明，受情之昏，必去情而始复性，此李习之惑于释老之说也。"① 至此，阮元近接戴震、凌廷堪等"达情遂欲"的性情论，远承晚明李贽（1527—1602）、汤显祖（1550—1617）、冯梦龙（1574—1646）等浪漫主义的"情教说"，与王夫之"性日生日成"的人性生成论一脉相承，其道德哲学的反宋学色彩彰显无遗。

四 焦循的"能知故善"论

上述汪中、凌廷堪和阮元只是在诸多不同侧面暗合了戴震的哲学思想，最能够理解并宣传戴震哲学的当属扬州学者焦循。他在《申戴》一文中认为，"东原生平所著书，惟《孟子字义疏证》三卷、《原善》三卷最为精善，知其讲求于是者，必深有所得，故临殁时，往来于心。"② "吾谓东原即此二书自足千古"等类似的话，焦循还对人说过："循读东原戴氏之书，最心服其《孟子字义疏证》。"③ 焦循先后撰有《论语通释》十二篇和《孟子字义疏证》三十卷，后者更是直接受戴震《孟子字义疏证》的启发，"采择前人所已言，而以己意裁成损益于其间"（焦循《孟子正义·孟子篇序》）而意图续成完璧的结果。该书除了接受戴震重新回到《易》《中庸》等原始儒学传统来重建乾嘉形而上学或本体论——"道论"之外，还自觉接续了戴震"达情遂欲"的人道主义路向来诠释孟子的人性论（性善论）。戴震在《孟子字义疏证》中的人性论诠释有一个最大的难题，即他既接受了孟子的性善论传统又同时肯定荀子等情欲需求的"生之为性"的传统。与此不无类似，"焦循的人性理论虽然与易学'感通'理论相结合，但它在具体论证过程中更接受告子的人性理论"。④

首先，焦循也认同"生之谓性"——"性无他，食色而已。饮食男

① 阮元：《性命古训》，载《研经室集》，中华书局1993年版，第226页。

② 焦循：《焦循诗文集》，广陵书社2009年版，第125页。

③ 焦循：《寄朱休承学士书》，载《雕菰集》卷十三，《焦循诗文集》，广陵书社2009年版，第236页。

④ 陈居渊：《焦循评传》，南京大学出版社2006年版，第393页。

女，人与物同之。"① 在焦循看来，情、欲等利己的自然需要和情感不仅不为恶，而且是为善的前提。正如清初陈确已经指出的那样，"欲即是人心生意，百善皆人此生"。② 如果没有了这种天赋利己的自然欲求和情感，那么人（尤其是小人）就失去了向善及教化其向善的基础。很多将"君子喻于义，小人喻于利"理解成孔子要求人们放弃利己之欲求和情感以追求道义的最终例证，焦循对此作了深度修正："《系辞传》云：'感而遂通天下之故。'又云：'是以明于天之道，而察于民之故。'……通者，通其故之利也。察者，察其故之利也。明者，明其故之利也。……明人之所以异于禽兽者，在此利不利之间。利不利即义不义，义不义即宜不宜。能知宜不宜，则智也；不能知宜不宜，则不智也。智，人也；不智，禽兽也。几希之间，一利而已矣，即一义而已矣，即一智而已矣。"③ 利己是一种普遍的情感，君子亦不例外，只不过是能够经由道德意志自主克服而已。而对于道德意志薄弱的一般民众（小人），只能因势利导，通过"（可）利而后可义"，实现利己与利他的最佳平衡。此即焦循所谓的"非性无以施其教，非教无以复其性"耳（《性善解二》）。后来严复说"非谊不利，非道无功。……庶几义利合，民乐从善，而治化之进不远矣"④，更为清楚地表达了合私为公、公私兼顾、义利平衡的现代义利观。

其次，认为"人之性可引而善，亦可引而恶。惟其可引，故性善也。"（《性善解一》）这就是说饮食男女等自然属性固然是向善之前提基础，可是它本身并非天然就是善。换言之，性善与否不是一个先验的假定，而是一个经由个人智慧居中裁断和选择的结果。

焦循以《文言》"六爻发挥，旁能情也"为经典依据，充分发挥了一套"情之旁通"与"仁义由于能变通，人能变通故性善"⑤ 的"变通"与"行权"伦理学。焦循哲学中"旁通""相错""时行"三位一体的方法论，成型于其"易学三书"——《易通释》《易章句》和《易通释》。

---

① 焦循：《性善解一》，载《焦循诗文集》，广陵书社 2009 年版，第 158 页。

② 陈确：《无欲作圣辨》，载《陈确集》，中华书局 1979 年版，第 461 页。

③ 焦循：《天下之言性也，则故而已矣》，载《孟子正义》，中华书局 1987 年版，第 585—596 页。

④ 严复：《原富》按语，载《严复集》第四册，中华书局 1986 年版，第 859 页。

⑤ 焦循：《性犹杞柳》，载《孟子正义》，文津出版社 1988 年版，第 734 页。

"旁通"有两层含义：第一层是"知己有所欲，人亦各有所欲"① 的感性知觉能力，即指人们在各种感知自己情欲需求的基础之上，对于他人具有类似需求的感通能力。焦循指出，"克、伐、怨、欲，情之私也。因己之情，而知人之情，因而通天下之情。不忍人之心，由是而达；不忍人之政，则是而立"②，只有基于自利、自爱的"絜情"与"感通"，偏于一己之私的情欲需求方可不流于放纵，人我共通之情方可得到自由伸张。"旁通"第二层含义则是理性"知其不宜，变而之乎宜"的选择、裁断和变通能力。道德实践的原则不可能是一成不变的，需要"因事转移，随时变通"，经过理性地权衡利弊方能最大限度地实现情欲之善，避免情欲之失。当然，这种变通"反于经然后有善"，并不是无原则的。正所谓："行权有道，自贬损以行权，不害人以行权"，变通必须以不得伤害他人利益为前提，否则道德的自由裁量或变通就会变成利益最大化的利己算计。

最后，性善与否既然是由个人智慧裁断与选择来决定，那么焦循对于"性何以善"之问题的解释自然就是"能知，故善"。③ 这里的"知"，并非简单的客观知识，而是一种综合知（判断）、情（感通）、意（取舍）为一体的、转识成智之后的人生智慧。面对人们相互冲突的天性欲求，只有智慧居中平衡自己和他人的情感或利益诉求，作出最适当的公平选择，才能实现人人"达情遂欲"的道德境界。正是在经由智慧进行平衡与取舍的意义上，焦循才说"利（仅）在己，虽义亦利也"。即如果只看到自己一方的利益诉求而没有看到别人同样的利益诉求，那么这种诉求哪怕是天经地义的也是不符合道义、不明智的选择。比如说，在大家面临饥饿的时候，如果有一个人即使以保存生命是天经地义的名义而选择了独享食物，那么这样做也是不道德的。因为他没有考虑到别人也有同样的境遇，没有考虑到别人也可以基于同样的理由置他人生死于不顾。

较之戴震在《孟子字义疏证》中的片段性哲思，焦循的上述解释显得更为准确、清晰和完整，体现出很高的理论水准。当然，这并不代表扬

---

① 焦循：《格物解》二、三，载《雕菰集》，广陵书社 2009 年版，第 131—132 页。
② 焦循：《论语通释·释仁》，艺文印书馆 1966 年版，第 9—10 页。
③ 焦循：《性善解三》，载《焦循诗文集》，广陵书社 2009 年版，第 159 页。

州学者在推进戴震哲学方面没有缺失之处。

五　对扬州义理之学的几点反思

结合上述推进之内容，我们接下来简要指出焦循等扬州学者在绍述戴震义理之学过程中的三点不同或者说缺陷：

第一，焦循等的伦理学主张不够一贯。焦循除了绍述戴震的伦理学思想之外，还作有《翼钱》三篇，对钱大昕诸多深具人文主义与个性解放气质的伦理学片论也进行过评论。焦循名为"翼钱"，实则是对钱大昕的"夫妇之义，非徒以全丈夫，亦所以保匹妇"[①] 等夫妇之论以及忠孝之论提出了婉转的批评。钱大昕诸文多主批评，而焦循"翼钱"之论则多重立论，双方在破立之间观点明显不同。虽然这并不妨碍焦循对戴震、钱大昕等的人道主义思想之肯定，可是相对而言，确实像有些学者所指出的那样，"焦循显得较为保守，体现出一个迂儒的心态，诚如钱氏所说的'未喻先王制礼之意'。"[②] 焦循这种在理论上不尽统贯之缺陷，在其他扬州学者身上也多有体现。

第二，扬州学者对于戴震"德性资于学问"的智识主义有所刊落。戴震认为，"性之欲，其自然之符也；性之德，其归于必然也。归于必然适全其自然，此之谓自然之极致"。（《原善》卷上）其中，性之欲就是人天生的物欲与情感需求，性之德即"性之欲而语于无失"，人人达情遂欲，各得其所。无论是"去蔽"与"去私"，皆是通过"心知"实现的。因此，"戴震义理之所以大别于宋儒的就在于培养人智"。不过，戴震"能知故善"这一重智主义的努力，被程瑶田以"不知性善之精义"的理由给抹杀了，重智观念遂中止于此，其后的凌廷堪的义理主张中亦不复见。[③] 相对于戴震希望通过主体内在主动的思维能力来提撕德性相比，除了焦循"能知故善"的精确理解之外，凌廷堪、阮元等扬州学者则更为

---

① 钱大昕：《答问》五，载《潜研堂文集》卷八，上海古籍出版社 1989 年版，第 108 页。

② 陈居渊：《焦循评传》，南京大学出版社 2006 年版，第 21 页。

③ 张寿安：《以礼代理——凌廷堪与清中叶儒学思想之转变》，河北教育出版社 2001 年版，第 258 页。

注意外在客观的礼仪规范的约束来增进德性，对戴震"德性资于学问"——"主智主义"伦理学及其理论的一贯性未能有效继承和发扬之。

第三，于客观考证和语言学方法之外再假以性灵裁断的方法，于"求是"中进一步"求道"的理论追求，在扬州学者中间亦未能得到有效展开。过去，乾嘉学术长期被当作学而不思、知而不返的消极退步的学术典型，不是没有理由的。今天，我们可以从戴震、王念孙、焦循那里看出这种评价是不够全面的论断。例如，即使在秉承实事求是原则、注重客观研究的王念孙那里，也明确意识到主体综罗裁断对于学术研究不可或缺的重要性。他说："说经者期于得经意而已。前人传注不皆合于经，则择其合者从之，其皆不合，则以己意逆经意而参之他经，证以成训。虽别为之说，亦无不可，必欲专守一家，无少出入，则何邵公之墨守，见伐于康成者矣。"（王引之《经义述闻序》）正是由于研究者主体因素的积极参与，较好地实现了学与思的平衡，才使王念孙的诸多研究成果特别精审，后人是不太容易推翻的。焦循对于学术研究中的主体性因素之强调最为积极，对于性灵裁断的重要多有论述：

盖古学未兴，道在存其学；古学大兴，道在求其通。前之弊患乎不学，后之弊患乎不思。证之以实运之以虚，庶几学经之道也。①

博览众说，各得其意，而以我之精神气血归之。（焦循《里堂家训》卷下）

以己之性灵，合诸古圣贤之性灵，并贯通于千百家著书立言者之性灵。……盖惟经学可言性灵，无性灵不可以言经学。②

焦循认为，如果没有主体性灵，那么儒学就失去了"为己之学"的本性，仅仅是"补苴掇拾"的"为人之学"或"考据之学"而已。遗憾的是，包括诸多扬州学者在内的乾嘉学者大都没有能够处理好学与思、客

---

① 焦循：《与刘端临教谕书》，载《雕菰楼集》卷十三，《焦循诗文集》，广陵书社2009年版，第248页。
② 焦循：《雕菰楼集》卷十三《与孙渊如观察论考据著作书》，载《焦循诗文集》，广陵书社2009年版，第246页。

观考证与主观裁断、实事求是与性灵精神之间关系问题，使儒学缺乏驾驭个体生命，批判社会现实，引领社会进步的积极功能。正是由于这个原因，到了嘉道之际，扬州学者在经世经用方面的才华远不如后来的包世臣、魏源等在扬的外地学者表现出色，同时在清代学术思想史的系谱上，扬州学派的引领地位已经逐渐为注重主观裁断和针砭时弊的常州学派所取代。

第 十 章

汉宋之争与乾嘉儒学的自我总结

——以江藩与方东树之争为例

在乾嘉学术思想史研究领域中，引人注目的学术论争除了戴震与章学诚之间的经史之争外，就当数江藩与方东树的汉宋之争了。这两个争论除了子学无多涉猎之外，几乎关系到所有传统学术门类，影响广泛而深远。嘉庆二十三年（1818），江藩在广州自刻刊行了《国朝汉学师承记》一书，此书是最早对于清代汉学的学派源流、治学成就和学术特点等进行总结概述的一部学术思想史著作。不过，仅仅六年之后的 1824 年，方东树著成《汉学商兑》三卷（1831 年才刊行），就江藩推崇汉学的著作针锋相对地进行了反击，力图为宋学或程朱理学正名。虽然此时乾嘉考据学术正如日中天，方东树代表的宋学派力量远不如汉学派力量强大，但方东树的公开反击等于宣布了清代学术中"宋军"与"汉军"势同水火，正式分裂。回顾这场重大学术论争，透过清代学者在汉学与宋学之间的不同选择，我们方可更为清楚地厘定"清学"介于"汉宋之间"的思想实质和历史定位。

一　江藩《国朝汉学师承记》与
方东树《汉学商兑》

江藩（1761—1830），字子屏，号郑堂，江苏甘泉人。他从小师从薛起凤和汪缙学习诗文，兼通佛理，后师从惠栋弟子余萧客和江声研治汉学，乃惠栋最为特出的再传弟子。他交游甚广，与朱筠、王昶、袁枚、汪中、凌廷堪、阮元、焦循、顾千里、洪亮吉、龚自珍等相师友，龚自珍曾赞扬道："嘉庆中，扬州有雄骏君子，曰江先生，以布衣为掌故宗，且二十年。"① 江藩所在的甘泉县为当时扬州府治下，而扬州是当时清王朝的盐务和漕运要津，十分富庶和繁华。一时间扬州籍学者辈出，人文荟萃甲于天下，包括江都的汪中、汪喜孙父子和凌曙，甘泉的焦循、焦廷琥父子和江藩，高邮的王念孙、王引之父子和李惇、贾田祖，宝应的刘台拱、刘宝楠伯侄，仪征的阮元和刘文淇、刘毓松父子等，不一而足。他们在清代乾嘉学术渐入高潮之际，声气相求，足成一军，蔚为扬州学派，在小学、经学、子学等方面皆取得了举世瞩目的学术成就。② 其中，阮元身兼地方大员、著名学者、学术教育机构负责人等身份于一身，不遗余力地阐扬学术、刊刻著作、奖掖后学，在他身边集聚了众多考据学者，堪为乾嘉汉学之大护法。《汉学师承记》就是江藩在广州为阮元作幕时刻印的，是其一生传诸后世的代表作。在此书出版之前，乾嘉汉学的代表人物已经多数去世，例如，汉学开山人物惠栋和戴震已经分别于 1758 年和 1777 年去世，其后王鸣盛于 1797 年去世，章学诚于 1801 年去世，钱大昕于 1804 年去世，段玉裁于 1815 年去世，翁方纲于 1818 年去世。19 世纪 20 年代前后，虽然说是乾嘉"汉学"渐入佳境，但乾嘉学术实际上已经迈入了晚期总结阶段。江藩此书，恰可以被认为是清代汉学迈入自我总结和转变阶段的一个标志。

《汉学师承记》共分八卷，就主要内容看，卷一述清初汉学，代表人物有阎若璩、胡渭和顾祖禹等；卷二述苏州"三惠"及其弟子之学，主要是吴派汉学；卷三述嘉定之史学，如王鸣盛、钱大昕等；卷四述江藩师友之学，如朱筠、王昶、洪亮吉等；卷五述皖派汉学，以江永、金榜、戴震等为代表；卷六述南北汉学诸儒，如卢文弨、纪昀、翁方纲、孔广森等；卷七述扬州之学，如汪中、焦循、阮元等；卷末述黄宗羲和顾炎武的经学思想。此书的主旨，用阮元为此书所作序言中的话来说，就是在于厘

① 龚自珍：《江子屏所著书序》，载《龚自珍全集》，上海古籍出版社 1999 年版，第 193 页。

② 有关扬州学派的形成过程、成员归属和治学特点，参见张舜徽《清代扬州学记》叙论，广陵书社 2004 年版。

清"汉世儒林家法之承授，国朝学者经学之渊源"。可以说，该书"用传记体史著之体裁，用正史儒林传史法，记述清朝汉学派学者之经学传授源流、师法与经学成就的一部当代学术史"。①

全书伊始，江藩交代了自己是惠栋再传弟子的汉学背景以及清代的汉学整体面貌。"藩绾发读书，授经于吴郡通儒余古农同宗艮庭二先生，明象数制度之原、声音训诂之学，乃知经术一坏于东西晋之清谈，再坏于南北宋之道学，元明以来此道益晦。至本朝三惠之学，盛于吴中，江永戴震诸君继起于歙，从此汉学昌明，千载沉霾一朝复旦。"② 此书罗列出来的清代汉学家之阵容可谓庞大齐整，其中惠、皖、扬州学派源流亦呼之欲出，达到了为汉学进行自我张目和总结的目的。晚清及至今天的清代汉学分期与派分，大多以江藩的论述为直接依据。章太炎《訄书·清儒》一文首次对乾嘉考据学术进行了吴、皖派分，认为乾嘉考据学术"其成学著系统得，自乾隆朝始。一自吴，一自皖。吴始惠栋，其学为博而尊闻；皖南始江永、戴震，综刑名，任裁断"。③ 后来，梁启超直接指出章氏"吴、皖派之说，出自江氏《汉学师承记》"，并在吴、皖两派之外另立扬州学派。④ 应该讲，除了浙东学派之外，乾嘉考据学术的学派源流大都能够在《汉学师承记》一书找到雏形。故而在经学研究专家周予同看来，该书"在中国学术史的著作里，实占有异常重要的地位"（《清朝汉学师承记·序言》）。

江藩在该书中并没有明确说明何谓"汉学"，显示学界对此已有共识。似乎可以用他在该书一开始所使用的"象数制度之原""声音训诂之学"等字眼来界定其"汉学"的内涵。它基本上与后世所称狭义的"乾嘉考据学"或"考证学"所指相当，即主要是指以文字、音韵、训诂等小学为基本手段，并以东汉经学家法和古训为参照标准，对经籍进行文本整理和义理发挥的学术形态。至于广义的乾嘉学术之内涵，乃是指乾嘉时期全部之学术，是包括"乾嘉汉学"在内的

---

① 漆永祥：《江藩与〈汉学师承记〉研究》，上海古籍出版社 2006 年版，第 260—261 页。

② 江藩：《国朝汉学师承记》，载《续修四库全书》第 179 册，上海古籍出版社 2002 年版，第 258 页（下文引用此书皆为此版本）。

③ 徐复：《訄书详注》，上海古籍出版社 2000 年版，第 139 页。

④ 梁启超：《清代学术概论》，东方出版社 1996 年版，第 5 页。另可参见漆永祥《江藩与〈汉学师承记〉研究》，上海古医籍出版社 2006 年版，第 389—390 页。

四部之学。后来江藩在其《国朝经师经义目录》一文中，也正是按照"专论经术而一本汉学"或者"言不关乎经义小学，意不纯乎汉儒古训者不著录"的狭义标准，依据五经、论语和尔雅的次序来罗列清代经师的经学研究成绩的。这就是说，不以小学为手段，不以汉儒古训为标准，不以经学为载体，就不能划归"汉学"之列，享受清学大宗之荣耀。这样一来，以形上思辨来发挥性命义理见长的宋学家，和以文以载道为最高追求的文章家，势必难与专言训诂的"汉学家"相沟通。1822 年，江藩又于清代汉学之外，另立清代宋学之名目，著成《国朝宋学渊源记》两卷和附记一卷。它名义上是在表彰宋学，实际上不仅显示了宋学的式微，而且无疑让宋学与汉学的派分得更为清楚。因此，与后来唐鉴站在程朱理学立场上编纂的《清学案小识》相比，无论是规模上还是具体立论观点上，都远不如后者全面、系统。

　　方东树（1772—1851），字植之，安徽桐城人。家境贫寒，一生以秀才终老，客游在外五十余载，卒于祁门的东山书院，有《书林扬觯》《昭昧詹言》《仪卫轩文集》和《汉学商兑》等书传世。1819 年，方东树赴粤入阮元幕府，参与编纂《广东通志》，与江藩共事。1824 年，馆阮元署中，著成《汉学商兑》三卷。从时间上看，江藩与方东树在粤的前后时间相差不大，这为两人的短兵相接提供了客观条件。据门人苏惇元《仪卫方先生传》记载，他"自少力学泛览经史诸子百家书，而独契朱子之言。尝学文于姚姬传先生……乾嘉间学者崇尚考证，专求训诂名物之微，名曰汉学，穿凿破碎，有害大道；名为治经，实足以乱经；又复肆言攻诋朱子。道光初，其焰尤炽。先生忧之，乃著《汉学商兑》辨析其非，书出遂渐熄"。[①] 实际上，正是受到了江藩著《汉学师承记》的强烈刺激，方东树才写了《汉学商兑》予以反击。

　　方东树与其师姚鼐一样，对于清代考据学者所取得的成绩皆表示由衷地钦佩。方氏屡次提及，"小学音韵是汉学诸公绝业，所谓此自

---

　　① 方东树：《考槃集文录》第十二卷，载《续修四库全书》第 1497 册，上海古籍出版社 2002 年版，第 222 页。

是其胜场，安可与争锋者！平心而论，实为唐宋以来所未有。"① 他还说：

> 国朝考据之学超越前古，其著书专门名家者，自诸经外，历算、天文、音韵、小学、舆地、考史，抉摘精微，折衷明当，如昆山、四明、太原、宣城、秀水、德清根柢学问，醇正典雅，言论风采深厚和平，夐矣尚矣，虽汉唐名儒不过于斯矣。及乎惠氏戴氏之学出，以汉儒为门户，底宋儒为空疏，一时在上位者，若朱笥河先生及文正公昆弟、纪尚书、邵学士、钱官詹、王光禄及兰泉侍郎、卢抱经学士十数辈承之而起，于是风气又一变矣。②

需要指出的是，方东树在这里所推崇的考据学家并不是清中期的惠栋、戴震以及朱笥、朱珪、纪昀、邵晋涵、钱大昕、王鸣盛、王昶、卢文弨等，而是清初的昆山顾炎武、四明（黄宗羲）万斯同与全祖望、太原阎若璩、宣城梅文鼎、秀水朱彝尊、德清胡渭等。几乎可以说，《汉学师承记》所推崇的必是方东树所批评的。因此，他虽然说"考汉学诸人，于天文术算、训诂、小学、考证、舆地、名物、制度，诚有足补前贤裨后学者"，但是同时指出乾嘉汉学家"坐不能逊志，又无识，不知有本，欲以扫灭义理放言横议，惑世诬民，诚非细故"③，成就不足以抵消其过失。他一方面指出，"汉学家宗旨，议论千端万变，务破义理之学，挑宋儒之统而已"④，清代汉学家普遍具有尊汉黜宋的反宋学立场，其思想实质是意在破除宋儒义理之学以争夺程朱道统。另一方面认为，"如江氏、惠氏，乃拾汉学之渣秽者也"，等于说清代汉学乃拾汉代学术之唾余与牙慧，把皖派和吴派汉学一并骂倒。方东树这些批评，虽然言辞激烈，评价

---

① 方东树：《汉学商兑》，载《续修四库全书》第 951 册，上海古籍出版社 2002 年版，第 612 页。

② 方东树：《复罗月川太守书》，载《考槃集文录》卷六，《续修四库全书》第 1497 册，上海古籍出版社 2002 年版，第 348—349 页。

③ 方东树：《汉学商兑》，载《续修四库全书》第 951 册，上海古籍出版社 2002 年版，第 624 页。

④ 同上书，第 608 页。

过当，也颇有能击中考据学者"软肋"的地方。梁启超曾指出："方东树之《汉学商兑》，却为清代一极有价值之书。其书成于嘉庆间，正值正统派炙手可热之时，奋然与抗，也一种革命事业也。其书为宋学辩护处，固多迂旧，其针砭汉学家处，却多切中其病，就中指斥言'汉易'者之矫诬，及言典章制度之莫衷一是，尤为知言。后此治汉学者颇欲调和汉宋，如阮元著《性命古训》、陈澧著《汉儒通义》谓汉儒亦言理学，其《东塾读书记》中有《朱子》一卷，谓朱子亦言考证，盖颇受此书之反响云。"① 当代学者王汎森基本上继承了这种观点，认为方著不仅仅只是理学的回潮，同时也代表了新时代的动向，在晚清思想史中具有重要的意义。② 我认为，这种评价还是比较符合历史实际的。

接下来，我们分析一下方东树《汉学商兑》的成书过程及其内容结构。《汉学商兑》的内容分上、中、下三卷，卷中又分为上、下两部分。全书以汉宋关系，亦即考据与义理之关系为主要线索，前两卷主要按照人物先后顺序进行排列，卷上总论自清初至汉学成型过程中诸儒的汉宋关系论。方东树认为，清初"顾、黄诸君虽崇尚实学，尚未专标汉帜。汉帜则自惠氏始，惠氏虽标汉帜，尚未厉禁言理。厉禁言理则自戴氏始，自是宗旨祖述，邪诐大肆，遂举唐宋诸儒已定不易之案，至精不易之论，必欲一一尽翻之，以张其门户。江氏作《汉学师承记》，阮氏集经解于诸家著述，凡不关小学，不纯用汉儒古训者，概不著录。观江氏书中所记诸人之说，其徒奉为科令者，如云南宋以后讲学家空谈性命不论训诂，教学者说经专宗汉儒"。③ 他认为在清初诸儒那里尚无所谓汉学与宋学的分野，汉学的正式形成则以惠栋《易汉学》为显著标志。不过，惠栋治学以"六经服许、郑，百行效程、朱"为宗旨，对于程朱理学尚持开放态度，方东树的批评尚留有余地；而戴震则开始"厉禁言理"，将汉学训诂与宋学义理截然对立起来，方东树的评价就完全趋于负面。戴震虽然宣称"以理为学，以道为统，以心为宗，探之茫茫，索之冥冥，不如反而求之六

---

① 梁启超：《清代学术概论》，上海古籍出版社 1998 年版，第 69 页。
② 王汎森：《方东树与汉学的衰退》，载《中国近代思想与学术的系谱》，河北教育出版社 2001 年版，第 13 页。
③ 方东树：《汉学商兑》，载《续修四库全书》第 951 册，上海古籍出版社 2002 年版，第 550 页。

经"，反对宋明空谈心性之学，不过"戴氏宗旨力禁言理，而所以反求之六经者，仅在于形声训诂名物制度之末"。① 言下之意，戴震不仅没有阐释清楚反而抛弃湮灭了圣贤与经典的义理，应该对汉学肆行、宋学消沉的局面负有主要责任。及至扬州学派江藩的《汉学师承记》和阮元的《皇清经解》，"凡不关小学，不纯用汉儒古训者，概不著录"，张大汉学之门户，宋学义理遂如刍狗，微不足道，方东树更是不能容忍。可见方著视戴震为纯汉学的核心代表人物，自始至终以皖派汉学及扬州学派为最主要的批判对象与理论对手。应该说，除了没有能够深刻理解戴震等的义理之学外，方东树对清代汉学的形成过程的叙述还是准确的，基本上依从了江藩对清代汉学的总结和判断。

卷中内容较多，除了继续集中火力批评戴震之外，还逐条批驳了钱大昕、孙星衍、段玉裁、臧琳、凌廷堪、汪中、阮元、江藩、焦循等尊汉黜宋的立场。除了从正面为程朱理学做辩护之外，方东树还从方法论层面上对考据方法进行了较有力的反击。他认为，乾嘉汉学共同坚持了一个最基本的治学原则——"义理存乎训诂"或者"训诂明而后义理明"，他认为训诂只是手段，义理才是最终目的；同时还认为没有义理作为统贯或指导，训诂这一手段根本无法正确有效地加以运用，避免不了琐碎和炫耀博学的严重弊病。也就是说，汉学家不仅在其思想内容上显得贫乏无力，其方法学也存在无法弥补的纰漏。这是汉宋之争的焦点之所在，容下文详论。

卷下则按照汉学研究对象——五经、四书和小学等典籍为顺序，对汉学家的治学成绩进行了点评。从编排体例和具体内容上看，此卷可以视为对江藩《国朝经师经义目录》（《汉学师承记》附录）一文的直接驳论。

除此之外，我们不能忘了方东树位列"姚门四杰"的文章家身份。他一直是标称"学行继程朱之后，文章在韩欧之间"（王兆符《方望溪先生文集序》）的桐城文派的重要代表之一，对汉学家"以六朝骈俪有韵者为正宗而斥韩欧为伪体"，或者"土苴""俯视"韩

---

① 方东树：《汉学商兑》，载《续修四库全书》第 951 册，上海古籍出版社 2002 年版，第558 页。

欧文章的文学观也顺带进行了批评。他反唇相讥汉学家作文有如账簿，又臭又长，正所谓"观其自为，及所推崇诸家，类如屠酤计账"。从汉学派的质朴文风来看，此言大致上并非过当之论。不过需要指出的是，相对于清代大多数考据学者不擅长科场时文，文风艰深晦涩相比，他的论敌江藩的诗词文章写得算得上是较为清新、流畅和灵动的。正如凌廷堪在信中引用江藩的话说："能文者必多读书，读书不多必不能文"[1]，论争双方皆不应该将读书与作文两相对立起来看。

方东树在全书最后，总结了汉学"六蔽"以统贯全书内容：

其一，力破理字，首以穷理为厉禁，此最悖道害教。

其二，考之不实，谓程朱空言穷理，启后学空疏之陋，不知朱子教人固未尝废注疏，而如周程诸子所发明圣意经旨迥非汉儒所及。

其三，则由于忌程朱理学之名及宋史道学之传。

其四，则畏程朱检身动绳以理法，不若汉儒不修小节，不矜细行，得以宽便其私，故曰宋儒以理杀人，如商韩之用法，浸浸乎合法而论理，死矣，更无可救矣。所谓不欲明镜之疵也。

其五，则奈何不下腹中数卷书及其新慧小辨，不知是为驳杂细碎，迂晦不安，乃大儒所弃馀而不屑有之者也。

其六，则见世科举俗士空疏者，众贪于难能可贵之名，欲以加少为多临深为高也。[2]

这六点当中，前四点皆谈到了"理"字，可见方东树严格而坚定地信守了程朱理学之立场。正如诸多研究已经指出的那样，"过往以为清初

---

[1]　凌廷堪：《与江豫来书》，载《校礼堂文集》卷二十四，中华书局 1998 年版，第 212 页。固然如此，凌廷堪与"不喜唐宋文，每酒后耳热，自言文无八家气"（曾钊的江藩《隶经文》叙）的江藩一样，还是念念不忘地在信中对以桐城派为代表的辞章派进行讽刺："今之号称能文者，以空疏之腹，作灭裂之谈，惧读书者之掎摭其后也，于是为之说曰：'能文者不在多读也，吾读书不屑于考据也。'又忌读书者之陵驾其上也，于是为之说曰：'多读书者，类不能文也。即能文，亦往往不暇工也。'及其遇胸腹之更陋于彼者，则又毛举一二误处，以自矜淹博，竟忘其与前说之相刺谬也。呜呼！是则所谓强颜者矣。"

[2]　方东树：《汉学商兑》，载《续修四库全书》第 951 册，上海古籍出版社 2002 年版，第 614 页。

学术只有经世、考证好像完全不表现任何义理（思想性）的看法，恐怕是一不符史实的看法"①，"'汉宋之争'的争执焦点本在于对道德价值的形上取向与经验取向不同判定上"②，双方的根本分歧在于清学形成了有异于宋明儒道德形上学的义理学新典范。换言之，清学与宋学双方除了在抽象思辨与训诂考据的方法学层面上存在分歧之外，还有一个深层次的冲突，那就是清学与宋学在道德义理上存在难以弥缝的鸿沟。方东树已经明确认识到戴震"自十七岁有志闻道，谓非求之六经孔孟不得，非从事于字义名物制度无由通其语言文字云云，若是则与程朱固为一家之学矣"③，但"古今天下义理一而已矣，何得戴氏别有一种义理乎？""何又以之为讥邪"？方氏对此的解释是："盖由其私心本志憎忌程朱，坚欲与之立异，故力辟求理之学。"④ 这个解释显然有人身攻击的意味，并没有真正说出个所以然来，难以令人信服。这表明方东树虽然认识到了戴震晚年旗帜鲜明地反对程朱理学这一外在表现，但并没真正理解戴震哲学义理的立论动机及其思想实质。

如果将戴震当作主要辩论对手的话，对其人性论和理欲观的认识与评价则至关重要，方东树也意识到了这一点。方东树严守朱子的理欲之辨，认为戴震将"理"理解为"腠理""纹理"等客观的自然法则，结果人性由于昧于天理的提撕而流于个人私欲，因此反击戴震最大胆的"以理杀人"之观点时说："今谓不当以义理为教而第惟民之欲是从，是率天下而乱也。"⑤ 事实上，戴震确实反对宋明儒学将人性分为天地（义理）之性与气质之性的二元人性论，亦即将人性区分为生理欲求（欲）与先验法则（理）两个层次进而要求"存天理，灭人欲"的二元人性论，转而主张"理者，存乎欲者也"⑥ 这样一种理、欲一元的自然人性论。戴震的

---

① 刘述先：《从道德形上学到达情遂欲——清初儒学新典范论析》，载刘述先《儒家思想意涵之现代阐释论集》，"中央研究院"中国文化研究所筹备处，2001 年，第 79 页。

② 张丽珠：《清代的义理学转型》，里仁书局 2006 年版，第 105 页。

③ 这段话出自戴震晚年的《与段茂堂等十一札》（第九札），载《戴震全集》第六册，黄山书社 1995 年版，第 541 页。

④ 方东树：《汉学商兑》，载《续修四库全书》第 951 册，上海古籍出版社 2002 年版，第 558 页。

⑤ 同上书，第 561 页。

⑥ 戴震：《孟子字义疏证》上，载《戴震集》，上海古籍出版社 1980 年版，第 273 页。

理由是道不离器，性不离欲，人性就存在于饮食男女的欲求活动之中，就存在于喜怒哀乐的情感活动之中，正所谓："生养之道，存乎欲者也；感通之情，存乎情者也；二者，自然之符，天下之事举矣。"① 皮之不存，毛将焉附？离开了个体真实的生理欲求和心理情感活动，不能够达情遂欲，人性就失去了存在的基础和意义。"无欲无为又焉有理？"② 如果没有了欲求和情感活动，一切羞恶、怜悯、辞让、是非，一切仁义礼智也皆无从谈起。戴震对宋儒的理欲二元人性论所可能导致的禁欲主义这一反人道结果有着深刻的反省，他挖苦道：

> 古圣贤所谓仁义礼智，不求于所谓欲之外，不离乎血气心知，而后儒以为别如有物凑泊附著以为性，由杂乎老庄释氏之言，终昧于六经、孔、孟之言故也。③

这里的"后儒"显然即指宋明儒者。宋儒在情欲之外论性，使人性无所寄托而流于虚静、枯寂和无情，戴震认为，程朱理欲之辨之所以如此是由于受到了老庄和佛教人性论的污染所致。④

在戴震看来，达情遂欲是自然而然的、天经地义的事情，不必为此大惊小怪，这种观点已经着实令信从理欲二分的方东树大为惊诧了，难免会怀疑天下怎会有此等议论！进而名之曰异端邪说，视之如洪水猛兽了。当然，如果戴震仅就情欲论人性，他确实免不了被戴上完全不懂《孟子》性善论的帽子，根本没有体味到孟子所说"人异于禽兽者几希"的良知、良能之灵根的可贵，方东树骂他为惑乱民心也不能说没有根据。其实，戴震不会没意识到他的理欲一元论会面临这种指责。

---

① 戴震：《原善》卷上，载《戴震集》，上海古籍出版社 1980 年版，第 333 页。
② 戴震：《孟子字义疏证》，载《戴震集》，上海古籍出版社 1980 年版，第 328 页。
③ 戴震：《孟子字义疏证》中，载《戴震集》，上海古籍出版社 1980 年版，第 296 页。
④ 戴震将孔孟之后传统人性论大致分为三种类型，即以生论性，以心论性和以理论性。正所谓："凡远乎《易》、《论语》、《孟子》之书者，性之说大致有三：以耳目百体之欲为说，谓理义从而治之者也；以心之有觉为说，谓其神独先，冲虚自然，理欲皆后也；以理为说，谓有欲有觉人之私也。"（参见戴震《读〈孟子〉论性》，载《戴震全书》第六册，黄山书社 1995 年版，第 351 页）

　　虽然戴震认为"人物以类滋生，皆气化之自然"①，人与物在本体论层面上皆源于同一个本原——"气"，但是戴震并没有视人如物、如禽兽一般，并没有让私欲横行以至于混淆乾坤的意思。戴震杰出之处即在于认为"血气心知，性之实体也"。② 血气乃宇宙一切生灵的物质基础，心知则是其自然的属性，人与动物皆是如此。不过，"凡血气之属皆有精爽，而人之精爽可进于神明"。③ 有血气的生命体皆有精爽，即都有认知的自然禀赋，只不过人的知觉禀赋或认知能力完全可以通过"加之日学，则日进于智"，达到神明、智慧的高度。这就是说，"人性与动物性的根本区别就在于人的'心知'能力高于动物"。④ 人类通过理性智慧的思考可以设计出各种礼仪制度当作人际交往活动的轨范，以使社会有条不紊地运动，正所谓"人以有礼义，异于禽兽，实人之知觉大远乎物则然"。⑤ 戴震认为，"人生而后有欲、有情、有知，三者，血气心知之自然也"。人类除了情、欲之外，还有"知"，即认识的能力与活动。而"辨乎知者，美丑是非也，而因有好恶"，即通过人感知和理性思考可以获得各种关乎是非、善恶与美丑的知识——"理"，来规范人的情欲活动，以使之不至于放纵和侵夺。虽然戴震重智主义的人性理论在是非、善恶和美丑之间尚存在难以跨越的鸿沟，在如何实现"尽其自然而归于必然"这一问题尚有困难，但正是强调了理性的约束和保证，戴震的人性论在很大程度上避免了方东树等的纵欲主义或物质主义之指责。方东树等由于没有能够对于戴震重视人的知性和理性超越能力的良苦用心，因此对戴震的义理之学及其对"欲而不私"伦理状态之追求的理解存在很大盲区和误区。

　　程朱理学在清代整体上呈现出衰退之势的环境下，方东树虽然卫道心切，但由于他只顺应了官方理学的陈词滥调，并没有多少新意，根本无从与戴震"以理杀人"等反理学思潮相抗衡。"欲与程朱争名，安得不为天之所恶？"他从攻击汉学家的道德气节来维护程朱理学更不可取，这不仅

---

① 戴震：《孟子字义疏证》中，载《戴震集》，上海古籍出版社1980年版，第291页。
② 同上书，第287页。
③ 同上书，第295页。
④ 许苏民：《戴震与中国文化》，贵州人民出版社2000年版，第102页。
⑤ 戴震：《孟子字义疏证》中，载《戴震集》，上海古籍出版社1980年版，第302页。

不能够驳倒对方而且还会徒增意气之争，无法从理论的高度与一流考据学者进行高水平的对话。当然，汉宋之争在很多时候夹杂着人身攻击，其实，论争双方都有责任，不过宋学派似乎挟理学正统以卫道自居而在道德气节上更有盛气凌人之势。① 相较而言，方氏在方法学层面上针对汉学家"训诂明而后义理明"这一治学原则所提出的批评则更为有力。方氏上述六点批评算是当时敢向汉学家宣战的最为全面的批评意见，不回应这些问题，汉学家的学术事业似乎难以进一步深入和转进。不过从某种程度上讲，方东树过多地关注于考据学者所擅长运用的语言学这一方法与手段，并没有充分理解乾嘉汉学对义理的强烈诉求及其新动向，更没能领会乾嘉考据学的思想实质有根本歧异于宋明儒学的地方。

二　义理、考据与辞章之间的竞争

汉宋之争除了在上述义理本身层面存在深层次冲突外，更主要是体现在考据与义理二者关系上的分歧。在具体考察江藩与方东树二人有关考据与义理之关系的争论之前，有必要先说明乾嘉时期通行的义理、考据、辞章这一学术三分法，以及汉宋之争的形成过程。义理、考据与辞章的三分法是整个乾嘉时期较为通行的学术分类方法，早在 18 世纪就已经被钱大昕、戴震、姚鼐、章学诚等所公认。然而，自惠栋、戴震之后，"天下视文士渐轻，文士与经儒始交恶"。② 当时汉学与宋学之间的对垒，以戴震

---

① 关于这一点，双方都负有责任。例如，汪中说："若方苞、袁枚辈，岂屑屑骂之哉！"江藩在《汉学师承记》当中，将方苞与惠栋的关系片面描述为："苞负气不服，永晒之而已。"这无疑是对方苞人格与学术的双重否定，作为方苞之后学的方东树当然不能完全接受，在《汉学商兑》中不甘示弱地予以回击。江藩囿于抑宋尊汉的门户之见，也时常曲意删削、歪曲史料以批评宋学、尊崇汉学，具体表现请参见漆永祥的《江藩与汉学师承记研究》（上海古籍出版社 2006年版）第 370—381 页。反观桐城派前辈方苞、姚鼐等攻击汉学家排斥程朱理学招致天谴而绝嗣的做法，则尤为失之体统。姚鼐曾说："且其人生平不能为程、朱之行，而其意乃欲与程、朱争名，安得不为天所恶，故毛大可、李刚主、程绵、戴东原，率皆身灭嗣绝，此殆未可以为偶然也。"（《再复简斋书》，载《惜抱轩全集》卷六）方苞也曾在致信正值丧子之痛的李塨说："舍程朱而谁与？故毁其道，是谓戕天地之心，其为天之所以不佑矣。故阳明以来，凡极诋朱子者，多绝世不祀。仆所见闻，具可指数，若习斋，西河，又吾兄所目击也。"（《方苞集》卷六）对此，张舜徽《清人文集别录》（卷四、一三）等著作多有专论，今不赘述。

② 章太炎：《訄书·清儒》，载徐复《訄书详注》，上海古籍出版社 2000 年版，第 151 页。

和姚鼐二人为主要对手，分歧主要集中体现在考据与义理的关系定位上。

乾隆二十年（1955）春，32 岁的戴震首次入京就以过人的考据学功底而名动京师。同年，小戴震 7 岁的姚鼐（1732—1815）致信戴震尊称戴为"夫子"，然而戴震在《与姚孝廉姬传书》中以"仆与足下无妨交相师"婉言拒绝。① 至于谢绝的原因，一个是戴震一生本来就很少蓄收弟子，另一个原因则主要是戴震对于文章家的相对轻视。戴震对于文章的鄙视态度，可以从同年戴震《与方希原书》中可见一斑：

> 古今学问之途，其大致有三：或事于理义，或事于制数，或事于文章。事于文章者，等而末者也。……大本既得矣，然后日是道也，非艺也。②

在义理、考据和文章三种学术事业之中，"汉儒得其制数，失其义理；宋儒得其义理，失其制数"，汉学与宋学各得其所，然而"圣人之道在六经"，双方皆以求道为根本追求。戴震规劝同乡方希原要把精力放在经典研习上，而不要将精力放在文章训练上，因为在他看来文学只是一种技艺，既无法担当阐明义理的重任，亦疏于制数之学问，因此是最次要的事业，不能不分轻重、颠倒本末。③ 平心而论，戴震对文学的批评有失偏颇之处。他在拒绝姚鼐之后，姚鼐是否为此恼羞成怒，我们不得而知，不过这件事情对于姚鼎后来对于汉学考证学术的态度转变似乎起到了重要作用。姚鼐以程朱宋学立场反对抑宋扬汉，一并反对戴学批判宋学，他后来在《复秦小岘书》中说："鼐尝谓天下学问之事有义理、文章、考据之

---

① 戴震：《与姚孝廉姬传书》，载《戴震全书》第六册，黄山书社 1995 年版，第 373 页。

② 戴震：《与方希原书》，载《戴震全书》第六册，黄山书社 1995 年版，第 375 页。不知是戴震故作推辞，还是真的不喜收弟子，他在 1766 年辞谢段玉裁拜师之请时也说过类似的话："古人所谓友，原有相师之义，我辈但还古之友道可耳。"（段玉裁：《戴东原先生年谱》乾隆三十一年）本书引文中着重号如无特别说明，均为引者所加。

③ 后来，戴震的学生段玉裁又把这一规劝用在了其外孙龚自珍身上。段氏对龚自珍说："万季野之诚方灵皋曰：'勿读无益之书，勿作无用之文。'呜呼！尽之矣。博闻强记，多识蓄德，努力为名儒、为名臣，勿愿为名士。何谓有用之书？经史是也。"（段玉裁：《与外孙龚自珍札》，载《经韵楼集》卷九，上海古籍出版社 2008 年版）

分，异趋而同为不可废"，"必兼收之乃足为善"，批评戴学"愚妄"。①
姚氏离开四库馆之后，由于无所挂碍，反汉学主张日渐显豁。他在赠送钱
大昕从子钱坫的《赠钱献之序》一文中，直言不讳地说道：

> 明末至今日，学者颇厌功令所载为习闻，又恶陋儒不考古而蔽于
> 近，于是专求古人名物制度训诂书数，以博为量，以窥隙攻难为功。
> 其甚者，欲尽舍程朱，而宗汉之士，枝之猎而去其根，细之蒐而遗其
> 巨，夫宁非蔽与？

对于作此序的初衷，姚鼐后来在《复蒋松如书》中有过说明：

> 然今世学者，乃思一切矫之，以专宗汉学为至，以攻驳程朱为
> 能，倡于一二专己好名之人，而相率而效者，因大为学术之害。……
> 博闻强识，以助宋君子之所遗则可也，以将跨越宋君子则不可也。鼐
> 往昔在都中，与戴东原辈往复尝论此事，作送钱献之序发明此旨，非
> 不自度其力小而孤，而义不可以默焉耳。②

很显然，在姚鼐与汉学争锋的过程中，钱序是向以戴震为代表的考据
派或者反理学派充分表示异见的最早文献，有十分重要的地位。1795 年
前后，姚鼐大概依旧对此事不能释怀，在《述庵文钞序》中提出了"义
理也，考证也，文章也"不能偏废的主张。姚鼐要求善用考证，表现出
对考证学术的重视，不过他最想说的是不能因考据而废义理与文章，仍旧
意在与汉学风气相颉颃。陈平原推测，姚序"是隐含着对于戴震《与方
希原书》的反驳"。③ 无论是从义理、考证与文章这一学术分类的字面表
述上的相似性来看，还是从书信表达的思想主题和隐含的批评对象来看，

---

① 姚鼐：《复秦小岘书》，载《惜抱轩尺牍》卷五，《惜抱轩诗文集》，上海古籍出版社
1992 年版。

② 姚鼐：《复蒋松如书》，载《惜抱轩全集》卷六，《惜抱轩诗文集》，上海古籍出版社
1992 年版。

③ 陈平原：《从文人之文到学者之文——明清散文研究》，北京三联书店 2004 年版，第 214
页。

上述推测是不无道理的。

桐城文派对于学术知识的分类，是有一个不断明晰和细分过程的。例如，戴名世有"道、法、辞"之分，刘大櫆有"义理、书卷、经济"之分。不过，在姚鼐之前最为著名的桐城派知识分类法要数方苞（1668—1749）的"义、法"之分：

> 《春秋》之制义法，自太史公发之，而后之深于文者亦具焉。义即《易》之所谓"言有物"也，法即《易》之所谓"言有序"也。义以为经而法纬之，然后为成体之文。①

其中，"言有物"之"义"是指文章的思想内容，而"言有序"之"法"则是指其表现形式和方法。这显然是韩愈"文以载道"说的延续，由道—文而义—法，申论了文学理论中的基本问题：道义追求与辞章技艺的关系。不过，在乾嘉时期这一问题却以义理、考据和辞章三者的关系呈现出来。方苞"义法"一经提出，钱大昕就对其表示了不同意见：

> 惜乎其未喻乎古文之义法尔。……夫然后可以羽翼经史，而传之天下后世。……盖方所谓古文义法者，特世俗选本之古文，未尝博观而求其法也。法且不知，而义于何有？……若方氏乃真不读书之甚者。吾兄特以其文之波澜意度近于古而喜之，予以为方所得者，古文之糟粕，非古文之神理也。②

文中，钱大昕批评方苞"乃真不读书之甚者"，其古文义法"未尝博观而求其法"，重形式而轻内容，与科举八股无异，结果只能是得古文之糟粕而失古文之神理也。钱大昕主张义理需要通过知识考据的手段来彰显，而方苞意在主张用文学辞章的手段来呈现义理，二人已经涉及辞章派

---

① 方苞：《又书货殖传后》，载《方苞集》卷二，上海古籍出版社 1983 年版，第 58 页。
② 钱大昕：《与友人书》，载《潜研堂文集》卷三十三，《嘉定钱大昕全集》第九册，江苏古籍出版社 1997 年版，第 575—576 页。

与考据派在义理阐释和知识考据上孰轻孰重的争执。

仅就推重桐城义法的方东树来讲，辞章之法万变不离其宗，要在去其陈言，说明事理、物理和义理，实现"文以载道"的文学理想。正所谓："文者，辞也。其法万变，而要在必去陈言。理者，所陈事理、物理、义理也。见理未周，不赅不备，体物未亮，状之不工，道思不深，性识不超，则终于粗浅凡近而已。"① 在方东树看来，文辞最终所要陈述的是"理"，包括事理、物理和义理。换言之，知识的积累和道德的完备是文辞丰盈必不可少的两个条件，否则"终于粗浅凡近而已"。

在桐城诸前辈的基础之上，姚鼐最终在《述庵文钞序》中正式提出了"义理、考证、辞章"三合一的著名主张：

> 余尝论学问之事，有三端焉，曰：义理也，考证也，文章也。是三者，苟善用之，则皆足以相济，苟不善用之，则或至于相害。今夫博学强识而善言德行者，固文之贵也；寡闻而浅识者，固文之陋也。然而世有言义理之过者，其辞芜杂俚近，如语录而不文；为考证之过者，至繁碎缴绕，而语不可了当。以为文之至美，而反以为病者，何哉？其故由于自喜之太过，而智昧于所当择也。夫天之生才，虽美不能无偏，故以能兼长者为贵。

在三个门类之中，"义理之过者"常常流于空头讲章，芜杂虚浮，不能够晓之以理、动之以情；"考证之过者"则不免堆砌烦琐，让人如坠云雾，不明所以；而"博学强识而善言德行者"，即"能兼长者为贵"者，把知识与德行完美融为一体的学问似乎只有文章了。这显然与戴震所言的"事于文章者，等而末者也"的观点背道而驰，可惜戴震此时早已过世，二人的交锋无法继续下去。但是，这并不意味着乾嘉汉宋之争就此终结。因为乾嘉时期的考据和义理之争，除了姚、戴二人的直接交锋之外，诸多一流学者都参与进去了。可以肯定地讲，乾嘉学界曾就如何奠立学术范式和争夺学术话语权力进行过一场轰轰烈烈的思想论战。

———————

① 方东树：《昭昧詹言》，载《桐城派文论选》，中华书局 2008 年版，第 207 页。

　　姚鼐离开国家最高学术机构出京以后，执掌南京钟山书院教席逾二十年，其间与袁枚（1716—1797）等文学家交游酬唱。两人的文学理念虽然不同，但是两人毕竟同是辞章派，在与考据学术争夺话语权的过程中，站在了批评考证学术的同一战线上。袁枚曾经给惠栋、孙星衍等写信争辩义理与考据的正当关系，大意是说考据并非第一流的学问，正所谓："考史证经，都从故纸堆中得来，我所见之书，人亦能见，我所考之典，人亦能考。虽费心气力，终是叠床架屋。……不过天生笨伯，借此藏拙消闲则可耳，有识之人断不为也。"① 另外，他认为汉宋之争的双方各执一词，徒逞口舌，实无助于学术之进步。他在一则《麒麟喊冤》（《续子不语》卷五）的小故事中假托邱生之口，讽喻了当时汉宋两派在考据与辞章之间所形成的水火不容之势：

　　　　邱因问曰："据苍圣之言，汉学不可从；据麒麟之言，宋儒又不足取。然则我将安归？"……
　　　　邱问："上帝何好？"曰："好诗文。"……
　　　　邱恍然大悟，乃再拜曰："如神人所言，某将弃汉学、宋学，而从事于诗文何如？"
　　　　神曰："子又误矣！人之资性，各有短长。著作之才，水也，果有本源，自成江河。考据讲学，火也，胸中无物，必附物而后有所表彰，如火之必附于薪炭也。子天性中本无所有，焉得不首鼠两端？且子既精汉学矣，试问帝王所食之米何名？"
　　　　邱不能答。……
　　　　天故专生此一流飧糠核而饱秭稗之人，或琐屑考据，或迂阔讲学，各就所长，自成一队。常见孔圣、如来、老聃空中相遇，彼此微笑，一拱而过，绝不交言，此天地之所以为大也。

　　邱生由宋儒之学而汉唐考据，又由汉唐考据而诗文辞章，最终还是在义理、考据与辞章三者之间无所适从，几乎闹得人格分裂。这暗示了当时汉宋之争的激烈程度。故事在最后点明"或琐屑考据，或迂阔讲学，各

---

① 袁枚：《寄奇方伯》，载《小仓山房尺牍》卷七，江苏古籍出版社 1997 年版。

就所长，自成一队"，应该是当时士大夫阶层在汉宋之间聚讼不已的真实写照。袁枚本人主张性灵自得，既反对"琐屑考据"也反对"迂阔讲学"，持有"非汉非宋"的超然立场。袁枚有诗云："孔郑门前不掉头，程朱席上懒勾留"（《遣兴》），清楚地表明了他对道问学与尊德性两派之间党同伐异行为的反感与批评。[①] 一方面，当时居然有人说："时文之外别有学问，某实不知"（《子不语》卷九），袁枚显然意在批评像桐城古文等辞章派其真正的内在动机多是以文章制艺为取得科举功名的"敲门砖"的行为。他们虽然在文章中不遗余力地提倡宋明理学，讲究道德风教，可惜没有多少新的义理创见，内容空洞，流于说教；以卫道自居，道貌岸然；老生常谈，令人生厌。[②] 他很怀疑桐城义法担当道统的可能性，"试观望溪可能吃得住一个大题目否？可能叙得一二大名臣、豪杰否？可能上得万言书痛陈利弊否？"[③] 另一方面，袁枚反对汉学家沉溺于琐屑考据之中，丧失自我，不能够以自我的精神气血从中贯通和裁断，不免于断烂恆钉或叠床架屋而把学问做死的弊端。他不仅写信力辩惠栋对其"好文章，舍本而逐末者"的指责[④]，甚至还规劝阳湖文派代表人物之一孙星衍放弃

---

① 参见钱钟书《谈艺录》第 219 页，卷六四论"随园论三都两京赋"（中华书局 1984 年版）；另见汪荣祖《史学九章》（北京三联书店 2006 年版）及钱理群《从文人之文到学者之人——明清散文研究》（北京三联书店 2004 年版）中的相关研究。

② 马一浮曾说："如晚近号称古文家者，专以文为事，虽亦标举义理，意在修饰文辞，冀有文集传世而已也。"（《尔雅台答问·答杨雪峰》，载《马一浮集》第一册，浙江古籍出版社、浙江教育出版社 1996 年版，第 499 页）其实，对桐城派的批评自从它诞生之日起就未曾断绝过。当然，新文化运动中，钱玄同大骂"桐城谬种，选学妖孽"（《新青年》3 卷 5 号与 6 号"通信"），使对桐城派的批判达到了高潮。陈独秀曾经说：

归、方、刘、姚之文，或希荣誉慕，或无病而呻，满纸之乎者也矣焉哉。每有长篇大作，摇头摆尾，说来说去，不知说些什么。此等文学，作者既非创造才，胸中又无物，其伎俩惟在仿古欺人，直无一字有存在之价值。虽著作等身，与其时之社会文明进化无丝毫关系。（陈独秀：《文学革命论》，载 1917 年《新青年》第 2 卷第 6 号）

陈独秀与钱玄同等虽然没有充分注意到桐城派内部自身的复杂多元性，犯了一棍子打死的毛病，但是从总体上来讲，批评得不无道理。

③ 袁枚：《答孙俌之》，载《小仓山房尺牍》卷十，江苏古籍出版社 1997 年版，第 205 页。

④ 袁枚：《答惠定宇书》《答定宇第二书》，载《小仓山房文集》卷十八，上海古籍出版社 1988 年版。

考据而致力于诗文创作。① 只是，孙星衍同样不能接受这种规劝，明确指出，"古人重考据甚于重著作"②，认为，"明人性灵，为举业所汩，一代通经之士甚少，惟以词章传世"（《尚书考异序》）。最终，袁枚直截了当地指出，"宋儒凿空，汉儒尤凿空"③，"宋学有弊，汉学更有弊"，提出了"废道统之说"。他在给惠栋的信中说：

> 足下与吴门诸士厌宋儒空虚，故倡汉学以矫之，意良是也。第不知宋学有弊，汉学更有弊。宋偏于形而上者，故心性之说近玄虚；汉偏于形而下者，故笺注之说多附会。④

袁枚对于汉宋之争的平衡可谓两得，亦可谓两失，因此他不得不同时面对来自辞章与考据这两个领域内学者的双重批评。现在看来，袁枚诗文中时常会出现吉光片羽之哲思，多能出人意表，对汉宋之争的批评多能切中肯綮，不能仅以文学家等同视之，惠栋、孙星衍和章学诚等以其学问不深、道德败坏来批评袁枚有失偏颇之处。然而，袁枚虽然自觉认识到了汉宋之争双方的得失，并十分希望为辞章争取学术地位，但并不具备姚鼐那样强烈的卫道精神而深陷汉宋争执之中，基本上是属意风雅而浅尝辄止，采取了置身事外、冷眼旁观的态度。因此，在清代学术史上，尤其是乾嘉汉宋之争中，袁枚的实际影响不如同为辞章派的姚鼐重要。

除了袁枚之外，当时能够认识到汉宋双方之得失的还有程晋芳（1718—1784）和翁方纲（1733—1818）等。作为清代诗学"肌理说"开山的翁方纲，虽然晚年潜心于考据，但是始终服膺程学理学的积极价值。他指出，"墨守宋儒，一步不敢他驰，而竟致有束汉唐注疏于高阁，叩以名物器数而不能究者，其弊也陋。若其知考证矣，而骋异闻，侈异说，渐

---

① 关于袁枚与孙星衍的考据与诗文之争，参见王标《城市知识分子的社会形态——袁枚及其交游网络的研究》，上海三联书店 2008 年版，第 250—257 页。

② 孙星衍：《答袁简斋前辈书》，载《问字堂集》卷四，涵芬楼四部丛刊本。

③ 袁枚：《随园诗话》卷二，江苏古籍出版社 1993 年版。

④ 袁枚《答惠定宇书》，载《小仓山房文集》卷十八，上海古籍出版社 1988 年版。

致自外于程朱而恬然不觉者，其弊又将不可究极矣。"① 这就是说，"考证，古之立言者，欲明义理而已"，一为手段一为目的，不应将考据与义理两相对立起来。晚年究心训诂学的程晋芳则对汉学反宋学的倾向明确表示了异议，他认为："古之学者日以智，今之学者日以愚；古之学者由音释训诂之微，渐臻于诗书礼乐广大高明之域，今之学者琐琐章句，至老死不休。……海内儒家，昌言汉学者几四十年矣。其大旨谓，唐以前书皆尺珠寸璧，无一不可贵。由唐以推之汉，由汉以溯之周秦，而《九经》《史》《汉》，注疏为之根本，宋以后可置勿论也。呜呼！为宋学者未尝弃汉唐也，为汉学者独可弃宋元以降乎！"② 汉学派以复古而求是，置宋明学术而勿论的做法，难免失之愚笨和烦琐的嫌疑。

同一时期的章学诚，对袁枚的德行有过尖锐的批评，对袁枚的考据学批评也非常不满，曾大骂袁枚为"一丁不识，一字不通之无知妄人"。③章学诚说：

> 学问不一家，考据亦不一家也。鄙陋之夫，不知学问之有流别，见人学问眩于目而莫能指识，则概名之曰考据家。夫考据岂有家哉？学问之有考据，犹诗文之有事实耳。④

正如章太炎所说的那样："近代学者率惟少文，文士亦多不学"⑤，章学诚指责像袁枚这样的辞章派读书不多，在考据和学问（名物制度）上有所亏欠，不能够就事论事，提不出什么建设性的意见。如果说辞章派承

---

① 翁方纲：《与曹中堂论儒林传目书》，载《复初斋文集》卷十一，《续修四库全书》第1455 册，上海古籍出版社 2002 年版。郭绍虞在《中国文学批评史》（上海古籍出版社 1979 年版，第 592 页）中认为，翁方纲的肌理说"几披靡清季整个诗坛"。陈居渊就此进一步认为，"翁方纲以考据为主导，以义理为核心，以细密美与质厚美为美学追求目的的'肌理'说，实可视为清代乾嘉朴学在诗歌领域里最为直接的反映。"（《清代朴学与中国文学》，百花洲文艺出版社 2000 年版，第 176—177 页）

② 程晋芳：《正学论四》，载《勉行堂文集》卷一，《清代诗文集汇编》第 343 册，上海古籍出版社 2010 年版。

③ 章学诚：《书坊刻诗话后》，载《章学诚遗书》，文物出版社 1985 年版，第 46 页。

④ 章学诚：《诗话》，载叶瑛校注《文史通义校注》上册，中华书局 1985 年版，第 570 页。

⑤ 章太炎：《说林下》，载《章太炎全集》（四），上海人民出版社 1985 年版，第 121 页。

受了知识欠缺而难以将义理下贯的压力,那么章学诚对戴震的批评则显示考据派承受了难以"求一贯于多学而识"(章学诚《文史通义·浙东学术》),即由于义理晦暗导致了下学难以上达的压力。

不过对乾嘉时期知识话语的分裂与对立,他与姚鼐、戴震、袁枚等多有共识。与戴震、姚鼐将学术分为义理、考据、文章的做法相类似,章学诚(1738—1801)指出,当时存在三个主要学术派别:"服郑训诂"之汉学、"韩欧文章"之文学和"程朱语录"之宋学,并且已经意识到不断派分的知识话语之间的对立与纷争,三者之间"固已角犄鼎持不能相下,必欲各分门户,交相讥议,则义理入于虚无,考证徒为糟粕,文章祇为玩物"。① 显然他对当时学术知识话语各分门户,相互分裂与隔绝不能够正常互动的现状十分不满。他《答沈枫墀论学》中说:

> 夫考订、辞章、义理,虽曰三门,而大要有二:学与文也。理不虚立,则固行乎二者之中矣。学资博览,须兼阅历;文贵发明,亦期用世,斯可与进于道矣。……夫文非学不立,学非文不行,二者相须,若左右手,而自古难兼,则才固有以自限,而有所重者意亦有所忽也。……要之,文易翻空,学须撰实。今之学者,虽趋风气,竞尚考订多非心得,然知求实而不蹈于虚,犹愈于掉虚文而不复知实学也。②

在文中,章学诚将"三派"简化并为两派——"主学"派与"主文"派,可以说抓住了要害。虽然"文非学不立,学非文不行",不能将二者对立起来看,然而正所谓:"学问之途,有流有别,尚考证者薄词章,索义理者略征实","文"与"学"自古以来就难以兼得平衡。艾尔曼曾经指出,"18 世纪和 19 世纪的文学争论反映出学术观和政治观的变化"。③ 服膺考据学术的人,多重学轻文,指责"文章多为玩物",把文章

① 章学诚:《与族孙汝楠论学书》(1766 年),载《章氏遗书》卷九,文物出版社 1985 年版。有关乾嘉学者学术分类及争论,可参见漆永祥《乾嘉考据学研究》(中国社会科学出版社 1998 年版)第八章《乾嘉考据学思想》等内容。

② 章学诚:《答沈枫墀论学》(1789 年),载《章氏遗书》卷九,文物出版社 1985 年版,第 84 页。

③ [美]艾尔曼:《经学、政治和宗族》,赵刚译,江苏人民出版社 1998 年版,第 213 页。

踢出了"学问"的范围；而对考据颇多微词的人，则多主张学—文平衡，指责考据多是琐碎断烂之饾饤，将考据学排除在"义理"之外。在章学诚看来，考据学者重视知识之学，讲究经文和史实证据，"知求实而不蹈于虚"，其缺陷是"多非心得"，难以与个体真实生命与社会现实直接联系起来；而辞章派则重视文学修养，希望通过文章来阐明圣贤义理，其缺陷是常常流于"虚文"，同样对社会难以产生实际影响。这种分歧，在乾嘉后期不仅没有消弭的迹象反而日渐高涨，江藩顺势而为著成《汉学师承记》，方东树则易守为攻写就《汉学商兑》，这在乾嘉汉宋之争中是最为响亮、最具代表性的，同时也是最后一个回合。

三 "训诂明而后义理明"与
"义理明而后训诂明"

从上述章学诚的二分法中，我们可以看出义理或者圣贤之道是考据与辞章各派的共同诉求，是学术志业的至高点，而训诂或文章只是明道的手段，只是形上义理的左右两翼，皆没有理由垄断或独占义理之学。戴震等考据派主张"由训诂而明义理"，姚鼐等辞章派遵从"文以载道"，无论是"道"还是"义理"，皆可见汉、宋之争双方皆以对形上理论的追求为最终目的。对于汉宋之争双方来讲，谁能够争取到义理这一至高点，谁就取得了决定性胜利。然而这个终极义理谓何？是程朱理学所代表的那个道统，还是汉代经学所代表的那个道统？这才是乾嘉汉宋之争的深层焦点。不过，双方把"批判的武器"变成了"武器的批判"，过多地纠缠于文章或训诂等手段上孰优孰劣的争论，转移了焦点，使义理层面的根本冲突反而变得有些隐晦和模糊。

在《汉学商兑》中，方东树集中火力批判了考据学"训诂明而后义理得失明"的方法论原则。他认为乾嘉考据学方法的代表性观点，要以钱大昕和戴震两人最为代表。戴震说过：

> 呜呼！经之至者，道也。所以明道者，其词也，所以成词者，未有能外小学文字者也，由文以通乎语言，由语言以通乎古圣贤之心

志，譬之适堂坛之必循其阶而不可以躐等。①

　　他还曾经将上述考据学方法论纲领凝练为"由字以通其词，以词以通其道"② 一句话。这个纲领是乾嘉考据学派最为自觉和系统的语言学范式，它具体包括了三个层次的内涵：首先，通过文字、训诂、音韵等小学手段去理解经典文本中最小语言单位——字的本义；其次，通过名物、制度等知识考古学手段将语言学与文化知识的考古联系起来，对经典文本最小语义单位——词的本义进行重新阐释；最后，通过演绎推理的方法对"道"——经典的意义进行系统阐释。钱大昕说："训诂者，义理之所从出，非别有义理出乎训诂之外也"，与戴震所说的意思大同小异，皆可归结为"训诂明而后义理明"这一语言学范式。其实质就是通过语言文字的训诂明了经典字词的本义，再由字词的本义而明了经典之义理。黄俊杰曾将这种乾嘉语言学方法称为"以训诂学方法解决诠释学问题"③，其中训诂学只是手段，经典义理的阐释才是最终目的。

　　方东树十分准确地指出，"训诂明而后义理明"这一方法论原则"是汉学一大宗旨，牢不可破之论"。他主要从两个方面对其进行了批评。一方面，指责考据学的内容脱离实际，琐碎偏狭。方东树指出，"夫读圣贤书，而不通于心不有于身，犹不免为书肆，而况析言破道乎?"④ 批评考据学者具有"为了知识而知识"或者"为了考据而考据"的倾向，不仅无关乎身心修养和家国忧患，把学问做死，"析言破道"更是令人不能容忍。如果从知识的独立性来看，方氏此点批评有可商榷的地方。另一方面，对考据学的语言学方法达至义理的可能性表示了极大的怀疑，认为"训诂明而后义理明"的治学原则是有问题的。方东树认为，"夫谓义理即存乎训诂是也，然训诂多有不得真者，非义理何以审之?""若不以义

---

　　① 戴震：《古经解钩沉序》，载《戴东原集》卷十，《戴震全书》第六册，黄山书社 1995 年版，第 378 页。

　　② 戴震：《与是仲明论学书》，载《戴东原集》卷九，《戴震全书》第六册，黄山书社 1995 年版，第 370 页。

　　③ 参见黄俊杰《孟学思想史论》卷二，"中央研究院"文哲研究所 1997 年版，第 360—371 页。

　　④ 方东树：《复罗月川太守书》，载《考槃集文录》卷六，《续修四库全书》第 1497 册，上海古籍出版社 2002 年版，第 348—349 页。

理为之主，则彼所谓训诂者，安可恃以无差谬也？……盖义理有时实有在语言文字之外者。"① 这就是说，通过训诂等手段得出来的证据中，多种多样，有很多甚至是相互冲突的，如果没有义理的综贯，最终考据学的结论是难以确定的，义理的追求亦根本无从实现。当代学者李明辉认为，方东树的观点隐含了当代西方诠释学所谓的"诠释学循环"的概念，它就像伽达默尔所说的那样："理解的运动始终是由整体通往部分，再回到整体……所有细节与整体间的一致性便是理解的正确性之当下判准。"换言之，训诂学的方法在追逐单个字词之意义的时候，还需要考虑到经典整体之意义，然后再由整体文义来促进对单个字词之理解，由此形成一种不断循环往复的开放性循环。"清代汉学家的盲点在于欠缺'诠释学循环'的概念，而将诠释理解为一种单向活动"② 这个批评还是相当有力的。

　　余英时曾注意当代新儒家延续了方东树对清代考据学的训诂考证方法的批评，他认为，"新儒家与考证学家恰好相反，他们相信'义理明而后训诂考证之得失可得而明'。"③ 例如，唐君毅曾经在其《中国哲学原论导论篇》中首先揭示"哲学皆明义理"的哲学观，认为清儒不仅于义理上有缺憾之处，且于方法上亦有其局限，认为，"则既有本于文献，而义理之抒发，又非一名之原始义训及文献之所能限"。④ 他说：

　　　　一方固当本诸文献之考订与名词之训诂，一方亦当克就义理之本身以疏通其滞碍，而实见其归趣。义理之滞碍不除，归趣未见，名词之训诂将隔塞难通，而文献之考订亦不免唐突寡功。清儒言训诂明而后义理明，考核为义理之源，今则当补之以义理明而后训诂明，义理亦考核之原矣。⑤

---

① 方东树：《汉学商兑》，载《续修四库全书》第 951 册，上海古籍出版社 2002 年版，第577 页。

② 李明辉：《焦循对孟子心性论的诠释及其方法论问题》，载《孟子重探》，联经出版公司2001 年版，第 107 页。

③ 余英时：《钱穆与新儒家》，载《钱穆与新儒家》，远东出版社 1994 年版，第 69 页。

④ 唐君毅：《中国哲学原论导论篇》自序，中国社会科学出版社 2005 年版，第 2 页。

⑤ 同上书，第 1 页。

　　唐君毅指出了乾嘉学术的语言学方法缺乏时代感、历史感和逻辑上的整体融贯性，限制了哲学史的逻辑梳理和思想义理的阐发。唐君毅因而在哲学方法论上明确提出了"义理明而后训诂考证之得失明"的观点，应该说这种方法是明显针对清儒的"训诂明而后义理之得失明"的语言学方法而言的。徐复观后来也认为，思想史中的考据不能仅限于名词训诂方面的语源追寻，而必然要向三个层面扩展，即知人论世的层面，在历史中探求思想发展演变之迹的层面，以归纳方法从全书中抽出结论的层面。[①] 徐复观的批评，道出了乾嘉语言学方法的最大缺点在于没有充分认识到语言本身也会随着时代而不断变化，而通常无法顾及第二层面上的历史方法和更高层次上的演绎推理方法。

　　不过，唐君毅等批评清学缺少"超越性"层面，并不代表清学就缺少义理或哲学思想。如果不是站在超越性之层面来理解，那么清代的义理之学在何种意义和多大程度上维新了包括宋明儒学在内的儒学传统？为何缺少"超越性"层面之追求？这些倒是值得我们深入探讨的问题。认为清代学者使用训诂学方法对经典的解释，是在没有一个逻辑融贯之义理的指导下的单向性理解活动，这并非事实的全部，失之片面。应该说，以戴震为代表的乾嘉考据学者也有其形上义理层面的强烈诉求。例如，戴震《原善》《绪言》与《孟子字义疏证》等著作中的义理之学已经广为人知。然此义理诉求谓何？对此，近年来有些清学研究学者提出了"乾嘉（新）义理学"这一新范式，业已做了不少有益的探究。[②]

　　汉学派与宋学派都已经都认识到考据学方法只是一种手段，最终目的还是对圣贤之道或形上义理的追求，双方都不缺少"对意义之期待"。方东树等的方法论批评对于没有深刻的方法论自觉的学者来说可谓是有得之见，然而像针对戴震、钱大昕、焦循、阮元等一流学者而言就有失公允。江藩师承惠栋，严守汉儒家法[③]，抑宋尊汉的复古立场十分明显，然而

---

① 徐复观：《研究中国思想史的态度和方法》，载《两汉思想史》自序，学生书局1982年版。

② 有关这一范式的综述，请参见本书绪论部分。

③ 家法，又名师法。皮锡瑞认为，"汉人治经，各守家法；博士教授，专主一家"；"汉人最重师法。师之所传，弟之所受，一字毋敢出入；背师说即不用，师法之严如此。"（皮锡瑞：《经学历史》，周予同注释，中华书局2004年版，第45—46页）周予同对家法的注释是："师弟传授专守一家之学之谓。"（同上，第46页）

"实事求是"才应该是对考据学术治学原则更为准确的定位。① 戴震在《答郑丈用牧书》中说:"其得于学,不以人蔽忆,不以己自蔽,不为一时之名,亦不期后世之名"②,无疑十分明确地表达了实事求是的客观求真态度。不过,在"实事求是"的最高治学原则之下,考据学者内部在"求古"与"求是""考据"与"义理"之间尚存在不同意见。一开始以方东树为代表的乾嘉宋学派,站在程朱理学的立场,视"实事求是"为师心自用,与朱子"格物致知"相比并无新意可言。方东树说:"以愚论之,实事求是,莫如程朱。以其理信而足可推行,不误于民之兴行。然则虽虚理,而乃实事矣。汉学诸人,言言有据,字字有考,只向纸上与古人争训诂形声……然则虽实事求是,而乃虚之至者也!"③ 以理学家立场主张汉宋调和的曾国藩则说:"夫所谓事者,非物乎? 是者,非理乎? 实事求是,非即朱子所称'即物穷理'乎?"④ 从考据学术内部开始批评"实事求是"治学精神的,则是重在阐发经典微言大义的今文经学家,如廖平就曾直说:"所谓实事求是者,糟粕也;心知其意者,精华也。"⑤ 相对而言,除了少数程朱派学者之外,清代学者普遍要求"回到汉代","即古求真"是其共同学术取径,但是在"求古"与"求是"之间,"求古"只是手段,"求真"才是目的。不过,徐复观曾批评清代考据学术"不思不想",其实事求是乃是以复古为求是,"最大限度,也只能以两汉经生

---

　　① 王鸣盛在《古经解钩沉序》中说:"间与东原从容语:'子之学与定宇何如?'东原曰:'不同,定宇求古,吾求是'。东原虽自命不同,究之求古,即所以求是,舍古无是也。"(王鸣盛:《西庄始存稿》卷二十四,《续修四库全书》第 1434 册,上海古籍出版社 2002 年版,第 316 页)对此种精神定位及其渊源,钱穆曾认为:"谓'舍古无以为是'者,上之即亭林'舍经学无理学'之说,后之即东原求义理不需凿空于古经外之论也。然则惠、戴论学,求其归极,均之于六经,要非异趋矣。其异者,则徽学原于述朱而为格物,其精在《三礼》,所治天文、律算、水地、音韵、名物诸端,其用心常在会诸经而求其通;吴学则希心复古,以辨后起之伪说,其所治如《周易》,如《尚书》,其用心常在溯之古而得其原。故吴学进于专家,而徽学达于征实,王氏所谓'惠求其古,戴求其是'是,即指是等而言也。"

　　② 戴震:《答郑丈用牧书》,载《戴震全书》第六册,黄山书社 1995 年版,第 373—374 页。

　　③ 方东树:《汉学商兑》,《续修四库全书》第 951 册,上海古籍出版社 2002 年版,第 559 页。

　　④ 曾国藩:《书学案小识后》,载《曾文正公诗文集》卷二,四部丛刊本。

　　⑤ 廖平:《〈经话〉乙编》,载《廖平选集》(上册),巴蜀书社 1998 年版,第 531 页。

之所是，代替先秦诸子百家之所是"。① 这种批评不无道理，问题在于这种以复古为求是的思想在乾嘉学者群体当中已经有不少人自觉认识到了，并且对之进行了有针对性的批评。他们眼中的"实事求是"有三层意思：一是求经文原意，即原经；二是征诸实事，即求实据；三是通经致用，即求实用。一味地"求古"是做不到"求是"的，也实现不了求实用的终极目的。

对于义理与训诂的紧张，戴震虽然对自己的语言学方法非常自信，但已经认识到了"为训诂而训诂"的方法论局限。他曾对惠栋唯汉不唯是的倾向提出了批评："彼歧训诂、理义二之，是训诂非以明理义，而训诂胡为？"② 失去了义理或意义之期待，训诂也就失去了方向和意义。这本属于汉学家内部的自我批评，怎么看都类似于方东树站在宋学立场对汉学家的批评。戴震于 1766 年《原善·自序》中已经指出"治经之士，莫能综贯"的缺点。③ 换言之，亦即"学者大患，在自失其心"。戴震的经典阐释学，固然十分强调要有"无我"的客观求真态度，然而并没有忘记还要以"有我"的理性思辨精神加以综合条贯，并最终要实现的是主观与客观的视域融合、主体与客体的有机统一。"心，全天德，制百行"④，如果失去了自我理性（心）的参与，如果丧失了感性的经验能力和理性的认识、判断和综贯能力，经学考据难免"株守旧闻而不复能造新意"，"好立异说不深求语言之间，以至其精微之所在"。⑤

能够像戴震一样，对乾嘉语言学范式有着自觉认识和深刻反省的还有焦循。他对"唯汉是求而不求是"的汉学家只求复原文化而不求维新文化的保守倾向，也十分不满。焦循借用了袁枚性灵说，主张"以己之性灵，合诸古圣之性灵，并合诸千百家著书立说者之性灵"。⑥ "学经者博览

---

① 徐复观：《五十年来的中国文化》，载《中国人文精神之阐扬——徐复观新儒学论著辑要》，中国广播电视出版社 1996 年版，第 155 页。

② 戴震：《题惠定宇先生授经图》，载《戴震全书》第六册，黄山书社 1995 年版，第 505 页。

③ 戴震对于义理之学的追求过程，具体请参见余英时《论戴震与章学诚》中"戴东原与清代考证学风"一节，北京三联书店 2005 年第 2 版。

④ 戴震：《郑学斋记》，载《戴震全书》第六册，黄山书社 1995 年版，第 407 页。

⑤ 戴震：《春秋究遗序》，载《戴震全书》第六册，黄山书社 1995 年版，第 381 页。

⑥ 焦循：《答孙渊如观察论考据著作书》，载《雕菰集》卷十三，广陵书社 2009 年版。

家而自得其性灵，上也"，要求在经典的考据与阐释过程中，既要有经典的依据，凭证据说话，更要"自得其性灵"，加之以自己理性的综贯和裁断。亦正所谓："自经论经，自汉论汉，自明论明。抑且自郑论郑，自朱论朱，各得其意，而以我之精神气血临之，可也。"① 也就是说，在经典的考证、阐释过程中，第一步是"各得其意"，遵循客观求是的原则，但"求是"亦非最终目标，并不能到此为止；接下来，以"性灵"或"我之精神气血临之"则是第二步。它要求在实现对圣贤经典真实意思的理解基础之上再加之"求我"，以个体主观的真实生命感受和理性精神加以裁量、选择并施诸实践，在心灵上与古人相沟通。第一步重在学习，第二步在思考，两者结合才能学、思并重，实、虚相待，避免"前之弊患乎不学，后之弊患乎不思"的偏执。一言以蔽之，即"证之以实而运之于虚，虚几学经之道也"。② 这里的"证之以实"就是文本训诂与实证研究，还原经典的本来面目，而"运之于虚"就是主体以"精神气血临之"，运用自己的理性，结合自己的经验对经义加以融会贯通与阐发。应该说，焦循在肯定训诂学方法的同时，对其此一方法的局限也有着很高的自觉。台湾学者李明辉曾从开放的诠释学循环之角度，批评焦循所坚持的"训故明，乃能识羲、文、周、孔子之义理"的训诂学方法存在盲点，缺少"意义的期待"和"超越的向度"，因而无法通过其真正把握孟子性善说的要义的。③ 事实上，焦循的例子表明当时一流的考据学者并不缺乏学思并重、虚实并用的方法论自觉，同样将对义理的发明与践行当作自己学术志业的终极目标。汉学与宋学之争，其实不只是方法层面上的，更多是义理层面上的冲突。李明辉等现代新儒家对于清代考据学的批评，基本上延续了当年方东树等的指责，没有能够充分认识到乾嘉考据学者通过考虑而提出的一套义理论述。

---

① 焦循：《述难四》，载《雕菰集》卷七，广陵书社 2009 年版；《里堂家训》，上海合众图书馆丛书本。

② 焦循：《与刘端临教谕书》，载《雕菰楼集》卷十三，广陵书社 2009 年版。

③ 李明辉：《孟子重探》，联经出版公司 2001 年版，第 107 页。

四 "汉学"与"宋学"之间的"新清学"

在儒家经典文本与义理阐释之间始终存在紧张关系，是个不争的事实。但是，考证与汉学并不是必然的同一关系，认为考证者必反理学而主汉学，义理派必反汉学而主宋学，都难免是门户之见。

早在北宋时期程颐就曾将学术分为类似于辞章、考据和义理三大门类，他说："古之学者一，今之学者三，异端不与焉。一曰文章之学，二曰训诂之学，三曰儒者之学。欲趋道，舍儒者之学不可。"① 这里的"儒者之学"即是兴起于北宋的义理之学，亦清代学者所指的宋学。在二程看来，"今之学者歧而为三：能文者谓之文士，谈经者泥为讲师，惟知道者乃儒学也"②，显然将儒学（义理之学）放在文章之学与训诂之学之上，成为沟通或统领各种学术门类的理论基础。程颐说："学者多蔽于解释注疏，不须用功深"③，显然十分怀疑汉唐学者以其经学注疏训诂之学能够光大儒学传统。程氏后学吕大临在为程颢所作《哀词》中也说："以章句训诂为能穷遗经，经仪章工数为能尽儒术，使圣人之道玩于腐儒讽诵之余，隐于百姓日用之末"④，一方面指责了训诂学者不能够大胆议论，发明义理，怀疑其通经致用的现实意义；另一方面，又指责了文章家不能将生命精神贯注入文字中，只玩文字游戏，因此唯有儒家义理之学才兼能通经与致用，才是第一流的学问。难怪乎到了南宋时期，王应麟引用了陆游的话说：

> 唐及国初，学者不敢议孔安国、郑康成，况圣人乎？自庆历以后，诸儒发明经旨，非前人所及，然排《系辞》，毁《周礼》，疑《孟子》，讥《书》之《胤征》《顾命》，黜《诗》之《序》，不难于

---

① 程颐、程颢：《二程集》，中华书局 2004 年版，第 187 页。
② 同上书，第 95 页。
③ 程颐、程颢：《二程集》，中华书局 2004 年版，第 352 页。
④ 朱熹：《伊洛渊源录》卷三，载《朱子全书》第十二册，上海古籍出版社、安徽教育出版社 2002 年版，第 950 页。

议经，况传注乎？①

宋明儒家义理学以敢以怀疑，敢于议论，敢于贯注自我之精神著称，在疑经和尊经之间、发明义理与文本考据之间皆更倾向于前者。皮锡瑞因此认为，"宋人不信注疏，驯至疑经；疑经不已，遂至改经、删经、移易经文经就己说，此不可为训者也"②，称两宋为"经学变古时代"，以元、明时期为"经学积衰时代"，而清朝又剥及而复、贞下起元，乃为"经学复盛时代"。③ 从阐释者与"六经"文本的距离上来看时，有时离得远，有时离得近，但始终没有放弃经典文本作为终极的理论依据和价值根源。这种与经典本身或近或远的距离感，实际上反映了儒家学者在文本考据和义理阐释之间的反复摇摆运动。自两汉经学而魏晋玄理，自魏隋唐注疏而宋明义理，完成了一次又一次的反复摇摆运动。清代儒家经学同样经历了这个过程，只不过在更短的时间内完成了这个反复。④ 按照皮锡瑞的观点，清代经学可以大致分为三个阶段：

> 国初，汉学方萌芽，皆以宋学为根柢，不分门户，各取所长，是为汉宋兼采之学。
>
> 乾隆以后，许、郑之学明，治宋学者已鲜。说经皆主实证，不空谈义理。是为专门汉学。
>
> 嘉、道以后，又由许、郑之学导源而上，《易》宗虞氏以求孟义，《书》宗伏生、欧阳、夏侯，《诗》宗鲁、齐、韩三家，《春秋》宗《公》、《谷》二传。汉十四博士今文说，自魏、晋沦亡千馀年，至今日而复明。学愈进而愈古，义愈推而愈高；屡迁而返其初，一变而至于道。⑤

---

① 王应麟：《困学纪闻》，辽宁教育出版社 1998 年版，第 190—191 页。
② 皮锡瑞：《经学历史》，周予同注释，中华书局 2004 年版，第 189 页。
③ 参见皮锡瑞《经学历史》，周予同注释，中华书局 2004 年版，第 156—255 页。
④ 至于宋代疑经运动与清代朴学之间的内在联系，可参见杨新勋《宋代疑经研究》，中华书局 2007 年版，第 324—326 页。
⑤ 皮锡瑞：《经学历史》，周予同注释，中华书局 2004 年版，第 253—254 页。

　　是不是如皮锡瑞所说的那样，"屡迁而返其初，一变而至于道"，是大可以讨论的。不过，历来人们大都承认，清学是对宋学之反动，是对汉学之顺承，乾嘉考据学正是在这个意义上才被为"乾嘉汉学"的，也正因此产生了汉宋之争。

　　其实，用"汉学"这个称谓来指称乾嘉学术存在极大的局限性。因为"所谓汉学，本指否定宋学、唐学而恢复贾、马、服、郑一系列的东汉经学"①，亦即是以惠栋为代表的严守东汉经学家法的"专门汉学"。龚自珍在《与江子屏笺》中，就曾对于江氏此书的"汉学"称谓、取舍标准和立论观点等表示了怀疑，有所谓"十不安"之论。其中，龚自珍的第五点"不安"是说"若以汉与宋为对峙，尤非大方之言。汉人何尝不谈性道？宋人何尝不谈名物训诂？不足概服宋儒之心"，批评矛头直指江藩置"汉学"与"宋学"之完全对立面的做法之片面性。第六点不安是说"近有一类人，以名物训诂为尽圣人之道，经师收之，人师摈之，不忍深论，以诬汉人，汉人不受"，这等于说汉学不等于名物训诂之学，以其界定汉学是为诬称。龚氏最后一点"不安"是说"国初之学，与乾隆初年以来之学不同，国初人即不专立汉学门户，大旨欠区别"，这显然是针对江藩偏主汉学的门户之见而言。② 在龚自珍看来，汉学不等于名物训诂之"实"学，宋学不等于性与天道之"虚"学，清学于汉学与宋学兼而有之之外，尚能"创获于经，非汉非宋，亦惟其是而已矣"。"非汉非宋"之清学如何能够仅以"汉学"或"反宋学"来概括？故而他建议江藩不如直接将此书改名为《国朝经学师承记》，方为名副其实。应该说，龚自珍的批评是很能击中江藩此书要害的。

　　汉宋之争只是针对"专门汉学"才有意义。此派坚持"实事求是""述而不作"的治学理念，在进行文本考据和复原经义的工作之余义理创新相对缺乏。这使"专门汉学"在 19 世纪初面临着多重更新的压力。一个是在社会现实压力，在江河日下的"治平之虑"的刺激下，考据学术

---

　　① 朱维铮：《汉学师承记》导言，生活·读书·新知三联书店 1998 年版，第 25 页。该文另见朱维铮：《汉学与反汉学——江藩的汉学师承记、宋学渊源录和方东树的汉学商兑》，载《中国经学史十讲》，复旦大学出版社 2002 年版。

　　② 龚自珍：《与江子屏笺》，载《龚自珍全集》，上海古籍出版社 1975 年版，第 346—347 页。

中通经致用的经世取向不断高涨；另外一个是来自理论内部和外部的双重压力。来自于汉学派内部的批评压力，表现为由东汉古文经学向西汉今文经学的转移和子学研究思潮的兴起，义理诉求不断增强；来自学界外部的批评压力，则是宋学派在义理和方法论等层面上对其持续的挑战。可以说，正像朱维铮所认为的那样，"十八世纪那种意义的汉学，在十九世纪初已呈现出内部更新的取向"。① 当时以江藩与方东树之间的汉宋之争，既意味着汉宋之争达到最高潮，同时也意味着双方所争论的问题及其得失显露无遗，接下来就应该是如何调和或解决双方的分歧了。陈澧（1810—1882）的《东塾读书记》，亦正因其秉承"通论古今学术，不分汉宋门户"的立场而在晚清引来不少喝彩。②

从知识谱系的分类角度来看，乾嘉之后的义理派与考据派皆对义理、考据、辞章的三分法进行了转进。例如，桐城派后学姚莹分为"义理、经济、文章、多闻"四类，方宗诚则分为"义理、经济、事实、考证"四类。湘乡派曾国藩则根据孔门四科（德行、文学、政事、言语）将当时的知识门类分为"义理、辞章、经济、考据"四科，③ 他和唐鉴等亦不再对严守汉宋分际，而是"一宗宋儒，不废汉学"了。④ 像龚自珍、魏源等具有浓厚考据学背景的嘉道学者也从传统考据学术对名物制度的研究中找到了汉学家最具经世内涵的思想资源，进而成为嘉道经世思潮有重要推动者。"经济之学"的独立提出，是嘉道经世思潮的一项前所未有的重大成就，它既意味着乾嘉时期的三分法已经日益不能够满足现实的需要，也意味着乾嘉汉宋之争由于双方共同的经世取向走向互补与调和。

当然，汉宋之争并没有就此完全结束，它在中国近代学术思想史上影响相当深远。一个多世纪以来，方家对江、方二人的汉宋之争依旧评价不

---

① 朱维铮：《汉学师承记》导言，生活・读书・新知三联书店1998年版，第25页。

② 参见朱维铮《东塾读书记》导言，生活・读书・新知三联书店1998年版。

③ 有关桐城派的知识分类，参见贾文昭《桐城派文论选》前言，中华书局2008年版，第2—8页。

④ 对于曾国藩与桐城派的关系，黎庶昌认为："至湘乡曾国藩出，扩姚氏而大之，并功、德、言为一途……盖自欧阳氏以来，一人而已。"（黎庶昌：《续古文辞类纂序》，载《拙尊园丛稿》卷二，《近代中国史料丛刊》第76种，第80页）

一，聚讼不已。强调清代考据学术积极价值的研究者基本上是同情江藩、批判方东树。例如，作为史料学派代表人物的傅斯年受到胡适的考据学"科学方法论"影响甚深，大骂方东树"是天下绝无仅有的妄人"①。朱维铮基本上继承了章太炎和周予同人的经古文立场，同样认定方东树的《汉学商兑》只是一味谩骂，罕有学术价值，甚至说："此书的价值，也许正在于它的作者没有考虑他的学术价值。"②

与此相反，20世纪注重宋明义理之学的新儒家又基本上站到了清代汉学的对立面，对于乾嘉学者通过语言学手段来研究哲学义理的方法论多表示反对，而同情地理解了方东树对汉学的批评。熊十力直接反驳道："固哉斯言！恶有识字通词而即可得道乎？字与词，佛氏所云敲门砖子，恶有持砖子而不知敲门者可以升堂入室乎？"③况且书不尽言，言不尽意，圣人之道不可专靠训诂。至于标识"整理国故"的新考据派将其所采取的考据学方法借称为"科学方法"，都不能讲明经典本旨。张君劢则认为方东树的批评不只是破坏性的，"给考证学派致命的打击"，而对于义理之学的彰显也不无助益。④在徐复观看来，"清代汉学家在完全不了解宋学中排斥宋学"，"一代学术主流，由江氏（指江藩）这种人、由江氏这种著作来加以标榜，这是非常不幸的"。⑤双方观点皆不免矫枉过正。徐复观的评价，会让我们非常自然地想起方东树早已提出的类似批评：

> 近世风气但道著一宋字，心中先自有不喜意，必欲抑之排之，以著其得失而后快于心。乃至宋人并无其事与言，亦必虚构之以为必当如是云尔。以见宋人之迂固不通，殆若一无所知。如此也，及考其所以抑之排之之说，率皆昧妄颠倒影响无实之谈；考其所以抑之排之

---

① 傅斯年：《清代学问的门径书几种》，载《傅斯年全集》第一册，湖南教育出版社2003年版，第231页。

② 朱维铮：《中国经学史十讲》，复旦大学出版社2002年版，第143页。

③ 熊十力：《读经示要》，载《熊十力全集》第3卷，湖北教育出版社2001年版，第566页，第7页。

④ 张君劢：《新儒家思想史》，中国人民大学出版社2006年版，第497页。

⑤ 徐复观：《"清代汉学"论衡》，载《中国思想史论集续篇》，上海书店出版社2004年版，第355页。

心，皆因憎恶道学诸儒，而东树为是常切悲恨。①

　　就此看来，新儒家对清代考据学术的批评似乎并没有多少超出一百年前的方东树的地方，这是很耐人寻味的现象。它表明我们对清学传统的反省与维新工作有待深入推进。

　　回顾这段历史，我们可以得出三点结论：第一，尊从惠栋的江藩等汉学家胶固于唯汉是求的方法学原则不放，限制了"求是"基本目标的实现和更进一步的义理诉求，但是以此来概观乾嘉考据学术不免有以偏概全之嫌。因为乾嘉考据学它并非铁板一块，它内部异常复杂多样，其方法学和义理学皆需要具体分析，分别对待。第二，是汉宋之争不只是方法之争，更深层次的分歧则在于义理层面上的冲突。方东树虽然没有能够就戴震等人的义理之学进行鞭辟入里的剖析或者批评，但他留给我们的遗产是他能够逆潮流而动，接续宋明道统，倡言汉学之短，从外部逼迫汉学家反思自己的治学方法甚至义理诉求，为清代学术在嘉道之际的转型做出了应有贡献。第三，我们从方东树对清代考证学家的批评之中，正好可以看出清代学术较之于宋明学术的巨大转变甚或革命精神。事实上，清学既不完全反对宋学，也不完全等同于汉学，应该说是介于汉学与宋学之间的一种"新清学"。

---

　　① 方东树：《答友人书》，载《考槃集文录》卷六，《续修四库全书》第 1497 册，上海古籍出版社 2002 年版，第 355 页。

第 十 一 章

儒释之争与乾嘉心性之学的
多元开放意识

—— 以龚自珍为中心

　　明清之际，大师辈出，是中国哲学思想史上又一个不多见的高峰期，而紧接其后的正值康乾盛世的整个 18 世纪以及 19 世纪前半叶的中国，却被普遍认为是一个学术繁荣而思想消沉的年代。就连比较重视清代学术价值的胡适也认为："清朝的二百七十年中，只有学问，而没有哲学；只有学者，而没有哲学家。"[1] 换言之，也就是一个学问家辈出而哲学思想家少有的年代。做出这种判断或有这种观感的理由有很多，其中一个主要理由就是，认为儒家思想在内圣与外王两个方面同时萎缩停滞。其一，由于清学被认为是宋明学术的反动，"无事袖手谈心性，临危一死报君王"[2]式的宋明心性论流于虚谈口说，清代学术由尊德性转变为道问学的理论发展路向，而作为儒家内圣思想的形而上学基础——心性论的发展遂止步不前。其二，儒家外王学方面，又由于文字狱等政治高压和思想控制，使儒家学者在社会政治思想方面畏首畏尾，建树十分有限。然而，事实并非如此，清代中后期的乾嘉学术，其在考据学等朴学（知识）领域堪与汉学比肩且多能超越前贤，成就有目共睹，世所公认。而其在哲学思想领域虽

---

　　① 胡适：《戴东原的哲学》，载欧阳哲生主编《胡适文集》第七册，北京大学出版社 1998 年版，第 281 页。

　　② 颜元：《存学编》卷一《学辩》一，载《颜元集》上册，中华书局 1987 年版，第 51 页。

然多所顾忌而趋于隐晦，却也能独辟蹊径，发前人之所未发，补苴传统之外多有创新之处，理应予以表彰。更由于其距今未远，对近代以来的学术思想有直接的影响，不能不细致明辨推敲之、思索运用之。

中国哲学与文化传统中最为核心的内容乃是心性之学。牟宗三等就认为："心性之学，正为中国学术思想之核心，亦是中国思想中之所以有天人合德之说真正理由所在。"① 此一心性之学融会贯通了社会伦理礼法、内心修养、宗教精神以及形而上学等诸多方面，是中国传统哲学赖以沟通人与自我、人与人、人与社会、人与天的枢纽。应该说，这种说法不无道理。继先秦以后，宋明心性学之大盛，是中国古代思想发展的又一高峰，不过相对而言，清代三百年学术受反感空谈心性之潮流的长期压制，近代中国心性之学的发展暗而不彰，走入低潮。"由清末至今之中国思想界，只有佛家学者是素重心性之学的。而在清末之古文学家如章太炎，今文学家如龚定庵，及今文学家康有为弟子如谭嗣同等，亦皆重视佛学。但佛学心性之学，不同于中国儒家心性之学。佛学之言心性，亦特有其由观照冥会而来之详密之处。故佛学家亦多不了解中国儒家心性之学。由是中国传统的心性之学，遂为数百年之中国思想界所忽视。"② 这里谈到龚自珍等的清代心性之学与佛教心性论存在密切联系是不错的，但是将"中国传统的心性之学"在明清之际以来的三百年间消沉之责任归诸深受佛学浸染的明清学术，无疑存在很大的偏见。这种推论明显犯了倒果为因的逻辑错误。准确地说，宋明心性之学本身内部在理论和实践两个方面均存在重大的理念冲突和缺陷，其近代消沉之责任中的绝大部分应该由宋明心性之学本身来承担，而不应该由明清三百年来的学术承担。

实际上，在经过长期的沉潜努力之后，乾嘉士人已经有能力以开放的眼光、多元的视角、批判的态度重新审视和维新传统学术。在心性论领域，性善论这一儒家正统学说正面临着来自先秦诸子学、陆王心学和佛教心性论等多方的理论挑战，呈现出众说纷纭、聚讼不已的崭新局面，其中

① 牟宗三等：《为中国文化敬告世界人士宣言》，载张君劢《新儒家思想史》，中国人民大学出版社 2006 年版，第 567、570—571 页。

② 同上书，第 568 页。

无疑暗藏着强烈的自觉维新传统和进行思想创新的丰富活力。本章以龚自珍心性论思想为中心，具体揭示整个乾嘉时期心性之学的思想渊源、时代背景以及其在近代以来所产生的深刻影响。

一 生命、思想与文字上的人性论

对于人性论的基本内容及其在中国哲学思想体系中的主干地位，徐复观曾经说道："人性论是以命（道）、性（德）、心、情、才（材）等名词所代表的观念、思想，为其内容的。人性论不仅是作为一种思想，而居于中国哲学思想史中的主干地位；并且也是中华民族精神形成的原理、动力。"① 不过，徐复观对于乾嘉学术始终不曾赞一词，对于阮元的《性命古训》、傅斯年的《性命古训辨正》等"乾嘉式的"（文字训诂式的）人性之学亦是大不以为然。他认为，清代的人性论是"文字训诂上的人性论"，汉代的人性论是"思想上的人性论"，只有先秦诸大家所讲的生命实体上的人性论才是真正的人性论。他说：

> 清代乾嘉学派所讲的人性论，只是文字训诂上的人性论。两汉思想家（别于传经之儒）所讲的人性论，可以勉强称之为思想上的人性论。而先秦诸大家所讲的人性论，则是由自己的工夫所把握到的，在自身生命之内的某种最根源的作用。这才是人性的实体。②

徐复观先生自有其立论的理由以及与此相关的自身生命之真实体验。但是，乾嘉人性论固然属于文字训诂上的人性论不假，然能否断定其与"思想上的"和"生命内"的人性论无关，以及能否断定其皆绝非基于自身生命的体验而进行的研究等，皆是成疑问的。葛兆光曾经这样评价考据学术中所包含的思想价值：

> 当考据学一旦介入思想世界并被用在思想经典的真伪辨认、关键

---

① 徐复观：《中国人性论史先秦篇》序，上海三联书店 2001 年版，第 3 页。
② 同上书，第 408 页。文中着重号为引者所加。

词语的历史梳理上时，它在思想史上确实可以充当表达思想的方式。
而当考据学一旦试图改变圣贤经典对世俗常识、古代知识对近代知识
的绝对优先原则，重新树立是非真伪的判断理性时，它在思想史上确
实隐含了革命性的意义。①

　　乾嘉心性论借助考据学的表达方式对心性论中几乎所有的关键性概念
进行了不同以往的重新阐释，对传统主流意识形态采取了迂回包抄、断其
后路的战术，批判重建的意图十分明显。应该说，除了语言文字、天文历
算之外，心性论算是乾嘉考据学术最有哲学思想性的领域之一，其中所隐
含的革命性意义应该慎重对待。
　　对于乾嘉心性论的具体发展脉络及得失，王国维说得平实而清楚：

　　　　至乾嘉之间，而国朝学术与东汉比隆矣。然其中之钜子，亦悟其
　　说之庞杂破碎无当于学，遂出汉学固有之范围外，而取宋学之途径。
　　于是孟子以来所提出之人性论复为争论之问题。……皆由三代秦汉之
　　说，以建设其心理学及伦理学，其说之幽元高妙者，自不及宋人远
　　甚。然一方复活先秦之古学，一方又加以新解释，此我国最近哲学上
　　唯一有兴味之事，亦唯一可纪之事也。②

　　王国维上述最可注意的一句话是"孟子以来所提出之人性论复为
争论之问题"；它点出了乾嘉人性论的主题——人性本质之善恶问题
及其内涵为何的问题。固然这不是个新问题，但像戴震、凌廷堪、阮
元、焦循、孙星衍等乾嘉诸儒，能推陈出新，"一方复活先秦之古学，
一方又加以新解释"，不能不说是中国最近哲学史上的闪光之处。这
说明乾嘉人性论非仅文字训诂上的争论，亦涉及在思想和生命之深度
上的尖锐对峙。

---

　　① 葛兆光：《中国思想史》第二卷，复旦大学出版社 2001 年版，第 538 页。
　　② 王国维：《静安文集·国朝汉学派戴阮二家之哲学说》，载《王国维遗书》第三册，上
海书店出版社 1983 年影印，商务印书馆 1940 年版，第 482 页。文中着重号为引者所加。

二　乾嘉心性论的多元取向

清代学术经过乾嘉诸儒长期的沉潜努力之后，开始有能力以开放的眼光、多元化的视角、多重的维度重新审视起儒家正统学说，尤其是唐宋以来的新儒学。具体到人性论领域，实际上逐渐呈现出一种众说纷纭的争讼局面：孔孟性善论虽然仍占据主导之地位，但是性善论能否成立已非世所公认，原本被奉为典训的孔孟与程朱的正统性善论复为"争论之问题"。性善论再次成为争论的问题，从一个侧面反映出儒家思想内部仍旧存在重大的理论紧张和往复辩难的活力。除了人性本质是善是恶的争论之外，与之相关的心、情、欲、私等范畴的内涵及其间的相互关系亦都随之成了问题，心性论领域"多元化"的趋势开始显露。而与正统性善论的权威性受到质疑相对应的是，此一时期公开主张荀子、墨子、告子等诸子人性学说和对儒、释、道的心性论进行会通的人逐渐多了起来，表现出明显的"诸子化"的倾向。"诸子化"实际上是"多元化"的具体表现，从这两种趋势当中可以嗅出乾嘉中后期学术思想界日益解放的气息。这正如罗检秋所认为的那样："子学复兴实质上是相对于正统儒学的异端学派的崛起，是一种思想解放潮流。"① 换言之，就是乾嘉诸儒开始逐渐从经义训诂当中转出，以越来越大胆、自信、开放的态度对自己的思想传统进行阐释。

要言之，乾嘉中后期心性论的主要著述有戴震的《原善》《孟子字义疏证》，袁枚的《书复性书后》，凌廷堪的《复礼》《七戒》《荀卿颂》，焦循的《性善解》《孟子正义》，阮元的《性命古训》《论语论仁论》《孟子论仁论》，孙星衍的《原性篇》，恽敬的《愣枷经续收后》《与汤编修书》，汪缙的《明尊朱之指》《绳荀》，张惠言的《读荀子》，等等。从理论上讲，人性论问题分为两个：一是本体论问题：人性的内涵与性质为何，主要分为性善论与性恶论两派；二是工夫论问题：如何致善，大致分为"复性"论与"化性"论两派。我们依据本体论的划分，来鸟瞰乾嘉中后期人性论中的性善论和非性善论两派分别是如何对于传统人性论进行

---

① 罗检秋：《近代诸子学与文化思潮》，中国社会科学出版社 1997 年版，第 5 页。

重新解释的。

乾嘉性善论这一正统派人性论，在孔孟性善论的基础之上进行了新的阐释，甚至于不惜将荀子与孟子并尊，可以说最大限度地融入了他们的人道关怀取向。这一派以戴震为代表，程瑶田、凌廷堪、焦循、阮元等继之，是乾嘉心性之学的主流。这几人的心性论，有以下三点共同之处：①人性不仅本善，亦可致善。②对情、欲的相对肯定。情、欲在宋儒那里被认为是后天、外来的气质之性，与先天内在的天地之性相对立，但在乾嘉时期转而隶属于人性之内，成为人性自身应有之义。既然认为性善，那么寓于人性之内的情、欲亦善，只是需要加以节制。③修养工夫上，逐渐将焦点从内在良心自律转向外在礼仪节制。换言之，即从"复性"变为"节性"，从"格物致知"或"致良知"转而为"复礼"，人性修养论域存在一个"以礼代理"的范型转换。① 总的来说，以戴震为代表的性善论一派所主张的人性本善亦可致善的性善论，一方面对孟子学进行了有力阐扬，另一方面又对非正统派人性论进行了有力批评。无论是从理论上讲还是从历史感情上讲，他们的性善论主张不仅是有其充分的理论根据，而且为传统性善论注入了前所未有的新意涵、赋予了时代的活力，已经与宋明时期的性善论有了非常大的不同。正因如此，虽然具有性善论的基调，但此派却遭到了章学诚、翁方纲、姚鼐等较为传统的人的反对。② 除此之外，他们还面临着来自非正统派人性论的强有力的挑战。

戴震在对孔孟性善论进行重新阐释并建立起自己的一套人性论体系的同时，亦竭力批驳杨、墨、老、庄、荀、告、佛诸派的人性论。不过，非正统派的人性论最终突破了性善论的樊篱，或推崇荀子的性恶论，或主张告子的性无善无不善论，或阐发墨子的兼爱学说，甚至于肯定释老派的人性论，不一而足，完全可以说乾嘉中后期的心性之学，存在明显的"诸子化"——诸子学复兴的趋势。总体上看，乾嘉时期的心性论研究虽然已经没有了宋明时期的拥挤热闹的景象，但是此一时期此一领域内思想争

---

① 参见张寿安《以礼代理——凌廷堪与清中叶儒学思想之转变》导论部分的相关内容，河北教育出版社2001年版。

② 参见胡适《戴东原的哲学》，载欧阳哲生主编《胡适文集》第七册，北京大学出版社1998年版，第281—342页。

论的激烈程度、思想多元开放的程度，皆不输从前。戴震曾将孔孟性善论
之外的非正统人性论划分为三个基本派别，并论其得失：

> 凡远乎《易》、《论语》、《孟子》之书者，性之说大致有三：以
> 耳目百体之欲为说，谓理义从而治之者也；以心之有觉为说，谓其神
> 独先，冲虚自然，理欲皆后也；以理为说，谓有欲有觉人之私也。三
> 者之于性也，非其所去，贵其所取。彼自贵其神，以为先形而立者，
> 是不见于精气为物，秀发乎神也。恶敛束于理义，是不见于理义者本
> 然之德，去其本然而苟语自然也。以欲为乱其静者，不见于性之欲其
> 本然中正，动静胥得，神自宁也。①

这三种非正统的人性论，戴震是确有所指的。一是"以欲说性"，是
"生之谓性"的理路，以荀子、告子为代表。二是"以心说性"，是"人
贵自然"的理路，以老、庄、佛氏为代表。对戴震来说，这一流派还应
包括陆王心学在内。三是"以理说性"，是"存天理，灭人欲"的理路，
以程朱理学为典型代表。戴震不厌其烦地申说孟子性善论主张，这种以复
古为解放的理论取径是出于对现实的反动使然。当时的情况是，原先是经
典正说的性善论也成为学者考论与争执的对象，"远乎《易》《论语》
《孟子》之书"的非正统的"异端邪说"大有后来居上之势。有强烈维护
道统意识的人，不会坐视儒家孔孟之道摇摇欲坠，一定会义不容辞地站出
来回应这一股强有力的挑战力量。

戴震对不主张性善的人性论诸派别的批评，多能言简意赅地道出其理
论缺陷之所在：

> 问：告子释氏指何者为性？答：神气形色，圣贤一视之，修
> 其身，期于言行无差谬而已矣，故孟子曰：形色天性也，惟圣人
> 然后可以贱形。老聃、庄周、告子、释氏，其立说似参差，大致
> 皆起于自私，皆以自然为宗。……在老聃、庄周、告子，直据己见

---

① 戴震：《读〈孟子〉论性》，载《戴震全书》第六册，黄山书社1995年版，第351页。

而已。_①

结合戴震要求去"私"与解"蔽"的思想立场来看，他说老、庄、告、释论性"大致起于自私，皆以自然为宗"，显然在批评他们没有认识到人可以通过理性的自由立法与自律能力将人从纯粹"自然"状态进一步提升至与"必然"相统一的层次——"即由自然而归于必然"。他批判老、庄、告等异说是"直据己见而已"，则显然是指责他们没有将"心之神明"与客观的事物理则联系起来看，即使一味地"明心""尽心"得到的也只是"心之意见"——一些个人臆断和偏见，陷入了"冥心求理"的空疏困境。戴震的多数批评都能一针见血，但是，由于戴震自己的人性论也存在漏洞，以及受到时代的整体思想氛围的影响，他所批评的异端人性论不仅没有萎缩，反而声势日渐高涨，尤其是在晚清时期"西学东渐"之后，人性论多元化的趋势更是不可逆转。

总体来说，在清代诸子学兴起尤其是荀子学复兴的背景下，荀子性恶论与孔孟性善论之间孰是孰非，成为乾嘉中后期心性之学的一个焦点话题。这是性善论在取得学术正统地位以后所没有出现过的新情况。此时的性善论不再是一个毫无疑问的定理了，而是一个人人皆可怀疑致诘的现实问题，一场突破和超越经典教义的思想解放运动正在酝酿中。

三　佛学与心学的复兴与会通

在乾嘉中后期心性之学的多元化潮流之中，佛（老）学与陆王心学之间的会通、联手和复兴是其中一个重要的维度。这一维度不仅在龚自珍身上体现得尤为明显，而且在整个晚清时期可以说后来居上，蔚为大国。

当时的恽敬会通儒释的心性论较少有门户之见，对儒、释的派别畛域抱有相当开放的态度，可以选取他来作为儒佛会通这一思想维度的典型例证。他在给别人的信中曾经写道：

---

① 戴震：《绪言》卷下，载《戴震全书》第六册，黄山书社1995年版。文中着重号为引者所加。

人以恽子居为宋学者固非，汉唐之学者亦非。要之，男儿必有以自立之处，不随人作计，如蚊之同声、蝇之同嗜以取富贵名誉也。①

他企图在汉宋心性论之外兼综平衡、别立一说的意图，呼之欲出。恽敬跟乾嘉同时期的人相比，其学术思想反而更接近于晚明士大夫的议论，这种现象是非常耐人寻味的。比如，明末焦竑（1540—1619）曾经说过与上述意思相类似的一段话：

学者诚志于道，窃以为儒释之短长，可置勿论，而第反诸我之心性。苟得其性，谓之梵学可也，谓之孔孟之学可也。即谓非梵学，非孔孟学，而自为一家之学亦可也。②

焦竑曾直言"佛学即为圣学"，在心性问题上坚持三教归一、儒释道兼综的开放态度。恽敬的"男儿必有以自立之处，不随人作计"的主张，向前越过200年的时光，能在焦弱侯"自为一家之学"的说法中找到了回响，这不正好能说明乾嘉心性论的大胆与异类之处吗？

当然，恽敬援佛入儒的做法，在乾嘉时期不是第一个，也不是唯一的一个。早在恽敬之前公开进行儒佛会通的人除了彭绍升（1740—1796）、罗有高（字台山，1733—1778）之外，还有汪缙（1725—1792）、薛起凤（1734—1774）、江沅（字铁君，1767—1838）等，他们共同形成了当时居士佛学的一个小高潮，为晚清居士佛学思潮的高涨开了先河。对于佛学与心学之间的紧密关系，彭绍升认为："东西二教，如日月推行，并行不悖，要其教人明其本心，见自本性，则一而已。"（《彭尺木文钞》卷四，《汪罗彭薛四家合钞》）这里能够"明其本心，见自本性"而与佛教相沟通的本土资源，主要是指阳明心学。江藩在《国朝宋学渊源录·彭尺木居士》中指出，彭氏年轻时"尤喜陆王之学"，这是有家学渊源的。彭尺木曾祖父彭定求（1645—1719，曾师从于汤斌，康熙十五年状元）在清初尊朱黜王渐成风气的情况下，仍旧力主"文成揭出良知宗旨，警切著

---

① 恽敬：《与方九江》，载《大云山房文稿·言事》卷二，四部丛刊本。
② 焦竑：《答耿师》，载《澹园集》上册卷十二，中华书局1999年版，第82—83页。

明，于朱子居敬穷理之学，未尝不可互相唱提也"。① 彭定求的孙子彭启
丰，即彭绍升的父亲也是状元，思想立场亦"尊孔子而参乎二氏"。② 彭
绍升本人有《居士传》，共记载了明末清初107位居士的生平思想，其中
近七成来自江浙两地。③

　　这个时期的居士佛学人物，大多跟恽敬一样都是以儒学为终极依归
的。他们除了对阐扬佛学有功之外还有一个特殊的贡献，那就是客观上推
动了陆王心学在乾嘉时期较为隐晦的回流。一般来说，凡是陆王学者对佛
学多持开放、包容的态度，而程朱学者的排佛意识则较强烈。④ 对于心学
与佛学间的亲缘关系，唐鉴在《学案小识》中是这样说的："学陆王之学
者多归于佛，不止当时，后来亦然。交游中如彭允初、汪大绅、罗台山皆
是。"⑤ 而张之洞在《书目答问》的附录中，将上述三人一同归入"理学
家"名录之下，说"罗有高、汪缙、彭绍升三人皆理学而兼通释典，此
为国朝理学别派"。⑥ 这种归类应该还是十分准确的，一方面将他们归入
儒家理学家行列，说明了这些居士的儒家归宿相当明确；另一方面又将他
们归入"别派"，说明他们跟尊奉程朱的理学家存在明显区别，由于他们
兼通佛典，更像是儒家当中"心学"学者。

　　乾嘉中后期对于儒、释、道门户持有开放态度的学者们，无论是援佛
入儒还是援儒入佛，在儒家内部赖以沟通或接榫的资源大都是陆王心学，
而非程朱理学。一旦佛学与王学再度联手之后，就对乾嘉具有正统意识的
学者们构成了明显压力，反王学与反佛学的学者因而会站在一起，对心学
的复兴潮流进行抗争。这种抗争，可以用戴震对彭绍升的批驳为典型代
表。彭绍升对儒、释、道三派持开放、包容的态度，明确提出了"三教
归一论"，他说："道一而已，在儒为儒，在释为释，在老为老，教有三

---

① 彭定求：《姚江释毁录》卷二，光绪七年刻本。

② 唐鉴：《学案小识》，商务印书馆1935年版，第471页。

③ 陈荣富：《浙江佛教史》，华夏出版社2001年版，第529页。

④ 黄依妹：《清乾隆时期江南士大夫的佛教信仰》，载《中兴大学历史学报》创刊号（1991
年），第113—131页。

⑤ 唐鉴：《潍县韩先生（公复）》，载《学案小识》卷五，《续修四库全书》第539册，第
421页。

⑥ 张之洞：《书目答问》附录，载苑书义等主编《张之洞全集》第十二册，河北人民出版
社1998年版，第9981页。

而道之本不可得而三也。学者由教而入，莫先于知本，诚知本则左之右之无弗得也。"①

戴震先"以所作《原善》、《孟子字义疏证》示之"，彭绍升读后则呈《二林居制义》，并给戴震写信谈了自己的感想。在此信中，彭绍升先是客气地说两人的学问之间存在不少相通之处，但接下来却毫不客气地直指戴震之作"使人逐物而遗则，徇形色，薄天性，其害不细"。② 此时已经病重的戴震看到此信之后，不得不打起精神——辩驳。对于彭绍升说自己跟他的孟子学"有引为同，有别为异"时，戴震不无意气地指出，"在仆乃谓尽异，无毫发之同"，坚决不同意彭绍升将自己引为同道。尤其是彭氏"唯有一乘法，无二亦无三"（语出《法华经》）的三教会通主张，遭到了戴震的严词驳斥。戴震认为，彭绍升"所主者老庄佛陆王之道，而所称引尽六经孔孟程朱之言"，因此在回信中决绝地坚持了"孔孟自孔孟，老释自老释"的立场，说道：

> 程子说圣人，阳明说佛氏，故足下援程子不援阳明，而宗旨则阳明，尤亲切阳明尝倒乱朱子，季谱谓朱陆先异后同，陆王主老释者也，程朱辟老释者也。今足下主老释陆王而合孔孟程朱与之为一。无论孔孟不可诬，程朱亦不可诬，抑又变老释之貌为孔孟程朱之貌，恐老释亦以为诬己而不愿。③

戴震正是看到了"陆王主老释者也，程朱辟老释者也"这一点，认定陆王心学与老、释之学存在亲缘关系，因此他精辟地指出，彭绍升表面上尊崇程朱理学，其实质上却是宗主阳明心学。这表明戴震不仅排斥老、释之学，而且将陆王心学，一并与老、释之学排斥在孔孟正统之外。在整个乾嘉时期，正统派人性论大都跟戴震持守着一样的正统立场，严守三教分际，辟释、老"邪说"不遗余力。他们通常只论儒家人性论中的"性"

① 彭绍升：《答沈立方》，载《一行居集》卷四，《清代诗文集汇编》第 397 册，上海古籍出版社 2010 年版。

② 彭绍升：《与戴东原书》，载《二林居集》卷三，《续修四库全书》第 1461 册，上海古籍出版社 2002 年版。

③ 戴震：《答彭进士允初书》，载《戴东原集》卷八，涵芬楼四部丛刊本。

"情""欲""私"等概念，但不太注重论"心"。不过，戴震等对正统儒学的辩护，不仅要跟老、释等外道之学作战，而且还要跟儒家内部的陆王心学作战，同时还要对延续道统的程朱理学进行批评，可见，他们希望通过重新阐释原始儒学以增强儒学活力的"革命性"抱负。

平心而论，彭绍升等会通佛学与心学的做法，透露出了乾嘉时期佛学和心学思潮开始回流的消息，具有重要的思想史意义。"心"由于其空灵神秘和内在能动之特性，被认为是佛家禅悦清修的最高主体之所在，明心是佛教修行的不二法门。而宋明时期程朱理学与陆王心学之间的道问学与尊德性之争，从一开始就关涉到佛学，特别是中国禅宗。早自朱熹开始就认为，心学近于禅学，为外道所迷惑，直到乾嘉时期，正统人性论者仍旧基本上秉承了韩愈和朱熹等的评判。明清兴替之后，儒学在现实与理论的内外双重压力之下，学术气运由陆王尊德性一路转为程朱道问学一路，向内用功的心学传统在官方的蓄意压制与士大夫的自觉抵制之下，原来尊崇和谈论心性的热情有很大一部分转而投向了外部客观的经史研究。人性且不多讲，遑论人心？物极必反，佛学和心学在清代中前期的一落千丈是儒学发展过程中的正常现象，但是历史发展往往又会矫枉过正，对心学传统（也包括佛学传统）张扬主体自我，要求自作主宰，与政治相颉颃的优良天性亦受到连带影响，一度被归于沉寂。当人性论在乾嘉中后期渐趋高涨之后，虽然以情、欲、仁等角度论性者多有之，但从意、志、知、智等角度论心亦成为士人们的一个理论选择。恽敬、龚自珍、魏源等主张儒佛会通的学者就是溢出主流人性论之外，以开放的意识主动自觉地维新传统。

四 龚自珍心性之学的异端取向

龚自珍在心性论方面论述较少，总的来说，遵循了"以心说性"的理路，将心看作是物我的终极本原，是典型的心本论而非性本论。龚自珍又认同告子的人性论，成为嘉道时期异端思想的一个突出代表，属于近代诸子学复兴大潮中的一个支流。由于龚自珍把心看得比性更为重要，人心的运动与表现就显得无拘无束，呈现出自由活泼的精神实质。其中，有两点值得特别注意：一是公开认同告子的性无善无不善说，并援引佛性论为其理论支撑。告子的人性论曾经为孟子所批判，一直被儒家正统人性论当作异端对待。他这种公然承认异端的行为，无异于向孔孟正统人性论提出了直接的挑战，其思想解放的意味是不言而喻的。二是看重心的作用，要求人要有自我主体意识，主张带有陆王心学影子的"心力说"。这种重视个人内在精神力量的学说，在晚清中国的社会政治改革运动中的影响是不容小觑的。

（一）"民我性不齐"

龚自珍在《壬癸之际胎观第二》一文中，一改以往以善恶来规定人性本质的老路，转而通过列举人性的内涵来说明他的"民我性不齐"的观点，"民我性"。换言之，即人己之性，亦即人性。此文是龚自珍为数不多的几篇专门论性的文章之一，他在这篇文章中说道：

> 既有世已，于是乎有世法。民我性不齐，是智愚、强弱、美丑之始。民我性能记，立强记之法，是书之始。……民我性能测，立测之法。……民我性能分辨，立分辨之法有四，名之曰东西南北。……民我性善病，盖有虫焉以宅我身，则我身病，是病之始，于是别草木之性以杀虫，是医之始。……民我性能类，故以书书其所生，又书所生之生，是之谓姓，是谱牒世系之始。

"既有世已，于是乎有世法"是说人类社会一旦形成，人类的智慧文明或社会意识就开始出现了。"民我性不齐，是智愚、强弱、美丑之始"则是说人类之所以存在思维能力、体格外貌特征等方面的分别，是因为与生俱来就在其自然属性上的差别是分不开的。在龚自珍看来，固然人与人之间的自然禀赋千差万别，但是有一点是可以肯定的，即人类正是依靠自己这种千差万别的天赋能力，创造了人类社会的文明教化。换言之，社会及其文明绝非由任何超绝的神秘力量创造出来的，完全是人类自身力量的结晶，是人类自己创造了自己。例如，人类依靠自己"能记"——记忆能力，形成了特殊的记忆方法并创造了语言文字；依靠自己"能测"——测算能力，创造了天文、历法、算术方面的技术与文明；依靠自己"能分辨"——辨别时空与物体的思维认识能力，创造了时空方位及万有的名称。还有，人类具有"善病"的属性——身体可能罹患疾病的自然属性，于是运用智慧创造了医疗疾病的医药学。另外，"物以类聚，人以群分"，人类依靠"能类"——群居生活的能力，运用文字记载祖孙的历史并传之于后世，于是就形成了人类的姓氏、谱牒、宗族等社会产物。

上述这些自然禀赋，既有生理上的，也有心理上的，都是属于人类与生俱来的先天属性。说它们"不齐"有两层含义：一是指人类的先天能力不一而足，是多方面的，具有丰富多样性；二是指这些先天能力具体到单个的社会个体身上时表现是千差万别的个体特殊性，而且在不同的社会历史发展阶段其表现也是不一样的。那么，在龚自珍眼里，人类自然禀赋的丰富多样性，表明人类是创造其自身以及文明教化的主体，是历史的创造者。迄今为止，人类社会的形态只有存在于人类之中，其他的物种还没有出现人类这样发达的社会形态，可以说社会是人类独自进行的伟大创造。不过，除此之外，我们自然会产生以下疑问：能不能进一步断定一切社会的东西都是人类智慧的结晶。或者说，是人为（造）的结果，与人的自然本性没有关系，所有的公平、正义和善，是社会的约定俗成，还是先于社会而自然而然地存在的呢？

在龚自珍这里，上述疑问应表述为，他对人类与生俱来的个体特殊差异性的发现，跟他对人性本质的善恶判断有何关联呢？人类的善恶分别，是生来就如此，还是后天形成的？对此，龚自珍说道：

> 民我性不齐，夫以倮人食毛羽人，及男女不相部，名之为恶矣；其不然者，名之为善矣，是名善恶之始。（《胎观第二》）

这里的"民我性不齐"，主要是指源于自然原因的个体特殊性与差异性。不过，很显然龚自珍将个体自然属性的差别，与其社会属性的善恶本质区别，予以区别对待。龚自珍已经意识到了"自然"与"约定"的区别，并且持有"自然先天约定"的鲜明立场。"自然的人"与"社会的人"的区别，是其人性论理论中最为重大的理论发现，构成了龚自珍人性理论以及社会政治理论的基石。善与恶的本性界定虽然与个体自然属性的差异有关系，以之为前提基础，但人性善恶的分别并不属于自然造就的差别，而是始于后天的约定俗成的判定。正所谓，或"名之为恶矣"，或"名之为善矣"，"是名善恶之始"。因此，任何企图将后天的善恶区别看成是先天自然的分化，企图对人性本质进行普遍概括，都难免以偏概全，犯有本质主义和归约主义的错误，造成人类社会性对人类丰富多样的自然性的僭越和漠视。

人性善恶的本质界定是始于人类后天的约定俗成，并非自然天生的区别。这等于是说，善恶的道德价值判断跟与人类与生俱来的人性没有关系，它们只是人类根据后天的文明教化而约定俗成的结果。在龚自珍看来，人的先天自然本性本身无所谓善恶分别，善与恶这一道德判断只是人类社会的后天的约定俗成，并不属于内生于人性之中的普遍法则。龚自珍"善恶皆后起"的观点，在他对告子的"性无善无不善论"的阐发中得到了进一步的展开。

（二）性无善无不善论

龚自珍的心性理论一生当中没有发生大的变化，始终坚持"善恶皆后起"，没有从普遍主义的理路对人性做出明确的善恶界定。他早在嘉庆二十三年（1818），27岁时所作的《阐告子》一文中，开宗明义地指出，"龚氏之言性也，则宗无善无不善而已矣，善恶皆后起者"，明确赞同告子的性无善无不善论，已经有了"民我性不齐"的思想。在某种意义上，龚自珍所指的"性"，是"生之谓性"，是指人的自然属性，属于自然人性论范畴。人性既然没有被予以普遍性的本质界定，因而只能将善恶的道德判断归之于后天的社会意识领域。相对于人类共有的、千篇一律的普遍属性，龚自珍更为看重的是人类先天禀赋与后天习性的差异性。

他曾以尧、桀这两个人作为善、恶的极端代表，来举例说明人类的自然属性是不分善恶的，更准确地说是无所谓善恶的。他说：

> 夫无善也，则可以为桀矣；无不善也，则可以为尧矣。知尧之本不异桀，荀卿氏之言起矣。知桀之本不异尧，孟氏之辩兴矣。为尧矣，性不加菀；为桀矣，性不加枯；为尧矣，性之桀不亡走；为桀矣，性之尧不亡走。不加菀，不加枯，亦不亡以走，是故尧与舜互为主客，互相伏也，而莫相偏绝。……告子曰：性无善无不善也。又曰：性杞柳也，仁义杯棬也。（《阐告子》）

因为人类与生俱来的本性并没有善恶之分，所以"尧之本不异桀""桀之本不异尧"，即尧和桀两人在其先天本性上并没有好坏之分。两个人的本质差别是后天形成的。尧之善与桀之恶"互为主客，互相伏也，而莫相偏绝"，是说善与恶以一种后天可能性的形式潜伏于每个人的本性之内，人们既可能成为尧一样的好人，也可能成为桀一样的坏人。没有天生的好人，也没有天生的坏人，一切在于后天人为的修养教育，这无异向先验人性论或命定论直接提出了挑战。

那么，善恶之分别既然不内在于人性之中，那么又在于什么呢？是由什么导致的呢？龚自珍认为，所有的奥秘只在于一个人心而已。龚自珍曾用"心力"的大小强弱来解释善恶的分化与起源。心力强大则有志于道，臻于至善；心力弱小，则不足以志于道，亦不能成就善。正所谓："天下一善不善之境所合而成，古今一善不善之林所积而娱。""心力"，在这里作为个人的意志力，其强弱成为善恶分途的决定因素：

> 人品有近于自好者，合出处而觇其心力焉，盖善不善之机决，而志与道之规模具矣。然人品又有进，岂得局于好善恶不善者耶？且天下一善不善之境所合而成，古今一善不善之林所积而娱。（时文《隐居以求其志，行义以达其道》）

龚自珍所主张的性无善无不善，其实完全可以当作对心的写照，基本上可以说是阳明"无善无恶是心之体"说法的翻版。试看王阳明说过的一段话：

> 性之本体原是无善无恶的，发用上也原是可以为善，可以为不善的，其流弊也原是一定善一定恶的。①

如果用于阳明这句话来解释龚氏的善恶论是再恰当不过的。人性是生来如此的固有特性，不会因为后起的善恶而有所增减或改变。他认为，孟

---

① 王阳明：《传习录》下，载《王阳明全集》卷三，上海古籍出版社 1992 年版，第 115 页。

荀之人性论，在自然天赋处单纯地论性善或性恶，都不能合理地解释现实经验界中善恶并存的现象。人的本初状态之性质，既"不可以名"，也"不可以似"，是不能简单以善或恶来规定的。事实上，龚氏认为，善恶"互相伏也，而莫相偏绝"，承认人既有为善之可能，亦有为恶之可能，不过还只是潜在的可能性。另外，他还提到扬雄的"善恶混"之人性论，也是宗源于告子的人性论：

> 是故性不可以名，可以勉强名；不可以似，可能形容似也。扬雄不能引而申之，乃勉名之曰善恶混。雄也窃言，未湮其原。盗言者雄，未离其宗。告子知性，发端未竟。(《阐告子》)

龚自珍在比较了孟、荀、告、扬四家人性论的得失之后，最终认定告子的人性论是最为合情合理的。对于荀、告人性论，戴震曾说："遣（应为遗）理义而主材质，荀子、告子是也。……告子贵性而外理义，异说之害道者也。"① 应该说，龚自珍敢于公开主张"异说""害道"的告子人性论，这在当时是需要理论勇气的。

王国维曾站在经验论的立场之上，认为乾嘉以来孟学性善论与荀学性恶论孰是孰非的激烈争论，都是在"就性言性，以性为吾人不可经验之一物"，将人性论完全超脱于现实经验界之上，一旦超出善恶这一形上本体论而进入形下之工夫论领域的时候，就会在超验界与经验界之间引起不可调和的冲突。正如他所说："善恶之相对立，吾人经验上之事实也。"② 以人类经验视之，人性是亦善亦恶的，是可能善也可能恶的，绝不能简单武断地说是全善或全恶的。在未来之世界，人性全善也许可为，但是现在之世界，人类自身正处于天人、神魔交战的境地。儒家的人性论，尤其是

---

① 戴震：《读〈孟子〉论性》，载《戴震全书》第六册，黄山书社1995年版，第350—351页。

② 王国维：《静安文集·论性》，载《王国维遗书》第三册，上海书店出版社1983年影印，商务印书馆1940年版，第356页。王国维在该文中还说："吾人之经验上善恶二性之相对立如此，故由经验以推论人性者，虽不知与性果有当与否，然尚不与经验相矛盾，故得而持其说也。超绝的一元论，亦务与经验上之事实相调和，故亦不见有显著之矛盾。至执性善、性恶之一元论者，当其就性言性时，以性为吾人不可经验之一物，故皆得而持其说。然欲以之说明经验或应用于修身之事业，则矛盾即随之而起。余故表而出之，使后之学者勿徒为此无益之议论也。"

性善论一派，最大的难题即在于"人人皆可以成尧舜""满街都是圣人"
的理想信念与多数人都没有成为圣人君子的现实之间存在着难以逾越的巨
大鸿沟。因此王国维认为，不能一味地陷入是非善即恶式的"无益之议
论"之中，而应该将人性的超验本体论立基于经验工夫论之上。

如果以王国维的"善恶之相对立，吾人经验上之事实也"这句话，
来概括龚自珍的无善无不善的人性论，或许是非常恰当的。他将无善无恶
视作性之体，属于超验的领域，而善恶之分则是性之用，属于经验的领
域。他通过性体和性用的两层人性论统贯超验界与经验界，以此来避免孟
荀人性论将超验界与经验界两相对立的矛盾。龚自珍说：

> 攻劘彼为不善者耳，曾不能攻劘性。崇为善者耳，曾不能崇性。
> 治人耳，曾不治人之性；有功于教耳，无功于性；进退卑亢，百姓万
> 邦之丑类，曾不能进退卑亢性。（《阐告子》）

既然人性是生来的自然属性，无论人们行善还是行恶都丝毫不能改变
这种属性，那么为善不等于崇善性，治教化不等于治人性。善与恶只是人
性的外在表现而已，"无善无不善"是性体，是本体；而"有善有恶"是
性用，是现象。经验界存在善恶分别，然而由于不是对人性本体的本质界
定，并不意味着对本体的肯定或否定。这样龚自珍无意之中在"超绝的
一元论"中又构造出了"体—用两层"的人性论。其中，可以推导出以
下两层寓意：①性体乃固有不可变，而性用非固有可变。他说："善非固
有，恶非固有，仁义、廉耻、诈贼、恨忌非固有。"（《胎观第七》）②然
而可以通过后天教化，使性用去恶向善。① "古圣帝明王，立五礼，制五
刑，敝敝然欲民之背不善而向善。"（《阐告子》）这样既避免了性善论与
性恶论各执一词，将先天之性与后天之性、气质之性与天地之性陷入势不
两立的矛盾境地，又能为人们去恶迁善的道德修养以及要求有私、有我的
个性解放开辟道路。

---

①　参见岑贤安等《中国哲学范畴精粹丛书——性》，中国人民大学出版社 1996 年版，第
345 页。

五 龚自珍心性之学与佛教心性论的会通

梁启超在《清代学术概论》中不仅说"晚清思想家有一伏流曰佛学",还说"晚清所谓新学家,殆无一不与佛学有关"。佛学对于龚自珍来说,其最大的意义就在于教条化的儒家思想之外,找到了对儒家正统进行更新的压力与刺激。受到乾嘉时期居士佛学的影响,龚自珍的人性修养理论从一开始就沾染了浓厚的佛学色彩。朱杰勤称:"定庵固为晚清文儒之深入佛海者"①,其定位是不错的。

名公子龚自珍交往广泛,其中不泛江沅、彭绍升、钱林、钱伊庵、方铁珊、王昙、慈风和尚等名僧、居士。② 其中,江沅对于龚自珍影响最大,堪为学佛的第一导师。江沅,字铁君,江声之孙,师从龚自珍外公段玉裁治学三十余年,同时亦师从净土宗学者彭绍升学佛。道光四年(1824),龚自珍丁忧在家,与江沅等共研佛理,并校刊《圆学经略疏》,两人多有诗文唱和。作为两人共同的佛学导师彭绍升,别号"知归子",而龚自珍亦曾别号"怀归子",可见,龚自珍对彭绍升的仰慕。他在《知归子赞》中认为:"震旦之学于佛者,未有全于我知归子者也。"(《龚自珍全集》,第396页)龚自珍弃官南归住杭州时,曾问佛学于慈风和尚和钱林居士(1762—1828,字东父)。龚氏自云:"慈公深于相宗,东父则具教、律、禅、净四问。"(《龚自珍全集》,第607页)钱林著有《文献徵存录》,其中有介绍章学诚学案的内容,这可能是龚自珍接触到章学诚学术思想的又一渠道。

上面我们已经讲过龚自珍年青时写的《阐告子》一文,体现了龚自珍无善无不善的人性论主张。时隔15年之后,在作者42岁时重新整理这篇文章时,他在附记中写道:"始读天台宗书,喜少作之阐合乎道。"到了晚年,《己亥杂诗》第一五一首又云:"天台悟后无来去,人道苍茫十四年。"这些皆表明作者对于天台教义的认同,特别是天台宗的佛教心性论

---

① 朱杰勤:《龚定庵研究》,民国丛书(第一辑)第84册,上海书店1989年版,第101页。

② 参见麻天祥《晚清佛学与近代社会思潮》卷下,文津出版社1992年版,第33—46页。

更加坚定了他对告子人性论的信从。与恽敬曾将佛家第八识视同王阳明的良知的做法不同①，龚自珍则用天台宗的"性具善恶""性具净染"的思想来解说告子的性无善无不善论。在某种意义上讲，佛学对于龚自珍的人生观影响颇深，但具体到人性论方面仅仅是提供了理论支持，并没有出儒而入佛。简言之，龚子无善无不善的体用两层人性论，用佛学心性论，尤其是天台宗心性思想来阐释时就转换成了本体与现象两层人性论。这主要体现在"三法无差""明心见性"和"以妄心为依止"三个方面。

（一）"三法无差"的思想

天台所说的"三法"是指心法、众生法和佛法，而这三者之间其实是互相融摄的，没有根本的差异。龚自珍在《五重证义》文中说：

> 真即三千空义，如即三千假义，真如合呼，即三千中义。证之曰：心、佛、众生，三无差别。

一心具足大千世界，具足一切事物，无有差别。一心摄一切法，而众生法就是一切法，除此之外别无他法。智𫖯说："佛之知见蕴在众生也"，众生法亦即是佛法。方立天认为，天台宗的"三法无差"说，在对重视心的主体作用的基础上，阐扬了心、众生和佛的平等性、统一性原理，表

---

① 龚自珍早年曾作《识某大令集尾》一文，对恽敬会通儒佛的做法表示了异议。他认为，恽敬会通儒佛的做法，是"读儒谤儒，读佛谤佛，两不见收"。只是游移于儒佛之间的牵强附会而已，徒自陷入"七重心"之内进退失据而不知幡然自醒。对于"第七重心"，龚自珍是这么说的：

> 儒之平易者受谤，儒之精微者又受谤，读儒谤儒，读佛谤佛，两不见收，覆载无可容，其军败，其居失，其口咿嚘，其神沮丧，其名不立，其踝旁皇，如婴儿之号于路，丐夫之僵于野。老矣，理故业，仍以文章家自遁。遁之何如？东云一鳞焉，西云一爪焉，使后世求之而皆在或皆不在。此其第七重心。

不过，后来龚自珍在其《常州高材篇》诗当中说"奇才我识恽伯子"，仍旧视恽敬为奇才，并没有完全否定恽敬的学术与文章。可是，他对一样主张有性无善无不善观点的恽敬的批评，同样也适用于他本人。他自己不仅也援佛入儒，而且其佛学见解亦未见得十分精微圆融。

明对宇宙观生活、宇宙万物体相的觉悟内容都是相同的。① 基于"三法无差"的认识，龚自珍在其《法性即佛性论》一文，将世法的分别差异归之于现象界的分别相，而实相其实是平等一如的，是无分别差异的。他说：

> 又此十方、三世、森罗分别相，强名法界，又名法性。此法性者，原无定名，名曰鬼性，名曰畜性，名曰狱性，随汝知见，无不可者。
>
> 当法名不觉本无性，佛名妙觉觉法性，佛以我觉觉我性，是故不名九界性。

分别只是现象界的事情，而包括人性在内的万法的本体则是无分别的。这样，龚自珍从天台宗的三法无差的思想中汲取了性体无差的成分，认为人性中的善恶、智愚差别并非性体实相，而只是现象界的分别，进而为其性无善无恶论找到了方法学的支撑。

(二)"明心见性"与"以妄心为依止"的思想

智颛在其《大乘止观法门》卷一开篇宣示："一一众生，一一诸佛，悉具染净二性。法界法尔，未曾不有。"意思是说，无论众生还是诸佛都具有善恶二性。那么对于台宗性具善恶论，龚自珍又是如何对待并将其转换为性无善无恶的支持证据的呢？他在《南岳大师大乘止观科判》一文将佛性概括为三类：

> 一，真实性（即圆成实性），即真如；一，依他性（即依他起性），即第八阿黎耶识；一，分别性（即遍计所执性），即第六、第七识。

他将这三性的善恶性质归纳为两种："一有垢以为真实，二无垢以为真实"；"一净分依他，二染分依他"；"一清净分别性，二染浊分别性"，

---

① 方立天：《中国佛教哲学要义》上册，中国人民大学出版社 2005 年版，第 308 页。

显然这三性又皆分为净、染两种。这些理解，都没有超出台宗性具善恶说的范围。但按理来说，性具善恶说至多能支持龚自珍的性有善有不善说，而非性无善无不善说。这里，龚自珍又借助了台宗"三因佛性""三法无差"等理论。台宗所谓的"性具善恶"是善恶互具的，既有分别而又无所分别的，否则无疑会陷入现象界纷纭的分别诸相而丧失真如性。真如性，即第八识阿赖耶识，在佛教看来它是种子识，它无所谓净染分别，是万法缘起的本原之所在。因为真如佛性是超越现象界的人性本体，其净染或善恶之分别并非人性所固有，而皆是从因缘所派生的分别而已。

除了台宗性论之外，佛教有关"明心见性"的论心思想亦对龚自珍有着重要影响。相对于性来说，心更为根本和重要。他在《发大心文》中指出在佛教思想当中，"行是车船，愿是马檝，有船无檝，难可到也。"这一以定慧双修为实质内容的修养工夫论，其关键还是在于内在志向的明确与坚守，即修行六法法门，皆须以"发心为先"！因此表示自己要"今生坐大愿船，自鼓愿檝，尽诸后身。"可以说，心不仅统领自身，而且可以包容万物，毫无疑问地成为龚自珍哲学当中的终极本体。他说：

> 若就分别言，则有八万四千尘劳，皆起一心。(《发大心文》)

又有曰：

> 或问圣众以何为依止，答以心为依止。真心耶？妄心耶？答以妄心为依止，全妄即真故。(《定庵观仪》)

他将心分为"真心"和"妄心"，在佛教当中亦称净心与染心、清净心与烦恼心。方立天认为，"所谓真心是自性清净而又恒常不变的心，妄心则是虚妄不实而又生灭变化的心。"① 龚自珍在《发大心文》中提到"瞋心"有三种，"贪心"有三种，"痴心"有五种，但统共可分为"有境相应行心"和"有非境不相应行心"两种。其实，这里的"有非境不相应行心"，即是龚自珍所指的"真心"。它是指不随外境产生生灭变化

---

① 方立天：《中国佛教哲学要义》上册，中国人民大学出版社2005年版，第270页。

的心，是在安静处论心。"有境相应行心"，则是龚自珍所指的"妄心"，是随外境产生生灭变化的心，是从活动处论心。龚自珍谈到妄心的具体表现有很多。例如，他在《乙丙之际著议第九》中谈到帝王政治的戮心术时，指人们有"能忧心、能愤心、能思虑心、能作为心、能有廉耻心、能无渣滓心。"此心之种种，皆是依心的生灭变化之"能"而言，皆是属于"妄心"的范畴。如果只有"真心"才能成佛的话，那么戮去"妄心"又有何不妥，有何不及要领之处呢？龚自珍认为，这样做大不可的原因，是他认为无妄心即无真心，心有真妄之分却又是真妄不二的。"真心"就存在于"妄心"之中，正所谓"以妄心为依止，全妄即真故"，只有经由妄心才可能成佛。龚自珍之所以选择外向用功，以妄心为依止，显然是因为受到了他身上强烈的现实关怀意识的制约。妄心是属于"有境相应行心"，只有以妄心为依止，才能将内心与改变外在的现实世界相联系起来，才能将修心与济世统一起来。要言之，以妄心为依止，不仅不离相离境，不去世间事物，不绝心之意念，反而是以现实世界为终极关怀之对象，发大志愿心去改善之。如果"以真心为依止"的话，那是很难避免一味内向用功的空冥枯寂之禅悦的。

与"以妄心为依止"的入世取向相应的是，批判不学经典、不守清规戒律的狂禅，避免深陷禅悦之境，已经成为龚自珍学佛时的理性自觉。他依照天台荆谿的"依经贴释，理富义顺"的原则，对参悟、公案、看话头、机锋、棒喝等禅风提出了批评，提倡"以佛为师，以佛知见为归，以经论为导，以禅为行"，较为强调经由证解而非直接经由悟解去实现解脱。他说：

> 或宗华严经，或宗法华经，或宗涅槃经。荆谿赞天台云：依经帖释，理富义顺。乌有所谓教外别传者乎？……幽探冥讨，旁文榖证，尚惧灵文之不富也，乌有去语言文字者乎？……佛法之衰，为支那所诳，不绝如线，则岂非蛆虫僧之如之也哉！（《支那古德遗书序》）

"蛆虫僧"呵佛骂祖，便宜坏教，龚自珍是不能容忍的。如此看来，他借鉴了不少佛学的心性修养理论，但是在出世还是入世这一终极关怀问题上，态度是坚定而鲜明的。近代人研究龚自珍学佛的动机时，大多将其解释成是他在仕途失意之后为了寻求心理上的安慰和心灵上的解脱，然而基于上述"以妄心为依止"所包含的现实关怀维度来看，固然有上述动机的成分使然，但未必是主要的动机。龚自珍具有强烈入世取向的佛学思想，一方面是为了自身生命的安顿与解脱，另一方面也是为其经世抱负提供理论上的支持。

在程朱正统学说之外，乾嘉心性之学又向先秦诸子学、佛学和心学大开方便之门，这是一个耐人寻味和影响深远的历史现象。从思想渊源上来讲，龚自珍心本论的近世思想渊源有两个：一个是王阳明的"心外无事，心外无物"的心学思想，一个是佛教的"万法唯识"的明心思想。"虽然明清之际一些哲学家以气论心，试图以某种具体的物质为基础，但已不能改变心的普遍性。"① 再加上一个先秦告子的人性论，龚自珍的心性之学基本上可以视作先秦诸子学、阳明心学和佛学在嘉道时期至为明显的回响。

正如唐鉴所说的那样，"学陆王之学者，多归于佛，不止当时，后来亦然"，佛学与王学之间存在一种特殊的亲缘关系。居士佛学在乾嘉时期开始兴起，从一个侧面显示学界开始对心学思潮进行重新审视。中国研究和强调心的学问，称为"心学"，公认亚圣孟子和陆九渊、王阳明最为代表，其精神实质是要求人们收拾精神，不假依傍，自作主宰。时至近代，对于心学的重新审视，也是意在强调主体自我及其精神的重要性。沟口雄三曾认为，"在思想史上无妨把阳明学看作近代的远的渊源"。② 嘉道时期士人对"心"的重视，意味着继陆王心学传统之后，再一次开始了对个人内在精神力量的深入发掘。乾嘉乃至道咸时期士人在心性论领域所展现出来的多元取向与开放意识，集中强调了对主体自我精神的深入挖掘，在此基础之上将进一步推展出一套个性解放和个人自由的哲学理论。同时，它在某种意义上间接又开启了近代心力论和国民精神改造等重要的政治思想传统。

---

　① 岑贤安等：《性》，中国人民大学出版社 1996 年版，第 17 页。

　② ［日］沟口雄三：《中国前近代思想的演变》，索介然、龚颖译，中华书局 1997 年版，第 43 页。

第 十 二 章

经史之争与乾嘉儒学的知识分立运动

——以章学诚与龚自珍的六经皆史论为中心

中国学术自从魏晋时期出现经、史、子、集的四部分类法之后，至宋代有了"十三经"之称，其内容体系与崇高地位随之确立。到了清代，经学研究的成绩不仅"超轶前代"，而且大可以傲视同一时期的史学、子学与文艺研究，堪称是一个不折不扣的"经学复盛年代"。① 然而，清代极盛的经学在晚清民初以来的中国却急转直下，消解于现代知识分科体系之中难觅影踪，个中原因耐人寻味。其实经学作为一个知识门类的消解，其实并非从晚清民初才开始，早在乾嘉时期就已经埋下了知识裂变的种子。清代经学的内部压力主要表现为乾嘉经学中附庸蔚为大国的知识分立运动，其外部压力则主要来自史学、子学和文学，尤其是史学对于经学义理及其研究方法上的解构性批评。由于在经学与史学的统合、分立与消长的漫长过程中，蕴含着传统学术突破自身知识分类的系统尝试，并为传统知识门类向现代知识分科体系的过渡提供了必要准备，因此经史之争当是研究乾嘉以来知识门类分立运动的核心议题之一。

本章主要通过分疏章学诚与龚自珍"六经皆史"论的具体内容及其相互关系，来揭示乾嘉学术中经、史关系论的历史变迁。同样是主张六经皆史论，章学诚与龚自珍的背景、动机、内涵与实际学术后果皆大不相同，本章将通过比较方法进行对比分析，厘清章、龚六经皆史论的多重含义。并希望在此基础之上，进一步揭示三点内涵：①经史之争在乾嘉学术

---

① 皮锡瑞：《经学历史》，周予同注释，中华书局 2004 年新 1 版，第 214 页。

中的重要性及其多重含义；②章学诚与龚自珍依据六经皆史论对传统经史知识门类的重新整理；③乾嘉学术知识的独立、分类和整理与现代学术分科的建立、经学学科的消解之间关系。

一 乾嘉经史之争与章学诚的 "六经皆史"论

史学大家陈寅恪曾在《陈垣元西域人华北考序》一文中指出：

> 有清一代经学号称极盛，则史不远不逮宋人。……夫义理词章之学及八股之文，与史本不同物，而治其业者，又别为一类之人，可不取与共论。独清代之经学与史学，俱为考据之学，故治其学者，亦并号为朴学之徒。……虽有研治史学之人，大抵于宦成以后，休退之时，始以余力肆及，殆视文儒老病销愁送日之具，当时史学地位之卑下如此。由今思之，诚可哀也！此清代经学发展过甚，所以转致史学之不振也。①

清代史学因考据学风的影响而成就"考据史学"之传统，但在极盛之经学面前相形见绌，这是一个不争的事实。但是，陈寅恪在文中将经尊史卑的现象解释为由于材料残缺、解释过度而导致的"清代经学发展过甚"，似乎过于草率。因为我们反过来同样可以说，清代经学之所以兴盛是史学之不振所致，这样就会陷入循环论证的泥潭。既然清代史学根本无法撼动经学的优势地位，然而为何自晚清民国以来经学消解而史学独盛呢？解决这一疑问，恐怕在弄清楚经史之争外，还需要从传统知识门类的分立与转化来窥探其消息。更准确地说，中国传统经学与史学之间"悲欢离合的漫长旅程的尾声"，要从 18 世纪以章学诚为典型代表的"六经皆史"思想的再度兴起谈起。②

经与史、经学与史学的关系论争是绵延清代学术之始终的一个老问

---

① 陈寅恪：《金明馆丛稿二编》，三联书店 2001 年版，第 269—270 页。

② 朱维铮：《史学史三题》，《复旦学报》（社会科学版）2004 年第 3 期。

题，站在史学家立场之上的章学诚显非倡导"尊史"观念的第一人。"从其历史发展来看，史由附于经，而次于经，而等于经，以致现在的经附于史，有其一定的过程。"① 在章学诚之前，诸如袁枚、钱大昕、王鸣盛、崔东璧等乾嘉时期的文史学家们，都有为经学高高在上而史学屈尊在下的门户之见而愤愤不平的意思。其中，钱大昕在《廿二史劄记序》中所提出的经史无差别论，可以视为清代史学家向经学家的高高在上表示抗议的"独立宣言"。在这篇序文里，钱氏对当时"尊经抑史"的流行论调公开表示了不满：

> 经与史岂有二学哉！昔宣尼赞修六经，而《尚书》《春秋》实为史家之权舆。……列子儒学，初无经史之别。……并立四部，而经史始分，在不闻陋史而荣经也。……而十七史皆束之高阁矣。嗣是道学诸儒讲求心性，惧门弟子之汜滥无所归也，则有诃读史为玩物丧志者，又有谓读史令人心粗者。此特有为言之，而空疏浅薄者讬以借口。由是说经者日多，治史日少。彼之言曰：经精而史粗也，经正而史杂也。予谓经以明伦，虚灵玄妙之论似精实粗也；经以致用，迂阔深刻之谈似正实非正也。……若元明言经者，非剿袭稗贩，则师心妄作，即幸而厕名甲部，亦徒供后人覆瓿而已，奚足尚哉！②

此文在简要勾勒了中国学术从"经史不分"到"经史分立"，再到"尊经抑史"的历史变化轨迹的基础之上，指出乾嘉时期"说经者日多，治史日少"的学术消息。在钱大昕看来，如若经学学者只是师心妄作、空发议论，即使隶属于经学名义之下，亦不过"徒供后人覆瓿而已"，又"奚足尚哉！"史学家站在现实的立场，对于要么陷入烦琐考证，要么陷

---

① 周予同：《有关中国经学史的几个问题》，载朱维铮编《周予同经学史论著选集》（增订版），上海人民出版社1996年版，第695页。

② 钱大昕：《〈廿二史劄记校证〉序》，载赵翼《廿二史劄记校证》（订补本）下册，中华书局1984年版，第885—886页。与钱大昕对经史关系的历史分析类似，周予同将其概括为四个阶段：先是两汉以前"史附于经"，继而隋唐时期"史次于经"，再继而是宋元明清"经等于史"（如宋陈傅良《徐得之左氏国纪序》、明王阳明《传习录》、明李贽《焚书》、清代袁枚《史学例议序》等）。文中着重号为引者所加。

入高蹈义理的经学家公开进行了强有力的挑战。钱大昕对于"经精而史粗也,经正而史杂"这一学术通见的强烈批评,后来在章学诚、龚自珍等那里产生了强烈的共鸣,最终促使二人公开提出了"六经皆史""经史合一"的鲜明主张。其中,章学诚的"六经皆史"说作为乾嘉学界"以史学来统一经学"之经学史学化动向的最杰出的倡导者,成为清代经史之争和"四部"知识分类法转型的重要转捩点。正如余英时所指出的那样,章氏的"六经皆史"论除了重申浙东史学"言性命者必究于史"治学传统的含义之外,"还反映了当时学术史上一个新的发展,即史学逐渐独立自主,并有与经学分庭抗礼之势"。①

在《文史通义》全篇伊始,章学诚就开门见山地提出了自己的"六经皆史"论:

> 六经皆史也。古人不著书,古人未尝离事而言理,六经皆先王之政典也。②

顾名思义,所谓"六经皆史"就是指"六经皆先王之政曲也"——儒家六部经典全都是先王政治活动与教化内容的历史记录,它们所能够涵盖的历史事实及思想内容都是有限的。③ 仔细分析章氏六经皆史说的内涵,我们会发现与其"道器合一""官师合一""治教无二"说存在思想上的融贯性。

首先,哲学上的道器合一论,为章学诚的经史关系论奠定了理论基础。道,一般是指形上普遍的真理,而器则通常指日常经验之对象——客观实体。所谓"道不离器,犹影不离形"(《原道》),"知道器合一,方可言学"(《与陈鉴亭论学书》),是说没有能够脱离实体之经验的超验真理,所有的道既需要客观器物为之依托,也需要以日常经验为之来源,方能为人所认知、接受并加以实践。在认识论上,章学诚要求"学于形下

---

① 余英时:《论戴震与章学诚——清代中期学术思想史研究》,生活·读书·新知三联书店 2005 年第 2 版,第 286 页。

② 章学诚:《易教上》,载叶瑛校注《文史通义校注》,中华书局 1985 年版,第 1 页。

③ 参见胡楚生《章实斋六经皆史说阐义》,载胡楚生《清代学术史研究》,台湾学生书局 1999 年版,第 178 页。

之器，而自达于形上之道也"（《原道上》），坚持"即器存道""道寓于器"——道器合一、不二之立场，明显倾向于"下学而上达"的经验主义路向，反对脱离现实经验的抽象玄谈。在当时考据学偏重求实，而宋学派偏重义理的学术知识分裂的情况下，章学诚认为，最理想的知识形态应将是"以有据之学，实其无形之义，而后趋不入于歧途也"①——将形下之器与形上之理相结合起来。

其次，"六经皆器"论，则成为沟通道器合一论与六经皆史论之间的桥梁。所谓"六经皆器"，即认为六经不过是有关先王政教活动的经验总结与客观记载而已。在文本形式上，"六艺非孔氏之书，乃周官之旧典也"（《原道》），"六艺皆古史之遗"。章学诚言下之意即"古无经、史之分"——六经本身就是史籍。例如，《书》经本来就是一部史书，在文本形式上与《史记》并无不同。在经典内容与功用上，"古人未尝离事而言理"，六经"非讬于空言也"，它们莫非是周公"义取经纶为世法""经纬世宙""因事而寓教"的工具。正所谓："六经初不为尊称，义取经纶为世法耳，六艺皆周公之政典，故立为经。"② 具体到六经的各自用处，《四库全书总目》说得最明白：

> 诗寓于风谣，礼寓于节文，尚书、春秋寓于史，而易则寓于卜筮。（《经部·易类一》）

六经作为周公治世教民的政治典章，皆是一时一地实事与经验的记述与总结，并没有后儒引申出来的超越时空限制的教条之义。因此，对于当时被过分抬高的经学研究之地位与价值应该恢复其应有之面目，对于被过分贬低的史学研究应给予充分肯定。

当然，经学与史学一样都是社会政治教化的工具，史学研究也不能脱离实际，为了考据而考据的考据史学。章学诚在《上朱大司马论文》一文中，谈及清代史学只是史纂、史考、史例、史选、史评罢了，而"古人所谓史学，则未之闻矣"。那么，史学的价值究竟在哪里呢？因此，章

---

① 章学诚：《砭异》，载叶瑛校注《文史通义校注》，中华书局1985年版，第449页。
② 章学诚：《经解下》，载叶瑛校注《文史通义校注》，中华书局1985年版，第110页。

学诚之所以不厌其烦地说明六经只不过是当时历史记录之事实，是因为还有一层深意就是试图继承"言性命者必究于史"的浙东史学的经世传统，纠正清中前期考据史学的偏颇。周予同认为，章氏所指就是"史义"，亦即"史意"，也就是治世之道。①"史学所以经世，固非空言著述也。……学者不知斯义，不足言史学也。"② 在当时史学不能"离今而求古""舍人事而言性天"，要求关注社会现实的寓意，使章学诚"六经皆史"论具有了在当时难得一见的强调经世致用的精神内涵。

最后，在"求六艺之本原"的基础之上，重新建构"辨章学术，考镜源流"的知识分类体系与文史校雠之学，成为"六经皆史"论的必然归宿。章学诚认为，周公集结六经时的身份是"官师合一""治教不二"的，而到了孔子在世的时候情况已然变成官失其守转而为师，因此孔子晚年一心成为远离政治、"祖述尧舜，宪章文武"的师儒，乃是迫于自己无法集官、师两种身份于一身的无奈选择。孔子所阐述的六经传统虽然是中国后来所有学术知识的源头，但正所谓"六典亡而为《七略》，是官失其守也；《七略》亡而为四部，是师失其传也"③，六典作为经史合一、官师合一的知识传统之典范已成绝响。六经传统，在两汉时由于"官失其守"递变为"七略"（指辑略、六艺略、诸子略、诗赋略、兵书略、数术略、方技略），在魏晋之间又由"师失其传"递变分裂为"四部"之学。"于是学者不知著录之法，所以辨章百家，通于大道，而徒视为甲乙纪数之所需"④，经学与史学等不同的知识活动之间不仅无法融贯互动，而且相互割裂聚讼，使知识全体失去了系统与条理，变得杂乱无章。

对于如何在六经传统的基础之上来重新彰显"孔门之道""学之全体"，章学诚提出了自己的明确答案：

夫道备于六经，义蕴之匿于前者，章句训诂足以发明之。事变之

---

① 周予同：《章学诚"六经皆史说"初探》，载朱维铮编《周予同经学史论著选集》（增订版），上海人民出版社1996年第2版，第713—714页。

② 章学诚：《浙东学术》，载叶瑛校注《文史通义校注》，中华书局1985年版，第524页。

③ 章学诚：《和州志艺文书序例》，载叶瑛校注《文史通义校注》，中华书局1985年版，第650页。

④ 同上书，第649—650页。

出于后者，六经不能言，固贵有约六经之旨而随时撰述以究大道也。①

类似的意思，柯林武德也说过："只有在历史过程、亦即思想过程之中，思想本身才存在；并且只有在这个过程被认识是一个思想的过程时，它才是思想。"② 六经中所存的"孔门之道"既非从来就有，亦非能涵盖一切真理和所有知识门类，随着历史的推移，孔子所祖述之六经当然无法包括和解释"事变之出于后者"。如果孔子之前的真理知识通过"章句训诂足以发明之"，那么之后新出现的真理知识又如何认知、如何归类呢？身处"诸儒专攻一经之隅曲"③ 的乾嘉考据学术之中的章学诚，认为当时的"训诂章句，疏解义理，考求名物，皆不足以言道也"，必须"取三者而兼用之，则以萃聚之力，被遥溯之功，或可庶几耳"！（《原道下》）换言之，六经成书之前的知识，可以通过经学考据学者的章句训诂等工夫而得以发明，而之后"六经不能言"的新兴学术知识，则唯有在"约六经之旨"——凝练六经的基本精神原则为指导的条件下，通过"随时撰述"的方式得以呈现。至于撰述的形式，显然不局限于经、史、子、集"四部"之学中的某一类知识。如章氏所言：

途径不同，而同归于道也。后儒途径所由寄，则或于义理，或于制数，或于文辞，三者其大较矣。三者致其一，不能不缓其二，理势然也。知其所致为道之一端，而不以所缓之二为可忽，则于斯道不远矣。④

①　章学诚：《原道下》，载叶瑛校注《文史通义校注》，中华书局1985年版，第139页。
②　[英]柯林武德：《历史的观念》，何兆武、张文杰译，商务印书馆1997年版，第319页。有过类似的历史洞见还有不少人。如法国年鉴学派史学家马克·布洛赫所言："脱离特定的时间，就难以理解任何历史现象。"（参见[法]马克·布洛赫《为历史学辩护》，张和声、程郁译，中国人民大学出版社2006年版，第29页。）用余英时的话来说，就是"'六经皆史'之说既立，则'经'也不能完全摆脱时间性。"（参见余英时《清代学术思想史重要观念通释》，载《中国思想传统的现代诠释》，江苏人民出版社1989年版，第283页。）
③　章学诚：《原道下》，载叶瑛校注《文史通义校注》，中华书局1985年版，第138页。
④　章学诚：《博约下》，载叶瑛校注《文史通义校注》，中华书局1985年版，第166页。

在乾嘉时期三大知识门类——"义理""制数"或"文辞"之学，虽然术业各有专攻，然而皆属于从不同内容、方式和角度来彰显和扩展"大道"——"学之全体"的专门之学。但是，有鉴于乾嘉时期整个知识领域被分裂为义理、考据与辞章三大类别，日益陷于"道术将为天下裂"的支离局面，章学诚才有志于继承司马迁、刘向父子和郑樵"部次甲乙，将以辨章学术，考镜源流"①的校雠之学，重新建构起一套能够弥缝四部之学鸿沟的，亦经亦史、经史合一式的"文史之学"。章学诚撰写的《校雠通义》，通常不大为后世学术思想史研究学者们所注意，然而这是章学诚学术史努力中，融贯诸门学术知识、展现学问之整体面貌的心血结晶。

二　章学诚综贯"尊德性"与"道问学"
两大知识门类的学术史贡献

章学诚在建构起一套以"六经皆史"为核心的史学理论之外，从事的学术研究主要是重构传统知识分类学——校雠学这一类似于今天学术思想史性质的工作，并且也取得了显著成绩。

众所周知，章学诚的学术思想不仅仅只有《文史通义》之《易教》、《原道》诸篇所提出的"六经皆史"论那么简单，"六经皆史"论也不仅仅是用来说明经史关系论。他在《博约》《朱陆》《浙东学术》《和州志艺文书序例》《校雠通义》诸篇中向我们展现了一个更大的学术抱负。邵廷采（1705—1755）之子邵晋涵（1743—1796）在给章学诚的信中说：

> 足下锐志欲复七略之旧，宜取刘向别录。散见群籍者，合而抄之，以存刘之遗，匡班之误，以求六艺之本原，幸甚，幸甚！②

章学诚认为，在当时通行的"服郑训诂"之汉学、"韩欧文章"之文学和"程朱语录"之宋学三大学术门类之间，"固已角犄鼎持不能相下，

---

① 章学诚：《校雠通义》，载叶瑛校注《文史通义校注》，中华书局1985年版，第945页。

② 邵晋涵：《与章实斋书》，载《南江文钞》卷八，《续修四库全书》第1463册，上海古籍出版社2002年版，第481页。

必欲各分门户，交相讥议，则义理入于虚无，考证徒为糟粕，文章祇为玩物"① 显然，三者皆以担当孔门之道自负，皆以追求真理知识为己志，某一类知识是无法垄断学问之正统的。由于六经传统是中国所有知识之源头，经、史、子、集的"四分法能否成立，关键在经部"②，因此不难理解章学诚为何通过"求六艺之本原"的方式来实现不同知识门类之间的相互配合、调和与融通。

虽然清代经学极盛、占尽优势，然而经学内部不独存在朱、陆之辨，还存在汉、宋之争，深陷入内部不断分裂之境地。焦循在《辨学》一文中就此指出：

> 今学经者众矣，而著书之派有五：一曰通核，二曰据守，三曰校雠，四四摭拾，五曰丛缀。此五者，各以其所近而之。……五者兼之则相济。学者或具其一而外其馀，余患其见之不广也，于是乎辨。③

要想避免经学内部不同知识活动之冲突，最好能够"五者兼之"。亦诚如章学诚所言："义理不可空言也，博学以实之，文章以达之，三者合于一，庶几哉周孔之道虽远，不啻累译而通矣。"（《原道下》）显然，在章学诚阶由"求六艺之本原"来重构学术知识分类体系的过程中，对传统学术内部的"道学问"与"尊德性"的内在紧张进行了自成一格的阐释与融通。

章学诚在其《浙东学术》一文中，试图表明自己是"言性命必究于史"之浙东史学传统的真正传人，并批评了戴震是不知自己继承了朱子"道问学"传统反而批评朱子的自相矛盾、背师叛道之人。但是，对于章学诚本人来说，其"六经皆史"说无论是对于浙东史学传统的自觉传承，还是对陆王尊德性传统的再次强调，都不足以揭示章氏此说的知识论内涵与学术史意义。我们可以从以下两个方面来揭示这一层曲折。

---

① 章学诚：《与族孙汝楠论学书》（1766 年），载《章学诚遗书》卷九，文物出版社 1985 年版。有关乾嘉学者学术分类及争论，可参见漆永祥《乾嘉考据学研究》第八章，中国社会科学出版社 1998 年版。

② 司马朝军：《四库全书总目研究》，社会科学文献出版社 2004 年版，第 151 页。

③ 焦循：《焦循诗文集》，广陵书社 2009 年版，第 139 页。

一方面，章学诚对于当时学术风气和治学态度的理解与众不同。他对经史考据学者所秉承的道问学传统的批评，与高举道德义理的桐城派对戴震的批评是有本质区别的。例如，对于讲求"义法"的文章家方苞及其选学，章学诚的评价是"小慧私智，一知半解"，将其划入学术中的"不贤识小之例"。① 章氏自己的道器合一论则暗含了对程朱理气、道器二元论传统的深刻修正。② 而浙东学术中暗含的"尊德性"传统，在章学诚这里也已经不再是陆王学单纯讲求道德的传统了，而是指一种学思并进、学有宗主统贯的求知态度。可以说，"尊德性"原有的"伦理含意几乎被削除了，代之而赋予这个词以只能叫做'恢复知的主观性契机'的含义。可以说，尊德性从伦理学上的概念转变为学术的方法概念"。③ 对于乾嘉重视考据方式和资料积累的治学态度，章学诚认为，其最大缺陷是"学而不思"。正所谓：

> 诸子百家之患，起于思而不学；世儒之患，起于学而不思。④

虽然"学也者，效法之谓也"⑤，但是"学"并非一味模仿和知识的积累，必须学有宗主，需要结合个人的自主思考从中取舍和裁断。这一点，浙东史学宗师黄宗羲在编撰《明儒学案》这一学术中著作时就已经指出："大凡学有宗旨，是其人之和力处，亦是学者之入门处。天下之义理无穷，苟非定以一二字，如何约之，使其在我。"⑥ 章学诚自觉地继承了这一治学态度，认为"学必求其心得"并在其学术史研究中贯注了主体性的思想。他说：

> 徇于一偏，而谓天下莫能尚，则出奴入主，交相胜负，所谓物而

---

① 章学诚：《答问》，载叶瑛校注《文史通义校注》，中华书局 1985 年版，第 491 页。

② 参见［美］倪德卫《章学诚的生平及其思想》，杨立华译，江苏人民出版社 2007 年版，第 2002 页。

③ ［日］山口久和：《章学诚的知识论》，王标译，上海古籍出版社 2006 年版，第 60 页。

④ 章学诚：《原学下》，载《文史通义校注》，中华书局 1985 年版，第 154 页。

⑤ 同上书，第 147 页。

⑥ 黄宗羲：《明儒学案学凡》，载《明儒学案》，中华书局 2008 年第 2 版，第 14 页。

不化者也。是以学必求其心得，业必贵于专精，类必要于扩充，道必抵于全量，性情喻于忧喜愤乐，理势达于穷变通久，博而不杂，约而不漏，庶几学术醇固，而于守先待后之道，如或将见之矣。①

有了自我的主见和标准，不同门类知识之间方能"博而不杂，约而不漏"，为我所用，进而避免"徇于一偏""食古不化"。章学诚希望在知识的客观性与主观性、博与约、知识人的"专家"与"博雅"之间寻求一种综合与平衡，正所谓"道本无吾，而人自吾之"②，在承认"道"——知识的客观普遍性的基础之上再融入自己的理解。这一点与盛行于乾嘉考据学术中的"道问学"传统片面注重"实事求是""学贵无我"和"学贵专精"的学风相比，显然要更为深刻全面。

正是为了超越自己所描述的学术风气"不无偏重畸轻"的循环论③，纠正学术知识"徇于一偏"的现状，章学诚构想了一个宏大的学术体系——"文史之学"，试图通过综合"训诂""辞章"与"义理"之学来展现学术知识的全体面貌。他在《校雠通义》中的"辨章学术，考镜源流"的学术史努力，就是想要"批判克服以经为首，继以史、子、集四部分类所揭示的知识框架、知识的序列化"④，实现对经史考据以及其他部类知识的双重解放。如果"六经皆史"——经、史可以同等并列了，那么就为整个知识系统的重构打下坚定基础。这表明六经皆史论并非是章学诚学术思想的最高旨趣或最终企图。

另一方面，章学诚对于"学"以及学者身份的理解也有突破性。中国自古以来，"学"的本义中很少指对外在知识的追求，"而是对自己已经存在的知识进行确认的反省性（self reflective）精神活动"⑤，因而对于为了知识而知识的"学者"通常不抱正面观感。但是，伴随着乾嘉学术

① 章学诚:《博约下》，载叶瑛校注《文史通义校注》，中华书局 1985 年版，第 166 页。
② 章学诚:《原道下》，载叶瑛校注《文史通义校注》，中华书局 1985 年版，第 138 页。
③ 参见［日］山口久和《章学诚的知识论》，王标译，上海古籍出版社 2006 年版，第 145 页。
④ 同上书，第 90、135 页。
⑤ ［日］山口久和:《中国近世末期城市知识分子的变貌——探求中国近代知识的萌芽》，载《华东师范大学学报》（哲学社会科学版）2004 年第 1 期。

中诸多专门知识之学的分化独立，"学"作为人类智慧（自我修养和道德教化等）有关的自我反思性活动的传统含义，更多地转变为关于外界和事体的知识探求活动，学术日益知识化和专业化。上述的"道本无吾"，表明章学诚承认的知识的客观独立性及其不断分化的合理性；而"人自吾之"则表明他继而在专门之学中间强调主观裁断和综合贯通的重要性。同样是追求"尊德性而道问学"的孔门之道，在章学诚这里似乎已经变成了"尊德性"是为了更好地"道问学"。

当然，对于学术知识的研究者身份的认同问题，也是作为史学家的章学诚与经学家、文章家争锋的重要内容。由于乾嘉学者日渐成为一种从事专业化研究的专家和职业，并且日益远离道德与政治，在身份上也表现出由"博雅"而"专家"、由"儒者"（Confucian）向"学者"（Scholar）的转变。换言之，"学问（知识）从政治、道德（智慧）那里获得了独立。知识再也不要通过现实（＝政治世界）参照始能判定其真理性，毋宁说变成了在相互关系网络中获得真理性"。① 这是前所未有的社会现象。山口久和就此进一步认为："对个别知识自身的追求作为学术而自立起来，并以赤裸裸的个性表现得到社会的普遍认识，必须等待着近世末期乾嘉知识分子——其典型代表为章学诚和袁枚——的出现。"换言之，章学诚作为一个始终未能跻身于政治事务的士人，"作为被政治世界疏远而带来的精神痛苦的补偿，他转向了对知识探求的关心，是近代'学者'的典型"。② 章学诚不仅在知识重构方面有自己的独特贡献，即使在古代"士人"向近代"知识分子"的转变过程中也发挥了筚路蓝缕的先导作用。

三　"毅然破乾嘉之门面"：从章学诚到龚自珍

当历史即将跨入 19 世纪门槛之际，乾嘉学术中"肆意稽古"的宗师级人物，如惠栋、江永、戴震等已经去世多年，王鸣盛、卢文弨、江声、

---

① ［日］山口久和：《中国近世末期城市知识分子的变貌——探求中国近代知识的萌芽》，载《华东师范大学学报》（哲学社会科学版）2004 年第 1 期，第 8 页。

② 同上书，第 2、17 页。

王念孙等学界耆宿也相继离世，而在硕果仅存的老一辈考据学者当中，像程瑶田（1725—1814）、钱大昕（1728—1804）、段玉裁（1731—1815）、章学诚（1738—1804）等大多已经步入暮年，垂垂老矣。除了焦循（1763—1820）、阮元（1764—1849）等之外，即将在嘉道之际的学术舞台上崭露头角的新生代学者们，像洪亮吉、包世臣、龚自珍、魏源、姚莹、管同等，此时却大多还是懵懂无知的少年。难怪乎段玉裁，在当时写给刘端临的信中感叹道："吾辈数人死后，将来虽有刻十三经者，恐不能精矣。"① 显然已经明显感觉到嘉道之间的学术嬗变即将来临。

学界对于嘉道学术之变的分期与动因，业已取得了较多共识。在有关清代经学史众多的分期当中，通常有"国初""乾隆以后""嘉道（道咸）以后"的三阶段论提法，一致认为，处于 19 世纪上半叶的嘉庆、道光、咸丰三朝的清代学术出现了重大转变。② 对于这场转变的创始者，王国维指出，"如龚璱人、魏默深之俦，其学在道咸后，虽不逮国初、乾嘉二派之盛，然为此二派不能摄，其逸而出此者，亦时势使之然也。"③ 梁启超曾很生动地说，龚魏等是嘉道时期学术界的"别动队"。而钱穆则匠心独运地选择了章学诚、龚自珍、康有为这三人，分别作为乾嘉学术、道咸学术和同光（晚清）学术"别动"异端的代表，认为，"近代我们的学术界，实际则是从此三人移步换影而来，其先后间有一段极亲密而紧凑的线索联系着，所憾只在我们不自知而已"。④ 即使晚清保守派人士对于龚、魏等的"别动"取向多持有批判态度，但是对于龚自珍等在嘉道学术转型过程中所起的关键作用同样是予以充分肯定的。例如，叶德辉曾经说：

　　　　刘申受之于《公羊》，陈恭甫之于《尚书大传》，凌晓楼之于

---

① 段玉裁：《与刘端临书第十八》，载《经韵楼集》，上海古籍出版社 2008 年版，第 406 页。

② 参见皮锡瑞《经学历史》，中华书局 2004 年版，第 249—250 页；王国维：《沈乙庵先生七十寿序》，载《观堂集林》，河北教育出版社 2003 年第 2 版，第 574 页。

③ 王国维：《沈乙庵先生七十寿序》，载《观堂集林》，河北教育出版社 2003 年第 2 版，第 574—575 页。

④ 钱穆：《孔子与春秋》，载钱穆《两汉经学今古文平议》，商务印书馆 2005 年版，第 309 页。

《春秋繁露》，宋于庭之于《论语》，渐为西京之学。魏默深、龚定
庵、戴子高继之，毅然破乾嘉之门面，自成一军。今日恢刘、宋之统
者，湘绮楼也；振高邮之绪者，俞曲园也。①

　　叶氏基本上是将龚自珍放在晚清今文经学派（"西京之学"）中来评
价其学术地位的。我们姑且不论这种归类是否恰当，然仅就认定龚自珍等
的学术思想"毅然破乾嘉之门面"来说，不愧是有见地的看法。

　　那么，分别作为乾嘉学术与道咸学术维新转变之代表，章学诚与龚自
珍两人的学术思想有何关系呢？清学研究大家章太炎最早揭明了其中的联
系："自珍承其外祖之学，又多交经术士，其识源流，通条理，非（魏）
源之侪，然大抵剽窃成说而无自者。其以六经为史，本之《文史通义》
而加华词。观其华，诚不如观其质者。"② 章氏对龚自珍的评价，后来几
乎全为钱穆所继承，不仅认定"定庵为文，固时袭实斋之绪余者著书亦
颇剽窃实斋"③，而且还说"定庵之学，虽相传以常州今文目之，而其最
先门径，则端自章氏入"。④ 虽然《文史通义》在章学诚生前曾自刻一部
但流传不广，该书通行本只到道光十二年（1832 年）才首次刻印于河南，
但是段玉裁、邵晋涵等在当时已经对其推崇有加。龚自珍极有可能是通过
段玉裁而熟知章学诚的经史之学的。⑤ 无论龚氏是通过何种渠道接触到章
学诚著作的，他的经史关系论受到了章学诚"六经皆史"说及其学术史
论说的显著影响是肯定无疑的。

　　章、龚二人学思确实有异曲同工之处，主要表现在三个方面：①在经
史关系上，都主张"六经皆史"论，并且皆试图以"六经皆史"论为中
心建构起自己的一套的学术史论与知识分类理论。与章学诚对"四部"

---

　　① 叶德辉：《与戴宣翘校官书》，载苏舆编《翼教丛编》卷六，上海书店出版社 2002 年版，
第 173—174 页。

　　② 章太炎：《说林下》（《校文士》），载《章太炎全集》（四），上海人民出版社 1985 年
版，第 121 页。

　　③ 钱穆：《中国近三百年学术史》上册，商务印书馆 1997 年版，第 432 页。

　　④ 钱穆：《中国近三百年学术史》下册，商务印书馆 1997 年版，第 594—595 页。

　　⑤ 参见章学诚《与史馀村简》，载《章学诚遗书》卷九，文物出版社 1985 年版，第 82 页；
段玉裁《与邵二云》，载《经韵楼集》，上海古籍出版社 2008 年版，第 388 页。其中，段氏在文
中有云："实斋神交已久，今始得见其史学，可谓得其本原。"

之学的批判相类似，龚自珍认为，乾嘉通行的义理、考据与辞章的知识分类已经不再适用，"汉学"与"宋学"更不足以涵盖乾嘉学术之全部，必须重新做一番调整，其中经学史学化的知识谱系重构是重中之重。经史这两大知识门类的重构，是章、龚二人的最大共通之处。②在学术与政治的关系上，都主张治、学、道合一论，要求学术为现实政治服务的经世致用之立场。① ③在社会历史起源问题上，龚自珍与章学诚也较一致，都认为人类文明乃是后天创造的结果。龚自珍的《胎观第一》《胎观第二》等文，与章学诚的《原道》一文，其在理论思路上是很相像的。例如，关于人类文明之起源，龚自珍说"善恶皆后起"（《阐告子》）、"既有世已，于是乎有世法"（《胎观第二》）②，而章学诚则说"仁义忠孝之名，刑政礼乐之制，皆其不得已而后起者也"，二者非常类似。

不过，如若有人据此论断"定庵不是于个别问题上与实斋见解类似，而是整个理论体系几乎完全相同"③，则不免过当。定庵固然受到实斋的显然影响，但是进一步断定两个人的理论体系几乎完全相同，则未免囿于钱穆的"剽窃说"的严重局限，无视于龚自珍对于章学诚思想的推进。

四　"其运实为道问学"：龚自珍论乾嘉学术知识的独立与分化

如前所述，章学诚所追求的校雠之学并不像如今的文献学、目录学或者图书分类法等知识门类这么单纯，实质是一门寓思想、知识与技术方法为一体的综合性学科——学术思想史。如其所云：

> 校雠之义，盖自刘向父子部次条别，将以辨章学术，考镜源流；

---

① 陈鹏鸣：《试论章学诚对于近代学者的影响》，载中国历史文献研究会编《章学诚国际学术研讨会论文集》，北京图书馆出版社 2004 年版，第 410—412 页。

② 龚自珍：《龚自珍全集》，上海古籍出版社 1999 年新 1 版。本书所引篇目皆依此版本，不再另注。

③ 梁绍杰：《章学诚对龚自珍学术思想的影响衍论》，载陈仕华主编《章学诚研究论丛》，台湾学生书局 2005 年版，第 237—238 页。

非深明于道术精微、群言得失之故者，不足与此。后世部次甲乙，纪录经史者，代有其人；而求能推阐大义，条别学术异同，使人由委溯源，以想见于坟籍之初者，千百之中，不十一焉。①

依章氏"推阐大义，条别学术异同"的标准，其《浙东学术》一文就是一篇专论浙东学术思想史的经典佳构。然而，对于整个清代中前期的学术思想源流与异同，整个乾嘉知识群体中最有通观裁断能力的人恐怕要数龚自珍，而非强调"学必求其心得"的章学诚。龚自珍下面这段堪为清代学术思想史的经典之论：

> 孔门之道，尊德性、道问学二大端而已矣。二端之初不相非而相用，蕲同所归，识其初，又总其归，代不数人，或数代一人，其余则规世运为法。入我朝，儒术博矣，然其运实为道问学。（《江子屏所著书叙》）

龚自珍身处乾嘉学术发展的蜕变期，已经能认清清代学术的主干是"道问学"一派。在他看来，清代学术有其"自得之学""专门之学"，可以自成一派，绝非"汉学"一词所能涵盖。

在龚自珍这里，对于"学"（学术门类）之整体有"表"与"里"、"迹"与"神"之分：

> 圣人之道，有制度名物以为之表，有穷理尽性以为之里，有训诂实事以为之迹，有知来藏往以为之神。谓学尽于是，是圣人有博无约、有文章而无性与天道也。（《江子屏所著书叙》）

其中，"尊德性"为里，"道问学"为表，按理来说两者之间应该保持一种平衡，但在不同的历史阶段不可避免地出现不同程度的偏重。龚自珍"入我朝，儒术博矣，然其运实为道问学"的学术论断，准确地把握

---

① 章学诚：《校雠通义》卷一，载叶瑛校注《文史通义校注》，中华书局1985年版，第945页。

到清代中前期学术思想的主流是"道问学"的扩充与张大，并且能准确分辨出清代学术与宋明学术、两汉学术之间的异同，具备了相当高的学术史眼光。后来，余英时认为，清代学术存在"儒家智识主义之转向"。刘述先等认为，清初学术存在"达情遂欲之典范"。张寿安认为，乾嘉学术存在一个"以礼代理"运动等论断①，实质上都并没有超出龚氏上述论断的范围。

虽然龚自珍说"舍数而言义，吾未之信也"，希望在"数"（度数之学）与"义"（义理之学）之间寻求一种综合，但是容身于考据学术中的"度数之学"的不断张大进而独立分化，显然是乾嘉学术至为明显的动向与贡献。"度数"或"制数"之学，早已习见于戴震、姚鼐和章学诚的著述。戴震在《与郑用牧书》中说过："为学之道有三：曰义理，曰度数，曰词章"，在《与方希原书》中又说：

> 古今学问之途，其大致有三：或事于理义，或事于制数，或事于文章。事于文章者，等而末者也。②

其实"制数"与"度数"并无本质不同，皆指刘廷献所谓的探研"古今兴衰沿革礼乐兵农之故"——天文、算学、物理、医学、农学等诸种专门学问。它们在《四库全书》子部中皆跻身前七位（儒、兵、法、农、医、天文算法与术数），这表明传统科学的整体地位在诸种知识门类中有了显著的提升。③后来，戴震在《与姚姬传书》当中又以"义理、考据、词章"三者并举，显然是将度数之学的内容融入了考据学。吴孟复教授就此认为："明乎度数与考据之同，斯可以言实学，言致用，其言方

---

① 参见余英时《论戴震与章学诚》自序，生活·读书·新知三联书店2000年版，第3页；刘述先、郑宗义：《从道德形上学到达情遂欲——清初儒学新典范论析》，载梁仕元主编《文化传统的延续与转化》，香港中文大学出版社1999年版；张寿安：《以礼代理——凌廷堪与清中叶儒学思想之转变》，河北教育出版社2001年版，第6页。

② 戴震：《戴震全书》第六册，黄山书社1995年版，第375页；章学诚：《博约下》，载叶瑛《文史通义校注》，中华书局1985年版，第166页。

③ 参见司马朝军《四库全书总目研究》，社会科学文献出版社2004年版，第161页。

为有物之言。"① 将度数之学视为乾嘉考据学中最具突破性的知识进展与最具经世内涵的知识门类，可谓一语道破了为何被视为断烂饩饤之乾嘉考据学中却转而发展出嘉道经世之学的秘密。

到了乾嘉后期，与龚自珍同一时期的姚莹曾经将"道"——学之全体分为"器""数"与"理"三个层面：

> 盈天地间皆道也。有器，有数，有理。何谓器？典章、制度、文物，诸灿然者是矣。何谓数？二气、五行、十日、四时之迭运，长短、大小、高下、清浊、厚薄之不齐，凡诸错然者是。何谓理？……三纲之所以立，五常之所以顺，凡诸事之所以然者矣。②

姚莹眼中的"数"，是包括天文历法、物理数学在内的自然知识体系。它与"器"——器物典章制度等一道，构成了考据学的对象范围。姚莹显然已经注意到考据学当中的名物度数研究的分化扩展，只不过姚莹的桐城派立场依然鲜明，高举"器统于数，数统于理"的观点，坚持纲常义理的最高地位不放。姚莹认为，"数统于理"将器物知识看成是进德之准备阶段，反映了对德性修养的一贯重视。他的说法虽然并没有否认知识的重要性，但更为强调的是德性修养的终极目的性及其对知识增进的重要性，对于知识的独立性显然未予强调。

龚自珍对于度数之学的界定要远远超出姚莹的"器"与"数"之范围，视野更为博大，且明确肯定了专门之学的相对独立性。这要以他的《阮尚书年谱第一序》为主要代表。龚氏在该序中，对乾嘉学术之殿军阮元（其实是以阮元为中心的学术群体）的学术思想所进行的概括，除了尊德性的"性道"之学以及介于德性与学问之间的"文章"之学外，关乎器数的度数之学包括训诂、校勘、目录、金石、九数、掌故、史学、典章制度等多种专门之学，共十大类、十五小类。③ 按照现代学科分类体制

---

① 吴孟复：《识小录·寸阴丛录序》，载姚莹《识小录·寸阴丛录》，黄季耕点校，黄山书社 1991 年版，第 3 页。

② 姚莹：《读书大义》，载《识小录》卷一，黄山书社 1995 年版，第 5 页。

③ 详细条目请参见张寿安《龚自珍论乾嘉学术——专门之学：钩沉传统学术分化的一条线索》，载《学海》2010 年第 2 期。

划分，所谓的乾嘉考据学术起码包括语言文字学、训诂学、音韵学、校勘学、版本目录学、考古学、天文历法、物理数学、历史学、社会学、政治学等广泛内容。显然，龚自珍对于从乾嘉学术中发展出来的知识门类所进行的概括尝试，已经突破了"四部"之学的范畴。阮元之后，包括龚自珍在内的道咸学人，在前贤研究成绩的基础之上不断推陈出新，像财政、商业、水利、边疆地理、军事、农业、律政等专门（家）之学有了极大扩展，知识门类的扩张、分化与独立运动蔚为大观。从传统知识体系的近代转化过程看，从清初以降逐步兴起的这些专门之学大多在 20 世纪成功转型为现代学科，依赖教育体制传授至今不坠。① 难怪乎，山口久和不无理由地认为，"经学的解构、儒学的俗世化、经书规范性的丧失，缺少其中任何一项都将无法实现知的近代化"。②

　　正是随着传统知识门类的分化，综合性研究越来越困难，成为"通儒"的理想也越来越难以实现。这从阮元对钱大昕的评价中可见一斑：

　　　　国初以来，诸儒或言或道德，或言经术，或言史学，或言天学，或言地理，或言文字音韵，或言金石诗文。专精者固多，兼擅者尚少，惟嘉定钱辛楣先生能兼其成。③

　　在阮元看来，在当时能够堪称"通儒"的少而又少，能够淹博诸多专门的恐怕只有钱大昕一人。仅就经学门类来讲，由于它"是中国特有的一种学问；正确点说，经学只是中国学术分类法没有发达以前之一部分学术综合的名称"。④ 在传统的"四部"分类之中，经学是所有学术的躯干，是其分化的源头，最具包罗万象的综合性特点。在学术分类法没有发达之前，综合性正是经学的优势之所在，可是伴随着经学研究中专门之学

---

　　① 参见张循《汉学的内在紧张——清代思想史上汉宋之争的一个新解释》，载台北《中研院近代史研究所集刊》第 63 期，第 82 页。

　　② ［日］山口久和：《中国近世末期城市知识分子的变貌——探求中国近代知识的萌芽》，载《华东师范大学学报》（哲学社会科学版）2004 年第 1 期。

　　③ 阮元：《十驾斋养新录序》，载《嘉定钱大昕全集》第七册，江苏古籍出版社 1997 年版，第 1 页。文中着重号为引者所加。

　　④ 周予同：《中国经学史讲义》，上海文艺出版社 1999 年版，第 125 页。

的分立运动，综合性日益变成了经学的致命缺陷。由于"综合性"日益难以维系，近代经学面临着内部不断裂变的危险。经学研究的主体性的丧失，可能是经学作为一个知识门类难以在近代延续并最终消解的根据原因。

　　龚自珍正是看到了经学难以维系的威胁，才开始了重整经学体系的努力。不过，他整理经学体系是依据"六经皆史"——将六经还原为历史典籍的方式来实现的。因此，龚自珍的经史关系论与章学诚一样，并非只是为史学争一高低那么简单，而是为了拯救内部不断裂解的经学，维护经学作为一个知识学科的独立完整性与至高无上性才提出来的。我们必须把龚氏的经史关系论放在知识不断分立、经学日益裂解这一大背景下，方能得到充分理解其学术史含义。

五　经、子皆史与龚自珍重整经学体系之努力

　　周予同指出："清道光以前，学者们都是专经（分经）研究，不作通经研究。龚自珍开始了综合性研究。"① 在经学史学化的立场之下，龚自珍不仅希望甄综今古文经学，重新厘定"六艺九种"新经学体系，而且还提出了"儒但九流一""吾择于一之志"多元开放的学术史主张。除了对《尚书》、《公羊学》进行过专门研究之外，龚氏还对"十三经"的整个经学体系进行过系统重整的努力，开启了自成一体的综合性研究范式。

　　针对流行于乾嘉时期的"治经见道"的"唯经""尊经"而"贬史"的学风，龚自珍有着深刻的体会，进行了自觉的批判。他在《古史钩沉论》中说：

　　　　号为治经则道尊，号为学史则道诎，此失其名也。知孔子氏之圣，而不知周公史佚之圣，此失其祖也。（《古史钩沉论二》）

　　按照廖平的"今古文宗旨不同表"② 中的标准，在经、史关系以及孔

---

① 周予同：《中国经学史讲义》，载《周予同经学史论著选集》（增订本），上海人民出版社 1996 年版，第 909 页。着重号为笔者所加。

② 廖平：《今古学考》卷上，载《廖平选集》上册，巴蜀书社 1998 年版，第 44—45 页。

子与六经的关系上，龚自珍更像是一个古文经学家。因为他在认定六经皆本自周史的同时，还倾向于认为孔子祖述尧舜，宪章文武，是一位"述而不作，信而好古"的历史学家。基本上是一个遵守了述而不作的原则，承担了折中性的编纂整理工作的"传述家"，绝非独自全新的创造者。这与今文经学家相去甚远的立场，即使在龚自珍 28 岁师从刘逢禄学习春秋公羊学之后也没有改变，并多次加以强调：

> 孔子述六经，则本之史。（《古史钩沉论四》）
> 孔子之未生，天下有六经久矣。……仲尼未生，先有六经。仲尼既生，自明不作，仲尼曷尝率弟子使笔其言以自制一经哉！乱圣人之例，淆圣人之名实，以为尊圣，怪哉！非所闻！非所闻！（《六经正名》）
> 仲尼未生，已有六经；仲尼之生，不作一经。（《六经正名答问一》）

后来，钱穆解释了龚自珍心目中的孔子形象，"只一个'师儒'，只是一朝之王之下的一个小官，既不像董仲舒那般的想法，也不是韩愈以下及于朱子、阳明宋明儒所想的样子"，而与章学诚的观点一脉相承，"这就别成其为一套清儒的观念"。①

六经既然并非孔子的创造，那么它们又是何人何时的创造呢？龚自珍认为，六经本自周史，乃为周公的制作。他说："儒者言六经，经之名，周之东有之。夫六经者，周史之宗子也"，无非是为了指出六经只是周代史官的最重要的文字记载而已。对于六经与周史的关系，龚氏认为：

> 易也者，卜筮之史也；书也者，记言之史也；春秋也者，记动之史也；风也者，史所采于民，而编之竹帛，付之司乐者也；雅颂也者，史所采于士大夫也；礼也者，一代之律令，史职藏之故府，而时以诏王者也；小学也者，外史达之四方，瞽史谕之宾客之所为也。（《古史钩沉论二》）

---

① 钱穆：《孔子与春秋》，载《两汉经学今古文平议》，商务印书馆 2001 年版，第 306 页。

这一段话，不仅说明了六经与周史之间的具体而微的联系，而且也说明了六经施之于政教的现实价值。不仅于此，对于六经之外的诸子学，龚自珍亦明确接受《汉书·艺文志》中"诸子出于王官"说的观点，认为，"诸子者，周史之小宗也"。他说：

> 孔子既殁，七十子不见用，衰世著书之徒，蠢出泉流，汉氏校录，最为诸子。诸子也者，周史之小宗也。（《古史钩沉论二》）

刘向曾经认为道家和术数家出于史，但并没有认为其余诸家亦出于史，龚自珍把刘向的观点推前一步，再次申论了"诸子也者，周史之支孽小宗也"这一"诸子皆史"的观点。

如上文所述，论证六经、诸子皆史的目的并不仅于纠正尊经贬史的乾嘉学风，而是与章学诚类似，通过为五经（乐观除外）正名的方式"求六经之本原"，进而重塑经学体系和崇高地位。由于"后世以传为经，以记为经，以群书为经，以子为经"（《五经正名答问三》），导致了经学体系不断膨胀，内容不仅过于泛滥，而且解释亦尤多抵触。龚氏因此认为，必须对当时不断膨胀的经学体系进行精简、瘦身，采取了"以经还经，以记还记，以传还传，以群书还群书，以子还子"（《五经正名答问五》）的标准，有志将十三经精简重整为"六艺九种"的新经学体系。这与他的外祖父段玉裁要求扩充"十三经"为"二十一经"的主张恰恰相反。

龚自珍主要从两个方面来精简经学。首先，将"传""记"与"经"区别开来。"六经、六艺之名，由来久远，不可以臆增益"，唯有孔子之前的"六经"才是根本经典，要与孔子之后的传、记进行严格区分。《孟子》《周礼》《礼记》等后来增益的经典必须从经部中删减出去，或者列入"配经"部分，或者列入"不敢悍然加以经之名"的"经之贰"（补充）部分。其次，严格区分"经部"与"子部"的界限。他认为，经的内容屡屡变迁，应以汉代刘向和班固序六艺为九种的做法为基准，不能随便增减。《孝经》《尔雅》《乐记》《周官》等后人的著作亦大可不必列入经部。我们可以根据《六经正名》以《六经正名答问》（一至五）等文章内容，可将龚自珍的六艺九种的新经学体系列表如下：

六艺九种	经	配经之书	不配经之书 书名	不配经之书 理由	附庸之书
六艺 6种	易 《易经》与《易传》		《老子》	经自经，子自子，传记可以配经，子不可配经	《焦氏易林》
	书 《今文尚书》29篇	6种：《穆天子传》6篇、百篇《书序》、三代宗彝之铭可读者19篇、《秦阴》1篇（即《阴符经》）、秦秋《水经》1篇			《伏生尚书大传》（惠栋辑逸）、《世本》（洪饴孙辑逸）
	礼 《仪礼》17篇	7种：重定《大戴记》（存十之四）、重定《小戴记》（存十之七）、《考工论》、《弟子职》、《周髀算经》、《九章算术》、《汉官旧仪》	《周官》	既不行于周，又未尝以行于秦汉，文章虽阏佹，志士之空言也	《周官》
	春秋 春秋经	4种：《左氏春秋》（剟去刘歆所窜改之处）、《春秋公羊传》、《郑语》1篇、《史记》	《春秋谷梁传》、《国语》、《越绝》、《战国策》	理由1：今夫谷梁氏不受《春秋》作大义。理由2：文章虽古丽，抑古文之杂史也	董仲舒书23篇（应即世《春秋繁露》）
	诗 （风）雅颂	4种：《屈原赋》25篇、《汉房中歌》、《郊祀歌》、《铙歌》	《诗小序》	不能待《诗》之义以为义，任任取赋诗断章者之义以义，岂《书序》之伦哉	
	乐 无经文				
"经之贰" 3种	论语 《论语》		《孟子》、《荀子》	经自经，子自子，传记可以配经不可以配经	
	孝经 《孝经》				
	小学 《尔雅》	《说文解字》			

钱穆后来认为，龚自珍上述的五经正名和六艺九种的经学重整活动，与章学诚一样，皆是基于"就史以论经""旁通于史以治经"① 的经学史学化方法，只不过是由龚自珍"将六经皆史说推到极端"而已。② 从章、龚"辨章学术，考镜源流"的知识分类努力中，已经开始自觉甄综、突破传统知识分类体系的尝试。因为，乾嘉学术的知识系统尤其是经学部类的不断膨胀分化，越来越难以用传统"四部"之学来进行分类界定了，新的知识分类体系亟待建立。不过需要指出，无论是章学诚还是龚自珍，都没有将"六经皆史"论推进到"以史代经"之地步，远没有形成近代"经籍之统系非科学之统系"③，"一切著作都是史料"（胡适：《章实斋先生年谱》）这种以史学代表经学的革命性主张。然而在清代专门之学不断分立的知识重构的大背景下，章学诚和龚自珍二人"以史论经"、重整经史之学的活动为近代经学的史学化、"分裂而入数科"的不归之路埋下了伏笔。

六　经学"分裂而入数科"：经史之争的最终结局

在章学诚、龚自珍的六经皆史论之后，民国初期新史学开山梁启超更进一步地认为："何只六经皆史，也可以说诸子皆史，诗文集皆史，小说皆史，因为里头一字一句都藏有极可宝贵的史料，和史部书同一价值。"④ 从"六经皆史"到"四部皆史"的激进，"透露出民初学人不再以经史子集作为类别知识的分类系统，而是视其为提供现代学术研究所用的基本'史料'。这不但说明了民初学人用以思考传统学术时的切入取径已悄然改换，同时也宣告着另一类别知识的观点亦已隐然成形"。⑤ 面对知识分

---

① 钱穆：《两汉经学今古文平议》自序，商务印书馆 2005 年版，第 6 页。

② 朱维铮：《史学史三题》，《复旦学报》（社会科学版）2004 年第 3 期。

③ 顾颉刚：《当代中国史学》，辽宁教育出版社 1998 年版，第 159 页。

④ 梁启超：《治国学的两条大路》，载《饮冰室文集》第 14 册，中华书局 1983 年版，第 111 页。

⑤ 刘龙心：《学科体制与近代中国史学的建立》，载罗志田主编《20 世纪的中国：学术与社会》，山东人民出版社 2001 年版，第 552 页。

类的不断专门化和西方化的冲击，包罗万象的经学研究就成为传统学术分类中率先瓦解的一大门类。

　　1905 年，科举考试废止之后，"经学"后来继续以"国粹""国学"等名目容留于民初时期各大学的国学研究院所之中。① 但是随着西式分科教育的普及，无所适从的国学研究院所大多在 20 世纪 30 年代相继停办。这表明传统经学在失去了科举制度依托之后，经学又失去了教育与研究阵地，在现代学术分科体系之中也是流离失所，最终瓦解。从经史之争的结果来看，胜负显然已经分出：中西结合的新"史学"蔚为大观，渐成人文社会科学之一大专门内容，而"经学"则于各种知识门类之中消解得无影无踪。换言之，随着知识门类的日益分化，经学被裂解了，而史学专科终获独立。浸淫传统多年的蒙文通对于备受过去推崇之经学的现代境遇，有过同情的记载：

　　　　自清末改制以来，昔学校之经学一利遂分裂而入于数科，以《易》入哲学，《诗》入文学，《尚书》《春秋》《礼》入史学，原本宏伟独特之经学遂至若存若亡，殆妄以西方学术之分类衡量中国学术、而不顾经学在民族文化中之巨大力量、巨大成就之故也。其实，经学即是经学，本为一整体，自有其对象，非史、非哲、非文，集古代文化之大成、为后来文化之先导者也。②

　　由于经学"非史""非哲""非文"的综合性特点，不仅经学本身无法在西式学术分科中找到对应的容身之所，而且从经学体系中分化出来的"专家之学"与现代西方知识分科也不可能若合符节地一致。不过，这些专门之学经过内外相配的"接轨"和由外而内的"移植"过程，大都能够与西方知识分类体系相接续进而得到保留。而中国固有而西方却无的知识门类——"经学""国学"却只有在近代中国内外排斥而外部占优的情

　　① 参见罗志田《国学的学科定位与认同危机》一文，载罗志田《国家与学术：清季民初关于"国学"的思想论争》，三联书店 2003 年版，第 359—403 页。
　　② 蒙文通：《经史抉原》，上海人民出版社 2006 年版，第 150 页。

势下被"取代"，最终分解散入史学、哲学、语言学等西方学科分类之中。①

　　回过头来看，其实经学"分裂而入于数科"这一知识谱系重新建构现象，在乾嘉时期已经有了明显的先兆。在章学诚那里表现为校雠学术之诉求，在龚自珍那里则表现为六艺九种之新经学体系的建构以及对乾嘉专门之学的勾勒。龚自珍在《阮尚书年谱第一序》文中所勾勒的诸多乾嘉专门之学，"不仅令附庸蔚为大国，纷纷离经独立，最终连说经本身也成了专门之学"，"更近乎近代科学知识分科的学术雏形"。② 这种不断分化独立的"专门之学"离"通儒之学"越来越远，离"专家之学"却越来越近。因此可以说，"西方近代分科性学术涌入之前，中国传统学术已有自己独立的研究重心和研究范围，已经形成一套完整的知识系统"。尤其是乾嘉经学研究中的各种专门之学呈现出"附庸蔚为大国"之独立分化运动，知识谱系"不仅结构更完善、层次更细密、包容的知识门类更宽广，而且开始向知识之学科化和专门化发展"，"近代意义上的学术分科观念已经萌动"。③ 这体现了中国现代学术与传统学术分类话语之间的内在连续性。从章、龚等的经史之争对于中国现代学术转型与知识分立所具有的先导意义看，经学在近代中国的最终解体，与其说是西方学科范式冲击的结果，不如说是在西方影响之下中国学术自身分化重组的结果。

　　时至今日，知识门类越分越细越多，彼此之间畛域更加分明，学术割裂的程度绝非乾嘉义理、考据与辞章（晚清又有"经世"一类）之争能够可比。这与章学诚、龚自珍等人当初所追求的"尊德性而道问学"——"通儒之学"这一目标恰恰是背道而驰的，而作为通儒之学的重要载体——经学知识体系的消解更绝非是章学诚、龚自珍等所愿意看到的结果。罗志田曾经指出，晚清民初"从保存国粹到整理国故这一演化进程竟然以不承认国学是'学'为结果，实在意味深长"。而在此前闹得

---

　　① 中外文化交流与碰撞过程中的接轨、移植、取代三型现象，请参见许倬云《中国现代学术科目的发展》，载台北《中研院近代史研究所集刊》2006 年第 52 期，第 1—8 页。

　　② 张寿安：《龚自珍论乾嘉学术——专门之学：钩沉传统学术分化的一条线索》，《学海》2010 年第 2 期。

　　③ 左玉河：《从四部之学到七科之学——学术分科与近代中国知识系统之创建》，上海书店出版社 2004 年版，第 73、5 页。

不可开交的经史之争，"最后还是中国所固有而西方学术分类中也存在的史学被确立下来，'国学'一名终于不立，不得不在反对声中逐渐淡出思想和学术的主流"。① 我们可以确定地说，章、龚二人通过创新知识分类体系来重整经史之学的努力不仅不成功，而且就经学的命运而言甚至根本上背离了维护经学之初衷，虽然如此，但是却大大推动了传统知识门类的独立分化与近代转型。最后要试问，近代中国知识分化与重构的历史消息究竟是怎样的呢？ 今天我们又如何合理对待传统经学等这些已经四分五裂的文化遗产呢？

---

① 罗志田：《国家与学术：清季民初关于"国学"的思想论争》，载《国家与学术：清季民初关于"国学"的思想论争》，生活·读书·新知三联书店 2003 年版，第 401—402 页。

第 十 三 章

中西之争与乾嘉儒学的近代命运

——以傅斯年与乾嘉学术为中心

晚清民初学界，内接中国明清近三百年学术史，外受西方科学启蒙思潮的刺激与启发，思想维新，新见迭出，诸如经学革命、文学革命、政治革命、史学革命等维新传统学术之诉求一呼百应，迭为潮流。1902 年，梁启超发表《新史学》长文，倡言以新史代替传统旧史，力主学习西方实现史学现代化，以最能撮其纲要、首开风气的风范，揭开了"新史学"思潮和近代史学革命的序幕。加之王国维、夏曾佑、胡适、傅斯年、陈寅恪、顾颉刚等大师级人物前赴后继，使新史学思潮蔚为中国近代学术史之大宗。自新史学传统的兴起至今已逾百余年的历史，学界在对新史学的兴起历程、流派思想和方法特点等方面的研究业已取得了诸多成果。不过，仅就其动因及其思想源渊方面来讲，很多既有研究通常把这一史学维新思潮的革命诉求片面理解为对传统史学的革命、反动与决裂，过分强调西方史学的刺激与贡献，而对于中国传统学术尤其清代乾嘉学术的影响尚没有充分的认识和探析。这种偏颇的主要表现，倒不是不承认清代学术对传统史学现代化的重大影响，而是对于清代学者治学理念与方法的具体影响大多数研究成果都语焉不详。究其原因，一方面，难免是受到了欧美中心主义立场的影响所致；另一方面则主要是对清代学术与现代学术间的内在连续性的认知不够使然。美国学者艾尔曼（Benjamin A. Elman）认为："中国近现代多数学者在探索和重建从传统向现代社会转变的险象环生的历程时，只重视 17 世纪和 19 世纪的历史，对于 18 世纪则有所忽略。"实际上，在作为清学中坚的乾嘉考据学所盛行的 18 世纪，既是 17 世纪以来政治、学术发展的必然结果，也广泛而深刻地影响了 19 世纪末乃至整个 20 世纪中国学术。乾嘉考据学对于 20 世纪初叶中国学术的影响，亦诚如艾尔曼所言："清代出现的考证学派与 20 世纪中国学术话语存在直接的连续性"。① 应该说，这个判断对于新史学的勃兴也是适用的。本章试以史料学派之旗手和领袖的傅斯年为例，通过管窥传统考据学术对于 20 世纪初叶兴起的史学维新运动的多方面影响，来具体分析新史学思想与清代学术尤其是乾嘉学术（历史考据学派）之间的内在连续性。

一　"始于疑而终于信"——疑古与信古的平衡

　　傅斯年（1896—1950）自小接受的基本上都是传统教育，深受清代学术的熏陶，在北京大学一开始时是以章太炎作为精神导师的国粹学派的信徒，曾因对传统学术的执着态度和深厚学养，而被章门弟子视为古文经学的正统传人。但是，在胡适等的影响之下，傅斯年很快在思想上发生了重大转变，开始自觉主动地借鉴西方科学方法对中国传统史学等学术门类进行批判性研究。与早年相比，他反而操章氏之矛挞伐章氏之学，直指章太炎是"人尸学问上的大权威"，摇身一变而为章氏学术的"罪人"。这一剧烈转变，十分耐人寻味。傅斯年能够对于章氏学术入乎其内而出乎其外，主要是不满于国故派的保守顽固，毫无维新之生气，具体矛头主要有两个：一是认为其古文经学过于墨守而少创新，二是认为其信古史观过于信古而少怀疑。同时，章太炎并没有将历史视作一门如同自然科学的学问，而是认为历史学有其异于自然科学的人文特质，认为"诸学莫不始于期验，转求其原，视听所不能至，以名理刻之，独治史者为异，始卒不逾期验之域，而名理却焉"。② 这一点与傅斯年后来所主张的史料学与科学史学也是有很大区别的。总体来说，章氏的"信而好古"与倾心于疑古思潮之后的傅斯年"好而疑古"之基调分歧明显，应是傅斯年与国粹学派分道扬镳的主要原因。

---

① ［美］艾尔曼：《从理学到朴学》，赵刚译，江苏人民出版社 1997 年版，第 3、179 页。
② 章太炎：《章太炎全集》第 4 册，上海人民出版社 1985 年版，第 17 页。

　　不过，傅斯年并没有全盘否定章门学术，而是一贯地秉承了国故学派求真征实的精神。我们知道，由于章太炎继承了章学诚"六经皆史"的观点，视经籍为真实之史传，要么是根本经典，要么是真实信史，切不可过分怀疑。章太炎说："研精覃思，钩发沉覆，字字征实，不蹈空言，语语心得，不因成说。"① 汪荣祖据此认为："章氏这种实事求是的态度，实无异于现代实证派史家所持者。"② 双方同样强调实事求是的治学理论是不错的。虽然傅斯年固然反感章太炎古文经学墨守成规、拒斥西学的孤陋，但他还是承认古文经较为客观征实的优点。龚自珍、康有为等今文经学家固然有冲决罗网、大胆议论的学术勇气，然而，傅斯年非常不满他们不顾史实地一味求变、徒逞议论的做法，评价其是"流为今文，而一往胡说"。这与章太炎古文经学派的立场是完全一致的。

　　怀疑是科学发现、增进新知的重要手段，没有任何理论自居真理之地位而可以拒绝他人行之怀疑的权利。史学研究也概莫能外。傅斯年由偏于信古到偏于疑古，再到"始于疑而终于信"是有一个过程的。傅斯年怀疑精神的形成，主要是受到了时在北京大学任教的胡适实证主义理念的影响。胡适稍后将其实证主义治学理念概括为"大胆地假设，小心地求证"，认为"假设不大胆，不能有新发明；证据不充足，不能使人信仰"。这就是说，没有敢怀疑的精神，就没有大胆的假设；没有大胆的假设，不据以充分证据推理，就不能有令人信服的学术创新和超越。这种敢于怀疑传统的精神，令包括傅斯年在内长期生活于保守、因袭氛围之中的一代年轻学子耳目一新，受益匪浅，进而为之倾倒。

　　1919 年，傅斯年在《新潮》杂志上撰文说："自我观之，与其过信之也，毋宁过而疑之"，一反众人之见，对清梁玉绳《史记志疑》三十六卷的"疑所不当疑"的怀疑精神特予表彰，认为，"此疑古之精神，已可以作范后昆矣。"③ 不但是《史记志疑》怀疑精神可褒奖，而且"姚际恒《古今伪书考》一书，不伪者亦伪之，然较之伪亦不伪之，度量相越，不

---

① 章太炎：《章太炎全集》第 4 册，上海人民出版社 1985 年版，第 355 页。
② 汪荣祖：《史学九章》，生活·读书·新知三联书店 2006 年版，第 130 页。
③ 傅斯年：《故书新评》，载欧阳哲生主编《傅斯年全集》第一卷，湖南教育出版社 2003 年版，第 120 页。

可以道里计其短长也。"在"不伪者亦伪之"的疑古与"伪亦不伪之"的泥古这两种截然相反的态度之间,傅斯年很明显地认同了前者,认为宁可过疑而不可过信。傅斯年甚至进一步认为,清代学术之所以取得伟大成就,首要的原因无外乎清人不泥古墨守,敢于怀疑创新,发前人之所未发。他说:

> 再就清代学术而论,顾炎武、阎若璩,皆善于疑古者。毛奇龄辟草莱,斩荆棘,阮元推之,谅矣。降及乾嘉而有古文之学,及于嘉道而有今文之派。凡此所以造诣独深者,皆以变古为其内心,所有发明,乃敢于自信,不轻信古人之效也。于是可知学术之用,始于疑而终于信,不疑无以见信。①

由此可见,傅斯年接受了胡适对乾嘉考据学术"无征不信""宁缺勿信"治学理念的概括,并将"始于疑而终于信,不疑无以见信"作为自己治学的基本态度。

1919 年末傅斯年从北京大学毕业,赴英德留学,主修自然科学。离开中国,并没有和中国断绝音信,也绝不意味着他与他自小就浸淫其中的传统学术的决裂。1923 年,傅斯年的同学兼室友顾颉刚②提出了著名的疑古理论——"层累地造成的中国古史"观(《与钱玄同先生论古史书》),认为中国先秦至两汉的古书中所载的历史中"糅杂了许多非历史的成分",有些甚至是传说,是大可怀疑的。自 1926 年顾颉刚编辑出版《古史辨》第一册起,标志着以顾颉刚、钱玄同等为主要领军人物的疑古学派——"古史辨派"正式成军。留德期间,傅斯年在《与顾颉刚论古史书》中明确表明了两个鲜明思想倾向:一是科学主义的主张,对当时国内甚嚣尘上的科玄论战双方,明确支持丁文江一派;二是非常肯定顾颉刚

---

① 傅斯年:《故书新评》,载欧阳哲生主编《傅斯年全集》第一卷,湖南教育出版社 2003 年版,第 121 页。

② 据傅斯年自己记载,"民国六年的秋天,我和顾颉刚君住在同一宿舍同一号里,徐彦之君是我们的近邻,我们几个人每天都必要闲谈的。"(欧阳哲生主编:《傅斯年全集》第一卷,湖南教育出版社 2003 年版,第 229 页)顾颉刚与傅斯年敢于怀疑的精神,都明显受到了胡适治学理念和方法的共同影响。

所高举的怀疑主义精神，傅斯年甚至认为顾颉刚大可以据其"层累地造成的中国古史"观而可以"史学称王"。傅氏同时指出，"我们可以说道，颉刚以前，史学考订学中真正全是科学家精神的，只是阎若璩、崔述几个人"，暗示了史学疑古思潮的先驱可以在清代学术中找寻得到，二者具有一脉相承的历史联系。不仅是傅斯年，胡适晚年反思自己的治学方法的形成时也承认这种内在的历史连续性，他说："我个人认为近三百年来（学术方法上所通行）的批判研究，实是自北宋——第十至第十二世纪之间——开始，其后历经八百余年逐渐发展出来的批判方法，累积的结果。"① 无独有偶，就连被认为是过分怀疑传统的顾颉刚也不得不承认清代学术对于近代史学的贡献。他在晚年的时候说："《古史辨》本不曾独占一个时代；以考证方式发现新事实，推倒伪史书，自宋到清不断地在工作，《古史辨》只是承接其流而已。"②

现在看来，疑古学派的最大成就是疑古，为我们廓清了许多历史典籍真伪之迷雾；其最大缺陷则是过分疑古，一概怀疑，"宁缺勿信"，大有一切推倒重来的宏愿。1923 年，胡适等提倡的"整理国故"运动就是在这种宏愿催使之下的具体行动。应该说，这种怀疑和证伪工作取得了很大的成绩，但很明显也有不少怀疑错了的时候。至于过分怀疑的原因，一方面是疑古学派成员大多有疏离传统或反传统的立场，这影响到了他们对待传统史学的客观持平之态度；另一方面，是方法上的缺陷，即将通过不完全归纳法得出的结论——"层累地造成古史"观点被当作演绎方法的一个普遍前提，具体用在考察某个历史典籍的时候难免犯有以偏概全的错误。经验证实方法可以证明很高概率的结论，但这并不表示它能够证明绝对的普遍结论。英国语言哲学家艾耶尔将对经验主义可证实原则的普遍必然性表示怀疑的理由表述为："不管这些命题如何经常地在实践中被证实，仍然有可能在某个将来的事例中被推翻。一个规律在 n－1 的情况下被证实，并不逻辑地保证在 n 的情况下也被证实，不管我们把 n 这个数字算作多么大。这就意味着没有一个涉及事实的普遍命题总是可以被证明为

---

① 唐德刚编注：《胡适口述自传》，载《胡适文集》第一卷，北京大学出版社 1998 年版，第 289 页。

② 《中国哲学》第六辑，北京三联书店 1981 年版，第 400 页。

必然的和普遍的真实。它最多是一个或然的假设。我们将要发现，这一点不仅适用于普遍命题，而且适用于具有事实内容的一切命题。这些命题没有一个曾在逻辑上成为确定的。"① 换言之，正如卡尔·波普尔（1902—1994）所言，不管我们已经观察到多少只白天鹅，也不能证明这样的结论：所有天鹅都是白的。疑古学派所犯的方法学错误，是说你可以找到很多证据来证明"层累地造成的中国古史"，但是由不完全归纳法概括出来的这一结论并不适宜被当作一个普遍前提来证明"中国古史都是层累造成的伪史"这一全称判断。怀疑方法包含了可以怀疑一切、一切都可以怀疑的开放与批判精神，但是如果把怀疑一切理解成怀疑之后一切都不可以相信的话，则无疑是对怀疑的迷信和滥用，会深陷过分怀疑的怀疑主义和历史虚无主义而无法自拔。正如李学勤先生业已指出的那样：

> 从晚清以来的疑古思潮基本上是进步的，从思想来说是冲决罗网，有很大进步意义，是要肯定的。因为它把当时古史上的偶像一脚全都踢翻了，经书也没有权威性了，起了思想解放的作用，当然很好。可是它也有副作用，在今天不能不平心而论，它对古书搞了很多"冤假错案"。②

傅斯年虽然非常欣赏顾颉刚的疑古方法，似乎有怀疑主义倾向，但是与疑古学派"宁疑勿信"相比，实际上傅斯年自早年就开始秉持"始于疑而终于信"的理念，较好地平衡了"疑古"与"信古"二者的关系。这一点，他在1930年发表的《考古学的新方法》一文，凭借考古学方法系统地总结了"疑古"与"信古"之争："我们研究古史，完全怀疑，固然是不对的；完全相信，也是不对的。我们只要怀疑的有理，怀疑的有据，尽可以怀疑。相信的有理有据，也尽可以相信的。"③ 应该说，基于不断发掘出来的考古学证据，傅斯年开始批评疑古学派的过分怀疑态度，

---

　　① ［英］A. J. 艾耶尔：《语言、真理与逻辑》（1936 年），伊大贻译，上海译文出版社1981年版，第77—78 页。

　　② 李学勤：《走出疑古时代》，辽宁大学出版社1994 年版，第9 页。

　　③ 傅斯年：《考古学的新方法》（1930 年），载欧阳哲生主编《傅斯年全集》第三卷，湖南教育出版社2003 年版，第90 页。

更倾向于经过地下证据证实的中国古史可信的"信古"立场。这时候，能明显感觉到傅斯年在与"信古"的章门古文经学派分道扬镳之后，继而又与"疑古"的古史辨派拉开了明显的距离。王汎森业已指出："傅斯年早年有疑古倾向，但他后来不满意于怀疑古史，并主张重建古史。促成其转变的，当然是史语所殷墟考古的成果，不过王国维《殷卜辞所见先公先王考》及《续考》等文字也发挥了影响。"① 应该说，傅斯年自 1926年归国以后，把清代考据学方法与西方科学实证方法融会贯通之后加以运用，始于疑古而终于信古，才最终取得了举世瞩目的史学成就。

二　"用的都是科学的方法"——乾嘉史学及其方法的科学化

清代考据学又称汉学、朴学，实际上是指盛行于乾嘉时期的，以文字、音韵、训诂和校勘等小学方法②来整理和维新以传统经史典籍主要对象的学术思潮。在更广泛层面上来讲，考据学术在治经、考史、文字、声韵、天文、历算、地理、金石以及目录、校勘、辑佚、辨伪、版本等诸多方面，皆取得了超越前人的成就。最早对清代学术及其治学方法做出整体性概括说明的，莫过于梁启超、王国维、章太炎、刘师培和胡适等。其中，胡适在《清代学者的治学方法》一文中，用戴震"但宜推求，勿为株守"③ 一语来统领清代学者治学的怀疑态度和理性精神，认为清代乾嘉考据学或考证学是一种"有证据的探讨"，贯注了"宁缺勿信"、实事求

① 王汎森：《中国近代思想和学术谱系》，河北教育出版社 2001 年版，第 276 页。对于傅斯年与顾颉刚治学理念的分歧，钱穆曾正确地指出："孟真意，乃以此破当时经学界之今文学派，乃及史学界之终身大事疑古派。……孟真与颉刚虽一时并称适之门大弟子，但两人学术路向实有不同。……孟真在中国史学上，实似抱有一种新意向。"（钱穆：《师友杂忆》，北京三联书店 1998 年版，第 167—168 页。）

② 所谓"小学"，与"大学"相对，指断文、识字、审音之学也，主要包括文字学、音韵学和训诂学等内容，亦即现代之语言文字学。对于"小学"的内涵，刘师培曾在《正名隅论》一文中概括地说明了其主体内容："训诂者，研究字义之学也（引者按：以《尔雅》为主）；文字者，研究字形之学也（以《说文》为主）；声韵者，研究字音之学也（以《广韵》为主）。必三者俱备，然后可以言小学。"

③ 戴震：《古经解钩沉序》，载《戴震全书》第六册，黄山书社 1995 年版，第 28 页。

是精神的科学方法体系。他举出许多实例来说明清儒经史研究最擅长运用的归纳法和比较法——"也就是把相同的和不同的例子归纳起来加以比较研究，以求其概括性的结论。"即先将文献材料分类归纳，再分析比较，然后再求其概括性的结论。1928年，胡适又在《治学的方法与材料》一文中明确指出，由陈第、顾炎武、阎若璩等所开创的乾嘉考据学方法"都是很精密的科学方法"，认为，"这三百年的成绩有声韵学，训诂学，校勘学，考证学，金石学，史学，其中最精彩的部分都可以称为'科学的'；其间几个最有成绩的人，如钱大昕、戴震、崔述、王念孙、王引之、严可均，都可以称为科学的学者"。① 不过，他业已指出中国与西方文献校勘方法两相比较时，"西方的校勘学所用的方法实远比中国同类的方法更彻底、更科学化"。② 其实早在1920年，梁启超就在《清代学术概论》一书中称述，乾嘉诸儒能够以"重客观""尊归纳"的方法潜心于学问，"饶有科学精神"。

傅斯年对清代学术的整体评价，基本上继承了梁启超、胡适等的"文艺启蒙说"范式③，他在1919年《清代学问的门径书几种》（《故书新评》）中论及"清代学问"时说：

> 我以为清朝一代的学问，只是宋明学问的反动，很像西洋 Re-
> naissance 时代的学问，正是对着中世的学问而发。虽说是个新生
> 命，其实复古的精神很大。所以我平日称它做"中国的文艺复兴
> 时代"。但是这个名词不能通行，我现在只好仍用"清代学问"四
> 字了。④

---

① 胡适：《治学的方法与材料》，载《胡适文集》第四卷，北京大学出版社1998年版，第106—107页。

② 胡适：《清代学者的治学方法》（1919—1921年），载《胡适文集》第一卷，北京大学出版社1998年版，第293—294页。仅就校勘学来说，像俞樾《古书疑义举例》、陈垣《元典章校补释例》皆属于校勘学理论与方法的总结性著作。陈援庵虽非清人，但其治学的方向与方法皆可视为清学连续性的发展。

③ 参见吴根友《20世纪明清学术、思想研究的三种范式述评》，载《中国现代价值观的初生历程——从李贽到戴震》附录部分，武汉大学出版社2004年版，第381—402页。

④ 欧阳哲生主编：《傅斯年全集》第一卷，湖南教育出版社2003年版，第227页。

傅斯年认为，清学是宋明学问的反动，"是针锋相对的发出"，并引用戴震的话为证："以理为学，以道为统，以心为宗；探之茫茫，索之冥冥，不若反求诸六经。"他把清代学问与宋明学术进行了对比分析之后，认为，"有明末的空洞心学，便有清儒的注重故训，有明朝士流的虚伪浅妄气，便有清儒的实事求是；有明末的束书不读，便有清儒的烦琐学问；有明末的不讲治事，便有清儒的专求实用。宋明的学问是主观的，清代的学问是客观的；宋明的学问是演绎的，清代的学问是归纳的；宋明的学问是悟的，清代的学问是证的；宋明的学问是理想的，清代的学问是经验的；宋明的学问是独断的，清代的学问是怀疑的"。换言之，与宋明心性之学大盛相比，清代学术是明显地具有怀疑的精神、客观之态度和经验实证之方法。他得出的总体结论是：

> 就这方法上而论，彼此竟是截然不同，所以彼此的主义，竟是完全的相左。仔细看来，清代的学问，很有点科学的意味，用的都是科学的方法，不过西洋人曾经用在窥探自然界上，我们的先辈曾经用在整理古事物上。彼此所研究的不尽相同，虽然方法近似，也就不能得近似的效果了。①

统言之，清代学问的方法具体可分做消极、积极两方面来说，其中"积极的方面是本着亲历实验的态度，用着归纳的方法，取得无数的材料，翻来覆去，仔细考索，求异求同——这真是条好教训"。至于清朝学问的意义，正是由于比较系统得力的方法而"在中国历朝的各派学问中，竟是比较的最可信、最有条理的"。其中，阎若璩的《尚书古文疏证》，"这部书可当做清朝学问的方法论读"，"学者从此研究去，必能得正当的道路。"顾炎武和阎若璩所开创和奠立的考据学方法，不仅被诸如为傅斯年所心仪的惠栋、戴震、钱大昕、王鸣盛、赵翼、阮元、王念孙、王引之等乾嘉考据学者奉为典范，同样也被傅斯年本人视为史料研究的楷模。在方法学上与清代考据学术保持接轨和连续这一点，在其1928年发表的史

---

① 傅斯年：《清代学问的门经书几种》，载欧阳哲生主编《傅斯年全集》第一卷，湖南教育出版社2003年版，第228页。文中着重号为引者所加。

料学派宣言书——《历史语言研究所工作之旨趣》一文中得到了淋漓尽
致的展现，我们看到史语所宗旨当头第一条便是："保持亭林、百诗的遗
训。"由此可见，清代考据学方法对傅斯年的影响深巨之程度。

　　谈及傅斯年的史学方法不能不提到王国维。许冠三准确地指出，"在
胡适以外，对傅氏史学取径有直接启发的当代学人，大概只有王国维
了。"① 王学对傅氏的影响主要表现在三个方面：一是认为"古来新学问
之起，大多由于新发现"，强调新兴史料的收集整理；二是二重证据法；
三是以语言学治史的门径。王国维作为新史学第二号的启蒙大师（第一
号当为梁启超），以"二重证据法"的史学考证方法学名满天下。他在
《古史新证·总论》中说道：

　　　　吾辈生于今日，幸于纸上之材料外更得地下之新材料。由此种材
　　料，我辈固得据以补正纸上之材料，亦得证明古书之某部分全为实
　　录，即百家不雅驯之言，亦不无表示一面之事实。此二重证据法，惟
　　在今日始得为之。虽古书之未得证明者不能加以否定，而其已得证明
　　者不能不加以肯定，可断言也。②

　　他在《殷墟文字类编序》（1923 年）中还说："新出之史料，在在与
旧史料相需。故古文字古器物之学与经史之学实相表里。惟能达观二者之
际，不屈旧以就新，亦不绌新以从旧，然后能得古人之真，而其言乃可
信。"傅斯年认为，《观堂集林》中有许多作品，特别是《殷卜辞中所见
先公先王考》和《续考》二文，可以为新式史学研究的"模范"。傅斯年
将王国维的二重证据法表达为"直接间接材料之互相为用"法。他在
《史学方法导论》中，将史料分为两类："直接的史料"与"间接的史
料"，其中"凡是未经中间人手修改或省略或转写的，是直接的史料；凡

---

① 许冠三：《新史学九十年》，岳麓书社 2003 年版，第 235 页。

② 王国维：《古史新证》，清华大学出版社 1994 年版，第 2—3 页。陈寅恪在《王静安先生遗书序》中认为，王国维的贡献在于"转移一时之风气而示来者以轨则"，其中"取地下之实物与纸上之遗文互相释证"的二重证据法最为重要。吴其昌则将其表述为"物质与经籍证成一片"法，或者"地下纸上打成一片"法。郭沫若、顾颉刚等也都很推崇王国维的二重证据法。

是已经中间人手修改或省略或转写的，是间接的史料"。① 这无疑是"二重证据法"的翻版，只是更为强调直接史料的发现积累而已。在《旨趣》一文中认为："凡能直接研究材料，便进步。"直接材料就是直接证据，证明力比间接证据过硬，受傅斯年的异常青睐是在情理之中。

需要指出的是，二重证据法的明确提出固然跟 20 世纪初叶以来出土文献日益增多有关，其先驱则可以上溯到清代学者金石考证学的治学方法。顾炎武、钱大昕、王鸣盛、缪荃荪、罗振玉、孙诒让、王国维等都是通过实物证据来考辨历史文献的高手。顾炎武金石考据学思想，大略见诸《金石文字记序》一文，杜维运认为顾氏强调直接证据的搜寻与应用是极富科学精神的。② 而傅斯年尤其推重钱大昕，认同他是"古今金石学之冠"（王鸣盛语）。③ 整个乾嘉时期，王鸣盛最先明确地提出了"以金石为史料"④ 的新方法理论，强调金石文字、古代实物等直接证据对史籍考证的重要性：

> 搜罗偏霸杂史，稗官野乘，山经地志，谱牒簿录，以暨诸子百家，小说笔记，诗文别集，释老异教，旁及于钟鼎尊彝之款识，山林冢墓神祠庙伽蓝碑碣断阙之文，尽取以供佐证，参伍错综，比物连类，以互相检照，所谓考其典制事迹之实也⑤（注：着重号为引者所加，下同）。

晚清以来，随着殷墟甲骨文、敦煌古卷等研究的蔚兴，激发了 20 世

---

① 傅斯年：《史学方法导论》，载欧阳哲生主编《傅斯年全集》第二卷，湖南教育出版社 2003 年版，第 309 页。不唯在方法上，在学术观点上傅氏《夷夏东西说》一文将三代文化分为东西两大对立统系之想法，也显然是受到了王氏的启发。1917 年，王国维在其名文《殷周制度论》中业已指出，殷周两国分别代表了东方与西方两大文化系统，殷周政治的兴替实际上是东西文化的较量与剧变。

② 杜维运：《清代的史学与史家》，中华书局 1988 年版，第 127 页。

③ 王鸣盛：《潜研堂金石文跋尾序》，载《嘉定钱大昕全集》第一册，江苏古籍出版社 1997 年版，第 1 页。

④ 王鸣盛：《十七史商榷》卷六十八"以金石为史料"条，上海书店出版社 2005 年版，第 570 页。

⑤ 同上书，第 2 页。

纪中国考古学的井喷式发展，不能不说是受益于清代学术实证性研究的长期积累所致。

通过语言文字学途径来治史的乾嘉历史考据学，对于王国维和傅斯年等的影响也是很明显的。学界公认"王（国维）学的最大建树在古史研究，古史研究的出发点在古文字学，立足点在小学。亦即由小学以通史，正如乾嘉诸老之由小学以通经"。王国维最擅长"由文字声韵以考文物制度"的治学取径，也由傅斯年全盘继承了下来。这就是傅斯年作为一个历史学家异常注重语言学的原因，这也是他把历史学与语言学放在一起组成一个历史语言研究所的理论依据。关于历史、哲学与语言的关系，详见后节探讨。

青睐乾嘉考据学方法的傅斯年在指出其科学性的同时，并没有忘记指出其局限性。他说："若直用朴学家的方法，不问西洋人的研究学问法，仍然是一无是处，仍不能得结果。"① 这里的西洋方法，主要指比较语言学、计量统计学、进化论背景下的历史考古学方法②这几种方法。他与胡适一样，都在强调了清代考据学方法的科学性的同时，强调引进和吸收西方自然科学方法的重要性。不仅于此，傅斯年受到当时盛行一时的科学主义的影响，"要把历史学语言学建设得和生物学地质等同样"的科学，要求"以自然科学看待语言历史之学"，"借自然科学付之与工具"，"而致中国历史语言之学于自然科学之境界中"。简言之，就是将历史学、语言学建设成一门客观、精确的自然科学。③ 这种科学主义史学有诸多偏颇之处，因为历史学作为一门人文科学，它不仅关涉到客观物质世界而且关涉到人类心智之活动，偏主纯粹客观或者纯粹主观的研究方法都难免以偏概全，无法呈现历史本来之面目，背离历史求真之精神。"傅斯年袭此余绪（按指科学主义），亦要把史学建立得像生物学与地质学一样，不免流于

---

① 欧阳哲生主编：《傅斯年全集》第一卷，湖南教育出版社 2003 年版，第 231 页。

② 在历史考古学方法方面，主要是指年代学和地层学方法。1929 年，傅斯年在《考古学的新方法》中强调："吾等每掘一坑，必先看其地层上下之余一，并为每一物记其层次，及相互距离，此为考古学之根本工作。不如是，则器物时代皆已紊乱，殷唐不分，考古何云？"业已认识到地层上下沉积之间存在着历史顺序，通过层次分明的地层学方法来确立史料的年代，是考古学最为基本的方法之一。

③ 参见焦润明《傅斯年传》，人民出版社 2002 年版，第 12 页。

口号，未暇细究科学与史学在本质上的差异。"① 现在看来，傅斯年史学科学化的诉求显然跟史学方法的科学化有关，理由是如果能够实现史学研究方法的自然科学化，那么把史学建设成一门如同自然科学的客观性学问有何不可？无论这是不是对自然科学方法的僭越，但是自然科学的研究方法与史学研究方法有很多共通之处，自然科学方法不仅有讲客观证据、可检验证实，还可以积累创新的优点，甚至可以直接用自然科学知识来解决历史疑难问题等做法，是正确无疑的。例如，自然科学的统计方法在史学中的应用，傅氏曾在《史学方法导论》中专列"统计方法与史学"一讲（似乎最后没有正式写出），也曾强调，"研究历史要时时存着统计的观念，因为历史事实都是聚象事实"。可以说，没有系统得力、中西合璧的史学方法论，傅斯年是不可能取得那么多史学成绩的。

无独有偶，注重史料收集、辨伪和计量分析的年鉴学派也非常注重考据学方法，几乎达到了非考据学方法就不能揭示历史运动之规律的地步。年鉴学派先驱人物布洛赫就曾认为："在学术研究的领域，考据学已不再是一门无足轻重的辅助学科，它有着广阔的前途，借助于考据水平的精益求精，历史学将自豪地为人类开辟一条追求真理和正义的崭新大道。"② 依此看来，如果说布洛赫见识过清代考据学方法的话，他一定和傅斯年等人一样地承认其非常具有殊途同归的科学性。难怪乎有人指出："乾嘉之史学，卓然超越于前代者有二：一曰征实之精神，二曰客观之研究方法。此二者不惟开中国史学之新风气，亦与西方近代之新史学，遥遥相合。"③

三　"史学便是史料学"的本土渊源

傅斯年自 1928 年创立中央研究院历史语言研究所之后，一直领任所

---

① 汪荣祖：《史学九章》，生活·读书·新知三联书店 2006 年版，第 246 页。

② ［法］马克·布洛赫：《为历史学辩护》，张和声、程郁译，中国人民大学出版社 2006 年版，第 115 页。

③ 杜维运：《清代史学与史家》，中华书局 1988 年版，第 273 页。狄笙在《傅斯年：作为学派的领袖和作为个体的史家》一文中则不无类似地指出："尽管中国与西方具有不同的史学传统，但令人惊奇的是，清人的朴学与兴起和 19 世纪初叶的德国兰克学派实证主义史学具有诸多相似之处。"［载《北京大学学报》（哲学社会科学版）1996 年第 4 期］年鉴学派虽然不等于实证主义史学，但是在重视历史文献考据方法上是无二致的。

长之职至 1950 年逝世止，引领众多志同道合的学者群体进行集体研究，当之无愧地成为史料学派的旗手和领袖。上任之初，发表了影响深远的《历史语言研究所工作之旨趣》一文，明确主张"近代的历史学只是史料学"，"一分材料出一分货，十分材料出十分货，没有材料便不出货"，视史料的发掘、收集、整理与编辑出版为史学研究的中心任务，正式宣告了史料学派的诞生。后世称许此文堪与胡适 1923 年要求用科学方法清理中国几千年烂账的"整理国故"运动宣言——《国学季刊发刊宣言》相媲美。他明言的历史语言研究所宗旨有三条：①保持亭林、百诗的遗训；②扩张研究的材料；③扩张新工具，拓展新领域。在《旨趣》一文中，傅斯年认为王国维重地下证据的实证精神，重视西方文化的比较方法是对清代汉学的新突破，有意将其未竟之事业发扬光大。相比之下，他对于章太炎则愈行愈远，公开抨击章太炎不能接受新方法和新史料，不断地倒退，为"人尸学问上的大权威"。这种决绝态度，可以看出傅斯年性格之强悍、除旧布新之决心、言辞之决绝。

他在任教北京大学时的《史学方法导论》讲义中，更是大谈特谈史料的重要性。比如说，"史学便是史料学"，"史学的对象是史料"，"史学的工作是整理史料"，"假如有人问我整理史料的方法，我们要回答说：第一是比较不同的史料，第二是比较不同的史料，第三还是比较不同的史料。"在《中西史学观点之变迁》中则说："综之，近代史学，史料编辑之学也，虽工拙有异，同归则一，因史料供给之丰富，遂生批评之方式，此种方式非抽象而来，实由事实之经验。"① 傅氏认定历史学应该建基于直接经验之事实，尽量避免抽象之演绎的历史哲学，表现出彻底经验主义和反对（拒斥）形而上学的两种明显倾向。这很容易让人联想起 20 世纪 20 年代兴起于欧洲大陆的逻辑实证主义哲学思潮。该派观点认为，一切抽象的科学理论都最终可以还原为最简单的事实和现象——直接而具体的感觉经验。一个命题如果不能还原为仅仅有感觉名词作为谓词的命题，便不能由经验来检查，便是一个形而上学的命题。而一个形而上学的命题，对于中前期的逻辑实证主义者来说要么是语言的误用或累赘，要么是一个

① 欧阳哲生主编：《傅斯年全集》第三卷，湖南教育出版社 2003 年版，第 149—156 页。

既不真亦不假的空洞意见，恰是需要尽力排除的对象。① 如果根据这种科学认识论来理解傅斯年偏重史料的历史哲学就显得顺理成章了：历史应该是一门（自然）科学，而自然科学可以还原到直接经验层次的。如果不依据直接经验证据说话，历史无异于一门纯粹形而上学的主观抽象、令人难以信服的主观理论。我们现在虽然没有充分证据来证明，时在欧陆游学的傅斯年受到了当时盛行于欧陆的实证主义哲学思潮的影响，但是受到兰克的实证主义史学理论的影响则是毫无疑问的。而逻辑实证主义与实证主义史学两者之间的哲学基础是基本一致的，追求哲学和史学的科学化则是双方的共同目标。傅斯年受之影响，史学科学化的诉求一直非常强烈。

　　前文业已指出，同样是在 1928 年，胡适在其《治学的方法与材料》一文中，明确指出由陈第、顾炎武、阎若璩等所开创的乾嘉考据学方法"都是很精密的科学方法"。而至于中国学者为何没有取得像西方近代那样的学术成就，胡适认为，不是因为他们的方法不对，而是"他们的材料完全不同"；具体地说，就是因为他们"方法虽是科学的，材料却始终是文字的"，"我们的学术界还在烂纸堆里翻我们的斤斗"，只是故纸堆里的成绩，是材料限死了科学的方法。② 换言之，就是中国人没有发展出一套可以接近实物材料的新方法，可以自由产生材料、创造证据的新方法或考证方法——科学实验的方法。而这种新方法的练就，是要我们先跳出既有传世文献之外去寻找、设计和创造新材料过程中总结出来的。因此，"单学得一个方法是不够的；最要紧的关头是你用什么材料。"③ 不过，胡适同时在文中针对认为"治学问全靠有方法；方法最重要，材料却不很重要，有了精密的方法，什么材料都可以有好成绩"的方法学派，提出了批评。胡适认为："同样的材料，方法不同，成绩也就不同。但同样的方法，用在不同的材料上，成绩也就有绝大的不同。"④ 这在某种程度上可以视为是胡适对傅斯年史料学派的委婉批评。从中亦可见傅斯年与胡适两人同气相求、同声相应，亦良师亦诤友的关系。胡适从注重方法向强调

---

① 参见江天骥《逻辑经验主义的认识论》，武汉大学出版社 2006 年版。
② 胡适：《胡适文集》第四卷，北京大学出版社 1998 年版，第 106—107 页。
③ 同上书，第 114 页。
④ 同上书，第 106 页。

材料（但没有过分强调材料）的转变，显示方法学派与史料学派的差别开始逐渐模糊，可以同视为"新考据学派"。从 20 世纪 30 年代中期开始，几乎所有明智的少壮派专业史学家已经承认，在历史研究中，方法、理论与材料实缺一不可，而这三者之中又以材料为根本。①

虽然傅斯年强调史学就是史料学难免矫枉过正，然而切不可把"史学只是史料学"等标语式论述简单地作字面意思理解。其实，傅斯年与胡适一样都已经注意到唯史料倾向的偏颇与流弊。例如，1931 年《致王献唐》中说：

> 弟以为近千年之实学，一炎于两宋，一炎于明清之际。……开风气者能博不能精……大约开风气者，必有大力，必多误谬，后人但执一件一件之事而评明贤，转忘其整个的立场，所系实大，斯后学之过也。亭林、百诗谨严了许多，同时亦将范围缩小了许多……至乾嘉而大成，亦至乾嘉而硬化，专题能精研之，而忘却整个的立场。至于王、段诸人，而朴学观止。此后如再开大路，非（一）有大批新材料使用不可；（二）或一返明清之际之风气，扩大其范围，认定大题目，能利用乾嘉朴学之精诣，而不从其作茧自缚之处。否则流为琐碎，而不关弘旨；流为今文，而一往胡说。琐碎固是朴学，今文亦是家法，然其末流竟如此无聊也……胆大的人而能精细，思想驰骋的人而能质实，诚可凭乾嘉之所至，一返明清之际所认识之大题目。②

傅斯年指出，现代史学要想达到并超越"朴学观止"的乾嘉史学之高度似乎只有两个选择：要么以发现和收集新史料为志业，以维新史学传统；要么回到社会实际层面谈"大题目""大问题"，以展现史学研究的现实关怀。他在 1945 年发表的《史学与史料发刊词》中说道：

> 本所同人之治史学，不以空论为学问，亦不以"史观"为急图，

---

① 参见许冠三《新史学九十年》，岳麓书社 2003 年版，第 3 页。
② 欧阳哲生主编：《傅斯年全集》第七卷，湖南教育出版社 2003 年版，第 100—101 页。文中着重号为引者所加。

乃纯就史料以探史实也。史料有之，则可以钩稽有此知识，史料所
无，则不敢臆测，亦不敢比附成式。此在中国，固为司马光以至钱大
昕之治史方法，在西洋，亦为兰克、莫母森之著史立点。史学可以绝
对客观者乎？此问题今姑不置答，然史料中可得之客观知识多矣。有
所不足，不敢不勉。①

史学可以绝对客观者乎？能谈"大问题""大题目"否？傅斯年一开
始并没有明确回答，这显示了他这一问题的怀疑态度。后来，执掌台湾大
学之后的傅斯年回答了这个问题："这个主观客观之争，不是一句话可能
解决的。而主观客观之说，也不是绝对的是，绝对的非。""我想客观之
一事，在社会科学和自然科学一样，是个理想的境界。"② 这种转变倒不
因为他已经认识到用现代解释学的观点来看没有一个文本的解读能是纯粹
客观的，而是得益于历史的自觉，尤其是对于清代学术之得失的清醒认
知。稍微了解乾嘉史学的人，都知道王鸣盛（1722—1797）的《十七史
商榷》，他在其序言中说了一段与傅斯年"史学本是史料"之精神异常接
近的一段话：

　　大抵史家所记，典制有得有失，读史者不必横生意见，驰骋议
论，以明法戒也，但当考其典制之实，俾数千百年建置延革，瞭如指
掌，而或宜法，或宜戒，待人之自择可矣。其事迹则有美有恶，读史
者亦不必强立文法，擅加与夺，以为褒贬也。但当考其事迹之实，俾
年经事纬，部居州次，纪载之异同，见闻之离合，一一条件无疑，而
若者可褒，若者可贬，听之天下之公论焉可矣。书生匈臆，每患迂
愚，即使考之已详，而议论褒贬，犹恐未当，况其考之不确者哉？盖
学问之道，求于虚不如求于实，议论褒贬，皆虚文耳。作史者之所记
录，读史者之所考核，总期于能得其实焉而已矣，外此又何多

---

　　① 欧阳哲生主编：《傅斯年全集》第四卷，湖南教育出版社 2003 年版，第 356 页。文中着
重号为引者所加。
　　② 傅斯年：《国立台湾大学法学院〈社会科学论丛〉发刊词》，载欧阳哲生主编《傅斯年
全集》第四卷，湖南教育出版社 2003 年版，第 364 页。

求耶?"①
··

    针对"驰骋议论,以明法戒"的史学传统,王鸣盛针锋相对地说"议论褒贬,皆虚文耳",傅斯年则说"不以空论为学问";王鸣盛说"求虚不如求实",傅斯年则说"不以'史观'为急图"。同样的意思,用钱大昕的话来说就是:"史家以不虚美不隐恶为良,美恶不掩,各从其实。"② 而阮元一言以蔽之曰:"持论必执其中,实事必求其是。"(《十驾斋养新录序》)由此可见,傅斯年非常认同乾嘉考据学的治学方向和治学方法,异口同声地要求高度重视材料,凭证据说话,这是毫无疑问的。

    早在 1918 年,傅斯年就在《新青年》第四卷第四号撰文指出,中国学术"一偏狭而一庞大,要皆归于无当;不知分工之理,误之诚不浅也"。"清代学者,每有此妄作。惠栋、钱大昕诸人,造诣所及,诚不能泯灭;独其无书不读,无学不肄,真无意识之尤。倘缩其范围,所发明者,必远倍于当日。"③ 乾嘉诸儒虽然潜心考据,成就斐然,然而片面注重博采史料而不注重从中取舍裁断,无法避免博而不精的毛病,难免"流为琐碎而不关弘旨",为了考据而考据。就史学来说,难免为了史料而史料的琐碎无聊之弊端。其实,史料学派又一代表人物陈寅恪也曾就此说过类似的话:"近年中国古代及近代史料发见虽多,而具有统系与不涉傅会之整理,犹待今后之努力。"④ 对于唯史料倾向的警惕与批评,早在乾嘉时代的章学诚已有先见之明,在其《文史通义·博约》一文中专门论述了博采史料与镕铸史论的区别,一反博采支离之风,要求做到史料与裁断的平衡。傅斯年曾认为方东树"是天下绝无仅有的妄人"⑤,实际上方东树对于汉学家的批评还是不无正确之处的。如果让方东树来评价的傅斯年所坚持的史学就是史料的观点,那么无疑难以避免方东树的有力责

---

    ① 王鸣盛:《十七史商榷序》,载《十七史商榷》,上海书店出版社 2005 年版,第 1 页。

    ② 钱大昕:《史记志疑序》,载《潜研堂文集》卷二十四,《嘉定钱大昕全集》第九册,江苏古籍出版社 1997 年版,第 380 页。

    ③ 傅斯年:《中国学术思想界之基本误谬》,载欧阳哲生主编《傅斯年全集》第一卷,湖南教育出版社 2003 年版,第 24 页。

    ④ 陈寅恪:《吾国学术之现状及清华之职责》,载《金明馆丛稿二编》,上海古籍出版社 1980 年版,第 361 页。

    ⑤ 欧阳哲生主编:《傅斯年全集》第一卷,湖南教育出版社 2003 年版,第 231 页。

难："今汉学者全舍义理而求之左验，以专门训诂为尽得圣道之传，所以蔽也。"（方东树：《仪卫轩文集》卷中之下）即便如此，如果让傅斯年来选择"史观"与"史料"孰轻孰重，孰先孰后，我想他还是会毫不犹豫地选择以史料为急、以史料为先、以史料为重。正所谓：

> 新史料之发见与应用，实是史料进步的最要条件；然而但持新材料，而与遗传者接不上气，亦每每是枉然。从此可知抱残守缺，深固闭拒，不知扩充史料者，固是不可救药之妄人；而一味平地造起，不知积薪之势，相因然后可以居上者，亦难免于狂狷者之徒劳也。①

理由很简单，在当时的历史环境下矫枉似乎必须过正耳。傅斯年认为，不一步一步地积累新的直接证据，就无法改变乾嘉考据学重间接证据而轻直接证据的缺点，就无法摆脱出乾嘉学术囿于故纸堆之中打笔仗的泥潭，就无法实现通过收集整理史料来维新中国传统史学的目标。

四　"哲学乃语言之副产品"——乾嘉考证学与历史语言学派

傅斯年最能认识语言学方法对于史学研究的重要性，并自觉而熟练地运用于史学研究实践中去，将历史与语言研究联为一体而为历史语言研究所，让两者互相发明无疑是傅斯年的慧眼独具。傅斯年认为，哲学思想受语言的支配，"哲学乃语言之副产品"，不同语言系统的哲学思想之间是很难准确翻译的就是一个显证。对于汉语的特点，他说：

> 汉语在逻辑的意义上，是世界上最进化的语言（参见叶斯波森著各书），失掉了一切语法上的烦难，而以句叙求接近逻辑的要求。并且是一个实事求是的语言，不富于抽象的名词，而抽象的观念，凡有实在可指者，也能设法表达出来。文法既没有那么多的无意识，名词上

---

① 傅斯年：《史学方法导论》，载欧阳哲生主编《傅斯年全集》第二卷，湖南教育出版社2003年版，第308页。

又没有那么多的玄虚，则哲学断难在这个凭藉发生，是很自然的了。①

一言以蔽之，傅斯年的意思是"汉语实非哲学的语言"。理由是中国汉语没有西方语言那样抽象，且在语法上精细分析和富于变化，失去了产生像西方哲学作抽象玄思那样的语言基础。像战国诸子百家的思想"在西洋皆不能算做严格意义下之哲学"，"战国诸子亦非哲学家"，所谓"中国哲学"一个名词完全是日本人的复制品。这应该算是近年来学界"中国哲学合法性"讨论中质疑派的最早版本了。当然，傅斯年"西洋哲学即印度日耳曼语言之副产品"、哲学是西洋专利等观点是大可商榷的。不过，他认为语言形式对于人们思维方式和思想样式有重大影响这一点确是有其道理，不能否认。正是看到了语言学方法在史学研究中的重要性，傅斯年才强烈主张"以语言学的观点解决思想史中之问题"。

需要指出的是，用语言学方法来研究历史及其材料并非是傅斯年的独创。前文已述王国维最擅此道，《古史新证》就是充分利用此一方法的实例。而王国维、傅斯年等所青睐的语言学方法，其成型除了借鉴西方比较语言学方法之外，乾嘉学术的语言学范式的影响也是至为明显的。王国维所擅长的"由小学以通经""由文字声韵以考文物制度"的治学路径和方法，是继承和发展乾嘉学者最为特殊的小学成就和语言学方法的结果。与20世纪西方哲学史的"语言转向"（Linguistic turn）相比，有学者曾经将18世纪以戴震为代表的乾嘉学者，通过文字、音韵、训诂等语言学方式来重新解释原始儒家经典的思想活动称为"语言学的转向"。18世纪中国哲学的"语言学转向"虽然并没有让中国哲学转向对语言本身的关注，而只是借助广义语言学中的字、词，句法的训诂与分析等手段，来对宋明传统的思辨哲学进行批判，力求恢复对古代经典原初意义的准确解释，不过乾嘉语言学的方法相对于明代以前的小学而言更加具有系统性与科学性是没有疑问的。中国早自18世纪就开始的语言学转向，在20世纪史学领域里，得到了王国维、傅斯年等最为积极的响应和继承。

在乾嘉学术大护法阮元的《性命古训》的直接影响下，傅斯年于

---

① 傅斯年：《战国子家叙论》（1927年），载欧阳哲生主编《傅斯年全集》第二卷，湖南教育出版社2003年版，第251页。

1940 年撰成《性命古训辨正》一书。书中除了运用归纳统计和历史比较
等方法之外，还有一个主要方法就是历史语言方法，即"用语学的观点
所以识'性'、'命'诸字之原，用历史的观点所以疏性命历来之变。"他
在此书一开始申明其方法的来源，"今人重作性命古训者固可大异于阮
氏，此时代为之也。吾不敢曰驳议，不敢曰校证，而曰辨证者，诚不敢昧
其方法之雷同耳。"傅斯年在《论所谓五等爵》一文中曾说"先就字义论
之，果得其宜，再谈制度"，同样也是运用了语言学方法。这种雷同之方
法具体为何？傅斯年说：

> 《性命古训》一书，仪征阮元之所作也。……阮氏聚积《诗》
> 《书》《论语》《孟子》中之论性命字，以训诂学的方法定其字义，
> 而后就其字义疏为理论，以张汉学家哲学之立场，以摇程朱之权威。
> 夫阮氏之结论固多不能成立，然其方法足以后人治思想史者所仪型。
> 其方法惟何？即以语言学的观点解决思想史中之问题，是也。

　　显然，"以语言学的观点解决思想史之问题"的治学路线其实早已成
为乾嘉考据学者的历史共识和自觉。如果从阮元再往前追根溯源，认识到
语言训诂技术路线之重要性的清代学者应从顾炎武开其端，继之以阎若
璩、惠栋、戴震、段玉裁、焦循、王氏父子等。例如，顾炎武说："读九
经自考文始，考文自知音始"（顾炎武：《答李子德》，载《亭林诗文集》
文集要卷四），惠栋则认为："经之义存乎训，识字审音，乃知其义"（惠
栋：《九经古义述首》，载《松崖文钞》卷一）。而戴震无疑是语言学方法
的集大成者，他说："经之至者道也，所以明道者其词也，所以成词者字
也。由字以通其词，由词以通其道，必有渐。"（《与是仲明书》，载《戴
震文集》卷九）后来，阮元受戴震和凌廷堪等的治学方法和价值取向影
响甚深，非常自觉地继承了语言学方法，曾屡屡强调此一治学理念：

> 余之说经，推明古训，实事求是而已，非敢立异也。①

---

① 阮元：《研经室集》自序，中华书局 1993 年版。

圣人之道，譬若宫墙，文字训诂，其门径也。①

圣贤之道存于经，经非诂不明。②

舍经而文，其文无质；舍诂求经，其经不实。为文者尚不可以昧经诂，况圣贤之道乎?③

阮元《性命古训》的主旨是采用文字训诂学的方法，一反唐宋新儒学的"复性"论而主张"节性"说。即通过对先秦儒家经典中"性"字和"命"字意义的归纳和理解，来确认"性""命"本可以互训，进而得出"性中有味、色、声、臭、安佚之欲，是以必当节之"④ 的结论。傅斯年很欣赏阮元的语言训诂方法，但同时指出了三个主要缺陷：一是阮氏精通古训古音之学耳，但是运用分析推理之方法远不及朱子，运用金石考古材料则远不及今人；二是受时代偶像崇拜的遮蔽，先有了尊孟黜荀之立场偏见；三是抑宋尊汉的门户之见非常明显。傅斯年认为，后来者居上，应该有超越前贤之自觉，他说："清朝人的第一大发明是文字学，至于中国的语言学，不过有个萌芽，还不能有详细的条理"，"若是继续研究下去，竟把中国语言的起源演变发明了，也是件痛快事"。傅斯年认为，"思想非静止之物，静止则无思想已耳"，因此在其《性命古训辨证》中除了继承了乾嘉学术的语言学方法之外，还采用了历史比较的方法。正所谓："用语学的观点所以识性命诸字之原，用历史的观点所以疏性论历来之变。"这表明傅氏已经对阮元引用不同时代的文献来证明其观点表现出批评，试图用历史比较的方法来分析中国古代抽象思想——"性命之谈"的历史变迁。这样看来，我们将傅斯年融历史研究与语言研究为一体的史料学派，直接称为"历史语言学派"，或者将其与由顾炎武奠基，继由钱大昕、王鸣盛、赵翼等光大的乾嘉史学一起称为"历史考据学派"⑤，亦未尝不可。

---

① 阮元：《研经室集》一集卷二，中华书局1993年版。
② 阮元：《研经室集》二集卷七，中华书局1993年版。
③ 阮元：《研经室集》一集卷二，中华书局1993年版。
④ 阮元：《研经室集》，中华书局1993年版，第211页。
⑤ 参见杜维运《清代史学与史家》，中华书局1988年版，第152页。

第三编

乾嘉儒学的学术生态与
社会政治观念

过去人们总是习惯性地认为，清代考据学者长年钻研故纸堆，穷经皓首，不仅远离现实亦且不论世事，气节低迷。实际上，回到当时的历史情境之下，就会发现乾嘉儒学既有其"避席畏谈文字狱，著书都为稻粱谋"的消极面向，也有"学问在我，原不是拆本的买卖"的求道热忱，还有"杀一不辜号为忠臣，君子为之乎？"的政治抗议，以及"与其赠来者以劲改革，孰若自改革"政治呐喊！在一个政治高压无处不在的社会环境之中，士人的心态、社会政治与日常生活观念尤其值得钩沉发微，昭彰后世。

　　为了发掘乾嘉儒学的多元面向和丰富活力，本编的四章内容，拟从观念史角度分别论述清代尤其是乾嘉儒学的道统观念、忠君观念、治生观念和护生观念，以揭示这一时期士大夫阶层的学术生态，以及他们在社会政治、经济、文化和日常生活方面所遭遇的种种困境。他们为此所做出的种种挣扎、努力和思考，在今天仍耐人寻味。

第 十 四 章

清儒"道治合一"论的政治含义
及其内在困境

　　自秦汉以来，皇帝占据着政统，士大夫执守道统，中国政治逐渐形成了一种"事归政统，理归道统"的双轨政治结构。① 这里的政统，指的是通过武力征服得来的政治权力及其血缘世袭谱系；道统，则指的是儒家思想其传承谱系。自今观之，儒家的道统莫非是指传承有序的、有关政治合理性和合法性的儒家道义论思想或政治德性理论。② 正所谓："道统者，治统之所在也"③，"万世道统之传，即万世治统之所系也"④，政统是道统的实践依存，道统则是政统合法性的依据，因此，"只要是在一个世界上，道统和政统实际上是无法各行其是的"。⑤ 相较于不断轮替更迭的朝代政治统系（政统）而言，儒家道统作为一种连绵不绝的、普遍公认的道义原则，它是相对独立于或者说是超越于治统之外的。它始终根据道义（类似于现代政治的"正义"概念）这一最高政治德性标准，来审视现实政治的合理性和合法性。这其中，儒家士大夫不仅拥有成为官僚而得以有襄赞政统的机会，而且还将维系道统视为己任，占据着文化资本以及教化风议的柔性权力，掌握着政统合法性的

---

① 参见费孝通《论师儒》，载《皇权与绅权》，观察社 1948 年版，第 25—29 页。

② 道统思想有广义和狭义之分。广义的道统思想指在中国文化史上客观存在的、以儒学道统论及其发展演变为主要线索、吸取容纳了中国文化各家各派思想而形成的中华道统思想。狭义的道统思想即指关于儒家圣人之道的理论及其传授系统说。（参见蔡方鹿《中华道统思想史》，四川人民出版社 2003 年版，第 2 页。）本章对于道统的定义偏狭义。

③ 陶宗仪：《辍耕录·正统辨》，引元代杨维桢《三史正统辨》。

④ 玄烨：《日讲四书解义序》，载《清圣祖御制文集》第一册卷十九，文渊阁四库全书本，第 185 页。

⑤ 参见费孝通《论师儒》，载《皇权与绅权》，观察社 1948 年版，第 33 页。

话语权。总之，儒家本着"治道合一""君师合一"的政治理想，在处理道统与治统、君与师关系时所表现出来的中庸、务实态度，一直都是儒家政治参与的活力源泉。

不过儒家看似占尽优势，实际不然。随着明清以来中国君主专制制度的发展，权力的天平越来越向君权（皇权）一方倾斜，儒家维系道统的压力越来越大，君权与士权之间的相对平衡越来越难以维持。尤其是到了"万马齐喑"的清代中叶，皇权专擅独大，士权极度萎靡，士大夫对于道统的历史担当更是衰降到历史最低点。个中原因应该是结构性的，一方面清代皇帝英明孔武，"既作君亦作师"，治统兼并了道统，使士人普遍处在"失语"状态；①另一方面清代士大夫对此是心悦诚服，唯君命是从，主动放弃了师儒讽谏政治的权力。有不少研究已经指出，经过康熙、雍正、乾隆三位皇帝的软硬兼施和文功武略，出现了"舞遍两行红结队，儿童齐唱太平年"②，"文轨齐于要荒，声教讫于幽遐"③ 的盛世景象，其政治合法性得到国人的普遍认同。士大夫阶层也出现了"一队夷齐下首阳"④ 的新局面，他们对政治的态度大多开始从反抗转变为合作。与之相应，传统的道统与政统关系在清代中前期则开始从"道治二分""君师二分"论明显滑向"道治合一"论、"君师合一"论。这表明，士大夫在一定程度上认可了清代帝王同时占有道统与政统的政治现实。

本章基本上认可清代帝王通过"稽古右文"以占据道统方面的努力所取得的巨大成功，以及清代部分士大夫将道统拱手相让的相关研究结论。⑤

---

① "真正造成清代学术思想失语状态的，除了政治对异端的特制，还在于皇权对于真理的垄断，'治统'对于'道统'的彻底兼并，以及这种道德制高点和合理性基础被权力占据之后，所造成的士人对于真理诠释权力和对于社会指导权力的丧失。"参见葛兆光《中国思想史》第二卷，复旦大学出版社2001年版，第390页。

② 于敏中：《上元灯词八首》，载《素余堂集》卷二五，嘉庆十一年刻本。

③ 王鸣盛：《平定唯噶尔赋》，载《西庄存稿》卷一，《续修四库全书》第1434册，上海古籍出版社2002年版。

④ 王应奎：《柳南随笔》卷四，中华书局1983年版。

⑤ 主要参见萧公权《中国政治思想史》（辽宁教育出版社1998年版）；牟宗三《政道与治道》（台北：联经出版公司2003年版）；［美］列文森《儒家中国及其现代命运》（郑大华、任菁译，中国社会科学出版社2000年版）；［美］狄百瑞《儒家困境》（黄水婴译，北京大学出版社2009年版）；黄进兴《优入圣域：权力、信仰与正当性》（陕西师范大学出版社1998年版）；Pamela Kyle Crossley（柯娇燕），*A Translucnet Mirror: History and Identity in Qing Imperial Ideology*，University of Califronia Press，1999；杨念群《何处是江南？——清朝正统观的确立与士林精神世界的变异》（生活·读书·新知三联书店2010年版）；陈永明《清代前期的政治认同与历史书写》（上海古籍出版社2011年版）等。

不过，笔者拟在梳理、分析清代几种主要的道—治关系论的基础上适度修正上述结论。一是辨明清代习见的"道治合一"论多数属于理想性的表述和对现实的批评，并非是对现实政治的认同和礼赞。以此来说明清代帝王占据道统努力的结果其实并不是那么成功，士大夫与王权政治之间的关系更多的是疏离感而非认同感，进而从一个侧面彰显出清代儒家士大夫的政治抗议精神仍旧清晰而顽强。这一结论的意义在于，可以在某种程度上改变我们以往对于清代儒学在政治思想上极为保守、退步甚至反动的刻板成见。二是通过分析儒家"道治合一"政治理想存在的自身难以克服的内在困境，可启发我们在现代语境中思考政治儒学命运曲折多舛的肇因，寻求摆脱儒家政治生活在尊道与尊势之间无所适从这一困境的出路，重新建构起儒家道统与政统、学术与政治之间的良性互动关系，尝试着从制度层面来探讨突破这一困境的可能途径。

一　清代"君师合一"论的形成

卢梭说过，"即使是最强者也决不会强得足以永远做主人，除非他把自己的强力转化为权利，把服从转化为义务。由此就出现了最强者的权利。"① 皇帝们心里很清楚，仅仅通过自己的英明孔武、乾纲独断来削弱官僚的政治权力，压制士大夫的文化权力，以确保皇权永固还是远远不够的。要想有卢梭所谓的"最强者的权利"，就必须在牢牢掌控政治权力之外，还要一并占据文化道统，从道德的高度为君主的绝对权力披上了大公无私的外衣，将臣民对皇权的绝对服从视作是他们的绝对义务。能够在独占政统的基础之上得陇望蜀，更进一步占据可以自我证明政治合法性的道统，估计是古往今来所有圣王明君的梦想。

明末清初之际，道统与治统分别掌握于士大夫与皇帝手中的"道治二分"论，仍然是学界主流，儒家以道统抗议、教化政统的声音依旧昂扬。吕坤认为，"庙堂之上言理，则天子不得以势相夺"，主张理、势二分并立。② 王夫之认为，"儒者之统，与帝王之统并行于天下，而互为兴

---

① ［法］卢梭：《社会契约论》，何兆武译，商务印书馆2003年修订第3版，第9页。
② 吕坤：《呻吟语·谈道》卷一之四，载《吕坤全集》，中华书局2008年版。

替"，主张道统与政统二分并行。① 在戴名世那里，"夫道之不明，以为世患，道明而不得用，此世之不幸，而非儒者之命之艰也。要无废于学，使道自吾而大明，既不用而亦所以持世于不倾也"②，仍旧将维系学统与道统看成是儒士的职责之所在。

随着清朝政权的逐渐稳固，清代皇帝在政治权力分配上，愈加强调乾纲独断的重要性，要求"天下大事皆朕一人独任"③，不容他人置喙。在诸如内阁、台谏、密折、立储等制度设计上，大大消减了士大夫分有和襄赞权力的机会。在思想观念层面，则不遗余力地强化忠君伦理，使之成为五伦之首。雍正等皇帝更是直白要求臣民们"惟知有君"，"是是非非惟朕是从"④，"以君之好恶为好恶"（雍正元年四月丁卯上谕），对皇权无条件地效忠。更有甚者，在"唯君是从"的思想作祟下，不仅皇帝宣称自己有资格"膺君、师之任"⑤，"作之君、师"⑥，就连士大夫们竟然也心悦诚服地承认"今圣天子无幽不烛"⑦，"治统、道统萃于一人"⑧，进而心甘情愿地将其从道不从君、以德抗位的文化权力亦拱手让人。康熙在《临终谕旨》中明确宣称，"自古得天下之正者，莫如我朝"⑨，而章学诚等士大夫似乎也由衷地认为，"自唐虞三代以还，得天下之正者，未有如我大清者。"⑩ 至此"道治合一"似乎已然成为朝野上下的共识，儒家心仪已久的王道政治理想似乎已经变成了现实。"君德成就责经筵"（程颐语），就连在最能体现儒家政治教化和劝谏功能的清代"经筵""侍讲"活动中，皇帝也已不再是听众，摇身一变成为经师与裁判，而饱读诗书的

---

① 王夫之：《读通鉴论》，载《船山全书》第十册，岳麓书社 1996 年版，第 568 页。
② 戴名世：《戴名世集》，王树民编校，中华书局 1986 年版，第 77—78 页。
③ 《清圣祖实录》卷一四四，康熙二十九年正月己亥，中华书局 1985 年版。
④ 中国第一历史档案馆：《雍正起居注》，雍正二年五月二十日，中华书局 1983 年版。
⑤ 弘历：《高宗实录》卷一二九乾隆五年十月丙寅条。
⑥ 弘历：《书程颐论经筵札子后》，载《清高宗御制文集》第十册，武英殿刻本，第 708 页。
⑦ 黄宗羲：《周节妇传》，载《黄梨洲文集》，中华书局 1959 年版，第 89 页。
⑧ 李绂：《穆堂初稿》卷四十六，《续修四库全书》第 1422 册，上海古籍出版社 2002 年版，第 33 页。
⑨ 参见［美］史景迁《康熙——重构一位中国皇帝的内心世界》，温洽溢译，广西师范大学出版社 2011 年版，第 159 页。
⑩ 章学诚：《说林》，载叶瑛校注《文史通义校注》，中华书局 1985 年版。

经筵讲官们却由原先"帝王师"的思想灌输者角色变成了"伏祈圣裁""仰瞻圣学"① 的受教育者。黄进兴在其《李绂与清代陆王学派》一书中，曾经列举了李绂、李光地、费密、章学诚、焦循等的"治道合一""治教合一"等权威主义政治思想，来证明清代知识分子对政治权力的由衷屈服，以及清代皇权治统在占用道统过程中所取得的惊人成功。当时就连顾炎武的入室弟子潘耒（1646—1708），以日讲起居注官微身份呈给康熙皇帝的讲义中居然也说："伏愿圣心折衷于诵读之余，发挥于施行之际，则文武之道传在一人，尧舜之治永传万代矣。"② 因此，该书认定在"中国政治历史上，道治合一是专制发展的最终步骤，完全专制意味着统治者拥有不受限制的绝对权力"。③ 无独有偶，近来杨念群又通过着重分析袁枚、章学诚的"道治合一"论，认为这全然是乾嘉士人在官方"君师合一"意识形态之下有意迎合圣意的谀词。④ 清代士大夫向君权臣服而放弃思想独立，其结果无疑是道统沦丧，士气低迷，气节扫地，前所未有。与明代"官横而士骄"的局面相比，到了乾嘉时期，已经是一派"万马齐喑"的景象："大臣无权而率以畏愞，台谏不争而习为缄默，门户之祸不作于时而天下遂不言学问，清议之持无闻于下而务科第、营财货，节义经纶之事漠然无与其身。"⑤ 可以说，到了清乾嘉时期，"道治合一"论常常见诸于皇帝的圣谕说教中，习见于官僚的朝章奏折中，在士大夫的私人著述中亦俯拾皆是。不过，清代诸种道治合一论的具体语境及真实意涵不能一概而论，应予具体分析。像李绂、李光地等官僚士大夫在公开奏章文集中所表述的"道治合一"论，应该多是出于对清代文治武功和全盛景象的由衷赞赏。当然，其中也少不了言不由衷的肉麻谀词。但除此之外，在清代政治高压之下的道治合一论还有另外一层深刻含义，即

---

①　《圣祖仁皇帝实录》卷六七，康熙十六年丁巳五月己卯，载《清实录》第四册，第857页。

②　潘耒：《进通鉴讲义表》，载《遂初堂文集》卷四，康熙原刻本。

③　黄进兴：《李绂与清代陆王学派》，郝素玲、杨慧娟译，江苏教育出版社2010年版，第153页。

④　参见杨念群《何处是江南？——清朝正统观的确立与士林精神世界的变异》第六、七章及结语部分，北京三联书店2010年版。

⑤　管同：《拟言风俗疏》，载《因寄轩文集》卷四，道光邓廷桢刻本。另见贺长龄《皇朝经世文编》卷七。

当它作为一种以曲笔劝谏现实政治的理想性论述时，仍旧保留了儒家王道政治理想的批判性格。

　　一方面，文字狱作为清朝进行思想控制的重要政治手段，导致士大夫阶层"一涉笔惟恐触碍于天下国家"，"见鳝而以为蛇，遇鼠而以为虎，消刚正之气，长柔媚之风。"① 例如，乾隆四十一年（1776），正值四库全书编纂高潮之际，校书高手卢文弨在私人信件中说道："窃谓近今之弊，尤在乎志节之不立，风操之不振。故中材以下，以贫病而堕其守者有之矣。盖不独役役焉惟治生之是急也，亦由上之人不能贵士而遇之以礼，偶有微忤，辄欲借之以立威，而摧折之唯恐其不至。于是士之自处也亦日贱，所忧不徒学之不专、文之不工而已。"② 这里的"上之人"虽然指的是学官等官僚大吏并没有直指皇上，但是对于当时政治扭曲学术之观察还是很透彻的。乾隆四十四年（1779），天长县贡生程树榴《诗序》案发，被斩立决。原因是该书被揭发有以下字句："造物者之心，愈老而愈辣；斯所操之术，乃愈出而愈巧。"③ 我们从程氏"怨谤上苍"的牢骚中，也可以清楚地看出高宗上下其手之文化政策的真实用意在一些士大夫心目中昭然若揭，根本无从遁形。

　　但是另一方面，"不言不能自甘，多言又恐不测"④，虽堪为士人政治心态之真实写照，可是以天下为己任的士大夫是很难不讽议政治的。他们仍旧会在私下里讨论，抑或隐晦地表达自己的观点，即便是选择沉默不语也多少包含了一种抗议的态度。那些一不小心或者甘冒天下之大不韪成为仗义执言的殉道者，皇帝既然敢于痛下杀手就得为此背负无道、不义之名。龚自珍对这种"霸者之恨"不无讥讽地说道：

　　　　曰：如是则唐宋明岂无豪杰论国是，掣肘国是而自取谬者乎？曰：有之。人主之术，或售或不售，人主有苦心奇术，足以牢笼千百

---

　　① 李祖陶：《与杨蓉诸明府书》，载《迈堂文略》卷一，上海古籍出版社2009年版。

　　② 卢文弨：《寄孙楚池师书》，载《抱经堂文集》卷十八，中华书局1990年版，第257页。

　　③ 《高宗实录》卷一零八三，乾隆四十四年五月壬子条。

　　④ 尹嘉铨：《近思录》，转引自《尹嘉铨为父请谥并从祀文庙案》，载《清代三朝史案》下册，广陵书社1993年版。

中材，而不尽售于一二豪杰，此亦霸者之恨也。吁！①

应该说，前述研究指出，当时士大夫完全丧失了对清廷文化政策的免疫力，这并不符合事实。要说他们没有觉察到官方"君师合一"论背后的政治企图，无疑是低估了前人的智商。余英时在为黄进兴《李绂与清代陆王学派》所作的序中指出，从体制上讲清代儒生丧失政治抗议权是毋庸置疑的，"然而，至于那些与皇权联系甚微的儒家学者，要完全剥除他们的批判功能是很难的"，"道统和治统的结合永远不可能是完整的。"②政治学者萧公权也曾指出，清代中前期虽然文网极其严密，诛心手段极其高明，但是"雍乾嘉道之间，政论消沉而未尝完全断绝。士大夫中尚有一小部分胸有所见，不甘缄默，冒不测之祸而发为议论者。其中较著有查嗣庭、陆生柟、方苞、杭世骏、汪缙、余廷灿、洪亮吉、包世臣、管同、龚自珍诸人"。③ 其最刚烈者，莫如雍正八年（1730）冒死书写揭帖为吕留良案抱不平的唐孙镐。在当时"皇上曰可，臣亦曰可；皇上曰否，臣亦曰否"的书生皆为应声虫时代，唐孙镐挺身而出，说"朝廷已无净臣，草野复生孽畜。后之修史者不讥笑我朝无人物乎？虽然，莫谓无人也，犹有不怕死之唐孙镐在！"④ 其以道抗势的浩然之气，沛然莫之能御，不愧为儒者中一真豪杰、大丈夫耳。

总体上看，虽然当时大多数士大夫碍于政治高压，会尽量避而不谈一些政治敏感的问题，公开表述时要么采用曲笔，要么习惯地说一些政治正确的话敷衍了事，但这并不代表他们对于现实政治没有自觉、批评和反思。在这里，我们应就言论自由与思想自由做一定的区分：人们纵然没有言论自由，但是更为根本的意志自由和思想自由是无从剥夺的。"道"作为普遍的人文真理，它既不能为士大夫所私有，更不能为皇帝一人所独占。正所谓公道自在人心，清廷大兴文字狱只能钳民之口而仍旧无法钳民

---

①　龚自珍：《京师乐籍说》，载《龚自珍全集》，上海人民出版社 1975 年版。

②　余英时：《〈李绂与清代陆王学派〉序》，载黄进兴《李绂与清代陆王学派》，江苏教育出版社 2010 年版，第 6—7 页。

③　萧公权：《中国政治思想史》，辽宁教育出版社 1998 年版，第 606—607 页。

④　《雍正朝汉文朱批奏折汇编》第 17 册，张书才主编，江苏古籍出版社 1989 年版，第925—931 页。

之心，是非黑白终究自有公论。钱大昕曾对此旁敲侧击道："谤之无实者，付之勿辨可矣。谤之有因者，非自修弗能止。"① 因此在政治高压、专制的年代里，我们要注意人们说了什么东西，更要注意人们真正想说而没有说出口的东西。少数人仗义执言的漏网之语固然可贵，但是更多人的隐晦曲折的心声亦值得仔细揣摩和玩味。只有我们更深入地呈现人们那些欲言又止的内心世界时，才能更为真实地反映政治高压时代的真实思想世界。

二　清代"道治合一"论的政治含义

本节拟选取几个典型的道治关系论进行分析，以管窥清代中前期以来道治关系论的复杂政治意涵。

（一）费密（1625—1701）"无王不成统"论

明清易代，儒家士大夫痛定思痛，掀起了一股反对宋明儒学高谈心性，转而崇尚实功实学的思潮。对于从韩愈、朱熹及弟子黄幹建构起来的儒家道统之谱系，清儒不仅前赴后继地辨伪其历史虚构，而且开始重新思考和定位道统与治统的关系。这为清代"道治合一"论的形成发展提供了一个契机。

在道治二元、并行关系论仍旧为主流的清初，费密一反常态提出了"帝王然后可言道统"② 之主张，可谓石破天惊，应该算是清代"治道合一"论迭出之伊始。费密是这样说的：

> 后世言道统……不特孔子未言，七十子亦未言。百余岁后，孟轲、荀卿诸儒亦未言也。……何尝有道统之说哉？……流传至南宋，遂私立道统。自道统之说行，于是羲农以来，尧舜禹汤文武裁成天地，周万物而济天下之道，忽焉不属之于君上而属之儒生，致使后之

---

① 钱大昕：《止谤》，载《十驾斋养新录》卷十八，《嘉定钱大昕全集》第七册，江苏古籍出版社 1997 年版。

② 费密：《弘道书》，载《孝义家塾丛书》，谓南严氏刻本，第 8 页。

论道者，草野重于朝廷，空言高于实事。①

费氏上述言论有两个要点：一是儒家本无所谓"道统"，它是由宋儒人为"私立"出来的，并不符合历史事实。这一点在后来注重考据的清代学者那里得到了几乎一致的认同。二是宋儒将"道"看成是儒家士大夫赖以抗"势"的专属物，将道统凌驾于治统之上，其结果不免出现"草野重于朝廷，空言高于实事"这种群龙无首、政治涣散的不利局面。这与儒家自古有之的"君师本于一人"②之王道理想是背道而驰的。在他看来，"朝廷，政从所出，立道之源"③，因此"羲农以来，尧舜禹汤文武裁成天地，周万物而济天下之道"应专属于帝王，而师儒之间传承不断的只是"道脉"。费密此处的"道统"其实指的是"正统"或"治统"，而"道脉"则类似于通常意义上的"道统"或"学统"。依此看，费密对"道"之内涵的理解，似乎与宋明儒学并无本质区别，然而其理论影响却比较复杂。一方面，费密说："欲正道统，非合帝王公卿，以事为要，以言为辅不可"④，充分注意到道统必须依存于治统方能得到彰显，强调了对现实政治负直接责任的是帝王而非师儒。这在清初反思晚明讲学空谈误国的历史背景之下，强调"道"的经验性与实用性，纠正不切实际地谈论道统的时风，是不无见地的。另一方面，费密无条件地认可了帝王治统的合法性，有意屏蔽了师儒可以凭借道统为治统提供合法性依据的柔性权力，又是得不偿失的。他依据其"道在事中"的哲学理论，否定了"道"的普遍超越性以及宋明儒家对此超越性之信仰，显然是矫枉过正，失之片面。总而言之，其过分"尊势"的道统论类似于于韩非的君主集权理论，有悖于三代之后道、治二分的政治现实中儒家对"士志于道"的正解，在理论上为清代"道治一体化"的意识形态开了先河，为士大夫拱手相让道统的相对独立性开了方便之门。当然，费密本人并没有做如此推论，其主要目的仅限于破除程朱道统，回向三代"君师合一"

---

① 费密：《弘道书》，载《孝义家塾丛书》，渭南严氏刻本，第 1 页。
② 费密：《弘道书·统典论》，渭南严氏刻本。
③ 费密：《弘道书·圣门定旨两度序记》，渭南严氏刻本。
④ 费密：《弘道书·统典论》，渭南严氏刻本。

的政治理想，复兴儒学经世致用的实用性格而已。这与颜元、李塨二人越过程、朱十六字之心传而直祧周、孔之道的实学思想，存在异曲同工之处。

（二）袁枚（1716—1797）的"道无统"论

袁枚在乾嘉时期游离于汉学与宋学、考据与义理之外，以性灵文字独树一帜，声名远播。当然，由于其言行潇洒不羁，且经常撰文无情嘲弄"道学先生"，亦因此深受卫道士所诟病。对于当时被官方认可的程朱道统说，袁枚与费密不无类似地认为，"尧舜禹皋并时而生，是一时有四统也，统不太密欤？孔、孟后直接程朱，是千年无一统也，统不太疏欤？……毋以废正统之主而后作史之义明，废道统之说而后圣人之教大与！"① 在他看来，天下本无道统之说，由宋儒建构起来的道统论根本上是一种不符合历史事实的真理独断体系，必须先破除之而后快，"圣人之教"方能光大于世。

他在《代潘学士答雷翠庭祭酒书》中，进一步阐述了其"道无统"论：

> 夫道无统，若大路然。……合乎道，则人人可矣！三代之时，道统在上，而未必不在下。三代以后，道统在下，而未必不在上。合乎道，则人人可以得之；离乎道，则人人可以失之。……安得一切抹杀，而谓孔、孟之道直接程朱也？……夫尧舜禹汤周孔之道所以可贵者，正以易知易行，不可须臾离故也。……我皇上文集中不远称尧舜，而屡举汉文帝、唐太宗者，亦以言汉、唐年代近，而政事易于核实；言唐虞则年代远，而空言难以引据。②

杨念群认为，袁枚"废道统之说"的异议可怪之论并不是一种思想的叛逆，"倒是可以认定袁枚的思想其实恰与清朝帝王的思想基调颇为吻

---

① 袁枚：《策秀才文五道》，载《袁枚全集》第二册，江苏古籍出版社 1993 年版，第 417 页。

② 袁枚：《袁枚全集》第二册，江苏古籍出版社 1993 年版，第 295—296 页。

合"，其摧毁道统也只是为了"把'道'的持有权拱手重点交回到了帝王的手中"。① 从袁枚整体思想面貌来看，这个论断下得十分武断。袁枚此段话的关键在于"合乎道，则人人可以得之；离乎道，则人人可以失之"，言下之意，"道"是公开、普遍的人文真理体系，不是某人、某家、某派尤其不是宋儒所能够垄断的专利。具体而言，"道"在当时既不是考据家亦非义理学者的专属，既不是君上亦不是士大夫所能够独占，它是对于所有人都是平等开放的。这一充满思想自由气息的主张，与崔迈（1743—1781）的"天下，公器也，非一人一姓之所得私"② 有异曲同工之妙，对于清代官方把程朱理学当作其意识形态基石的"道治合一"论乃是釜底抽薪之举。台湾学者张寿安近来用"打破道统，重建学统"来概括乾嘉学术思想史的基调③，也反映出在乾嘉道统论并非铁板一块。事实上，在相对保守的"治道合一"论之外，仍旧存在一股批判理学的专断性与绝对性，意图把政治儒学从道统禁锢中给解放出来，以恢复原始儒学的自由气息与时代精神的思想潮流。

（三）章学诚（1738—1801）的治道合一论

余英时曾经借用伯林的"刺猬"（hedgehog）与"狐狸"（fox）的分类法，认为戴震与章学诚两人都是属于有着建构一贯思想之抱负的"刺猬型"人物。在18世纪的中国学术界正是诸多考据学"狐狸"得势的时代，戴震顺势通过考据学实现了其批判哲学之建构。章学诚则是逆考据潮流而动的史学异端，通过当时相对偏冷门的史学来架构其文史之"通义"。④ 章学诚的学术思想具有很强的现实批判性，一直为后世所推重。然而，他同时又有迫切希望得到政治支持，有着很强的卫道保守意识，因此章氏思想在政治领域又具有权威主义的一面。这样一来，章氏的道统论

---

　　① 杨念群：《何处是江南？——清朝正统观的确立与士林精神世界的变异》，生活·读书·新知三联书店2010年版，第286页。

　　② 崔迈：《正统论上》，载《尚友堂文集》卷上，《崔东壁遗书》，上海古籍出版社1983年版。

　　③ 张寿安：《打破道统 重建学统——清代学术思想史的一个新观察》，载《中央研究院近代史研究所集刊》第52期，中研院近史所2006年版，第59页。

　　④ 余英时《中国知识人之史的考察》，广西师范大学出版社2004年版，第340页。

述显然异常复杂和微妙。

章学诚很清楚，儒家对于"治道合一"的政治理想内涵的最佳注解是《礼记·中庸》中的一段表述："虽有其位，苟无其德，不敢作礼乐焉；虽有其德，苟无其位，亦不敢作礼乐焉。"依照"德、位兼备"的标准，章学诚认为，"有德无位，即无制作之权；空言不可以教人，正是所谓'无征不信'"，而"孔子有德无位，即无从得制作之权，不得列于一成，安有大成可集乎"？① 在他看来，孔子只是有德无位的圣人，而周公才是集"古圣之成"与"天子之位"于一身的集大成者。

不仅于此，"六艺非孔氏之书，乃周官之旧典也"（《原道》），它们莫非是周公"义取经纶为世法""经纬世宙""因事而寓教"的工具。② 如果按照上述章氏之"道"论，儒家道统必须在"德位兼备"身上才能够得以实践和展现的话，那么自周公之后，孔子、孟子不能，程、朱等更不能，那么谁还有这个资格呢？结合章氏"官师、治教合，而天下聪明范于一，故即器存道，而人心无越思"，"治教无二，官师合一，岂有空言以存其私说哉"③ 等说法，我们可以合理推断，章氏认为，政治权力和制度依存是"道统"维系不坠的先决条件。这在一定程度上否定了"道"的超越性和神圣性，颠覆了宋明以来士大夫道、治二分的主张以及凭道统对抗政统的道统观。这与乾隆皇帝当时自许集君师、道治于一身的论调，是有一致之处的。好在章学诚同时认为，"道"是"万事万物之所以然"，也认为它是隐藏在器物背后的最高真理，并且具有"形而上"（《易传》）的抽象性、"道公而学私"（《与朱沧湄中翰论字书》）的普遍性、"器拘于迹而不能相通，惟道无所不通"（《原道》）的终极综贯性等特点。显然，在他看来，"道"虽然不离"器"，须依政统而行，但似乎又不是帝王所能够独占的。在章氏"道治合一"论述中，有多少成分是章学诚史学经世思想的自然结论，又有多少成分是为了迎合上意、借重正统的谀词，是很值得后人揣摩的。④ 需要指出的是，如果仅从章学诚道统论中突

---

① 章学诚：《原道上》，载《文史通义校注》卷二，中华书局 1985 年版。

② 章学诚：《经解下》，载《文史通义新编校注》，中华书局 1985 年版，第 95—96 页。

③ 章学诚：《原道中》，载《文史通义新编校注》，中华书局 1985 年版，第 100 页。

④ 参见黄进兴《清初政权意识形态之探究——政治化的"道统观"》，载《中研院历史语言研究所集刊》1987 年第 58 本第 1 分。

出强调"道"的制度依存性来看，显然他已经触及了中国政治中的"道统"一直以来缺乏组织依靠和法律保障的核心议题。

（四）焦循（1763—1820）的"未闻持理以要君"论

在乾嘉学者中间，焦循以其《孟子正义》和"易学三书"等著作独步学林，对于考据学之弊病有着很深刻的觉解。然而，焦循对于君臣关系的见解却极具争议性，堪为乾嘉学者深受君臣纲常伦理束缚的一个显例。他说：

> 君长之设，所以平天下之争也。……所以治天下则以礼，不以理也。礼论辞让，理辨是非，知有礼者，虽仇隙之地，不难以揖让处之，若曰虽伸于理，不可屈于礼也。知有理者……各持一理，譊譊不已。……可知理足以启争，而礼足以止争也。明人吕坤有《语录》一书，论理云："天地间惟理与势最尊，理又尊之尊也。庙堂之上言理，则天子不得以势相夺。即相夺，而理则常伸于天下万世。"此真邪说也。孔子自言事君尽礼，未闻持理以要君者。吕氏此言，乱臣贼子之萌也。①

通篇看过，此段主旨意在"以礼代理"来处理各种社会纷争，具体应用在君臣关系上则是以礼事君。在焦循看来，吕坤"庙堂之上言理，天子不得以势相夺"的说法无异于"持理以要君"，以下犯上，显然违背了孔子"事君尽礼"的基本原则，因此遭其严厉批驳。要知道，宋儒的"理"通常与"道"不加区别地混用，焦循说"未闻持理以要君"就等于否定了儒家可以凭借道统来与天子治权相抗衡的政治教化权力。焦循此论固执地坚守君臣纲常，片面地强调君、父的绝对权威，在君臣关系的理解上不仅远不及戴震，更不及钱大昕平等、开放。他提出的"圣人在位，谓之大人"②，潜意识中隐含着一种尊势不尊德的政治意识。亦正因为如此，有人认为在焦循身上，"儒家之特有道统独立于政统的批判精神，已

---

① 焦循：《理说》，载《雕菰楼集》卷十，《焦循诗文集》，广陵书社 2009 年版。
② 焦循：《孟子正义》卷二十六，中华书局 1987 年版，第 904 页。

经丧失无遗",在当时显然是一个"政治正确"、相对保守的"迂儒"。①
这一评论十分严苛然不无根据。焦循以尊君为前提的事君尽礼论,与费密
一样都不承认士大夫维系道统这一相对独立的文化权力,这从一个侧面反
映了儒家纲常伦理与清朝绝对忠君的意识形态对士大夫阶层有着显著影
响,甚至得到了他们的广泛认同。

(五)龚自珍(1792—1841)、魏源(1794—1857)的治道合一论

到了乾嘉后期"治平之虑"开始举起,士大夫疾呼"君师合一"、
"德位合一"的"治道合一"论,似乎更为普遍地被认为是中国儒家政治
的理想模式。魏源说道:

> 三代以上,君师道一,而礼乐为治法;三代以下,君师道二,而
> 礼乐为虚文。古者岂独以君兼师而已?自冢宰、司徒、宗伯,下至师
> 氏、保氏、卿大夫,何一非士之师表?小德役大德,小贤役大贤,有
> 位之君子即有德之君子也,故道德一而风俗同。②

深受章学诚影响的龚自珍,则认为"君与师之统不分,士与民之数
不分,学与治之术不分"(《对策》)才是理想的政治模式。他说:"自周
而上,一代之治即一代之学也,一代之学皆一代之王者开之也。……是道
也,是学也,是治也,则一而已矣。"(《乙丙之际著议第六》)魏源的
"君道"即龚自珍所谓的一代之治法,"师道"即龚自珍所谓的一代之学
术,而魏源的"三代以上君师道一"的主张与龚自珍的"自周而上一代
之治即一代之学也"的主张是没有两样的。龚、魏所主张的"君师道一"
"一代之治即一代之学"的观点,其实都是三代以上的理想政治形态,显
然针对有德无位、有位无德、上下悬隔之政治现状有感而发,绝非对清朝
皇帝"作君作师"的认可。

龚自珍所追求的治、学、道为一,君、师、儒为一的理想,其实也是
希望改变道统与治统两相分离隔绝的社会现实。在他看来,如果士大夫主

---

① 徐立望:《通儒抑或迂儒——思想史之焦循研究》,《浙江学刊》2007年第3期。

② 魏源:《默觚·学篇九》,《魏源集》上册,中华书局1976年版,第23页。

动放弃了自己的文化批判权力，被迫或自愿放弃担当道统之重任，这就等于宣告放弃士大夫之所为士大夫的资格，正所谓：

> 居廊庙而不讲揖让，不如卧穹庐；依文绣而不闻德音，不如服橐
> 犍；居民上，正颜色而患不尊严，不如闭宫庭；有清庐闲馆而不进元
> 儒，不如辟牧薮。（《乙丙之际著议第二十五》）

总的来说，"士气申则朝廷益尊，士业世则祖宗益高，士诗书则民听益美"（《著议第二十五》），为了解决君权独大、士气不伸、民意不彰等相互之间存在着密切因果关系的政治弊端，龚自珍跟洪亮吉、管同、包世臣等一样，不约而同地对士大夫政治监督与批判能力皆寄予了厚望。

综上所述，清儒的道治关系论有几点新变化：一是儒家道统之要义与内容复成为儒家学者争论之焦点，甚至有无道统皆成为一问题。二是他们对道统与政统关系的定位亦各有不同。费密、焦循等更偏向于尊君重势，章学诚政治态度比较暧昧，然要以官师、治教合一为旨师，而袁枚、龚自珍和魏源等则更偏重于尊师儒重道。它们中间既有对清朝帝王"作君作师""道治一体化"的官方意识形态的认同成分，亦有试图重申"治道合一""君师合一"的王道政治理想，通过回向三代来建言现实政治。当道治合一论作为一种理想性论述，即意味着对现实政治的批评而非肯定，儒家道统的相对超越性及其政治抗议精神仍旧隐约可见。从总体上看，清儒的"治道合一"论述的政治内涵，其积极意义要大于其消极影响。

三 儒家"治道合一"政治理想的内在困境

清代士大夫对于道统本身的怀疑，以及对道治关系的争论，似乎预示着传统政治儒学的自我反思和突破。可事实上，道统臣服于政统的问题自晚清以来一直未有明显改观。在中国"事归政统，理归道统"的双轨并行的政治结构之中，随明清以来君权的不断膨胀，双方较量的天平逐渐向政统一方严重倾斜，士大夫被迫成为沉默的大多数，少数敢于伸张道统者其结果显然异常血腥与惨烈。其实士大夫也是人，面对政统对道统的陵替与高压时，为了明哲保身而委曲求全是人之常情。我们不能过分苛求他们

人人都是真理的斗士、正义的化身，为了维系道统而成为坚决抗议、不合作的文化英雄，甚至烈士。当然，我们也不能简单地认为，儒家士大夫没有丝毫反抗就甘心情愿、厚颜无耻地将代表着真理和道义的道统拱手相让，而无视他们对皇权或显或隐或无声的抗辩，以及他们在尊道与尊势之间摇摆不定的内心纠结。只有理性的剖析加之同情的理解，才能把历史真正当作一面镜子，把我们代入当时的历史情境中进行灵魂深处的自我剖析。

造成道统暗而不彰的局面的原因甚多，余英时曾指出过其中的两个原因：第一，传统知识分子虽然持"道"与"势"相抗，可是中国的"道"是无形式、无组织的，不像基督教或伊斯兰教那样可以通过有组织的教会和政治权威公然抗衡。缺少了组织保障和制度支持，除了极少数敢于以道抗命之外，大多数的中国知识分子经不起政治权威的巨大压力和诱惑。

明清之际众多思想似乎也意识到了这一点，开始从政治组织和制度设计层面上来讨论如何扩展士大夫、民众参与并监督政权的渠道，以及如何加强对君权等政治权力的约束。这主要表现在以下几个方面：一是在政治体制上的郡县与封建之争。无论是主张郡县制，还是主张恢复封建制，它们都对地方分权与中央集权之间的这一纵向的重大权力架构进行了有益思考。其中，王夫之等的"寓封建与郡县之中"的主张，无疑包含了希望增加地方人事、财政、司法等权力以制衡以君权为中心的中央集权制度日益张大的趋势。二是"原相"之议。宰相是文武百官之首，作为日常和具体行政事务之首脑，地位显要。但自明洪武削弱宰相之后，君主大权独揽而力不从心，六部阁臣有心报国而英雄无用武之地，君臣、官民关系日呈尾大不掉之势。明清时期的士大夫有鉴于此，"原相""置相"等议论蜂起，恢复并强加宰辅之职能的观点几成官、学两界的共识。三是台谏、监察制度之议。明清时期各级政权并不缺少像御史台、都察院等自我约束的监察和台谏机构，可是要么是有职无权，缺少汉唐时期所拥有的审察和封驳权力，位卑言轻，约束力受到明显局限；要么只对下不对上，避重就轻，无关痛痒，缺乏犯颜批鳞的勇气，最终把谏议变成了谀词；要么是把台谏变成了君主玩弄政治、大臣打击政敌的利器，变成了自肥的工具，有朋党而无是非，不仅不能够自我约束反而会搅乱政治。因此，明清时期的重言官，纳良谏，不以言治罪的议论亦颇引人同情和关注。四是学校之议。黄宗羲等受到时末士大夫结社、党争和东林书院议政的直接启发①，或许还受到了明末西学东渐的影响，提出"公是非于学校"，主张把各级学校变成一个自由公开的议政和咨议机构，公断政治事务的是非曲直、轻重缓急，以避免乾纲独断而瓎天下之聪明的缺憾。如此一来，"天子之所是未必是，天子之所非未必非，天子亦遂不敢自为非是而公其非是于学校"。上述政治组织制度变革的讨论，触及了现代地方分权自治制度、行政组织架构、监察制度、议会制度等问题，不能说士大夫没有寻求过组织和制度依靠的强烈愿望和实际努力。

第二，政治权威对于所谓的"道"也自有种种巧妙的运用，通过各种手段"既作君又作圣"，同时独占"道"与"势"，知识分子则自觉不自觉地受到了权威主义的影响而放弃自己坚持真理的独立性。② 士子们缺少组织依托，皇帝们恩威并用、软硬兼施固然都是重要原因，但是我们似乎还没有深入到传统儒家道治关系论本身存在的两难困境：皇帝虽然时刻标榜自己崇儒重道，却又觉得如果不乾纲独断以加强思想钳制就无法保证治统的连续性；士子们虽然时刻不忘自己维系道统的责任，却又处处碍于有德无位而难免做出原则性的妥协。列文森早在分析中国的官僚制度与君主制度之间的冲突时就已经指出："从一开始，传统的中国官僚制度和君主制度就存在着一种既相互依存、又彼此排斥的关系。"③ 儒家一方面说君君、臣臣、父父、子子，以及"天下有道，则庶民不议"；另一方面又指出"君不君则臣可以臣不臣"，"君之视臣如土芥，则臣视君如寇仇"，"从道不从君"。皇帝们的血腥独裁，士子们的沉默甚至谄媚，虽然明显有悖于善治理想，但多数时候对于双方来说都是迫不得已的选择。士大夫缺少制度保障其维系道统的权力因而政治责任有限，而皇帝拥有无限之权力也同时肩负着无限之责任，这是两不自由的困境。狄百瑞认为，儒家

---

① 参见［日］小野和子《明季党社考》，李庆、张荣湄译，上海古籍出版社2013年版，第173—178页。

② 参见余英时《中国知识人之史的考察》，广西师范大学出版社2004年版，第157—159页。

③ ［美］列文森：《儒教中国及其现代命运》，郑大华、任菁译，中国社会科学出版社2000年版，第156页。

"治道合一"的政治理想中，即便儒家拥有超凡的英雄气概和自我牺牲精神，也无法克服它只能依存于政统而行道统（"得君行道"）的固有缺陷，因而经常性地使士大夫陷入一种绝望之中。① 由于这一内在困境是制度性和结构性的，绝非皇帝和士大夫的个人意愿所能改变的，因此无论是尊势还是尊道，是罪君还是尊君，无论哪一方都不可能做得太彻底、太成功。这也就是为什么儒家士大夫的政治生活时而尊道，时而尊势，始终在道统与政统两端之间游移不定而无从超脱的根本肇因。

可接下来的问题是，晚清以前的儒家士大夫除了黄宗羲发出了"向使无君"的假设性拷问之外，似乎从来没有人认真考虑过彻底废除君主专制制度去建立一种新制度的可能性。本杰明·史华慈是这么表述他心中的这个疑窦的：

> 为什么千百年来受苦于这个权力毫无限制的结构的儒生，不曾好好思考过向这个旧结构挑战，或试图限制它的力量，或是提出另一种替代品？②

其实，晚清深受自由主义思想浸润的严复曾把问题的症结看得很清楚。他说："中国帝王作君而外，兼以作师，且其社会固宗法之社会也"，业已清楚地指出中国政治"政教合一"的基本特点，士权与君权相对分离而又相互依存，根本不存在一套单独行使道统或者文化权力以制衡君权的组织制度。

严复在指出儒家士大夫维系道统缺乏独立的组织制度保障之后，还曾进一步指出道统无法驯服政统有更深层次的原因。他认为问题的关键在于，无论政统受不受道统之约束，广大普罗民众"为儿子、奴隶异，而其于国也，无尺寸之治柄，无丝毫不可剥夺之权利"③ 这一事实丝毫没有改变。官僚士大夫在皇帝面前是"四民"之首，而在普通民众面前却又

---

① ［美］狄百瑞：《儒家的困境》，黄水婴译，北京大学出版社2009年版，第66页。

② ［美］本杰明·史华慈：《中国政治思想的深层结构》，载《史华慈论中国》，新星出版社2006年版，第26页。

③ 严复：《社会通诠》按语，载王栻主编《严复集》第四册，中华书局1986年版，第928—929页。

属于特权阶层，正是他们与皇帝一起修筑起了国家的统治机器。无论是儒家士大夫道统论中所包含的民贵君轻的民本思想，还是皇权宣称的爱民如子思想，民众始终是政治权力施行的对象，而非政治权利的主体，更非赋予政治权力合法性的来源。绝大多数民众手无寸权，这才是儒家"道治合一"之王道理想永远只能停留在理想层面的真正原因。自古以来，中国的君主与官僚们统治民众之手段五花八门，而民众对付他们的手段除了造反或革命这一不是办法的办法之外，似乎没有更多更好的选择。乾嘉士人袁枚有鉴于此，提出"抱法以与天子争"的设想：

> 法者，圣人制之，祖宗定之，原非徒为天下臣民设也。诚惟恐后世为人君者，宽则弛，严则滥，惟予言而莫违，故设一定章程，以平天下之罪，以制一人之喜怒，而又付之廷尉、司寇，俾抱此以与天子争。奈天下之为廷尉、司寇者多，而如（徐）有功者少也。则亦有法如无法而已矣。①

稍后包世臣亦不无类似地认为，"建言者亦不能坚持其说，遂使天下无一不犯法之官，至可悼惜。盖为民上而身先犯法，何以令众？"② 虽不能说袁枚、包世臣等这种设想的神髓就是近代西来"法律面前人人平等"的民主、法治精神，但是其思想主张充分注意到法制可以成为约束"最强者权利"的有效手段，确是发前人之所未发。

这样看来，如果我们不能够从制度设计上充分赋予和保障包括士大夫在内的所有人的政治权利，构建一种既能够解决政治之合法性问题又能够充分保证民众自主权利与批评政治之自由权利的组织制度，徒将政治正义寄希望于士大夫弘毅重道，张扬气节，勇于成为"殉道者"的话，那么中国历史恐怕永远走不出民本思想与君主政治奇特地结合在一起的怪圈，儒家知识分子的政治生活恐怕永远摆脱不了尊道与尊势的两难困境。

---

① 袁枚：《徐有功论》，载《小仓山房文集》卷二十，《小仓山房诗文集》，上海古籍出版社 1988 年版，第 1598 页。

② 包世臣：《齐民四术》，中华书局 2001 年版，第 229 页。

第 十 五 章

清代儒学对君臣关系与忠君
伦理的多元省思

　　明清以来，"天地君亲师"成为中国人崇信的几个主要对象，忠臣、
孝子、节妇等不绝于书，其背后则是一套起支撑作用的纲常伦理。其中，
君君臣臣之忠君伦理被认为是"域中第一事"，占据了中国官民道德的首
要位置。"原君""原臣"等君民或君臣关系论，遂顺理成章地成为明清
政治儒学的核心命题。然而近代以来，世风丕变，批评封建纲常"以理
杀人""礼教吃人"的声音不绝于耳，极端片面的忠君伦理在屡遭民主话
语的挞伐之后，终于在近现代中国极速地崩塌瓦解。学界对于忠君伦理
"兴之也勃""亡之也忽"的近世兴衰轨迹其背后动因的研究，成果丰
硕①，然仍有不少问题值得进一步探讨。比如既有研究多集中于顾炎武、
黄宗羲、王夫之等人物个案研究，专题性研究还欠深度；多集中于"明清
之际"启蒙高潮期，而缺少对明清思想连续性的关注；在动因分析上仍
多聚焦于近代西方的外来冲击，而缺少从本土的、混合的和多元互动的现
代性角度，来细致分析明清政治儒学持续性的自我省思及其进展等。目

---

　　① 相关研究著作主要有吴晗、费孝通等的《皇权与绅权》，观察社 1948 年版，侯外庐的
《中国近世思想学说史》，重庆三友书店 1946 年版，萧公权的《中国政治思想史》，萧萐父、许
苏民的《明清启蒙学术流变》，辽宁教育出版社 1995 年版，周桂钿等的《中国传统政治哲学》，
河北人民出版社 2007 年版，刘泽华主编的《中国政治思想史》（隋唐宋元明清卷），浙江人民出
版社 1996 年版，以及吴根友的《中国现代价值观的初生历程》，武汉大学出版社 2004 年版等；
相关研究论文主要有贺麟的《五伦观念的新探讨》《文化与人生》，商务印书馆 1988 年版，余英
时的《"天地君亲师"的起源》《"君尊臣卑"下的君权与相权》《历史与思想》，联经出版事业
公司 1976 年版，赵园的《原君·原臣——明清之际士人关于君主、君臣的论述》《中国文化研
究》2006 年第 2 期等。

前，要想继续深化与扩展明清君臣关系和忠君问题的研究，须克服两个主要困难：一是这个论题关涉甚多，往往与公私、夷夏、封建—郡县与正统论等重大论争交织在一起，有正面立说也有附带曲语，错综复杂，不易抽绎归纳。二是时论既有尊君也有抑君，立场不一，难以一概而论。

　　本章拟在既有研究成果基础之上，专题厘清明清儒学君臣关系论的多元面向和抗议精神，深入分析忠君伦理兴衰的历史轨迹及其背后动因，会发现明清政治儒学中诸如"天子皆人"与"天子一位"论、"君臣义合"与"君臣人合"论、君臣师友论以及"杀一不辜而号为忠臣，君子为之乎？"等反君主话语，并揭示出其去拟制血亲化、去私人化、去极端化并为忠君伦理设限的几个新动向。这些君臣（民）关系新论中所表现出的平等、自由意识和公共理性精神，在理论上为传统忠君伦理向"诚信""敬业"等现代职业伦理和政治道德的转化起到了重要的铺垫和推动作用。

一　"天子皆人"与"天子一位"论中的政治祛魅意识

　　忠君伦理的兴衰，与君主权威的涨跌是相始终的。明清时期，大一统格局下的中央集权和皇权专制达到顶峰，君臣关系亦随之愈加失衡，忠君观念亦推至极致。崇儒重道的康熙在以理学真伪论为题考试翰林时不忘提醒诸臣："果系道学之人，惟当以忠诚为本。"① 雍正皇帝在《大义觉迷录》中屡次强调，"君臣为五伦之首，较父子尤重"，"君臣居五伦之首，天下有无君之人而尚可谓之人乎？人而怀无君之心，而尚不谓之禽兽乎？"他把忠君与否上升到人禽之别的高度，并依照这一标准指斥"如逆贼曾静者，乃汉人之禽兽也"。② 可是，君主自身又何德何能如此要求人们绝对效忠于他呢？一般而言，明清君主强调自身合法性的依据，既历史地诉诸传统"君君，臣臣，父父，子子"（《论语·颜渊》）等儒家正名

---

① 《清圣祖实录》卷一六三"康熙三十三年闰五月癸酉"条。
② 雍正：《大义觉迷录》，载《吕留良诗文集》下册，浙江古籍出版社 2011 年版，第 202—218 页。

理论，也诉诸神化君主世袭罔替的血统高贵性和道德完满性。早自重黎绝地天通垄断了神权之后，神道设教就成为中国君主政治的一个传统，明清时期也不例外。皇帝通过不断地自我神化，再加之臣工的谀颂，使得"人君之尊，如在天上，与帝同体。……是以君之贱视其臣民，如犬马虫蚁之不类于我"。① 君主已然超凡脱俗，几乎不复为人类之一员，使得臣民对君主的服从和效忠具有了一种"由自然的人世间的道德进展为神圣不可侵犯的"宗教意味。② 可是，君主究竟应是一个神圣的超绝者还应是世俗人类之一员，民本思想激情迸发的明清政治儒学开始集体性地倾向于后者。

就君民关系而言，当君主成为一个凌驾于其民众之上的超绝者时，意味着他得到了神权的背书而变得万能而神圣。例如，雍正在不吝自夸将自己塑造成一个大公无私、完美无缺的圣人之后，不仅要求臣子"惟知有君"，而且还要求臣民"以君之好恶为好恶"（雍正元年四年丁卯上谕）。可是，如果大搞神秘主义，把君民关系视同于天人关系，臣民又如何能够体味君主的好恶和苦心？明末吕坤说："天之生民，非为君也；天之立君，以为民也。……足以同欲，去其同恶。……岂其使一人肆于民上而剥天下以自奉哉？"（《呻吟语》卷五）这里的"足以同欲，去其同恶"，与民众同甘共苦的想法，与雍正"以君之好恶为好恶"的帝王之术，差距何啻于天壤之别！君民关系又被拉回到"民贵君轻""与民同乐"的儒家民本政治轨道上来了。后来，清初唐甄说："天子之尊，非天帝大神也，皆人也"③，则直接戳破了君主自我神化的虚伪性。到了乾嘉后期，龚自珍多次呼吁皇权"慎勿借言"，回归理性，不要再假借神权自欺欺人。他指出："天地，人所造，众人自造，非圣人所造"（《胎观第一》），要求君主承认并尊重民众的政治主体地位，与臣民一道运用理智治理国家。到了晚清时期，儒家在受到西方政治文明刺激之后，其理性精神和平等观念被进一步抉发了出来。谭嗣同说："君亦一民也，且较寻常之民而更为末

---

① 唐甄：《潜书·抑尊》，中华书局1963年第2版，第67页。
② 贺麟：《五伦观念的新探讨》，载《文化与人生》，商务印书馆1988年版，第51—62页。
③ 唐甄：《潜书·抑尊》，中华书局1963年第2版，第68页。

也"①，最终将明清之际"天子皆人"论推至极致。从清初的"天子皆人"到晚清的"君亦一民"，其间的连续性可能超出我们原有的想象。

在今天看来，明清时期天子是人不是神的"天子皆人"论，实在是平淡无奇，不足深论。然而在宋明以来忠君观念正如日中天的环境中，敢于剥去天子的神圣外衣，将其从天界拉回人间与普通民众平起平坐，展现出了可观的理性精神与平等意识，诚属不易。康有为在分析人类政治演变基本规律时曾指出，中西政治的近代转型普遍表现出一种"人智渐开，神权亦渐失"②的趋势。这一看法堪为高扬理性主义和人道主义两面旗帜的现代政治启蒙运动的注脚。若依照我们对于现代性以理性祛魅、以人权代替神权的理解，明清"天子皆人"论的时代气息和历史进步性还是十分明显的。

剥去了君权神授的外衣，其后果不仅会引起人们对君权先天合法性的怀疑，还会引起君主在行使权力过程中大权独揽且不受监督的合理性问题。为此，明清儒家基于"天子一民"论复又达成了一个共识，即对君主的服从和效忠是基于其公共性的政治职位而非个人原因。这一共识我们可以将之概括为"天子一位"论。"天子一位"最早见于《孟子·万章》，意思是指在周代五等官爵与六等俸禄体系中，天子也只是其中的一个职位等级而已。面对明清"君骄臣谄，天子之位，始不列于卿大夫之间"的政治现实，孟子的这一说法被明清儒家屡屡加以引申和发挥，用以反对君主专制独裁。黄宗羲感叹："以奴婢之道为人臣之道"，"无乃视天子之位过高所致乎！"（《明夷待访录·原臣》）顾炎武则指出，"是故知天子一位之义，则不敢肆于民上以自尊；知禄以代耕之义，则不敢厚取于民以自奉。"（《日知录》卷七"周室班爵条"）而在吕留良看来，"天子之位，乃四海公家之统，非一姓之私。"（《四书讲义》卷二十六）这显然是将天子看成是维系四海一统的公共性政治职位，即是天下为公的公共代表而非家天下的私人代表。

从作为统治阶级内部的君臣关系而言，天子虽然拥有最高政治权力，

---

① 谭嗣同：《仁学》（增订本），北京三联书店1981年版，第341页。
② 康有为：《意大利游记》，载《康有为全集》第七册，中国人民大学出版社2007年版，第375页。

但它仍旧是政治权力系统运作的一部分，不应超脱于整个官僚系统之外不受限制和监督。换言之，即"自天子始而天下咸受裁焉"（王夫之《读通鉴论》卷二七）而"非独至于天子遂截然无等级也"（《明夷待访录·原臣》）。"天子一位"论所隐含的政治意涵，从晚清遗民李滋然的批驳中可以反衬出来。李氏意识到"天子一位"论等于是把"天子之位，参伍于百僚庶司之间。遇有事故，人人皆可跻其位"。[①] 天子如若不仅只是官僚体系中普遍之一员，且只不过是天下众多普通职业之一种的话，其神圣不可侵犯的世袭独占性就会荡然无存，而一旦"遇有事故"，臣民自可以取而代之。难怪乎康熙帝每每说"若将要务分任于人则断不可行"（康熙五十八年己亥四月辛亥上谕），其子、孙亦屡屡强调"乾纲独断"的重要性。由此也不难理解为何明清政治现实与儒家民本政治愈加背道而驰、每况愈下了。明清儒家虽然大都承认郡县制相对于封建制的历史进步性，又连带承认尊君对于维护中央集权和大一统的必要性，但是六部阁臣徒成为"开府之书记"（《明夷待访录·置相》）显非善政。无论从主观上还是客观上，"君亦一民"和"天子一位"论皆表明君主都应该适当地分权于臣工，礼待于臣工。黄宗羲用"君与臣，共曳木之人也"的"曳木论"（《明夷待访录·原臣》），很形象地说明了这一点。学界对于明清君臣分权共治和相待之礼等论述多有研究，兹不赘述。

二 "君臣义合"与"君臣人合"
论中的政治自由意识

中国传统政治通常被认为是家、国一体的宗法政治。《孟子·公孙丑下》有云："内则父子，外则君臣，人之大伦也"，父子、君臣两伦在儒家五伦中不仅最为重要，而且两者时常归并在一起讲。明清天子自称"君父"，百官亦自称"父母官"，君臣、官民关系通常与父子关系纠缠在一起，形成了一种类似于法律上的拟制血亲。君主与臣民之间本来并没有血缘关系，但在礼法制度上被确认为具有与血亲（父亲）相同的礼法地位。这种被称为"移孝作忠"的宗法政治传统，使忠君伦理在获得了前

---

① 李滋然：《明夷待访录纠缪》一卷，清宣统元年（1909）刊本。

述宗教神权的保证之后，君权又得了父权的加持，使之获得了一种天然的合法性。

关于移孝作忠，早在汉代《孝经》那里，就已经明确提出了"以孝事君则忠，以敬事长则顺"（《士章》）、"君子之事亲孝，故忠可移于君"（《广扬名章》）等说法。汉代《白虎通·朝聘》中也有"夫臣之事君，犹子之事父"的类似表述。有研究指出，汉代独尊儒术的重要目的之一就是在不断膨胀的官僚系统中，"使皇帝成为万民的父母，并将君臣关系由原本的君主与家臣的形成转换成父子"。[①] 不过在汉唐时期的主流观念中，作为君臣道德规范的"忠"与作为父子道德规范的"孝"尚可以说是并立的两个世界，还没有完全被同质化。到了宋代，继张载《西铭》提出"大君者，天之宗子；辅臣者，宗子之家相"的家国一体论之后，诸如"父子君臣，天下之定理，无所逃于天地之间"（《二程遗书》卷五），"臣子无说君父不是底道理"（《朱子语类》卷十三）等论述明显增多，"求忠臣于孝子之门"的传统才正式地定为中国民众的集体无意识。[②] 正是看到了以家庭血缘共同体为基础的"孝悌"伦理对于整个中国社会的重要性，清代亦将"孝治天下"定为国策。康熙《圣谕十六条》第一条就是"敦孝弟以重人伦"，雍正在《圣谕广训》中继而说道："能为孝子，然后能为悌弟；能为孝子，然后在田野为循良之民，在行间为忠勇之士"[③]，进一步阐释了孝悌之道的社会政治意义。依照移孝作忠的拟制血亲关系，顺治于顺治二年（1645）六月十六日上谕曰："今中外一家，君犹父也，民犹子也，父子一体，岂可违异？"（《东华录》顺治卷四）雍正在《大义觉迷录》中则强调"从来为君上之道，当视民如赤子；为臣下之道，当奉君如父母"[④]，并明确要求"为人臣者，义当惟知有君"。乾隆皇帝虽然不如其父雍正那样治国刚猛、好辩，但是旌表忠、孝、节、义的

---

① 甘怀真：《中国中古时期君臣关系初探》，载《台大历史学报》1998 年第 21 期。

② 余英时认为，张载将君臣关系纳入宗法系统，其"深层用意是通过宗法化以消减君主的绝对权威，缩短君臣之间一段不可逾越的距离"。君臣（民）关系的宗法化究竟是意在消减还是强化君主的绝对权威，值得商榷。（参见余英时《朱熹的历史世界》，北京三联书店 2004 年版，第 156 页）

③ 周振鹤：《圣谕广训：集解与研究》，上海书店出版社 2006 年版，第 12 页。

④ 雍正：《大义觉迷录》，载《吕留良诗文集》，浙江古籍出版社 2011 年版，第 199 页。

文教手段要更胜一筹。对于诸如"君臣为五伦之首，较父子尤重"的忠君上谕，不少儒臣亦上下一气，同声附和，愚忠、死忠之论一时甚嚣尘上。例如熊赐履和李光地不无类似地说："义莫重于君臣，事莫大于存殁"①，"敬之一言，于事君尤重"。② 张伯行则不无谄媚地指出，"既以身许国，可生可死，惟君之命矣"。③ 当儒学把忠君视作"域中第一事"，强调"惟知有皇上，不知其他"④ 的时候，君权与父权合二为一，强势地位无人能及，相权或民权的回旋余地则越发逼仄。时至晚清，"如名史及各省府县志，对于忠义孝节之搜访，惟恐不至"，可以说中国传统史书"盖什九为死人作也"。⑤ 可见这种忠贞观念在有清一代得到民众认可的普遍程度。

可是，对于这种习以为常的"君臣父子论"等忠孝同质的伦理共识，明清儒家越来越多地表示了非议，相继提出了"君臣先后"论、"君臣人合"论以及"君臣义合"论等诸多忠、孝不同质理论，要求区别对待孝亲与忠君两种不同性质的行为，大有依据公、私来二分忠、孝的趋势。黄宗羲从"父子一气"而"君臣不同气"（《明夷待访录·原臣》）的气本论哲学层面否定了君臣之间的天然血缘联系，使得拟君为父的"君父"称谓和拟臣为子的"臣子"称谓失去了理据。王夫之同样认识到了君臣关系的非血属性，指出"人无易天地、易父母，而有可易之君"（《尚书引义》卷四《泰誓上》）。明清儒家通过不断揭示忠与孝的两难冲突，使得移孝作忠的论据越来越难以立足，对于整个移孝作忠式的忠君伦理产生了釜底抽薪的效果。

由于移孝作忠的拟制关系出现了结构性断裂，那么君臣（民）关系又何从维系呢？为此，原始儒家"以道事君，不可则止"的"君臣义合"论和"君使臣以礼，臣事君以忠"的以礼相待论，在明清政治儒学中开始有针对性地得到了复苏。例如，王夫之认为，不幸而与不仁之人为亲人

---

① 熊赐履：《题殉节编后》，载《经义斋集》卷六，四库全书存目丛书·集部第 230 部，第 303 页。

② 李光地：《策问》，载《榕村全集》卷二二，上海古籍出版社 2009 年版。

③ 张伯行：《出处》，载《续近思录》卷七，上海古籍出版社 1994 年版。

④ 《雍正朝汉文朱批奏折汇编》第 6 册，江苏古籍出版社 1989—1990 年版，第 155 页。

⑤ 梁启超：《中国历史研究法》，中华书局 2009 年版，第 27 页。

时，"尽其所可尽，无望知焉，无望报焉；其所不可尽者，以义断之也"；而面对失道的君上时，不幸"与其人为君臣，去之可矣"（《诗广传》卷一）。相对于先天血缘关系的无从选择性，君臣关系乃是基于后天共同的政治理念而成立的相互合作关系，是有可选择甚至可取消的。此正所谓："况乎君臣义合，非有不可离之去就哉！"（《读通鉴论》卷十二）吕留良"去，即是君臣之礼，非君臣之变也"的说法，则更为透彻地发挥了君臣之间的自由选择权。具体说来，就是"君臣以义合，合则为君臣，不合则可去，与朋友之伦同道，非父子兄弟比也。不合亦不必到嫌隙疾恶，但志不同、道不行便可去"（《吕晚村先生四书讲义》卷三七）。上述君臣"不合可去"论赋予了臣民的自由选择权，意在纠正宋明儒学"君臣父子无所逃于天地之间"的伦理异化倾向。至此，君主权威不仅被剥去了神圣的宗教外衣，又失去了孝亲伦理的天然支撑，其原先不言自明的合法性摇摇欲坠。君主面对此种合法性危机，往往只有采取血腥手段来"证明"君臣"无可逃于天地之间"是合乎自然的了。

正如龚自珍所说："人主之术，或售或不售，人主有苦心奇术，足以牢笼千百中材，而不尽售于一二豪杰，此亦霸者之恨也。"（《京师乐籍说》）即便是在吕留良被剖棺戮尸之后，仍有人敢于接续前贤坚持君臣"义合"且"可去"之论。在此，我们仅举钱大昕和焦循两人辩论忠孝为例，来说明乾嘉士人对移孝作忠的怀疑与固守。钱大昕作为一名"以论学的形式谈政治的"① 考证史家，对于敏感的政治问题多是借古讽今，点到即止。他在《原孝下》中说："宋人云'天下无不是之父母'，斯言也，施于家则可，施于天下国家则不可"，明确反对了宋儒"臣子无说君父不是底道理"的说法。钱大昕反对的理由有两个：第一个是提出"尊亲者，一人之私也；是非者，天下之公也"的公私二分观念，将尊亲的家庭伦理归为私德，而将尊君的政治伦理归为公德，认为二者在对象和性质上有着根本不同，不能混为一谈。第二个也是最为关键的理由，是他认为"夫父子兄弟，以天合者也；夫妇，以义合者也。以天合者，无所逃于天地之间；而以人合者，可制以去就之义。……知臣之不可事二君，而不知

---

①　参见柴德赓《史学丛考》，中华书局 1982 年版，第 270—277 页。

失臣节者，虽事一君，未可以言忠也。"① 对于《史记》非常熟悉的钱大昕，应该知悉《史记·宋微子世家》中微子说的一段话："父子有骨肉，而臣主以义属。故父有过，子三谏不听，则随而号之；人臣三谏不听，则其义可以去矣。"这里已经非常清楚地区别了父子"天合"与臣主"义合"是两种性质不同的人伦关系。钱大昕则一改前人将君臣关系拟制为"天合的"的父子关系，而为"人合的"的夫妇关系。所谓夫妇"人合"，是指一对无血缘关系的男女之间所缔结的婚姻关系不仅是后天人为的，而且是"义合则留，不合则去"的。与夫妇"人合"关系类似，君臣之间也是人为缔结并可以取消的政治合作关系。钱氏在强调君臣关系的双向互动性时指出，"古之圣贤兼责其君……后之圣贤专责其臣，有臣而无君，终无补过涉灭顶之凶。"② 言下之意，宋儒片面强调臣民的义务而忽视君上的责任，显然有失公正。另外，钱大昕在《答问四》一文中，还特别指出圣人修《春秋》并非仅仅"为为人臣子者言之"、让"乱臣贼子惧"的一本书，更是"为为人君父者言之"、让"君父惧"的一本书。他一反过去片面强调对臣道、臣德的要求转而忽视对君道、君德的要求，要求注重君臣关系双方的互动和平衡，表现出很高的历史辩证眼光和深刻的现实批判意义。

钱大昕的君臣"天合"与"人合"论，以及让"君父惧"的忠孝伦理新见，对传统忠君伦理的颠覆性、解构性意义明眼人不难看得出来。尤其是深知"钱氏文外似和平，而可否寓于内"③ 的焦循，很敏锐地嗅出钱大昕"义合则留，不合则去"君臣观所隐藏的叛逆性格和理论危险。焦

---

① 钱大昕：《潜研堂文集》卷八，载陈文和主编《嘉定钱大昕全集》第九册，江苏古籍出版社 1997 年版，第 106 页。

② 钱大昕：《困学纪闻校》卷六，载陈文和主编《嘉定钱大昕全集》第九册，江苏古籍出版社 1997 年版，第 23 页。他还说："盖自天子以至庶人，未有舍忠而能行者。后人但以忠为臣道，又以捐躯殉国者为忠，而忠之义隘矣。"（钱大昕：《十驾斋养新录》，上海书店出版社 2011 年版，第 349 页）钱大昕此论并不是反对殉节尽忠的行为，而是意在批评概以殉节以为忠的伦理异化现象。此前浙东史学后劲、一生为故国忠臣招魂的全祖望，曾以"忠臣不必尽死节，然不闻死节之非忠臣也"的观点驳斥了毛奇龄"忠臣原不死节"乃负君弃国、背师卖友之谬论。（全祖望：《书毛检讨忠臣不死节辨后》，载朱铸禹《全祖望集汇校集注》，上海古籍出版社 2002 年版，第 1431—1432 页）在全祖望看来，死与不死显非判定忠臣与否的唯一条件，这与钱大昕的上述观点是一致的。

③ 焦循：《书潜研堂文集后二》，载《焦循诗文集》，广陵书社 2009 年版，第 334 页。

循深受戴震"达情遂欲"哲学之影响，认为，"以己之心通乎人之心，则仁也；知其不宜，变而之乎宜，则义也，仁义由于能变通"①，力主"因事转移，随时变通"以避免"以理杀人"的人道悲剧，可是在政治伦理上却显得比较保守。他在《翼钱三篇》中，不仅反驳了钱大昕上述关于《春秋》亦让"君父惧"的观点②，而且还公开批评了钱大昕《原孝》诸篇中夫妇君臣"义合""可去"论。对于后者，焦循的反驳有两个要点：一是认为"夫妇定而后君臣、父子乃定"③，指出夫妇关系是一切社会伦常的起始和基础必先予以底定。他以此认定钱大昕所认可的婚姻自由，会影响家庭稳定进而波及社会稳定。二是焦循接着主张夫妻一旦成婚（焦循的标准是纳采，即收了聘礼），缔结了婚姻关系，女子就有坚守贞节不得更嫁维护婚姻关系稳定的义务。最后，焦循反唇相讥道："失妇道，虽事一夫，不可言烈，然则不妨事二夫矣？失臣节，虽事一君，未可言忠，然则不妨事二君乎？先生之言激矣。"④ 其实，钱大昕认为妇女离婚、寡妇更嫁"不谓之失节"的观点绝非标新立异，恰恰是想纠正宋明以来凌逼妇女"置之必死之地以为快"的极端伦理异化倾向。⑤ 它与同时代戴震等"以理杀人"的论断一样饱含着人道主义关怀，使儒家伦理更富人情味和人道色彩，深具时代性和进步性。如在君臣伦理上合理引申，也不难看出其与从一而终的忠君伦理唱反调的思想特质。这也表明明清启蒙思想的或明或暗的连续性，以及传统儒家伦理与现代伦理接榫的可能性。

三 "君臣师友论"中的公共意识

钱大昕将君臣比作夫妇，是为了彰显臣民"不合可去"的自由选择权，不过夫妇本身虽然没有血缘关系，但它终究是家庭血亲关系的源头，

---

① 焦循：《孟子正义》，中华书局 1987 年版，第 746—748 页。
② 焦循：《翼钱三篇》下，载《焦循诗文集》，广陵书社 2009 年版，第 131 页。
③ 焦循：《翼钱三篇》上，载《焦循诗文集》，广陵书社 2009 年版，第 127 页。
④ 同上书，第 128 页。
⑤ 晚清宋恕在论及男女平等时说："赵宋以前，大家妇女不禁再适。自洛闽遗党献媚元、明，鲁行之风日炽，逼死报烈之惨日闻。"（参见宋恕《六字课斋卑议·析承》）后来鲁迅更是直截了当地指出与君臣关系（君权）与男女关系（夫权）之间的同构关系："皇帝要臣子尽忠，男人便愈要女人守节。"（参见《鲁迅全集》第一卷《我之贞烈观》，人民文学出版社 2005 年版）

还是未能超出家庭私德的范畴。明清政治儒学有鉴于师友之道摆脱了血缘关系和血亲宗法伦理的束缚，遂又出现了以师友关系来重新界定君臣关系的新动向。在这一点上，明清儒家既接续了先秦"友于兄弟""以友辅仁"等友道观念，又受到了明清基督教交友论的影响，成为前近代儒家政治伦理自我维新的又一例证。

在先秦时期，"友"的对象范围历经多变：一开始只包含兄弟等家庭和宗族成员，后来在同姓分封的封建制度下进一步扩展至君臣等政治关系。此时，孝、友尚以"友兄弟之道"统一于血缘关系。战国中晚期迟至秦汉时期，在封建制日益被郡县制陵替的情况下友道最终扩大至除家庭关系之外的几乎所有社会成员，尤其成为士大夫阶层交往的基本规范。历史地看，"朋友有信""民无信不立"的诚信伦理调节的对象逐渐向非血缘关系转移，最终与血亲宗法伦理区隔开来。① 又因为"儒以文乱法，侠以武犯禁"，儒、墨之士中不仅多"损友"，而且还可能结成威胁君主权威及其稳定的"朋党"，友道最终又与君臣之道分道扬镳。汉代以后，类似于"王者臣，名臣，其实友也"② 的君臣、师友相通论基本上不复见。不过友道最终还是凭借着其相互对等、自由开放的关系架构，在明清时期迎来了它在中国政治文化中止跌回升、一阳来复的历史机遇。

明代最看重友道及其政治价值的学者，当数泰州学派的何心隐。时人有论曰："人伦有五，公舍其四，而独置于师友圣贤之间，则偏枯不可以为训。"③ 这一王门左派健将曾主张"君臣友朋，相为表里也"（《与艾冷溪书》），明确提出以信义、平等、可去的师友关系来重构日益失衡和异化的社会政治伦理。何心隐的君臣师友论明显与世俗相悖，结果挑战失败身先死。后来黄宗羲站在"君臣之名，从天下而有之者也"的高度认为，"不以天下为事，则君之仆妾也；以天下为事，则君之师友也"（《明夷待访录·原臣》），将君臣伦理比拟成后天的、可进退的"师友之道"，而非显失平等的"主仆之道"，更非先天不可逃的"父子之道"。吕留良亦认为，"君臣之分虽严，其情实亲近"（《四书讲义》卷六），其"与朋友之

---

① 参见查昌国《友与两周君臣关系的演变》，载《历史研究》1998 年第 5 期。

② 马王堆汉墓帛书整理小组：《经法》，文物出版社 1976 年版，第 89—90 页。

③ 李贽：《何心隐论》，载《焚书》卷三，岳麓书社 1990 年版，第 89 页。

伦同道，非父子兄弟比也"。与父子兄弟之道、主仆之道相比，"君臣以义合，合则为君臣，不合则可去。"（《四书讲义》卷三十七）遗憾的是，吕留良"与朋友之伦同道"的君臣关系论后来居然被雍正曲解成"无君无父"，成为吕氏被戮尸的一大罪状。同一时期的李塨，对于友道的肯定有加："自古圣贤无有不资朋友而成者，故直列一伦与君臣父子间。……因而深信五伦百行，皆此一伦成之也。"① 显然，他对于友道弥缝宗法等级伦理的间隙、减少社会不公正性的积极作用感触良多。

君臣师友论，即便在君权独大的乾嘉时期亦未断绝。我们还是以钱大昕为例。他说："以一人治天下，不若使天下各自治其身。故曰'与国人交'，天子之视庶人，犹友朋也，忠恕之至也。"② 试图让完全失衡的忠君伦理回归到平等忠信的师友之道上来。稍晚的龚自珍在《明良论二》一文中指出，君主应视群臣为平等之手足、股肱之师友，而不能视之如犬马或一己之私有财产。这里要求的显然不仅仅是君臣在人格尊严上的平等，更蕴含有士大夫在维系道统、制衡君权上的权力诉求。

明清时期君臣师友论的兴起，不能不提西学东渐对中国传统政治伦理的可能影响及争论。晚明卫匡国的《逑友论》、利玛窦的《交友论》、艾儒略的《西方问答》等曾专门就五伦尤其是朋友一伦发表过意见。③ 利玛窦《交友论》中说，"吾友非他，即我之半，乃第二我也。故当视友如己焉"。④ 名士陈继儒在《交友论》序中指出，"人之精神，屈于君臣父子夫妇昆弟，而伸于朋友。……四伦，非朋友不能弥缝"⑤，高度评价了友道有别于其他四伦的特殊价值。《新约·路加福音》有曰："人到我这里来，若不爱我胜过爱自己的亲人和自己的性命，就不能作我的门徒。"在基督教伦理中，只有上帝是超绝群伦之上，无论是有无血缘关系，无论尊

---

①　李塨：《恕谷后集》卷四，载《李塨文集》，河北人民出版社 2011 年版，第 202 页。

②　钱大昕：《潜研堂文集》卷二，载《嘉定钱大昕全集》第九册，江苏古籍出版社 1997 年版，第 22 页。

③　许苏民在《晚明西学东渐与〈明夷待访录〉政治哲学之突破》（载《江汉论坛》2012 年第 12 期）一文中，通过"理证"的方式认为，黄宗羲等的政治批判思想与制度设计思路"在相当大程度上受到传教士所宣传的西方政治观念和制度的启迪和影响"，整个明清之际的政治启蒙思想，"与晚明传入的西方政治哲学具有学理上的内在联系"。

④　［意］利玛窦：《利玛窦中文著译集》，复旦大学出版社 2007 年版，第 107 页。

⑤　同上书，第 119 页。

卑贵贱、远近亲疏，在上帝面前人人平等，皆可以兄弟姐妹相称。利氏依此教义进而认为，在天主面前，"世人虽君臣父子，平为兄弟耳焉"。① 无论是国君还是家君，他们都是上帝的平等的子民。现在看来，黄宗羲等君臣师友论极有可能受到过耶稣会士们有关友道论述的影响。儒家虽不会完全放弃爱有差等的血亲伦理，但是明清政治儒学用非血亲关系的朋友关系来比拟君臣关系，其目的是想把血亲伦理的影响限定在家庭私人范围之内，尽量减少其对社会公共政治事务的消极影响。这一思想动向，与西欧现代化过程中"从身份走向契约"② 和"去家庭化"（de-familization）③的过程有几分类似。所谓去家庭化，是指由于近代工商业社会较之于传统农业社会具有高度的社会流行性之后，家庭已经不再是生产甚至是消费的基本单位，原先由家庭承担的职能不得不逐渐剥离而改由非血亲的社会公共部门来承担的趋势。而在去家庭化、宗法化以前，人们对家庭内部成员的忠诚无比强烈，而对家庭外部人员的忠诚则按远近亲疏依次递减，整个社会的政治平等和诚信则十分成问题。明清部分儒家开始重新倡导以诚信之道而非孝悌之道来界定君臣关系，我们是否可以理解成中国传统政治伦理开始孕育公共理性，以此来摆脱"家天下"的宗法政治和公私不分的束缚呢？

当然，像黄宗羲的"天子一位"论不免遭到李滋然的批评一样，利玛窦等"世人虽君臣父子，平为兄弟耳"的观点刚一提出，就遭到了很多儒家学者猛烈的抨击。陈侯光《辨学刍言》认为利氏此种议论，"以子比肩于父，臣比肩于君，则悖伦莫大焉"。换言之，即"是以亲为小而不足爱也，以君为私而不足敬也，率天下而不为忠不为孝者，必此之言夫"。④ 类似批评一直持续到晚清犹然，直到西风东渐成为学界潮流时也未有根本改观。例如，激赏西学而对中国三代以下"民之视君如仰天然"

① ［意］利玛窦：《利玛窦中文著译集》，复旦大学出版社2007年版，第91页。
② 英国法学家梅因有云："社会的进步是一种从身份走向契约的运动。"（参见［英］梅因《古代法》，沈景一译，商务印书馆1959年版，第96—97页）
③ 参见［英］艾伦·麦克法兰《现代世界的诞生》，管可秾译，上海人民出版社2013年版，第296页。
④ 郑安德编：《明末清初耶稣会思想文献汇编》，北京大学宗教研究所2003年版，第163—164页。

又颇反感的改革思想家王韬，终究还是说："西国所行者……藉口于只一天主而君臣之分疏，只一大父而父子之情薄。"① 上述批评对西方伦理的抵触，从一个侧面反映出明清时期包含忠君伦理在内的纲常伦理仍是在不断强化而非削弱的现实。中国文化的特色与自信固然要维护，但平心而论，君父不同质论以及君臣师友论所包含的积极内涵，至少表明"在思想领域里，一直存在对传统内部所产生的既定秩序提出激烈批评的可能性"。②

四　"杀一不辜号为忠臣，君子为之乎?"
——为忠君伦理设限

当正常的君臣关系在明清逐渐异化为无条件、无限制地服从和效忠时，忠君伦理多会走向愚忠、死忠的极端境地。明清官方不仅不对此予以澄清，反而有意识地大规模地树立并褒奖一些从一而终的愚忠和死忠的道德楷模，以此"风励臣节"，"明昭彰瘅，立千古臣道之防者"。③ 这不免又引起了明清政治儒学的集体性反弹，甚至公开与官方定评唱起了反调。在此，我们仅选择唐代死忠派张巡为例，来说明当时明清儒家对于忠君底线的不同理解。

据《旧唐书》卷一八七下《忠义传》记载，唐代安史之乱时张巡守睢阳被围粮绝，杀妾烹食之后又"括城中妇女既尽，以男人老小继之，所食人口二三万"，最后还是城破人亡。事后对他的评价虽有非议，但最终还是成为忠君爱国的万世楷模。专门祭祀他和许远的双忠祠流布多地，历代俎豆不绝。然而出乎意料的是，当历史走到了明清易代之际，张巡杀妾式的故事一而再、再而三地上演，又挑起了忠君是否可以无底线的敏感神经。有关张巡的行为的道德合法性拷问开始持续性发酵，被重新拿出来公开讨论，极其考验儒家之徒的伦理论辩能力。④

① 王韬:《与周弢甫徵君》，载《弢园文录新编》，北京三联书店1998年版，第194页。

② ［美］狄百瑞:《儒家的困境》，北京大学出版社2009年版，第72页。

③ 关于清廷笔削明清大臣的史学运动，可参见王记录《清代史馆与清代政治》，人民出版社2009年版，第208—213、243—251页。

④ 参见赵园《明清之际士大夫研究》，北京大学出版社2006年版，第18页。

　　清初首倡此论的是王夫之和王士禛（1634—1711）等。王夫之按照"生民之生死"高于"一姓之兴亡"的标准，对于历史上多个有关忠、义的极端案例重新进行了评价。对于张巡，王夫之沉痛地评价道："夫人之不忍食人也，不待求之理而始知其不可也，固闻言而心悸，遥想而神惊矣。于此而忍焉，则必非人而后可。"①当无条件的绝对忠君观念成为最崇高的价值目标时，生生之仁只能退居其次，民命已然不足挂齿。这是本末倒置、灭绝人性的反人道甚至反人类行为。为此，必须恢复生生之仁的道德统治地位并为忠君行为划出底线："无论城之存亡也，无论身之生死也，所必不可者，人相食者。"②像臧洪、张巡和朱粲等"至父子、兄弟、夫妇相啮而心不戚，而人之视蛇蛙也无以异，又何有于君臣之分义哉！"③王夫之已然突破了正统儒家把君臣大义看得高于一切的忠君观念的束缚，抒发了民命高于皇权的政治伦理思想。④

　　清初诗坛盟主王士禛在其《池北偶谈》中亦重提此事。该书中记载了一则谈异故事，大意是张巡被杀之妾在转世之后向张巡索命雪恨之事。⑤既然是谈异，想来是纯属子虚乌有的虚构。不过，文中妾问"君为忠臣，吾有何罪？"也许是生活于明清鼎革之际的王士禛自己在理解忠君报国时的假设性提问，为自己没有为前朝尽忠解嘲。这一政治性引申后来得到了乾隆朝纪昀（1724—1805）的支持。纪晓岚在提及王士禛为张妾鸣不平的真实动机时嘲讽道："或明季诸臣，顾惜身家，偷生视息，造作是言以自解，亦未可知也。"纪昀进而义正词严地指出，"夫孤城将破，巡已决志捐生，巡当殉国，妾不当殉主乎？古来忠臣仗节，覆宗族，糜妻子者，不知凡几，使人人索命，天地间无纲常矣。"⑥纪昀总体上并不是一个不通情达理之人，但是他认定为了忠君可以"覆宗族，糜妻子"显然是明显有悖人道的。相较纪昀而言，其同时代的袁枚其《张巡杀妾论》以更加鲜明有力的文字批判了无底线

---

① 王夫之：《读通鉴论》，载《船山全书》第 10 册，岳麓书社 1988 年版，第 870 页。
② 同上。
③ 同上书，第 352 页。
④ 参见萧萐父、许苏民《王夫之政论发微（二）》，载《船山学刊》2002 年第 3 期。
⑤ 王士禛：《池北偶谈》卷二十四，中华书局 1982 年版，第 589 页。
⑥ 纪昀：《阅微草堂笔记》卷六，上海古籍出版社 2005 年版，第 85 页。

的忠君伦理，为了王夫之和王渔洋一边做了辩护。袁枚在该文中指出，"臣事君，犹子事父也。父饿且死，杀子孙以奉之，非孝也"。在国破家亡面前，张巡宁死不屈的殉道精神是可歌可泣的，但是张巡杀妾食人是不可取的。因为"妾无罪而形同犬彘"，这是反人道的行为。稍后的梁章钜（1775—1849）对于张巡杀妾之事亦颇有微词。他说后人大多"以为张（巡）、许（远）名将，必无此残忍不仁之事"（《浪迹续谈》卷六《双忠传》），因此认为张妾可能是自缢而非为张巡所杀。章氏这么做只会徒增历史之附会。但是究其附会之动机，梁章钜显然无法接受张巡为了忠君而杀妾食人的做法，希图通过在史实层面上的重新阐释来降低张巡杀妾的非正当性，进而维护忠臣良将之形象及其一贯彰显的忠义价值观。因此，从价值底线来说，梁章钜的观点与袁枚等并无实质区别，而与纪昀的立场相去甚远。

　　从总体上看，明清以来关于这一公案的诸多论述中，对张巡的评价开始从正面走向负面。既然多数人皆认为张巡的做法有违人道，那么张巡本应该怎么做呢？明清儒家给出的答案有着惊人的相似性。王夫之的答案是，"守孤城，绝外援，粮尽而馁，君子于此，惟一死而志事毕矣。臣之于君，子之于父，所自致者，至于死而蔑以加矣"。唐甄的回答是，"君子有三死：身死而大乱定，则死之；身死而国存，则死之；身死而君安，则死之"。① 这里只有一己之"身死"而没有连带无辜。按照顾炎武"易姓改号，谓之亡国；仁义充塞，而至于率兽食人，人将相食，谓之亡天下"（《日知录》卷十三"正始"条）的看法，估计他也不会同意张巡的做法。陈确面对后世好名之士"子殉父，妻殉夫，士殉友，罔顾是非，惟一死之为快者，不可胜数也"的局面，直指"死合于义之为节，不然，则罔死耳，非节也。人不可罔生，亦不可罔死。……要善其死之为难耳"②。钱大昕则指出，"逢君以危社稷，虽捐躯不以为忠也"③，皆清楚地将无条件的愚忠、死忠与"以引君当道为忠"的忠君观念区别开来。袁枚认为正确的做法应该是这样的："睢阳危急，是去食时也；食去民

---

① 唐甄：《潜书·利才》，中华书局 1963 年第 2 版，第 191 页。
② 陈确：《陈确集·死节论》，中华书局 1979 年版，第 153—154 页。
③ 钱大昕：《十驾斋养新录》，上海书店出版社 2011 年版，第 354 页。

死，率其妾而死之，礼也。"① 他主张即使大家一起饿死或者都死于敌手，也绝不应该杀人食肉。正如三国时吾粲遇险时所言："我求生，彼亦求生；俱生不得，俱死可也"，基于孟子"行一不义，杀一不辜而得天下，皆不为也"的人道主义，袁枚最后发出了"杀一不辜而号忠臣，君子为之乎？"的道德拷问，振聋发聩，等于是为忠君伦理划出了一道伦理底线。其实，黄宗羲早在《明夷待访录·原君》中就批评了后世"废孟子而不立"的无底线的忠君思想，所导致的人道灾难往往是兆人万姓"血肉之崩溃"。中国历史上诸多恐怖杀戮的反人道行为，却屡屡被冠以忠君、爱国的美名。明清诸多有识之士对此应该说已经有了清醒的认知和自觉的扬弃，并悄然开启了中国传统政治伦理向现代人道主义转型的征程。

值得一提的是，清代流行习见、比比皆是的愚忠愚孝、死忠死孝等话语，多是对官方意识形态的宣传与应和。朝鲜学者朴趾源（1737—1805）在 1780 年的《热河日记》中，很清楚地记载了清朝学者对于忠君伦理的公开怀疑。对于"百善孝为先"的流行说法，清人王鹄汀同意朴氏"断指尝粪，尽是疏节；冰笋冻鱼，乃为笨伯"的指责。书中还记载了清人郝志亭对于愚忠观念的批评："陆秀夫之负帝赴海，张世杰之瓣香覆舟，方孝孺之甘湛十族，铁铉之翻油烂，人不如是不足为快，后世之为忠臣烈士，其亦难矣。"② 由此可见，官方宣传的愚忠愚孝思想与明清思想界的真实想法日益脱节，国人对于前者的全面质疑并非是自近代才开始的。

五　结语

当皇权在近代中国崩塌之后，应该说忠君伦理由于失去了效忠对象而自然消散。可事实远非如此。一方面，我们需要运用公共理性来提防传统

---

① 袁枚：《张巡杀妾论》，载《袁枚全集》第二册，江苏古籍出版社 1993 年版，第 358—359 页。

② ［朝］朴趾源：《热河日记》卷二《太学留馆录》，上海书店出版社 1997 年版，第 131 页。

忠君思想借尸还魂，避免政治返魅伤及个人自由。近现代中国在这个方面教训深刻，无须多言。另一方面，也需要转化传统忠君观念中对政治道义的坚守和担当精神，积极培育忠诚、诚信等现代政治伦理和职业道德。对此，明清政治儒学从前述多个方面做了可贵的理论探索和铺垫。简言之，从钱大昕的"以引君当道为忠，安社稷利民人为孝"①，到谭嗣同的"只有死事的道理，绝无死君的道理"②，再到孙宝瑄的"所谓忠者，非但施于君上，凡责我以事，而我竭心殚力以求无负所托，皆忠道也"③，最后到孙中山的"我们做一件事，总要始终不渝，做到成功；如果做不成功，就是把生命牺牲，亦所不惜，这便是忠"④，中国传统政治伦理自我转进的轨迹是清晰可寻的。

现代政治伦理在近代中国的传播与普及，与学界对明清政治启蒙思潮的鼓吹是分不开的。与单纯的西方化相比，中国现代政治的转型更多地呈现出一种多元的和混合的现代性特质。也许，上述明清政治儒学在君臣关系以及忠君伦理上的理论新见与努力，还不够系统，实际影响也不能高估，但是笔者最后还是希望能有更多接续传统的研究出现，以便建构出一套深具中国本土特色的政治伦理话语体系。

---

① 钱大昕：《原孝上》，载《潜研堂文集》卷十七，《钱大昕全集》第九册，江苏古籍出版社 1997 年版，第 271 页。

② 谭嗣同：《仁学》（增订本），中华书局 1981 年版，第 341 页。

③ 孙宝瑄：《忘山庐日记》，上海古籍出版社 1983 年版，第 526 页。他同时还指出，"盖为孝道者，非但施于父母，凡责我以事，而我图所以报之，皆孝道也"。

④ 孙中山：《三民主义·民族主义》，载《孙中山全集》第九卷，中华书局 1986 年版，第 244 页。

第十六章

乾嘉士大夫阶层的治生
问题与学术生态
——以章学诚和龚自珍等人为中心

清代学术发展至乾嘉时期，学术研究日益远离社会现实，士大夫阶层越来越呈现出专业化和小众化的特点。究其动因，龚自珍以"避席畏谈文字狱，著书都为稻粱谋"这一诗句，精辟地揭示出其中的政治和经济因素。对于后者——士子们的治生问题，清儒的重视程度是远超前人的，并涌现了士大夫"自树其职"的职业化取向。章学诚则另辟蹊径，特别从"学"与"术"、"学术"与"学术之学术"的关系这一角度，指出学问经世之手段、策略的重要性，表现出坚守底线、反对伪学的鲜明治学态度。至于士大夫日趋专业化和小众化所导致的身份认同危机，章学诚、龚自珍等亦表达了具有近代色彩的批评意见。本章通过粗略梳理乾嘉诸儒对于士大夫身份认同危机的反思，相信可以给我们当下的知识分子如何更好地安身立命提供一些教训与启示。

一　忧道亦忧贫："避席畏谈文字狱，著书都为稻粱谋"

在清代乾嘉时期的著述当中，绝大多数内容都属于研究经史之作，避谈社会政治和现实生活的倾向是非常明显的。青灯古卷，终身钻故纸堆，自有学术之志业、执着之精神贯注其中，但士大夫对于社会现实少有直接议论，士风低迷则是不争的事实。对此，学界的解释大致可以分成两种：

一是外在压力说，二是内在理路（压力）说。

所谓外在压力说，主要是指清廷通过残酷的政治压迫和思想专制等手段，从外部强力干预学术自由使然。乾嘉士人最能切身感受到这种威胁，多不敢公开表达不满。到了嘉道年间，文纲渐松弛，学界始敢对清廷的文化政策多有微词。例如，管同（1780—1831）曾直言不讳地说："禁忌未皆除，故言者多瞻顾依违，不敢尽其说"，"风俗者，上之所为也"，① 将士风低迷的最主要的原因归于清廷文字狱政策。有鉴于此，他说：

> 今日者，宜损益前令，令言官上书、士人对策及官僚之议乎政令者，上自君身下及国制，皆直论而无所忌讳。愈憨愈直者，愈加之荣，而阿附逢迎者必加显戮，夫如是则天下皆知上之不好谏，夫上不好谏则劲直敢为之气作。……然争言改法度，夫风俗不变则人才不出，虽有法度谁与行也？②

管同已经明确要求清廷反其道而行之，全面革除政治禁忌，恢复士大夫风议政治的权利。

后人在分析清代士风低迷的时候，也无一不注意到清政府的政治高压和迫害对于学术研究和思想创发的钳制。清学研究先驱之一的章太炎就非常认同文字狱说。他曾有一句话被屡次引用，即"家有智慧，大凑于说经，亦以纾死"。③ 余英时认为，章太炎的这一观点可以当作近人解释清代学术思想史的一个主要观点或中心理论，堪为外在政治压力说之典型。不过，外在政治压力对于士大夫的治学方向、行为方式和身份认同的影响究竟达到何种程度，却众说不一。尤其是余英时等认为，文字狱说过分夸大了政治威权对清代士风所构筑的外部压力，而对于清代学术之内在理路的自然演进过程中所具有的理论惯

---

① 管同：《拟言风俗书》，载《因寄轩文初集》卷四，《续修四库全书》第1504册，上海古籍出版社2002年版，第423页。

② 同上。

③ 章太炎：《清儒》，载《訄书详注》第十二，徐复注，上海古籍出版社2000年版，第138页；另载《章太炎全集》第三册，上海人民出版社1983年版，第157页。

性估计严重不足。① 与章太炎等相比，钱穆、余英时等可以作为"内在理路（压力）说"之代表。

笔者在此想指出的是，单方面的内在压力说抑或外在压力说都不足以解释清代士风低迷不彰的原因，尤其是多注重政治因素的外在压力说与当时的事实存在较大偏差。自古以来，儒家就有"忧道不忧贫"的传统，认为天下人唯有士人无"恒产"而能有"恒心"。儒家倡导君子应该执守道德理想主义的"尚志"立场，要勇于追求精神上的独立自主，而对于追求经济上的独立自主则关注不多，甚至不屑一顾。事实上，仅有道德理想主义精神，来维持自由独立的人格无疑是艰苦卓绝的。对于绝大多数还要养活一大家子的士大夫来说，首要的问题必须是解决自身的生存问题，亦即经济上独立与自由；其次才是精神和理想的问题。在笔者看来，清代士风之所以低迷，除了外部政治压力和学术演进逻辑的双重压力之外，"为稻粱谋"的治生困难又何尝不是一个紧要的原因？生活于乾嘉后期的龚自珍（1792—1841），对于清代文字狱所起到的政治恫吓作用有着切身的感受的同时，注意到清代士人治学的经济条件也是一个不可回避的难题。他借诗讽今，精辟绝伦地总结道：

> 避席畏谈文字狱，著书都为稻粱谋。
> 田横五百人安在，难道归来尽列侯？②

龚自珍说清儒"避席畏谈文字狱，著书都为稻粱谋"，固然是在自我批判士大夫阶层忘记了自己肩负的社会政治责任，但同时也指出了这样一个社会现实：由于社会结构的变迁以及士人治生出路的不断恶化，士大夫阶层缺乏经济独立之能力，因此面临着越来越严峻的治生压力，在忧道与忧贫、尚志与免死之间进退维艰。士大夫迫于生计而疲于游走奔命，既挤占了他们潜心治学的时间和精力，也消磨了他们担当道义、讽议政治的积

---

① 余英时：《清代思想史的一个新解释》，载《中国思想传统的现代诠释》，江苏人民出版社 1988 年版，第 197—198 页。高翔近著《近代的初曙——18 世纪中国观念变迁与社会发展》（故宫出版社 2013 年版，第 79—89 页），亦对文字狱说进行了纠偏。

② 龚自珍：《咏史》，载刘逸生注《龚自珍己亥杂诗注》，中华书局 1980 年版。

极主动性。也许"在清儒看来，作为一个社会群体，知识分子要想有精神的独立、人格的独立，首先经济必须独立"。① 清代士人的生活世界当中不只是忧道的问题，更有忧贫的问题，而且生活贫困问题往往压倒了安贫乐道的人生理想。

二 道德理想主义的颠覆："为彭泽解嘲"

清代以前，中国士大夫的生存环境已经发生了数次大的变化，他们社会参与的途径、方式和积极性也随之消长。在清代中期人口激增的大背景之下，希望通过科举道路踏入仕途的读书人越来越多，可政府官员人数却未见显著增长，这就造成了"士而成功也十之一"的情况。史料记载了当时科场道路拥堵、竞争白热化的现实："江南合两省（江苏、安徽）为一，与试者多至万六七千，向因点名拥挤，停止搜检，竟一昼夜而不能蒇事。"② 最后真正中式而踏入仕途者，可谓是百里挑一。多数落榜的士人，如不改换他业，仍旧长期混迹于科场的话，则不得不面对养家糊口、生计日蹙的窘境。正所谓："今之君子仰无以养其亲，俯无以畜其妻子，饥寒之患，迫于肌肤，此其时与古异矣"③，疲于谋生的清代士人切身感受到治生问题的紧迫性，进而对于士大夫的经济独立普遍予以了极大的关注。

早在清初，黄宗羲（1610—1695）就提出了"夫工固圣王之所欲来，商又使其愿出于途者，盖皆本也"——"工商皆本"④ 的口号。基于对于经济民生的敏感，黄宗羲对于清初士大夫尤其是遗民的生计问题有着真切感受："今世之为遗老退士者，大抵龌龊治生，其次丐贷江湖，又其次拈香嗣法。科举场屋之心，原无耿耿；治乱存亡之故事，亦且愦愦。"⑤ 在生存维艰的环境下，不参加科举的遗老退士们对于"治乱存亡之故事"、

① 王世光：《清儒治生观念刍议》，载《求索》2005 年第 5 期。

② 黄钧宰：《金壶七墨》，转引自王德昭《清代科举制度研究》，中华书局 1984 年版，第 62 页。

③ 汪琬：《灌园诗后序》，载《尧峰文钞》卷二八，四部丛刊本，第 3—4 页。

④ 黄宗羲：《明夷待访录·财计三》，岳麓书社 2011 年版，第 100—101 页。

⑤ 黄宗羲：《前翰林院庶吉士韦庵鲁先生墓志铭》，载《黄梨洲文集》，中华书局 1959 年版，第 156 页。

道德文章之事业皆不免心有余而力不足。唐甄（1630—1704）出于同样的生存感受，也批评了人们重义轻利、贬低工商业社会地位的传统："我之以贾为生者，人以为辱其身，而不知所以不辱其身也。"① 陈确（1604—1677）则批评"以读书、治生为对"的流俗之见，"谓二者真学人之本事，而生尤切于读书"，明确提出"学者以治生为本论"："吾辈自读书谈道而外，仅可宣力农亩；必不得已，医卜星相犹不失为下策。"② 不仅如此，他还提出过"惟养生功夫是父母切实受用处"的"养生送死论"。③康、雍、乾三朝，经济日盛，不少士大夫已经能够正确理解商品经济现象，对其评价持续地转向积极正面。在蒲松龄《聊斋志异·黄英》一文中，一心只想读圣贤书的书生马子才说："人皆祝富，我但祝穷"，仍抱着安贫乐道的传统观念不放。黄英反驳道："然贫者愿富，为难；富者求贫，固亦甚易"，种花"少致丰盈……聊为我这彭泽解嘲耳"！④ 士大夫安贫乐道、高风亮节之典型代表——陶渊明已然变身为一个通过经商致富的菊花贩子。作者更是借黄英弟弟之口，批判了治生乏术还轻视经济自足的儒生："自食其力不为贪，贩花为业不为俗。人固不可苟求富，然亦不必务求贫也。"士大夫固然不苟求富贵，然亦不必求贫才能方显本色，贫穷本身绝非是一种美德。如果陶渊明真的以贩花为业而实现了自食其力，他不仅不会因此就成了"贪""俗"之辈，而且还能够彻底颠覆千百年来世人对陶渊明不善营生才故作清高的嘲弄。蒲松龄的小说，既反映了当时一部分士大夫能够积极评价商业求富之行为的真实想法，也反映了当时不少知识分子积极投身于求田问舍、卖画卖文、从商执业等经济行为以谋求经济独立的现象。

　　士大夫与商人身份如此紧密地结合在一起，当是之前中国社会不多见的新变化。清初秀才李渔（1611—1680）曾自述其巨大的经济压力："渔无半亩之田，而有数十口之家，砚田笔末，止靠一人"⑤，这应该是他后来职业作家并投身商业和通俗文化的重要原因。由于有类似的经济压力，同一时期的吕留良（1629—1683）也是集写书与贩书于一身的高手。诗

---

① 唐甄：《潜书》，中华书局 1963 年版，第 91 页。
② 陈确：《陈确集》，中华书局 1979 年版，第 483 页。
③ 同上书，第 158、155 页。
④ 蒲松龄：《聊斋志异》卷四"黄英"，齐鲁书社 1994 年版，第 273—275 页。
⑤ 李渔：《李渔全集》第 1 卷，马汉茂编，台北：成文出版社 1970 年版，第 487 页。

画大家郑板桥（1693—1765）在辞官归田之后，卖画是明码标价的，自定"润格"如下："大幅六两，中幅四两，小幅二两，书条、对联一两，扇子、斗方五钱。"他还特别说明，"凡送礼物、食物，总不如白银为妙。公之所送，未必弟之所好也。送现银则心中喜乐，书画俱佳"。这样做的结果是"画竹多于买竹钱，纸高六尺价三千"。① 汪中（1745—1794）在繁华的扬州从事古玩鉴定与收藏买卖，获利颇丰，赖此自立。1785年正月初四，他曾在《墨子校本》卷二后题字："是时宿疴初愈，家有余粮，无疚于心，无求于世，奉母之暇，校理群籍，生人之乐，于斯为极。"② 相比于下文章学诚感受到的"几无生人之趣"，汪中之所以能够有"生人之乐"，家有余粮、衣食无忧的经济状况显然是一个先决条件。乾嘉文坛翘楚袁枚（1716—1797）"卖文润笔，竟有一篇墓志送至千金者"③，其收入丰盈、生活优渥之程度，已远超出自食其力的谋生要求了。乾嘉史学大家钱大昕（1728—1804）在《十驾斋养新录》中亦曾专列有《治生》一条说，"与其不治生产而乞不义之财，毋宁求田问舍而却非礼之馈"④，肯定了经济自足对于坚持气节、担当道义的积极意义。针对清儒士风低落的现象，他指出"有恒产"虽然不是"有恒心"的充要条件，但却是一个重要条件：

　　　　古之士无恒产而有恒心，今之士即有恒产，独不能保其有恒心也，况无恒产乎？临财苟得，临难苟免，好利而不好名，虽在庠序，其志趣与市井胥徒何以异哉！⑤

钱大昕反对把谋利治生与读书治学两项事业对立起来，明确主张应该把两者统一起来。章太炎在1913年的一段自述中，对钱大昕这一见地特地予以了表彰。他说："余以人生行义，虽万有不同，要自有其中流成极，奇节至行，非可举以责人也。若所谓能当百姓者，则人人可以自尽。顾宁人所说行己有耻必言学者宜先治生，钱大昕亦谓求田问舍可却非义之

---

① 参见杨樱林、黄幼钧编《郑板桥》，中国人民大学出版社2010年版，第103页。
② 汪喜孙：《容甫先生年谱》，载《新编汪中集》，广陵书社2005年版，第28页。
③ 袁枚：《随园老人遗嘱》，载《袁枚全集》第2册，江苏古籍出版社1993年版，第2页。
④ 钱大昕：《十驾养新录》，上海书店出版社2011年版，第396页。
⑤ 同上书，第380页。

财，斯近儒至论也。"① 章太炎此论，是针对"见利思义，见危授命，久要不忘平生之言"——儒者理想"渐灭而不存"的慨叹。② 究其原因，撇开极少数"奇节至行"之人不谈，清代士大夫"好利不好名"，斤斤计较于蝇头小利，缺少圣贤雍容大度之气象，恐怕与多数人囊中羞涩不无关系。钱泳（1759—1844）也曾表达过儒者忧道须忧贫的看法："商贾宜于富，富则利息益生；僧道宜于贫，贫则淫恶少至。儒者宜不贫不富，不富则无以汩没性灵，不贫则可以专心学问。"③

乾嘉晚期的焦循（1763—1820）顺着戴震"达情遂欲"的人道主义思想曾指出："惟小人喻于利，则治小者，必因民之所利而利之。……此教必本于富，超而之善，必先使仰足事父母，俯足畜妻子。儒者知义利之辨，而舍利不言，可以守己，而不可以治天下。天下不能皆为君子，则舍利不可以治天下之小人。小人利而后可义，君子以利天下为义。是故利在己，虽义亦利也。"④ 虽然焦循基本还是秉持了孟子"无恒产者而有恒心，唯士为能；若民，则无恒产因无恒心"的立场，不过却重构了义利关系，对包括士大夫阶层在内的"仰事俯畜"之求利治生行为的正当合理性予以了充分肯定。

嘉道之际的管同则专门为讽刺儒生不善治生而又高谈理想的社会现象，创作了一篇名为《饿乡记》的散文。在该文中，管同虚构了一个"一切生人之物无一有焉"的"饿乡"。它正如庄子所云的"广漠之野""无何有之乡"，意指一个物质极度匮乏（甚至没有物质）的纯粹精神性的理想世界。在这样纯粹的精神世界里，才能真正检验人类坚守精神与道德原则的程度和决心。管同直言，能去"饿乡"的人，都是能置生死于不顾、坚守道德绝不退缩的人。可是现实世界中，这样"奇节至行"的人绝少，实在是"非强忍、坚定、守死、善道之君子"不能至也。⑤ 管同用"饿乡"何其难至，来比喻在现实生活中要想达到理想中的道德境界是何等的艰难！他在表达了自己虽不能至而心向往之的心情之余，无疑在

① 汤志钧：《章太炎年谱长编》上册，中华书局 1979 年版，第 462 页。
② 同上。
③ 钱泳：《履园丛话》，台北：大立出版社 1982 年版，第 183 页。
④ 焦循：《君子喻于义小人喻于利解》，载《雕菰集》，台北：鼎文书局 1977 年版，第 137 页。
⑤ 管同：《饿乡记》，载《因寄轩文初集》卷七，《续修四库全书》第 1504 册，上海古籍出版社 2002 年版，第 444 页。

问现实社会当中"强忍、坚定、守死、善道"究竟能有几人？管同指出，适度的物质需要是合乎人性的。对于过分异化了的宋明新儒学之"寡欲"主张和佛教之"窒欲"主张，管同批评道：

> 饥而夺食者，彼于饥诚不能忍也。知羞恶之重于生死，虽饥，死且不顾。不告以夺食之为羞恶，而曰汝姑视酒肉稻粱如粪溺焉，彼之饥不可忍矣，能迂回而念及此乎？[①]

稍晚的沈垚（1798—1840）也表达过类似的观点：

> 衣食足而后责以礼节，先王之教也。先辨一饿死地以立志，宋儒之教也。饿死二字，如何可以责人？[②]

焦循、管同、沈垚等都有意将批评矛头指向了宋儒"存天理，灭人欲"的道德理想主义，认为如果忽视了人类基本的生存需要，儒家道德理想主义就将陷入空想主义的虚谈境地。

在乾嘉士人看来，事事皆用奇节至行来要求士大夫见义忘利，甚至于以身殉道，未免不近人情，不切实际。如果结合当时戴震"理者存乎欲者也"，"以无私达天下之情，遂天下之欲"之达情遂欲哲学思想，我们可以更清楚地看出，清儒肯认了只有适度的物质基础才能满足人性的自然欲求。身为凡胎肉身的乾嘉士大夫们自然也不例外。他们中的大多数人尤其是不食仕禄的士大夫，在坦然面对情欲需求和治生问题时积极投身于各种治生职业以营求经济自足和独立。而对于私有财产权与财富的高度肯定、不懈追求及其伦理、制度安排，历来被当作资本主义精神的一个核心要素，姑且不论明清士大夫阶层治生观念的变化是否能够证明当时存在资本主义萌芽，起码也足可表明传统中国社会重义、轻利的意识形态已经发生了明显异动，逐利、求富甚至

---

① 管同：《窒欲》，载《因寄轩文初集》卷一，《续修四库全书》第1504册，上海古籍出版社2002年版，第413页。

② 沈垚：《与许海樵》，载《落帆楼文集》卷九，《续修四库全书》第1525册，上海古籍出版社2002年版。

夸富（炫耀性消费）日益成为新常态。自命清高的知识分子们也不再自视为不食人间烟火之徒，其心目中的圣贤形象日益世俗化、商业化和职业化，恐怕是明清以来士大夫身份认同过程中出现的新趋势。

三 自树其职与安贫乐道："学问在我，原不是折本的买卖"

龚自珍"著书都为稻粱谋"的诗句，指出了治生问题对于乾嘉士风的重要影响。乾嘉学术中的另一个敢于逆时流而动的异类——章学诚（1738—1801）也深切地感受到了这一点。章学诚"家贫亲老，勉为浮薄时文，妄想干禄"，41 岁时终于中了进士，却未能踏入官场，学而优则仕的梦想就此破灭。孔子曰："耕，馁在其中矣；读，禄在其中矣。"传统士大夫不事稼穑，不事商贾，最可靠的生存办法就是通过走科举路线进入仕途，为官吃俸禄。再不济，就是坐馆作幕、卖文弄墨。后来章学诚主要靠给朱筠等封疆大吏作幕编书、给地方修志、替人写应酬文字养家糊口、终老一生。章学诚可以作为乾嘉在野士大夫阶层营求生活、追求理想的一个典型例证。

章学诚一生的大部分时间并不是在写传誉后世的《文史通义》和《校雠通义》，而是常常深陷"牵率应酬"的琐事杂务之中，以应付养家糊口、拆东墙补西墙的生活窘境。不断地东奔西走，就食于他乡幕僚之中，实是情非得已之举。他说：

> 驰驱半载，终无所遇。一家十五六口，浮寓都门，嗷嗷待哺，秋尽无衣。数年遭困以来，未有若此之甚者。……若不遍于困苦饥寒，呼吁哀号，失其故态，则毛生颖故投囊，张仪舌犹在口，尚思用其专长，殚经究史，宽以岁月，庶几勒成一家。[1]
>
> 三十年来，苦饥谋食，辄藉笔墨营生，往往为人撰述传志谱谍，辄叹寒女代人作嫁衣裳，而己身不获一试时服。[2]

---

[1] 章学诚：《上梁相公书》，载《章学诚遗书》外集卷二，文物出版社 1985 年版。
[2] 章学诚：《与宗族论撰节愍公家传书》，载《章学诚遗书》外集卷二，文物出版社 1985 年版。

他的感受十分不愉快，终于说了一句丧气话："仆困于世久矣，坎坷潦倒之中，几无生人之趣。""几无生人之趣"虽不无夸张，但生活之庸碌无为，理想之失落，其内心痛苦之程度可想而知。对于这种"人生之不得意者十之八九"的况味，章学诚的感受是真切而又无奈的：

> 去冬力偿旧逋，撰述志传，动成卷轴，文笔岂无小有可取？终恨岁月坐荒，不得专力著作，以枉用其精神，因悟昌黎诗文七百，其实堪不朽者，不过二十之一，余亦不免牵率应酬。①

立德、立言、立功是谓士大夫之"三不朽"，可章学诚一生忙忙碌碌，能"自得也深"而"实堪不朽者"有几何？他自认为能比得上韩昌黎那二十分之一，就相当不错了。相比之下，同一时期的经史名家钱大昕，其生活境遇和心情感受则跟章学诚的仓皇急促不同，完全是一副雍容自得的样子：

> 官登四品，不为不达。岁开七秩，不为不年。插架图籍，不为不富。研思经史，不为不勤。因病得闲，因拙得安。亦仕亦隐，天之幸民。②

试想一下，倘若钱大昕没有官登四品，只隐不仕的话，他还会自称"天之幸民"吗？恐怕不能。稍为年长的艺术大师郑板桥（1693—1765），曾深入分析过经济贫困对士风气节至关重要的影响："或曰：文人无赖，日事奔走阿谀。彼等非天生媚骨，恬不知耻，何至若是？所以若是者，为家庭升斗，将使儿不啼，女不哭，妻子不骂读书无用也。困穷如是，情有可原。……或曰：亦为贫故。伤哉贫也！"③面对深受贫困袭扰的士大夫

---

① 章学诚：《与孙渊如书》，载《章学诚遗书》外集卷二，文物出版社1985年版。
② 钱大昕：《潜研老人自题像赞》，载《嘉定钱大昕全集》，江苏古籍出版社1997年版。
③ 郑板桥：《郑板桥集》，上海古籍出版社1979年新1版，第69—70页。刘声木《苌楚斋随笔三笔》卷三《教义学者绝后》中，记载有清代扬州甚至有文人打着兴办义学的旗号诈取官民捐款的行为："扬州城内义学极多，向有盐运使署领给官款，修脯所入甚丰。寒士每费尽心力，以营求此席，得后可终身坐食其馆谷。每月朔望，例有人来查，则预买十余童子，读书半日，以遮掩他人耳目，可谓技巧心毒矣。"（载《苌楚斋随笔续笔三笔四笔五笔》，中华书局1998年版，第540页）

们，郑板桥深表同情。他认为清儒士风低迷，多有不得已之处，情有可原。

不过在此需要指出的是，乾嘉士人关注和肯定治生的重要性的同时，对于三不朽的作圣理想还是念念不忘的。为了生存可以做自己不喜欢的事情，但不能做不道德的事情，他们并不认为经济贫困就可以作为士人恬不知耻、争名逐利的理由。只是这需要士大夫在现实与理想、世俗与神圣之间保持特有的张力和平衡感。郑板桥在给江宾客等的信中指出："凡米盐船算之事，听气候于商人，未闻文章学问，亦听气候于商人者也。吾扬之士，奔走蹙踖于某门，以其一言之是非为欣戚，其损失品而丧士气，真不可复述矣。"① 在达官贵人面前，士大夫居然以金钱多少和地位高低代替是非之标准，其奴颜媚骨之种种丑态，真可谓斯文扫地。在看到士大夫无节制地混迹于名利场而操守尽失时，他一针见血地指出：

> 凡人读书，原拿不定发达。然即不发达，要不可以不读书，主意便拿定也。科名不来，学问在我，原不是折本的买卖。②
> 夫读书中举中进士作官，此是小事，第一要明理作个好人。③

能说出这样的话，除了一身正气之外，还需要郑板桥的一身好手艺与不错的家境。郑板桥辞官归田之后靠卖画为生，也还算逍遥自在。为了维持基本生存条件，避免精神气节为物质穷困所压垮，郑板桥提出了"学者当自树其职"④ 的主张。郑氏正是能够"自树其职"，自食其力，才有了无忧的生活，也才能有个铁硬的身板。郑板桥是清代正式提出知识分子应"自树其职"——专业化、职业化等有先见之明的学者之一。在当时，即便是不能够学而优则仕，也能够自树其职、自食其力的，汪中算是一个例子。他在《与朱武曹书》中说，"尝有志于用世，而耻为无用之学，故

---

① 郑板桥：《郑板桥集》，上海古籍出版社 1979 年新 1 版，第 191 页。

② 郑板桥：《潍县寄舍北墨第四书》，载《郑板桥集》，上海古籍出版社 1979 年新 1 版，第 20 页。

③ 郑板桥：《潍县署中与舍弟墨第二书》，载《郑板桥集》，上海古籍出版社 1979 年新 1 版，第 16 页。

④ 郑板桥：《郑板桥集》，上海古籍出版社 1979 年新 1 版，第 191 页。

于古今制度、民生利病之事，皆博问而切究之，以待一日之遇。下至百工小道，学一术以自托。平日则自食其力，而可以养其廉耻。即有饥馑流散之患，亦足以卫其生。何苦耗心劳力，饰虚词以求悦世人哉！"① 汪中的想法是，有机会学以致用当然最好，如果没有机会，那么就"学一术以自托"，即凭借一技之长自食其力。这样才有能力去避免世俗的干扰和政治的压迫，不看人眼色，不随波逐流，坚持学者独立自主的本色。汪中利用其金石鉴赏方面的能力从事文物买卖获利，应该算是把治学与治生之间的平衡关系处理得比较好的。如果将眼光扩展至晚明及清初，会发现弃儒业贾的重商主义观念在考证学如日中天的乾嘉时期仍旧不绝如缕，仍旧在不断发展之中。清初注重实学、习行的颜元（1635—1704）早已指出，"读尽天下书而不习行六府、六艺，文人也，非儒也；尚不如行一节、精一艺者之为儒也"。② 在颜元看来，敦行节义之事，精通技艺之能，当为儒者自立、助人的一个不可或缺的前提条件。

龚自珍的外祖父段玉裁（1735—1815），晚年越来越重视其师戴震所著《孟子字义疏证》的思想价值，开始注意到音韵、文字、训诂等专家之学的局限性，并对考据学者的偏狭之处进行了自我批判与反思。他在七十五岁时指出，"抑余又以为考核者，学问之全体，学者所以学为人也，故考核在身心性命伦理族类之间，而以读书之考核辅之。今之言学者，身心伦理之不务，谓宋之理学不足言，谓汉之气节不足尚，别为异说，簧鼓后生，此又吾辈所当大为之防者。然则余之所望于久能（指《娱亲雅音》的作者严久能）者，勿以此自隘，有志于考核之大而已矣。"③ 段玉裁说考核之学并非学问之全体，隐含着考据学乃是工具性的专家之学，考据学者不能只局限于考核而罔顾其他学问，尤其是一己身心性命的修养与社会责任的担当。相对于考核之学，后者才是"考核之大"者，考核学者不能"自隘"于考核本身，对于道德修养和社会公共议题亦应有所考量。关乎士大夫身心性命与德性修养的诸多世俗事务与治生问题，当然亦不能

---

① 汪中：《与朱武曹书》，载《新编汪中集》，广陵书社2005年版，第442页。
② 颜元：《上太仓陆桴亭先生书》，载《颜元集·存学编》，中华书局1987年版，第50页。
③ 段玉裁：《〈娱亲雅言〉序》，载《经韵楼集》卷八，上海古籍出版社2008年版，第192—193页。

不考虑。

同一时期深受当时治生问题和考据学风双重困扰的章学诚，纵然感到"几无生人之趣"、百般的不如意，也同样没有放弃创造"不朽"之人生理想。他说："然退而求其所好，则觉饥之可以为食，寒之可以为衣。"①只要生活还过得去，就有可能在现实与理想、世俗与神圣之间保持一种平衡感，就可以通过坚忍的努力过一种即凡入圣、安贫乐道的生活。

四 学与术并重："君子不难以学术用
天下，而难于所以用其学术之学术"

正如梁启超所说的那样，"学者也，观察事物而发明其真理者也；术也者，取所发明而致诸用者也"②，学与术的统一不是无条件的。即便是士大夫有真才实学，又能够不为名利所动坚守气节、安贫乐道，也并不意味着他就一定能够施展他的抱负，实现其学术影响力。治学时的学问（真理）与方法之间，做事时的目的与手段之间应该是统一的，可学问能否用世，目的能否达到，往往受制于采用何种方法和手段。

章学诚除了指出治生问题对于士大夫的重压之外，还集中讨论了知识分子如何面对学术大环境去实现理想抱负的手段和策略问题，难得地从"学"与"术"的关系角度揭示了导致乾嘉士习风气沉郁的又一重因素。

章学诚在其《文史通义·感遇》一文中说：

> 或有遇不遇者……盖知非学之难，而所以申其学者难也。……何也？一则露锷而遭忌，一则韬锋而幸全也。故君子不难以学术用天下，而难于所以用其学术之学术。古今时异势殊，不可不辨也。古之学术简而易，问其当否而已矣。后之学术曲而

---

① 章学诚：《与史余村论学书》，载《章学诚遗书》外集卷二，文物出版社 1985 年版。

② 梁启超：《学与术》，载《饮冰室合集·文集》之二十五（下），中华书局 1989 年版，第 12 页。严复在《原富》一书的按语中，已不无类似地指出："盖学与术异。学者考自然之理，立必然之例。术者据已知之理，求可成之功。学主知，术主行。"朱维铮指出，"所谓朴学，在统治者眼里，是'学'非'术'，可以用来点缀'文治'，却不足以替代作为治心之术的'正学'。"（载朱维铮《中国经学史十讲》，复旦大学出版社 2002 年版，第 138 页）

难，学术虽当，犹未能用，必有用其学术之学术，而其中又有工
拙焉。身世之遭遇，未责其当否，先责其工拙。学术当而趋避不
工，见摈于当时；工于遇而执持不当，见讥于后世。沟壑之患逼
于前，而工拙之效驱于后。呜呼！士之修明学术，欲求寡过，而能
全其所自得，岂不难哉！①

世以学术相贵，读古人书，常有生不并时之叹；脱有遇焉，则又
牵于党援异同之见，甚而效郑畋女子之别择于容貌焉；则士之修明学
术，欲求寡过，而能全其所自得，岂不难哉！②

"君子不难以学术用天下，而难于所以用其学术之学术"这一句话，
意思是说士大夫可以辨明学术之当与否，却不一定能实现学术之用与否。
这里面的问题不在于学术本身，而在于学术用世方法、手段的"工"与
"拙"。换言之，有自得之见的学术本身对于知识人来说倒不是难事，难
的是见用于社会，难的是学术见用于社会的策略手段。士大夫在"学术"
与"学术之学术"两者的统一程度上，大致分四种层次：有学有术当然
是最优组合，有学无术次之，无学有术又次之，不学无术则是最差的结
果。正所谓"所以用其学术之学术，圣贤不废也"，章学诚认为手段策略
问题不容轻视，否则就会导致空有学问而无用武之地的"不遇"和"穷
困"。所以最理想的状况是既有学又有术，学与术兼顾并重。这样既能够
坚持真理，又能够权衡达变。然而事与愿违的是，世上最得意的却多有那
些不学而有术和不学且无术之辈。用梁启超转引他人的话来说，"学者术
之体，术者学之用，二者如轮车相依而不可离。学而不足以应用于术者。
无益之学也；术而不以科学上之真理为基础者，欺世误人之术也。"③ 不
依凭学术真理甚至是完全背离了学术真理的策略手段，反而凌驾在学术之
上，成了知识分子发挥社会影响力的关键因素。正如顾实（1878—1956）
指出的那样，"遇观汉儒今文之学，宋儒义理之学，皆一种世俗之学，术

① 章学诚：《文史通义·感遇》，中华书局 1985 年版，第 326—327 页。
② 同上书，第 328 页。
③ 梁启超：《学与术》，载《饮冰室合集·文集》之二十五（下），中华书局 1989 年版，
第 12 页。

多而学少，为治纯正学术之学者所不欲多谈。"① 为了迎合世风而放弃实事求是的原则，这与士大夫坚持真理的学术理想是格格不入的。

为了因应社会环境的变化，学术用世的手段策略可以随时调整变通，但是这种调整有其底线，即"学术不能随风尚而变"。如果仅仅是为了用世而用世，使手段背离了目的、策略遮蔽了学问，无疑是似是而非、本末倒置的投机之举。章学诚对此深感不齿，斥其为巧取便宜的"伪学"：

> 学术不丧于流俗，而丧于伪学，伪学巧也。天下不知学术，未尝不虚其心以有待也。伪学出，而天下不复知有自得之真学焉。此孔子之所以恶乡愿，而孟子之所为深嫉似是而非也。然而为是伪者，自谓所以用其学术耳。昔者夫子未尝不猎较，而簿正之法卒不废，兆不足行而后去也。然则所以用其学术之学术，圣贤不废也。学术不能随风尚之变，则又不必圣贤，虽梓匠轮舆，亦如是也。是以君子假兆以行学，而遇与不遇听乎天。昔扬子去早以雕虫获荐，而晚年草玄寂寞；刘知见先以词赋知名，而后因述史减誉。诚知其不可奈何，而安之若命也。②

章学诚的立场还是比较明确的：首先，既要有学术但也不能不要"学术之学术"，坚持"学术"与"学术之学术"间的平衡。即便是圣贤，也不能只有学而无术。其次，二者之间的平衡有一个最底线，即手段不能背离目的。无论学术见用与否，学术自有不能随风尚而还不变的地方，"学术之学术"不能凌驾于"学术"之上。最后，即使有真才实学而不遇，也不应该做"舍其所长而强其所短，力趋风尚不必求惬于心"的"贱丈夫"！宁愿知其不可奈何而安之若命，也不能知其不可奈何而趋炎附势。这无疑重申了孟子的浩然之气和大丈夫精神，尤其是士大夫"尚志"的理念。

同一时期，敢于仗义执言的洪亮吉（1746—1809），同样也批评了士

---

① 顾实：《常州文学之回顾》，载胡朴安编《国学汇编》，台北：国学研究社1972年版，第55页。

② 章学诚：《文史通义·感遇》，中华书局1985年版，第328页。

大夫不勇于坚持真理，只勇于投机取巧的做派：

> 夫人之知力有限，今世之所谓名士，或悬心于贵势，或役志于高名，在人者未来，在己者已失。又或放情于博弈之趣，毕命于花鸟之妍。劳瘁既同，岁月共尽，若此皆巧者之失也。①

洪亮吉所言"巧者之失者"，显然是跟上述章学诚的"伪学巧也"说法相当，都意在批判当时善于投机取巧的或者玩物丧志的士大夫们。

至此，我们既看到了乾嘉知识分子迫于生计日蹙的现实而不得不委曲求全的无奈和感慨，也看到了他们中有些人对于士大夫精研学术、坚持真理、担当道义之身份的高度自觉。

五　出处之间："落红不是无情物，化作春泥更护花"

章学诚在《感遇》一文中屡叹"人情之难者"之余，却意在表达士大夫应该"明进退之节，不苟慕夫荣利"的主旨。他屡引《孟子》中的话，认为士大夫应该做孟子所言的"大丈夫"那样的人，坚持"尚志"的精神不屈从于任何政治压力和世俗压力。《孟子·尽心上》有曰：

> 王子垫问曰：士何事？曰：尚志。

"尚志"也就是不出卖自己的道德灵魂，与《孟子·滕文公下》所说的"枉道"相对立。"枉己者未有能直人者也"，因此"尚志"正己是正人的前提条件。

但是，章学诚认为，坚持原则不屈从现实压力的"尚志"行为，是需要区分不同情况及境界层次的。这同样在《孟子》当中可以找到证据支持。例如，孟子曾经指出仕有"见行可、际可、公养之仕"的分别，其曰：

---

① 洪亮吉：《与孙季逑书》，载《卷施阁文乙集》卷三，涵芬楼四部丛刊本。

　　孔子有见行可之仕，有际可之仕，有公养之仕。于季桓子，见行可之仕也；于卫灵公，际可之仕也；于卫孝公，公养之仕也。①

　　所谓"见行可之仕"，是指能以学术用天下，实现自己的理想抱负的士大夫；所谓"际可之仕"，是指在时机允许的情况下才可以施展志业的士大夫；所谓"公养之仕"，则是指完全无法运用其学问去改进社会，只能靠公家接济养活的士大夫。在孟子看来，即使在孔子那里也没有完全排斥际可之仕、公养之仕的存在。也就是说，士大夫坚持原则、坚持道德精神不委曲求全的"尚志"行为，是需要时机的。见行可之仕，固然可敬，但是际可之仕、公养之仕在道德上仍旧是可以被接受和认可的。

　　孟子曾对于士大夫参与社会政治的"去就"标准或原则，进行过进一步阐述。《孟子·告子下》按照从好到坏的三个不同境遇层次，依次归纳为"三就三去之道"：

　　　　陈子曰：古之君子，何如则仕？
　　　　孟子曰：所就三，所去三。（1）迎之致敬以有礼，言将行其言也，则就之；礼貌未衰，言弗行也，则去之。（2）其次，虽未行其言也，迎之致敬以有礼，则就之；礼貌衰，则去之。（3）其下，朝不食，夕不食，饥饿不能出门户，君闻之曰：吾大者不能行其道，又不能从其言也，使饥饿于我土地，吾耻之。周之，亦可受也，免死而已矣。

　　"尚志"是一种不委曲求全、不合作的态度，追求的是一种道德理想主义，不是任何人在任何情况下都能够做到的。如果有一种情况可以不尚志的话，那么就是"免死而已"。也就是说，大多数人为了保全自己以及一家老小的性命而委曲求全，在道德上是可以接受的。这个标准，不仅对于章学诚来说，即便对于绝大多数的乾嘉学者也都是适用的。基于这个标准，我们不能一味地指斥他们没有做到"尚志"精神，没有大丈夫的气节。何况钻故纸堆能有一个免死的饭碗，总比不知肉麻地去趋炎附势，为

―――――――――――

① 《孟子·万章下》。

当权富贵者歌功颂德者不知要好过千百倍！

只要社会还没有进展到知识分子求志得志、求仁得仁的阶段，知识分子身上的生存现实与道德理想之间的矛盾冲突就永远不会消失。正是囿于此一冲突，知识分子基本上分化成了冒死"尚志"与免死"丧志"的两种人。实际上，其中能坚持道德立场决不退缩的人在少数，而为了明哲保身而委曲求全的人则在多数。我们已经分析了士大夫委曲求全有一个尚可接受的道德底线，那就是"免死而已"，而在坚守道德理想的"尚志"士大夫群体又是如何做到坚守其道德原则而不委曲求全呢？正所谓"行义以达其道，隐居以求其志"，刚正不阿的人既然难以见容于世，致士归隐就成为儒家士大夫追求"尚志"理想的普遍而必然的选择。

汉思·昆（Hans Kung）曾经用"以伟大的拒绝这一悖论来取代积极的生死参预"来评价清修的基督徒。① 如果用这句话来评价中国的隐士基本上也是允当的，但是必须强调中国的隐士与西方的修士之间存在一个重大的差别：那就是政治。在中国成为隐士的关键标准，不是与社会的距离，而是与政治的距离。在中国，隐逸实践仅是属于极具政治参与意识和参政能力的士大夫阶层的专利，因此中国的隐士文化并不只是隐士自己的文化，而是属于整个中国士大夫文化的一个组成部分。它不仅反映了士大夫阶层对于自我与社会之关系的深沉思考，更在某种程度上折射出整个中国传统文化的理想和价值取向。一个具有官方职位而直接参与政治的士大夫分子，一般是不可能成为隐士的；只有一个拒绝官方职位的士大夫才能堪称隐士。但是，士大夫拒绝政治，并不意味着与世隔绝，他们中的绝大多数在拒绝政治之后，往往又通过积极地参与地方性的社会事务来间接影响政治。因此，与居于官位的士大夫走了一条通过政治来影响社会的道路正好相反，中国隐士并没有放弃现实关怀或政治关怀，只是关怀者所处的空间场所由官方政府变成了民间社会，走了一条通过社会来影响政治的道路。士大夫辞官归田的举动，虽然是大多起于对于政治的失望，但亦都对于政治未能彻底忘怀，希望能通过另一种方式来实现其社会价值。这种出于政治而又入于政治的隐而未隐之行为看似矛盾，实际上倒显得情理兼

---

① ［瑞士］汉思·昆：《论基督徒》，杨德友译，房志荣校，北京三联书店1995年版，第233页。

尽。诚如龚自珍对于自己晚年辞官南归之举动所做的解释那样：

> 浩荡离愁白日斜，吟鞭东指即天涯。
> 落红不是无情物，化作春泥更护花。①

　　龚自珍"少年尊隐有高文"，早在其《尊隐》一文中就对在野的隐逸们表示了理解和尊重。这与焦循（1763—1820）的"非隐"思想构成了鲜明对比。焦循曾经写过一篇题为《非隐》的文章中，明确提出"不可隐，不能隐，亦无所为隐"的"非隐"主张。他说：

> 人不可隐，不能隐，亦无所为隐！有周公、孔子之学而不仕，乃可以称隐，然有周公、孔子之学则不必隐。许由、巢父、沮溺、荷蓧丈人、东郭平原、朱桃椎、仲长统之类耳，自负其孤子之性，自知不能益人家国，托迹于山溪林莽以匿其拙，故吟咏风月则有馀，立异矫世、苦节独行则有馀，出而操天下之柄则不足。……宜于朝则朝，宜则野则野，圣人之藏，所以待用也。无可用之具而自托于隐，悖也。隐，不隐者也。故曰：不可隐，不能隐，亦无所为隐也！②

焦循还说：

> 愿介而穷，毋辱而显也。介而穷，身屈而心伸也；辱而显，身伸而心屈也。③

　　"隐，不隐者也"是说真正的隐士虽然不仕无位，但应该是敢于直面现实、有真才实学、随时待用的士大夫，而不是沽名钓誉的藏拙之人。焦循显然突出强调了在野的士大夫的社会责任。而结合的"尊隐"主张来看，当龚自珍自己也成为"山中之民"的时候，他也会将劝谏政府、承

---

①　龚自珍：《己亥杂诗》第五首，载刘逸生注《龚自珍己亥杂诗注》，中华书局1980年版。
②　焦循：《非隐》，载《雕菰楼集》卷七，《焦循诗文集》，广陵书社2009年版。
③　焦循：《雕菰楼集》卷十二，载《焦循诗文集》，广陵书社2009年版。

担教化、维系道统等看作是自己责无旁贷的责任。在隐士应该关注社会并勇于承担相应的社会责任这一点上，焦循与龚自珍两个人的认识是一致的。

如果说隐士是指那些主动放弃政治权力或与其保持一定距离的士大夫，大概是不错的。按道理来说，没有权力，也就不肩负责任。但是隐士虽不是政治人了，但还是一个社会人、一个文化人，隐士仍肩负重大的社会责任，具有政治抗议和道德教化之双重价值。可以说，"学隐"在中国是一个极具道德自觉性、文化涵养和政治意蕴的范型。

六　"吾悲蚊虻无肝肠"的道德拷问

苏格拉底在临死之前，曾就法庭的指控做了自我辩护。在《申辩篇》中，苏格拉底曾将自己比作一只叮人的"牛虻"。他说：

> 我是上帝带给这个城邦的牛虻，我随时随地叮住你们，唤醒、劝导和责备你们。你们将不容易再找到像我那样的另一个人，所以我劝你们不要置我于死地……如果你们攻击，我，像安尼图斯劝说你们的那样，并轻率地把我处死，那么，你们在今后的生活中将永远沉睡不醒了，除非上帝关怀，给你们送来另一只牛虻。①

不断唤醒、劝导和责备人们的"牛虻"，这是苏格拉底对知识分子的自我形象及其社会责任所做的最为生动的注解。如果真知代表光明，那么知识人就是光明的使者。朱利安·班达曾在其《知识分子的背叛》一书中的"知识分子是人类的良心"② 来概括知识分子的社会价值——对个人自由、正义和真理等"永恒不变和大公无私的价值"的坚守。③ 一旦知识

---

① 参见《申辩篇》，王朝闻译，载《柏拉图全集》第一卷，人民出版社2002年版，第19页。
② ［法］朱利安·班达：《知识分子的背叛》，佘碧平译，上海人民出版社2005年版，第48页。（Julien Benda, *The treason of the Intellectuals*, trans. Richard Aldington, 1928; rpt. New York: Norton, 1969）
③ ［法］朱利安·班达：《知识分子的背叛》，佘碧平译，上海人民出版社2005年版，第5、134页。

分子出于立场偏见，抑或禁不住功名利禄之诱惑，枉顾上述价值理想，那么所谓的"知识分子"就会走向其所代表的价值的对立面。这就是邦达所说的："知识分子已经可耻地背叛了他的使命"①，它意味着士大夫自身理想形象的异化与失落。

乾、嘉、道时期的士大夫们，在龚自珍看来已经变成了一只只无肝肠、无个性的牛虻，变成了一只只不学无术、趋炎附势的寄生虫，整个士大夫阶层已经深陷自己挖掘的泥潭里边而不能自拔。这种知识阶层的整体失语和堕落，最终会导致知识分子自身的认同危机。处于认同危机之中的士大夫，不消说是什么光明的使者、社会的精英，他能当好一个民众就已经不错了。龚自珍说：

> 居廊庙而不讲揖让，不如卧穹庐；依文绣而不闻德音，不如服橐键；居民上，正颜色而患不尊严，不如闭宫庭；有清庐闲馆而不进元儒，不如辟牧薮。②

龚自珍对于嘉道之际的知识界"万马齐暗"的沉闷局面，如坐针毡，深感不适。这就像 20 世纪 80 年代的"知识分子污名化"运动中，保罗·约翰逊对知识分子现状的描述："随便在街头挑十个人，他们对于道德和政治事务所能提供的合理见解，至少不亚于知识阶层的代表性人物。"③ 在龚氏的一生当中，始终对于自己士大夫的身份抱有很高的期许，并且对于当时整个士大夫阶层的信仰危机有过自觉而深刻的省思。具体来说，他在士大夫的德性气节、自我个性、政治抱负及其社会价值等多个方面皆有过的精彩论述，多能一针见血，在嘉道之际堪称首屈一指。其中，当然有不少是为了个人与世忤的遭遇抱不平，但是除此之外，他对于整个士大夫阶层的批评是带有相当的普遍性的。

---

① ［法］朱利安·班达：《知识分子的背叛》，畲碧平译，上海人民出版社 2005 年版，第48 页。

② 龚自珍：《乙丙之际著议第二十五》，载《龚自珍全集》，上海人民出版社 1975 年版。

③ Paul Johnson, *Intellectuals*, London：Weidenfield and Nicolson, 1988, p. 342. 另可参见 ［英］保罗·约翰逊《所谓的知识分子》，杨正润、施敏、孟冰纯、赵育春、林志懋译，台北：究竟出版社 2002 年版。

仅就龚自珍来说，他与明末的李贽从性格为人到思想观念上都有很多共通之处。而岛田虔次的李贽研究对于我们是不无启发的。他曾以"士大夫的存在性格"为主要线索来研究李贽等明末思想家的思想主张与社会境遇。岛田认为，"必须把握作为近代中国史主体的士大夫的存在性格"这一主旋律，才能真切把握中国近代思维的挫折。① 对于李贽的狱死，岛田并没有从习以为常的外在社会政治原因等方面进行分析，而是从儒家士大夫自身的内部冲突来追寻其根本原因。简言之，中国近世性发展的中断根源于儒家士大夫自身的封闭性与开放性、士大夫性与庶民性之间所存在冲突的不平衡解决。也就是说，儒家官僚阶层向士大夫阶层开放导致了士大夫阶层具有特权性质的封闭性，而士大夫阶层同时又是读书人的身份又导致了其必须时时向下层民众吸收新鲜力量的开放性，这说明在士大夫的阶层构成原则上生来就有封闭性与开放性的内在矛盾。他说："就士大夫社会、就儒家意识而言，具有个性的人，是多么可恶、多么可怕的存在。"② 这说明上述矛盾，在个性特立的年代会紧张到威胁整个士大夫阶层自身生存的地步。如果凡夫俗子皆可以成为尧舜，满街皆是圣人的话，那么无疑最终将士大夫与世俗平民等同起来，这会激起士大夫阶层激烈的群起反抗。随着个性独立呼声的高涨，士大夫群体反对特立独立之个人出现的封闭性也随之水涨船高。岛田认为，"在某种意义上，经常寻求神圣的纯粹精神的热情，而那种神圣已经丧失了的时候——而且新的神圣还没有被给予的时候，逆说就会兴起，玩世不恭就会产生。"③ 因此可以说，个人与社会的决裂，并不是由外在新兴阶级（特别是庶民阶层）引起的，而是由于士大夫阶层自身的内在矛盾所引起的。

在笔者来，龚自珍正是看到了上述士大夫阶层不能容忍个性自由、特立独行的因循守旧、封闭保守的性格，进而对其展开了猛烈的抨击。在龚自珍看来，当时的士大夫就像无肝肠的蚊虻，抑或像是一株株人格扭曲的

---

① ［日］岛田虔次：《中国近代思维的挫折》序，甘万萍译，江苏人民出版社 2005 年版，第 3 页。

② 同上书，第 113 页。

③ 同上书，第 141 页。

"病梅"。龚自珍还经常用猛兽比喻豪杰，而用蚊虻比喻俗儒。他曾经援引了《大戴礼记·四代篇》中一段话，它是这么说的：

> 子曰：平原大薮，瞻其草之高丰茂者，必有怪鸟兽居之。高山多林，必有怪虎豹蕃孕焉。深渊大川，必有蛟龙焉。民亦如之。君察之，可以见器见才焉。

龚氏下的按语说："孔子观人如此，今之观人者，喜平原无草木者，见虎豹却走矣。"其中的"平原草木"可以理解为指代那些没有自我个性、与世同流合污的士人，而"虎豹"则是指那些具有自由独立的个性、有胆有识的士人。王元化认为，龚自珍引用这段话是在感叹人们只喜欢在自己四周不足道的庸俗、卑吝、猥琐的侏儒，反而不遗余力去排挤埋没那些具有真才实学的"见器见才"的豪杰。① 另外，王元化还曾经想到鲁迅说过一段与龚自珍上述"怪虎豹"言论如出一辙的话。② 鲁迅在《半夏小集》中说："假使我的血肉该喂动物，我情愿喂狮虎鹰隼，却一点也不给癞皮狗们吃。"③ 两人皆旗帜鲜明地表现出对狮虎鹰隼的赞叹与对"癞皮狗"的厌恶。而龚自珍在《行路易》中说"东山猛虎不吃人"等，来比喻正直知识分子在士大夫阶层整体背叛的情况下的艰难处境。他又曾在《捕蜮》系列短文中，用隐喻的笔触集中表达了对背叛自我与职守的士大夫阶层的厌恶之情。

> 祝曰：射工！射工！汝反吾名，以害吾躬，吾名甚正，汝不得反攻。射工！射工！速入吾胃中。（《捕蜮第一》）
> 祝曰：豺狼！豺狼！予恩汝不祥，亦勿战汝以刚。色柔内刚，诛汝肝肠，汝卒咆哮以亡。（《捕熊罴鸱鸮豺狼第二》）

----

① 王元化：《谈〈四代篇〉》，载《人物·书话·纪事》，人民文学出版社 2006 年版，第223 页。

② 王元化：《续谈"怪虎豹"》，载《人物·书话·纪事》，人民文学出版社 2006 年版，第225 页。

③ 鲁迅：《半夏小集》，载《且介亭杂文附集》，《鲁迅全集》第 6 卷，人民文学出版社2005 年版，第 604 页。

　　祝曰：蚊虻！蚊虻！汝非欲来而朋来，汝非欲往而朋往，吾悲汝无肺肠，速去！吾终不汝殇伤。（《捕狗蝇蚂蚁蚤蟹蚊虻第三》）

　　龚自珍曾经用"病梅"来说明士大夫的最大病痛即在其没有自我，没有个性，没有自由独立之精神。在《病梅馆记》一文中，除了对政府人才政策提出批评这一层意思之外，主要还是对士大夫阶层进行的自我批评。他用"病梅"暗喻当时整个士大夫阶层在其价值标准、审美情趣上出现了严重扭曲，已经病入膏肓，丑态百出。龚自珍对于士大夫丑态的刻画揭露非常多，前面已经援引多次，与明末李贽对士大夫阶层入木三分的批评如出一辙，两人完全可以引为同道。我们在此姑且援引李贽的一段话，来说明这两个狂者心中的真实士大夫是何等的形象：

　　平居无事，只解打恭作揖，终日匡坐，同于泥塑，以为杂念不起，便是真实大圣大贤人矣。……一旦有警，则面面相觑，绝无人色，甚至互相推诿，以为能明哲。盖因国家专用此等辈，故临时无人可用。

　　唯举世颠倒，故使豪杰抱不平之恨，英雄怀罔措之戚，直驱之使为盗也。①

　　龚自珍与李贽一样，在他们眼中士大夫已经完全没有了孟子所谓的"大丈夫"精神，只是一群不折不扣的明哲保身、道貌岸然的"乡愿"。《孟子·尽心上》曾对孔子的"乡愿"进行过解释：

　　非之无举也，刺之无刺也。同乎流俗，合乎污世。居之似忠信，行之似廉洁，众皆悦之，自以为是，而不可入尧舜之道，故曰"德之贼也"。

　　可以说，士大夫阶层本来作为一个人才聚集的社会阶层，已经变得徒

---

① 李贽：《因记往事》，载《焚书·续焚书》，岳麓书社1990年版。

有虚名。他们对待包括他们自己在内的人就像对待梅花一样，只知"锄其直，遏其生气，以求重价"，不准许人们追求独立自主、个性解放的自由精神，反而普遍养成了束缚和摧残自由的庸鄙的性格特性。在龚自珍看来，士大夫迫切需要用"纵之，顺之"的方法进行自我治疗。

"国家兴亡，匹夫有责"，参与社会政治事务、维持家国政治良性运转的主体，当然不能单单是一个虚拟的"国家"、一个独裁的君主和为数不多的官员，每一个生民百姓都有权利，也有责任做一个忧国忧民的"杞人"。何况是富有知识、具有德性的在野士大夫们？也许对政治失望的隐士们，大多认为改良国家政治状况，最根本的是个人自治。只有当每个人都积极参与国家政治与社会治理，才能从根本上改变个体的命运。政治良善的关键皆在于"为仁由己"，在于"舍我其谁"式的个人政治主体性的挺立。知识分子，作为政治精英阶层，绝不应该放弃这种政治主体性，不能用自己坚守的原则做交易，随波逐流、同流合污。萨义德曾给知识分子下过一个定义，即知识分子既不是调解者，也不是建立共识者，而是独立自由的批评者，是局外人、业余者、搅扰现状的人；不是顾问，而是质疑者。批评是知识分子的天职，有一个最低程度的标准——"绝不把团结置于批评之上"。①

龚自珍在《尊任》一文中，论及任侠之风与英雄豪杰之气，可以理解为对个人政治主体性之挺立意识与责任担当精神的重视。其曰：

> 任也者，侠之先声也。古亦谓之任侠，侠起先秦间，任则三代有之。侠尚意气恩怨太明，儒者或不肯为；任则周公与曾子之道也。世之衰，患难不相急，豪杰罹患难，则正言庄色厚貌以益锄之；虽有骨肉之恩，夙所卵翼之子，飘然绝裾，远引事外。……见患难弗能救，弗咎其所以致患难。其言取风示末世，粹然忾然。

"见患难弗能救，弗咎其所以致患难"是一种末世政治的表现。处在末世政治的社会里边，每个个体既不能勇于急难救困，也不能咎"所以

---

① ［美］爱德华·华·萨义德：《知识分子论》，单德兴译，陆建德校，北京三联书店2002年版，第33页。

致患难"；反而会出现一种每个人都在受到伤害或者彼此伤害，但却每个都不觉得自己有责任的政治困局。正如鲍曼（Zygmunt Bauman）所言，存在一种"自由漂浮的责任"，它在实践中意味着那样的道德权威尚未被公开挑战或者否定，就已经不起作用了。① 因此，只有依赖包括知识分子在内的每个社会成员都自觉地承担起自由的责任，特别是上述这种"虽自由但漂浮的责任"，而不是仅仅将责任推给所谓的君主、他人、制度及各种组织机构，才是人人之自由的最坚实的保障。

---

① ［英］Z. 鲍曼：《现代性与大屠杀》，杨渝东、史建华译，彭刚校，译林出版社 2002 年版，第 213—214 页。

第 十 七 章

明清儒学的护生观念与
动物保护实践

在当今世界范围内蓬勃兴起的、全民性的环境保护运动中，动物保护运动是其中的重要分支。这是日益严重的生态环境问题催生的结果。近代以来，人与生态资源极度紧张、野生动物交易猖獗、物种灭绝速度加快、残虐动物事件频发的现实，已经严重威胁到人类自身的生存境地。现实逼迫"我们得考虑植物和动物的多样性的道德地位、生态群落的道德地位以及我们在其中的角色"，"促使哲学家将伦理学概念拓展到传统的边界之外"。① 除了人之外，动植物尤其是动物的道德地位问题，日渐成为道德哲学和环境伦理加以严肃探讨的话题。

近年来，动物权利论等现代西方动物保护思潮传入中国之后，方兴未艾。其实，早在明清时期儒、释、道共举的护生运动中，现代西方动物权利运动中的弱人类中心主义、动物中心主义（动物权利论）、素食主义、生态中心主义、深生态学等理论流派，都可以从中找到自己的知音或影子。又由于初传中土的外来基督教的参与，明清时期中国的动物保护观念呈现出一派异彩纷呈的局面。有研究指出，从 16 世纪至 19 世纪中叶，明清时期的中国传统社会文化内部所滋生的慈善组织及其观念形态有其连续性。② 与当下时兴的动物福利思想相比，前近代中国的动物保护观念及其

---

① ［美］戴斯·贾丁斯：《环境伦理学：环境哲学导论》，北京大学出版社 2002 年版，第 137—138、114 页。

② 参见梁其姿《施善与教化——明清时期的慈善组织》导言，北京师范大学出版社 2013 年版，第 1 页。

实践虽稍显稚嫩，不过其非常通俗化、民间化和组织制度化的特质使其初步具备了现代动物福利运动的雏形，效果颇为可观，有必要对其进行深入的分析和总结。本章拟在简要概述明清通俗善书等文本中的护生观念的基础之上，分析中国传统儒、释、道以及初传中土的外来基督教在动物保护的动机与尺度上的异同与论争。

一 明清劝善运动与通俗善书中的护生观念

明清时期，伴随着中国经济、政治、文化和市民社会的不断成长，尤其是科举教育的广泛普及和印刷技术的显著改进，文化整体向民间基层下移，平民化和世俗化的转型十分明显。除了精深难懂的大雅文言和传统经籍之外，圣谕、官箴、乡约、家训、蒙学、宝卷、功过格以及小说、戏曲等宣扬果报伦常的通俗读物十分流行，蔚为大观。精英士大夫阶层与中下层民众上下联动，共同谱就了一场贯穿整个明清时期的、三教杂糅的通俗文化运动。而劝人去恶扬善、消业得救的明清劝善运动①，堪为这场通俗文化浪潮中的最强音。当时人们普遍相信，除了亲亲、仁民等"爱人"之外，戒杀、放生等"爱物"也不可或缺，关怀动物遂成为明清社会慈善运动中的一支涓涓细流。不过，这一时期既涌现出大量爱物护生的劝善文本，也形成有戒杀放生的组织化实践，影响深远，远非明清以前的中国可比。下面我们简要概述一下相关文本与组织实践。

明清善书中习见护生、戒杀等保护动物的论述，专门的护生文献也大量出现。广义上的善书，一般可分为说理和纪事两大类型。前者要以

---

① 明清劝善运动主要有两个表征：一是善书文本的大量出现与广泛传播，二是诸如育婴、养老、施药、赈灾、清节、放生、惜字等道德生活团体及其劝善实践的发达与深入民间。有关明清善书以及劝善运动研究的代表性著作有：郑志明：《中国善书与宗教》，台湾学生书局1988年版；袁啸波主编：《民间劝善书》，上海古籍出版社1995年版；［日］酒井忠夫：《中国善书研究》（增补版），刘岳兵译，江苏人民出版社2010年版；［日］夫马进：《中国善堂善会史研究》，商务印书馆2005年版；［美］包筠雅：《功过格——明清社会的道德秩序》，林正贞、张林译，浙江人民出版社1999年版；梁其姿：《施善与教化——明清的慈善组织》，河北教育出版社2001年版；游子安：《劝化金箴——清代善书研究》，天津人民出版社1999年版；游子安：《善与人同——明清以来的慈善与教化》，中华书局2005年版；吴震：《明末清初劝善运动思想研究》，台湾大学出版中心2009年版。

《太上感应篇》《阴骘文》和《觉世经》等善书"三圣经",明末袁黄(1500—1575)的《立命篇》(后编入《了凡四训》)以及莲池大师袾宏(1535—1615)的《戒杀放生文》最为知名;后者则以清代周梦颜居士(一名思仁,字安士,1656—1739)著述的《万善先资集》和徐谦(1776—1864)编撰的《物犹如此》影响最广。

善书"三圣经"有的在明代以前就已经出现,但真正流行是在明清士大夫广泛参与撰注和传播善书之后才出现的现象。最令人难以置信的是,清代一批信从"实事求是""无征不信"的考据学者们不仅不避讳,反而积极主动地通过编纂、考证和传播通俗善书等进行神道设教。① 仅就《太上感应篇》这部流传最广的善书来说,惠栋著有《太上感应篇笺注》,章学诚写有《刻太上感应篇书后》一文,晚清汉学大师俞樾则有《太上感应篇缵义》;等等。而江永平日里在经史考证之余,好谈狐鬼,"能制奇器"②,专门编著有一部专门谈戒杀放生之果报的《放生杀生现报录》一书。③ 吴、皖两派汉学的创派性人物以及乾嘉史学异端在注解通俗善书上贯注了颇多热情,都表达了"证诸经传,无不契合"④ 的类似看法,这显然不是偶然的现象。他们"一方面端严正经地谈经学,谈圣贤大道理,另一方面也同时奉佛老,谈因果,讲鬼狐,说异闻"⑤,表明他们与老百姓共享着一套以儒家为基底的三教混合形态的世俗伦理。

这三部善书经典无一例外地都谈到了动物保护问题。道教的《太上感应篇》主张"草木昆虫,犹不可伤",反对"射飞逐走,发蛰惊栖,填穴覆巢,伤胎破卵"。佛教色彩深厚的《文昌帝君阴骘文》有云:"或买

---

① 参见吴震《从宋明转向明清——就儒学与宗教的关系看明清思想的连续性》,载《复旦学报》(社会科学版)2010 年第 1 期。

② 袁枚:《新齐谐》卷一三《江秀才寄话》,续修本,1788 册,第 454 页。

③ 江永所著《放生杀生现报录》一书,由江永族孙江谦(1876—1942,字易园,号阳复居士,民初教育家和佛学家)于 1923 年首次出版。由于此前江永所有传记资料未见此书之记载,其真实性存疑。徐道彬认为,此书最有可能是江谦伪托其祖江永之名借以张大其佛学主张。[参见徐道彬《〈放生杀生现报录〉考辨》,载《中国典籍与文化》2013 年第 1 期(总第 84 期);另可参见《善馀堂文集》,林胜彩点校,台北:中央研究院中国文哲研究所 2014 年版,第 340 页]

④ 惠栋:《太上感应篇笺注》,《重刊道藏辑要》尾集本。

⑤ 龚鹏程:《乾嘉年间的鬼狐怪谈》,载《中华文史论丛》2007 年第 2 辑,上海古籍出版社,第 66 页。

物而放生，或持斋而戒杀。举步常看虫蚁，禁火莫烧山林。……勿登山而网禽鸟，勿临水而毒鱼虾。勿宰耕牛，勿弃字纸。"偏儒家的《关圣帝君觉世真经》亦主张"戒杀放生"，尤其反对"宰杀牛犬"等。而在篇幅较长的说理类善书中，袁黄的《了凡四训》最为流行，影响最大。他在该书"改过之法"一节中有云："如过在杀生，即思曰：上帝好生，物皆恋命。杀彼养己，岂能自安？且彼之杀也，既受屠割，复入鼎镬，种种痛苦，彻入骨髓。……何必戕彼之生，损己之福哉！"在"积善之法"一节中，则相应提出了"四不食之戒"："谓闻杀不食，见杀不食，自养者不食，专为我杀者不食。学者未能断肉，且当从此戒之。"[①] 在《迪吉录》《宣讲大全》《万善先资集》《物犹如此》等纪事（故事）类的善书中，则多以因果报应事件来说明虐杀动物的种种恶报与爱护动物的种种善果。其中，徐谦的《物犹如此》"以物类之克践五伦八德"，完全将动物道德化了，并进而认为人与动物"血脉相通，相依为命"，皆乃性灵之物，应予体恤。

除此之外，诸如《朱伯庐先生治家格言》等蒙学家训，抑或是功过格、宝卷（宣卷）类的宗教类善书，也都少不了爱护动物的具体训谕。例如在《地藏十王宝卷》《古佛当来下生弥勒出西宝卷》等明清宝卷中，不应暴力对待动物已成为其伦理教义中的一个重要内容。它们杂糅儒、释、道三教伦理尤其是佛教的轮回观念，甚至认为"粪缸蛆虫也是人"，要求人们"速急回信，吃素行善，戒杀放生"。[②]

护生思想在明清小说戏曲中也有普遍反映。但明伦在点评蒲松龄《聊斋志异》一书时，认为该书"写情缘于花木"，"证因果于鬼狐"，[③]里面的蛇狐、鸽子、蝴蝶等动物形象大多仪态万千，摄人心魄。《放蝶》一节，就说了一个哪怕虐待蝴蝶等细小生命动物同样也会遭到报应的故事。纪昀《阅微草堂笔记》记载，"六畜充庖，常理也。然杀之过当，则为恶业。"[④] 袁枚《子不语》等神鬼志怪类笔记亦有不少涉及动物的果报

---

① 袁黄：《了凡四训》，中华书局 2008 年版，第 47—120 页。

② 参见［美］欧大年《宝卷——十六至十七世纪中国宗教经卷导论》，马睿译，中央编译出版社 2012 年版，第 261、315 页。

③ 蒲松龄：《聊斋志异》，齐鲁书社 1994 年版，第 1338 页。

④ 纪昀：《阅微草堂笔记》，上海古籍出版社 2005 年版，第 73 页。

故事，"大旨悉归劝惩"，同样延续了晚明宗教文化以及儒学世俗化的精神生活。

　　在上述动物保护观念的驱使之下，明清时期的普通民众断肉食素、集体买物放生的护生实践愈加多见。戒杀放生虽源自佛教，但明清时期士人"习与都人士约行放生会等事"①，杀生放生遂成为佛儒僧俗共举的志业之一。他们居家励行戒杀食素之余，还组织放生会、放生社等进行买物放生，合力开凿或设立放生池、放生官河、官湖等设施，推动官方发布动物保护的法律规范等，不一而足。据余治（1809—1874）《得一录》卷七的记载以及夫马进《中国善会善堂史研究》的研究，明清时间组织放生会社以便厉行戒杀放生的有名人物，有陶望龄、虞淳熙、陈用拙、祁彪佳②、陈龙正、王崇简、姚文然、彭定求、吴陈炎、徐谦等。陈洪绶在《题商綑思放生册》一文中说："江南之人奉放生者，十家而五"③，亦可见其盛况。由明清善人组织的放生会或放生社，以及"以六分济贫，以四分放生"的赏节会等社会慈善组织，作为与关怀动物的道德共同体，其组织制度化水平可能远远超出我们的既有想象。例如，由放生会社推动设立的放生官河或者放生官湖，就是划定一定范围禁止采捕围猎，相当于现在的野生动物保护区。在《得一录》中收录的《放生官河规条》中，明确规定有给谕单、议规条、捐资费、设司事、立界碑、禁渔猎、严赏罚等内容④，可以说在动物保护方面已经初步形成了一整套完善的制度安排。《资治通鉴》甚至有记载，早在唐武后长寿元年（692），"禁天下屠杀及捕鱼虾，江淮旱饥，民不得食鱼虾，饿死者众"⑤，将动物保护推至极端而走向了反人道的境地。在人地关系极为紧张的地区，撇开口腹之欲

---

　　①　许三礼：《天中许子政学合一集》，载《四库全书存目丛书·子部》，台南：庄严文化事业公司 1995 年版，第 536 页。

　　②　据记载，祁彪佳组织放生会进行买物放生时，民众乘机偷猎放生之物，祁欲与之打官司。（参见［日］夫马进《中国善会善堂史研究》，刘岳兵译，江苏人民出版社 2010 年版，第 137 页）

　　③　陈洪绶：《宝纶堂集》卷三。明清放生会社的概况，可参见［日］夫马进《中国善会善堂史研究》，刘岳兵译，江苏人民出版社 2010 年版，第 127—143 页。

　　④　余治：《得一录》卷七，同治八年得见斋刻本，载王有立编《中华文史丛书》第 84 册，台北：华文书局 1969 年版。

　　⑤　参见赵克生《屠约之禁的历史考察》，载《安徽史学》2000 年第 4 期。

不谈，当山泽之利成为人们衣食的主要来源时，在戒杀与采捕之间不可避免地存在激烈的拉锯战。显然，这一紧张状况至今仍在继续。

综上所述，按照动物保护力度，明清时期的护生观念可由弱到强依次划分为慈惠善待、持斋戒杀、买物放生甚至舍身爱物等几个层次。而放生社等以动物保护为主要目的宗教或道德共同体，也业已初步兼备了思想观念、组织制度和行为等现代社会组织的多种要素。从动物保护的观念、行为、组织与制度四者兼备的角度看，我们可以毫不夸张地说明清时期的中国社会曾经掀起过一场类似于现代运动保护运动的"戒杀运动"。晚至民国，印光、弘一、丰子恺等推动的"护生运动"，则可视为其遗响。①

二　明清护生运动中的果报观

现代西方动物保护思潮的兴起，是在日益严重的生态环境问题逼迫之下，西方文化主动反思其主—客二分的思维方式及其人类中心主义等现代性教条的结果。相比之下，明清中国的生态环境问题尚没有现在这么显而易见，其保护动物的动机除了通过合理利用生物资源以资人类永续发展之外，还有宗教的、心理的、道德的和文化的多种动因，但总体上体现了儒、释、道三教杂糅的这一显著特点。② 在善待动物这一点上，大家并没有异议。然而，对于为何要善待动物的原因或动机分析上，三教之间存在明显差异，甚至大相径庭。

在全民性的护生运动中，佛教及其信徒的作用无疑最大。在护生观念由来已久的中国佛教看来，杀生乃十恶之首，护生放生乃万善先资。因此斋戒食素，兴办水陆大会，广种悲田早已成为广大佛教虔信徒的首要善行。明清佛教倡导放生最有力的，当数莲池袾宏大师和蕅益智旭大师（1599—1655）。袾宏在《戒杀放生文》中虽然意识到戒杀放生诸事"甚拂常情"，然而"若未能断绝腥膻，且先应市买现物，不加亲杀，亦免大

---

① 参见游子安《善与人同——明清以来的慈善与教化》，中华书局 2005 年版，第 202—206 页。

② 参见游子安《劝化金箴——清代善书研究》，天津人民出版社 1999 年版，第 48 页。

愆；积养慈心，渐入佳境"。① 智旭在《悦初开士千人放生社序》一文中，说自己"幼崇理学"，可是"稍长见儒者虽言民胞物与，及其恣口肥甘，则况托远庖厨为仁术，曾不能思刀砧号叫之苦也。虽不忍一念必不可灭，然为贪忍异说所蔽，终不能伸"（《灵峰宗论》卷六之二）。智旭之所以由崇儒而信佛，恰恰是因为十分不满儒家在爱护动物的问题上口是心非、言行不一。

要言之，佛教的众生平等、因果报应与六道轮回观念，构成了明清护生运动中三个最重要的理论基础。道教受其影响，也将其戒杀放生列为修道成仙的重要内容。首先，佛教将有生命的众生分为有情众生与无情众生，有情众生包括人与动物等有情感、知觉的生物，无情众生包括植物及其他无情感知觉的有机物世界。《大般涅槃经》有云："以佛性等故，视众生无有差别。"人与动物皆属有情众生，血气相通，感同身受，应慈悲为怀，予以一体对待。佛祖"舍身伺虎"等故事即是其不杀生主义的极端例证。不仅如此，佛教除了善待人类这一基本要求之外，甚至还试图将种际平等推至极致。吉藏《大乘义章》曾说："不但众生有佛性，草木亦有佛性也。"认为草木瓦石等无情众生亦有佛性，将慈悲关怀普及至无机物的世界，这已经与现代的生态中心主义或地球中心主义的观点有几分类似了。

其次，宗教虔信徒们善待动物，一方面为了避免虐杀动物时所导致的自身道德情感的不忍，求得良心的安宁；另一方面他们更为关注的是德福一致的果报问题。佛教的业因果报理论相信种瓜得瓜，种豆得豆，业因果报之间善与恶、功与过是一一对应的。出于果报动机，一般民众戒生放生时通常都会仔细权衡放生之功与杀戮之过的是非、轻重与多少。道教"赏善罚恶"的功过格，正好可以满足民众准确计量功过的需要。功过格最早的雏形可见于葛洪（283—343）《抱朴子》中《微旨》《对俗》诸篇中，迟至 12 世纪的宋代的《太上感应篇》以及《太微仙君功过格》方才得到系统的展现。在此基础之上，袁黄最终将其改造成《了凡功过格》而大行于世，几乎成为明清时期全民性的道德账簿。即便是对功过格等善

① 袾宏：《戒杀放生文》，载《莲池大师全集》第六册，台北：华宇出版社 1989 年版，第 3341 页。

书极为反感的张尔岐、张履祥等也不得不承认，"近日其说大行，上自朝绅，下及士庶，尊信奉行，所在皆然"①，"袁黄功过格竟为近世士人之圣书"②，可见功过格式的果报观念影响力非同小可。除了袁了凡等的功过格之外，袾宏的《自知录》对救护动物的功德、虐杀动物的罪过规定最为详细。例如，救有力报人之畜，一命为十功或一善；食肉之人，见杀不食为一善，闻杀不食为一善，为己杀不食亦为一善；劝化渔猎屠户改业成功一人高达五十善；等等。应该说，积累功德以得到善果应当是众善男信女们护生实践的主要动机之一。

最后，由于佛教"六道众生皆是我父母，而杀而食者即杀我父母，亦杀我故身"（《梵网经》）的六道轮回观念，畜道也是六道轮回中的一种可能，因此善待有情动物就如同善待自己的前身或来世。③ 另外，如报恩（如宰杀耕牛，例有明禁）、食物不洁等有时也成为持斋戒杀的理由。

三　明清儒学的护生观念及其
对果报观的反思

儒家作为中国文化的基调，护生只是其"爱物"思想的一个部分。它对于动物保护的动机和意义有着自己独特的理解，因而对佛、道护生观念既有认同，也有批评。而佛、道两家在宣扬其护生理论的时候，为了得到儒家主流价值体系的认可和支持，经常会强调双方的相通性而避免与其直接冲突。这种相通性主要体现为以下两个方面：

一个是儒家的仁民爱物说与众生平等说之间的相通性。在儒家看来，天地有好生之德，人有同情怜悯之心。基于人与动物皆是"血气之属，莫不有知"这一情感相通性，人类可以将其天赋道德情感由爱人推扩至爱物，最终展现出赞育天地万物的博大情怀。王阳明在《大学问》中说道，"见鸟兽之哀鸣觳觫而必有不忍之心焉，是其仁之与鸟兽而为一体

---

① 张尔岐：《袁氏立命说辨》，载《蒿庵集》，齐鲁书社 1991 年版，第 45 页。

② 张履祥：《杨园先生全集》卷五《与阿商隐书》（庚子冬日），万斛泉编，同治十年江苏书局刊本。

③ 关于杀生果报应验之事，可参见刘道超《中国善恶报应习俗》，陕西人民出版社 2004 年第 2 版，第 102—126 页。

也。鸟兽，犹有知觉者也。"（《阳明全书》卷二六）不忍之心不仅会体恤鸟兽、草木，甚至在看到瓦石之毁坏时也会有顾惜之情。应该说，宋明新儒学尤其是阳明心学对"与物同体"的一体之仁的阐发，进一步升华了儒家的爱物理论。故而余治在《放生会小引》中说："儒者之学，必至于参天地、赞化育，然后为功用之全也"，而"放生之说，固久在圣人中和位育之中，无事别标宗旨也"。① 可以说仁民爱物，民胞物与，鸢飞鱼跃，天人合一，自古以来就是儒者所追求的至高境界——天地境界。其"君子远庖厨""民胞物与"中所包含的关怀动物的内涵，不仅是不忍人怜悯之心由内而外的自然流露和必须要求，也是源于"赞育天地"之天命所规定的道德义务。

现代动物保护理论对于动物保护的动机，有诉诸人类自身权益的需要，有诉诸动物自身权益的需要，而更多的是诉诸人类的道德情感和移情能力。尤其是人们在豢养宠物时，能明显感受到"此生独一份与另一个有感知的生物之间的开放而不设防的情感牵挂"。② 阳明说"鸟兽，犹有知觉者也"，也是把动物与人类一样皆具有感知能力这一点作为善待动物免于痛苦的主要理由。彼得·辛格曾指出，为动物的平等进行辩护的底线是其感受痛苦的能力。③ 这与儒家基于情感相通性来论证关怀动物的必要性十分类似。

另外一个是儒家的天人感应论与业因果报论之间的相通性。孔子不说"怪、力、乱、神"。儒家并不否认鬼神的存在，只是对其持有敬而远之的态度。这虽然大大消减了其宗教神秘性，但仍旧为儒家在世俗理性与宗教理性之间保持开放性留下了余地。儒家宗教性维度的表现有很多，诸如《尚书·大禹谟》中"惠迪吉，从逆凶，惟影响"的阴骘观念，《周易》中"积善之家有余庆，积不善之家有余殃"的德福一致观念，以及汉代兴起的天意与人事一一对应的天人感应论等。人们固然应该不求回报甚至不为人知地去行善，可是儒家相信，行善终究会有回报，上天会保证行善

---

① 余治：《得一录》卷十，光绪宝善堂重刻本。

② 转引自［英］艾伦·麦克法兰《现代世界的诞生》，管可秾译，上海人民出版社2013年版，第132页。

③ 参见［澳］彼得·辛格、［美］汤姆·雷根编：《动物权利与人类义务》，曾建平、代峰译，北京大学出版社2010年版，第79—93页。

的人拥有幸福的人生。正如章学诚指出的那样，"事固有所讬而行，理固有相因而见"①，儒家大多不反对假借果报理论劝人护生、行善的做法，有时甚至还身体力行。例如，刘宗周的《人谱》、陆世仪的《志学录》、陈瑚的《圣学入门学》、陈锡嘏的《功过格汇纂》等著作，虽然其中不乏批评的声音，但其实都是在功过格典范刺激之下应运而生的产物。他们每天写日记、日录、日谱，并结成省过会、规过会等道德团体，详细记录和反思每天的善恶、功过和得失。与佛、道功过格思潮相似，明清儒家也形成了一股"儒门功过格运动"。②

基于上述两点，绝大多数明清儒家不仅不反对反而积极参与到护生实践中去。例如郑板桥在家书中谈及教育子女时，特别告诫家人"要须长其忠厚之情，驱其残忍之性"。他不仅禁止子女打杀动物取乐，同时也反对"盆鱼笼鸟"等豢养宠物的行为。他说："万物之性人为贵，吾辈况不能体天之心以为心，万物将何所托命乎？"对于有毒有害之动物，"亦惟驱之使远，避之使不相害而已"。③ 郑板桥宅心仁厚，既体现出儒家仁民爱物之古训，也颇能得道家"至德之世，同与禽兽居，族与万物并"（《庄子·马蹄篇》）之神髓。

但是，明清儒家在肯定并参与护生活动的同时，也对戒杀放生行为本身及其动机表示了怀疑。考证史家赵翼有诗云："于物何太忍，于人何过爱。此理不可问，思之动深慨"④，恰可表明儒家在适度把握对待动物的尺度上的不安与困惑。儒家一方面主张爱物，另一方面又杀生，体现出非常务实和中庸的态度。如果因此指责儒家伪善无疑是不恰当的。

儒家对明清佛、道护生观念及其实践的反批评主要有两点：一是批评出于功利目的、功过格式的动物保护观念。佛、道信众关爱动物，广种悲田终究是为了自己的得救，带有浓厚的功利性。而在儒家士大夫及其道德

---

① 章学诚：《刻太上感应篇书后》，载《章氏遗书》卷二九，文物出版社 1985 年版，第322 页。

② 参见王汎森《晚明清初思想十论》，复旦大学出版社 2004 年版，第 64、123 页。

③ 郑板桥：《潍县署中与舍弟墨第二书》，载《郑板桥集》，上海古籍出版社 1979 年新 1版，第 16—17 页。

④ 赵翼：《放言九首》之二，载《赵翼诗编年全集》，天津古籍出版社 1996 年版，第 569页。

义务论看来，重生爱物，纯粹是出于人的不忍之心和道德义务，并非是为了外在的功利目的或者神灵庇佑。如果为了积累功德换取善果而去行善，这无异于相互交换，是不折不扣的道德异化。刘宗周《人谱》中说："卑之或出于功利，以为语命，而非命也"，批评正指向于当时十分流行的、功过格式的劝善行为。① 清初张尔岐更是专门撰文驳斥袁黄功过格及其《立命篇》。他说："终日衒小惠微勤，与天地鬼神为市。其心之为公，为私，为诚，为伪，不待辨而较然也。"② 他们都很怀疑如果没有了切实的好处或回报作为激励，那些善男信女们还会去戒杀放生吗？

　　二是在爱物与爱人的价值权衡问题上，儒家始终坚持"物贵而人贱，故施之有差等"③ 的人类中心主义和实用主义的立场，反对"爱无差等"地对待人与动物，更反对舍身爱物的极端行为。孔子虽然主张约而不纲，弋不射宿，但是马厩失火问人不问马，可见其仁者爱人而非爱物的轻重考量。孟子在其"牵牛章"中虽然认为，"君子之于禽兽也，见其生不忍见其死，闻其声不忍食其肉，是以君子远庖厨也"，但是在禽兽与百姓之间，还必须"权然后知轻重，度然后知长短，物皆然，心为甚"。荀子《荀子·天论》有云："草木荣华滋硕之时，则斧斤不入山林，不夭其生，不绝其长也；鼋、鼍、鱼、鳖、鳅、鳣孕别之时，罔罟毒药不入泽，不夭其生，不绝其长也；春耕、夏耘、秋收、冬藏，四者不失时，故五谷不绝，而百姓有余食也；污池渊沼川泽，谨其时禁，故鱼鳖优多，而百姓有余用也；斩伐养长不失其时，故山林不童，而百姓有余材也。"这堪称先秦最为全面和详细的动物保护理论，其直接目的是合理利用生态资源来维持生态平衡，最终目的依然是持续满足人类需要。无论是儒家护生理论，还是中国古代诸多的动物保护法规，人类权益的优先性皆是首先应予以考虑的。这里面固然包含了人与自然的整体和谐与永续发展观念，可是准确地讲，儒家在动物保护问题上持有的是以仁民为主、兼顾爱物的弱人类中心主义（weak anthropocentrism）立场。

---

① 刘宗周：《人谱》，载《刘宗周全集》第二册，浙江古籍出版社 2007 年版，第 278—279 页。

② 张尔岐：《袁氏立命说辨》，载《蒿庵集》，齐鲁书社 1991 年版，第 46 页。

③ 归庄：《放生记》，载《归庄集》卷六，中华书局 1962 年版，第 342 页。

　　按照现代深生态学的观点，"环境问题不仅仅要求新的伦理，而且要求新的形而上学"。① 人类中心主义似乎已经成为人神共愤的现代性教条和意识形态，必须用非人类中心主义、人与自然的整体观取而代之。中外很多研究都指出，中国儒、释、道哲学传统所共有的爱物护生思想与现代动物保护理念之间有诸多暗合之外，是具有后现代性特质的思想资源。不过，面对声势颇大的戒杀放生运动，明清儒学坚持了务实而理性的态度，始终强调了人类权利的优先性。在此仅举几个例子。清初李渔不惮以最严厉的口气，批评梁武帝好生等类似戒杀放生之行为"乃虚其腹以为食人地也"。② 当时著名善人陈龙正虽然全身心地投入地方慈善事业，可是仍旧基于儒家"爱有差等"的原则认为"亲亲，仁民，爱物三者，大差等也。三者之中，又有差等焉。……自爱无差等，创于墨者，横流于佛氏，率百世之愚夫，群而为背本不仁之事。"他还说："彼谓物不小于人，而吾谓人必大于物。误而妨一人，虽救众物，不足以赎之。故而害一人，虽活无穷之物命，岂能消亡？愿放生者必以爱人、方便人为主，由爱人而及物可也，因爱物而急急回溯于人可也。"③ 乾嘉文坛翘楚袁枚则认为，仁者爱人而非爱物，且爱亦有差等，须先自亲亲孝悌始，遑论急于爱物？他力辩孟子"君子远庖厨""数罟不入洿池"等说法，其实是通过维持生态的平衡而"为人计，非为鱼鳖羊犬计也"。可惜"后世不察，见孟子训爱物，佛家戒杀，于是人与物几溷淆而莫分"。虽然"爱物与戒杀者，其心皆以为仁也"，但是"以不爱为爱，而爱乃大；以不仁于物为仁，而仁乃纯"。④ 一生无肉不欢的赵翼有诗云："其教严杀戒，物命固长成。却绝男女欲，不许人类生。将使大千界，人灭物满盈。此岂造化理，流毒逾秦

---

　　① ［美］戴斯·贾丁斯：《环境伦理学：环境哲学导论》，北京大学出版社2002年版，第248页。

　　② 李渔：《笠翁别集》卷二"论梁武帝好生"条，载《李渔全集》第一卷，浙江古籍出版社1991年版，第435页。

　　③ 陈龙正：《几亭全书》卷二十《学言详记》，载《丛书集成》三编第51—52册，台湾新文丰出版公司1997年版。

　　④ 袁枚：《爱物说》，载《小仓山房文集》卷二十一，上海古籍出版社1988年版，第1612页。

坑。"① 严厉批评了佛、道戒杀放生之行为犯了本末倒置的错误。总之，在价值次序或道德天平上，儒家大都主张善待动物不及善待人类重要。

时至晚清，温州人宋恕已经意识到人类有必要由"专爱同类"而"兼爱异类"②，即从狭窄的"人际伦理"走向更为广泛和包容的"种际伦理"。他在其《佛教起信篇稿》结尾处说："夫人，吾狭同类也；群动，吾广同类也。……何忍不发勇猛愿力以助无量广同类早一日离苦海乎？"他虽然呼吁人类将道德关怀由同类进一步推展至动物身上，然而他同时也认识到"断一切杀者"的"无界之戒，诚非人道之世所能行也"。为了人类的生存必需而有限制地猎杀动物，在道德上"广义属不仁，狭义尚属仁"，仍然承认人类利益的优先性。宋氏为此提出了三层动物保护理论——"断太惨之杀也，减多杀为少杀也，杀生且放生也。"③ 这三个主张由弱到强，已经基本上囊括了现代动物保护运动中的反滥杀、反虐待的动物福利论、动物中心论以及素食主义思想，诚属不易。

四 明清时期西方动物保护
观念的传入与论争

直到晚清之前，初传中土的基督教对于中国戒杀放生等护生运动始终持有保留甚至反对态度，这一事实在几乎言必称西方的当下中国无疑颇耐人寻味。

明末基督教初传之际，罗明坚等耶稣会士通常是借佛、道思想来宣扬基督教，而稍后的核心人物利玛窦则一改借佛扬耶而为借儒扬耶。为了争夺信众，他们不仅辩难释、道二教的戒杀放生说，甚至有时候连儒家的"万物一体之仁"也一并成为其批评的对象。利玛窦等站在天主创造万物并为人所用的人类中心主义立场上，认为"自古及今，万国圣贤，咸杀

---

① 赵翼：《瓯北集》卷二五《书所见》，载《赵翼诗编年全集》，天津古籍出版社 1996 年版，第 700 页。

② 宋恕：《佛教起信篇稿》，载《宋恕集》，中华书局 1993 年版，第 263—264 页。

③ 宋恕：《宋恕集》，中华书局 1993 年版，第 263—269 页。

生食荤，而不以为悔，亦不以此为违戒。"① 他们大致认同儒家"惟用之有节……非不用也"② 的节用而非戒杀的中庸观念，但却十分明确地反对佛教的六道轮回说及戒杀放生说。理由是人"无变禽兽之理，则并著无杀生之戒也。试观天主，生是天地及是万物，无一非生之以为人用者"。③中土僧俗和儒家士大夫对于基督教这种赤裸裸的强式人类中心主义（strong anthropocentrism）深表不满。明末袾宏作《天说》四篇、虞淳熙作《天主实义杀生辨》④，徐昌治结撰有《圣朝破邪集》一书，回应了基督教的批评。耶稣会一方继而又发表《论释氏之非》《利先生复莲池大和尚竹窗天说四端》进行反批评。双方往返辩难，上演了前近代中西文化在动物保护理论上的第一次精彩对决。

基督教在经历了清代中叶一段低潮期之后，到了晚清时期又兴起。他们仍不改初衷，照旧批评中国民间戒杀放生这种行为形同对上帝或天主之恩赐的公然拒绝。例如，第一位华人传教士梁发（1789—1855）在其《劝世良言》中专列一条："论禽兽各样食物皆可食之，不宜分别。"他坚持"不论飞禽走兽，鳞介鼋鳖，皆任人而食之"的人本主义立场，反对"戒人不可食之，若食之则说有罪"的说法。⑤ 不过，随着现代西方动物保护理念的兴起，基督教开始对戒杀放生行为表现出更多的同情和理解。晚清德国传教士、汉学家花之安（1839—1899）《自西徂东》一书影响甚广，其中专门谈到了"仁及禽兽，无微不及"的现代动物保护理念。他十分赞同孟子仁民爱物之遗训，强烈批评了国人把动物"借作求财之具"的行为。他认为，"禽兽虽与我异形，而亦有知觉，亦识痛痒，皆宜爱惜，不可过于伤残""仁量之大，推而至于及禽兽，始无欠缺者欤！"当然，花氏在书中并没有主张一律禁止捕杀利用动物，而是采取了与儒家类

---

① 释如纯：《天学初辟》，载《圣朝破邪集》卷八，香港：建道神学院 1996 年版，第 398 页。另载《明末清初耶稣会思想文献汇编》第五卷，北京大学宗教研究所 2003 年版，第 271—272 页。

② ［意］利玛窦：《天主实义》，载朱维铮主编《利玛窦中文著译集》，复旦大学出版社 2007 年版，第 54 页。

③ 同上书，第 52 页。

④ 徐昌治：《圣朝破邪集》，香港：建道神学院 1996 年版，第 257—260 页。

⑤ 梁发：《劝世良言》，载中国社会科学院近代史研究所近代史资料编辑组编《近代史资料》第 39 号，中华书局 1979 年版，第 69 页。

似的"用之有节，取之有时，乃无伤于残酷"① 的弱人类中心主义立场：既反对"人物不分"的"失之过愚"的行为，也反对肆意虐待禽兽的"失之过虐"的行为。他还指出，西方人尤其是英国人设立"禁戕害牲畜之会"的组织化行为，值得中国人学习借鉴。对于多见放生结社的明清中国而言，西人此类护生组织应该似曾相识，不会太陌生。

今天看来，明末清初传教士为了争夺信众，自始至终都对中国民间戒杀放生行为多持批评态度，其动物保护观念人类中心主义的色彩异常鲜明。相对明清护生传统而言，反而显得较为保守。直到晚清时期，现代西方动物保护理念逐渐流播中土，与中国传统的护生理念渐成合流之势，这一文化冲突方才有所改观。可是时过境迁，此时饱受西方殖民欺凌的国人反而开始怀疑起西方护生宣传的真实动机。正所谓："彼船坚炮利，日新月盛，生存竞争之说日腾于口，于人类异种且不恤，复何爱于禽鸟哉?"② 可见中、西方在动物保护问题上的攻守已然易位。近代以来，民生多艰，斯文蹙促，国人将自己在动物保护理念上的先进地位拱手让人，令人感慨万分。

五　几点结论

在梳理了盛行于明清中国在动物保护领域内的诸种理论与实践之后，我们可以得出以下几点结论：

首先，中国护生爱物的传统由来已久。虽然明清儒、释、道三教在动物保护的机动与尺度上存在一定差异，但总体仍旧表现出中国传统哲学与文化所深具的生态主义色彩。相对而言，在儒、释、道、耶的诸种动物伦理中，儒家主张的合理利用而非简单地一律禁止捕杀动物的观点，应是更为合情合理的选择。在道德和立法上禁绝一切残虐动物和商业捕杀野生动物的行为，为野生动物休养生息划定保留更多的空间，详细规定并明显改善动物尤其是驯养、实验和观赏动物的福利条件，当是我们未来动物福利

---

① 参见花之安《自西徂东》，上海书店出版社 2002 年版，第 36—39 页。
② 刘绍宽：《刘绍宽日记（选）》，载苍南县政协文史委编《苍南文史资料》第十六辑，2001 年版，第 132 页。

立法和管理的基本政策取向。

　　其次，动物保护作为明清社会劝善运动的一部分，逐渐成为三教共举的志业并达到了一个高峰。这一时期在动物保护的观念、行为及其组织制度化水平等方面，颇有可观之处。在三教融合的文化生态中，护生运动的世俗化、民间化与组织制度化取向十分明显。尤其是前近代中国的放生结社，其作用类似于今天的动物保护组织，应视为现代动物保护组织的雏形或直接前身。这对于我们今天生态文明建设的启示意义是不言而喻的。

　　再次，虽然动物权利、福利等现代动物保护观念源自西方而后流播中土，但是早期耶稣会传教士与中国传统戒杀放生观念之间的冲突表明，从最保守到最激进的动物保护观念中国自古有之，绝非西方文明独有的专利。有鉴于前近代与近现代中国在动物保护问题上存在的明显连续性，我们应该自觉地从传统智慧中吸取经验教训，改变动物保护理论研究领域里唯西方马首是瞻的"灯下黑"现象。

　　最后，正如罗尔斯顿指出的那样，所有的动物保护理论都存在一个难以解决的根本矛盾，即一方面要求人们关心动物，禁止残害动物；另一方面又认可人类合理利用动物的权利，漠视诸种加诸于动物身上的残酷行为。这一冲突以及尺度的把握难题，我们从明清时期儒、释、道、耶对保护动物的不同看法及相互论争中略见一斑。这要求对人类生存的必需（needs）、欲望（wants）和逐利（benefits）三种行为，做出明确区分和严格规定。而传统的环境伦理学在这一问题上的思考，通常是比较简朴的："用动物来满足你的需要，但不要给它带来不必要的痛苦。"① 传统护生观念显然很难应对上述难题，而现代动物保护运动也还有很长的路要走。当代环境伦理在道德身份（moral standing）的讨论中，能否将人的道德主体身份扩展至胎儿、严重缺陷的婴儿、痴呆、疯子、植物人、后代的人尚成问题，遑论将道德身份赋予动物、植物乃至整个地球生态系统。也许"有感觉的动物"永远不可能成为道德主体，也许食用动物是一个符合生物竞争和进化规律的自然事件，但可以肯定的是它们是某种活生生的、与道德有关的价值客体，理应纳入人类道德考量的范围。"我们从人

---

　　① ［美］霍尔姆斯·罗尔斯顿：《环境伦理学》，杨通进译，中国社会科学出版社 2000 年版，第 59 页。

的优越性中推导出来的不仅仅是特权，还有责任。"① 至于如何切实肩负起人类"赞育天地"的责任，"为爱一切动物的伦理学制定细则"②，"为其他形式的生命的尊严找到一个合适的位置"③，应该是当代动物伦理学面对的主要任务。

---

① ［美］霍尔姆斯·罗尔斯顿：《环境伦理学》，杨通进译，中国社会科学出版社 2000 年版，第 104 页。

② ［法］史怀泽：《敬畏生命》，陈泽环译，上海社会科学院出版社 1995 年版，第 77 页。

③ ［美］霍尔姆斯·罗尔斯顿：《环境伦理学》，杨通进译，中国社会科学出版社 2000 年版，第 111 页。

结　语

乾嘉儒学的义理建构与思想论争

　　兴盛于 18 世纪前后的清代中期儒学，因其从手段方法到思想制度层面上都形成了其显著而独特的性格，具有典型性，不妨称为"乾嘉新儒学"。它一方面，强烈批判与拒斥宋明儒学的形而上学，转而强调言必征实的实证精神与经验知识的积累，维新的倾向十分明显。正所谓："去一分程朱，方见一分孔孟。不然，则终此乾坤，圣道不明，苍生无命矣。"①另一方面，随着考据学术内部的知识膨胀而逐渐分化出来的诸多专门之学，是儒学传统中前所未有的，为现代中国知识分类与学术分科奠定了基础。从上述两个角度而言，如果说"18 世纪在中国近代早期是最有活力的一个时期"②，恐怕并不算过论。可是，与上述知识精英对儒学的批判性重建形成鲜明反差的还有另外一副场景，即它还是一个儒学文化下移、普及的民众化时代。儒家孝、悌、忠、信、礼、义、廉、耻的价值观成为那个时代思想观念的最大公约数，作为整个社会的道德纲维和意识形态的儒学之地位达到了顶峰。忠臣孝子、贞女节妇备受旌表，道德观念日趋严厉和僵化，儒学的种种负面性格亦暴露无遗。因此，它既没有人们常说的"康乾盛世"那么美好，也没有主张"明清中国社会停滞论"的人所批评的那么不堪。它既是一个问题重重且积重难返的时代，也是一个不断追求自我更新、新思想迭出，亦即不断反抗伦理异化，追求道德解放，为中国近代化作了一定社会思想准备的时代。一言以蔽之，"18 世纪的遗产是复

---

① 颜元：《习斋记余》卷一，载《颜元集》下册，中华书局 1987 年版，第 398 页。

② ［美］韩书瑞、罗友枝：《十八世纪中国社会》，陈仲丹译，江苏人民出版社 2008 年版，第 1 页。

杂的"。① 唯有认清了这样一个现实，也许我们才能够超越过去一味比附
西方来研究中国的方式，在"西方中心视角"与"中国中心视角"两大
既有研究范式之间找到一个恰当的视角与进路——多元的、本土的和混杂
的现代性视角，来审视 18 世纪乾嘉儒学的演进与得失。

　　与同一时期的启蒙思想相比，乾嘉学术与思想之又有哪些堪称启蒙的
地方呢？有人认为，依照社会制度的变革、思想方式的变化这个标准，与
欧洲人追求思想解放、自由运用理性的启蒙运动相比，中国的思想变化显
然是不值一提的。例如有学者认为，"中国在漫长的封建社会中之所以一
直没有真正意义上的启蒙，乃在于伏尔泰所说的，中国人的精神风俗几千
年不变。就在这个意义而言，在相当长的历史时期内，中国内部只有改朝
换代，没有启蒙。"② 这种很具代表性的观点，却是似是而非的。一是因
为伏尔泰并不太了解中国，他对中国的论断似乎不足为凭；二是因为即使
伏尔泰的论断正确，中国如果没有发生西方式的启蒙运动，也并不足以说
明中国内部只有改朝换代，没有思想启蒙。人们如若正处于一种不能够自
由运用理性、自我意识泯灭、人化为物的不成熟状态或者反人道状态，那
么启蒙莫过于是将自己从这种异化状态中摆脱出来的自我觉醒。换言之，
启蒙的普世性内涵莫过于反抗人的异化，追求自由、平等和独立之人格。
无论是启蒙运动中的"宗教异化"，还是马克思的"劳动异化"，抑或是
中国明清之际的"伦理异化"，无疑都属于"人的异化"，皆属于通过思
想启蒙来恢复平等、自由和独立之人格的反思对象。只要是每个人对于
"人的异化"等不成熟的黑暗与蒙昧状态的自我摆脱与自我觉醒，运用理
性重新进行发现自我，维护人的尊严、权利和价值的努力，都可以说是
"启蒙"。只是我们不能只盯着西方同一时期的启蒙运动，而看不到中国
思想界的维新意识与进步努力。我们更应该做的是，揭示 18 世纪中国思
想界较之此前有何变化，对于此后的近代中国又有何直接影响。

　　与西方同一时期的学术思想相比，乾嘉学术既呈现出中国文化自我演

---

　　① ［美］韩书瑞、罗友枝：《十八世纪中国社会》，陈仲丹译，江苏人民出版社 2009 年版，
第 235 页。
　　② 尚杰：《启蒙时代的法国哲学》［西方哲学史（学术版）第五卷］，凤凰出版社、江苏人
民出版社 2005 年版，第 34 页。

进的独特性格，也存在一股运用理智、反思传统、宣扬人道、维新进步的启蒙特征。在此，我们试接续梁启超、胡适、侯外庐、萧萐父等前辈学者的现代性宏大叙事思路，汲取 20 世纪新儒家的研究成果，在比较哲学与比较文化的视野里提出如下观点：运用理智，怀疑权威，打破道统，重建"新道论"与"新道统"之意识形态，是乾嘉学术的基调；重视情感与经验，不遗余力地破除人的伦理异化，追求道德解放，阐述出一套"达情遂欲"的道德哲学，推进了中国近代人文主义启蒙思潮；运用语言学到语言哲学的方法，注重经验实证和考据方法，重建经典诠释新范式的"人文实证主义"，则是通行于乾嘉学术界的共同方法论。①

一　打破"道统"，重建"道论"

道统论作为儒学的最高意识形态，具有牵一发而动全身的重要地位，谁占据了这个制高点，谁就把握住了话语权。清代学术要想维新宋明儒学的传统，必须首先破除对其的崇拜和迷信。从晚明到晚清这几百年间，儒家思想自始至终都"在酝酿一种不同往常的变化，一种明显脱离中世纪旧轨的变化"，即"走出中世纪"的过程。② 而为清学典型范式的乾嘉学术为了推陈出新亦不例外，必须重构一套道统论以与之相颉颃，具体表现为这一时期的哲学、史学与文艺等领域内，普遍可见对于宋明学术及其"道学先生"的严词批判和无情嘲弄。

在乾嘉高明的学者中间，通常都会有自己的一套哲学形上学作为自己的理论根基，新建一套"道论"哲学来对抗宋明"理（本）论"，以对其道统论进行釜底抽薪。无论这种形上学系统与否，潜显与否。我们在惠栋一章中，已经阐明了惠栋首先发难"宋儒说道与理同"之"道论"，"只见得一偏"。③ 在他看来，"万物各异理"，理只是事物的具体法则，而道才是"万物之所然，万物之所稽"的本体。这样通过消解"理"的

①　参见吴根友《"合而观之，求其会通"——21 世纪明清学术思想研究方法》，载《中国社会科学报》2010 年 1 月 4 日（第 153 期）第 9 版。

②　参见朱维铮《走出中世纪》序，上海人民出版社 1987 年版。

③　惠栋：《易微言》卷下，载《周易述》，中华书局 2007 年版，第 506—507 页。

本体地位,抬高《易》《庸》中的"道"的本体地位,将"理一分殊"的理本论转化成了"道一理殊"的道本体。戴震则继而认为,"六经、孔、孟之书,不闻理气之分,而宋儒创言之,又道属之理,实失道之名义也"①,因此"乃发狂打破儒家中太极图耳"②!在他看来,理有"分理""肌理""腠理""文理""条理"等多种称谓,以此表明只有"万殊"之理而没有"一本"之理。与理相比,"道"俨然演变成了一个"统合理、气、心等前代核心哲学概念的最重要的概念",被当作对前代哲学遗产进行综合的基础。③戴震由此提出的"察分理"和"由气化以求道"等主张,堵死了向内冥心求理的道路,为进一步深入批判宋儒的道德哲学进行了理论准备。

在经学家之外,史学家章学诚虽然对戴震等经学考据学者颇有意见,但是反对"守六籍以言道",主张"因史以明道",对于宋儒的道统论同样持有批判的立场。他在《原道》中说:"道者,万事万物之所以然,而非万事万物之所当然也。"所谓"万事万物之所当然"其实就是指宋儒之"理"而言。接着他通过"六经皆史"的经史关系论以及"即器以言道"的道器关系论阐述了他主张"道器合一""官师合一""治教无二"的"文史之学"。在章学诚看来,"事变之出于后者,六经不能言","道"非六经、孔孟与宋儒所能尽备,因此只有"约六经之旨而随时撰述以究大道也"。④针对"道"的普遍绝对性,章学诚的道论则展现出"道"的时代性与现实性之一面。

本书第十四章曾分析过袁枚等的"道无统"论。文学家袁枚虽然对于经史学者的"事于文章者,等而末者也"⑤的观点非常不满,但是亦同样直指始于南宋的"孔孟后直接程朱"的"道统","是千年无一统也",

①　戴震:《绪言》上,载《戴震全书》第六册,黄山书社1995年版,第64页。

②　段玉裁:《答程易田丈书》,载《经韵楼集》卷七,上海古籍出版社2008年版,第184页。

③　吴根友:《乾嘉时代的"道论"思想及其哲学的形上学追求——以戴震、章学诚、钱大昕为例》,载《浙江工商大学学报》2010年第5期。

④　章学诚:《原道下》,载叶瑛《文史通义校注》,中华书局1985年版,第139页。

⑤　戴震:《戴震全书》第六册,黄山书社1995年版,第375页;章学诚:《博约下》,载叶瑛《文史通义校注》,中华书局1985年版,第166页。

并公开宣称"废正统之说而后作史之义明，废道统之说而后圣人之教大
敩"①。在袁枚看来，"道无统，道如大路然"②，"道"不是宋儒的专利，
绝非宋儒所能垄断的。"合乎道，则人人可以得之；离乎道，则人人可以
失之"，如果宋儒不合乎道，同样难免于"异端"之非议。

　　应该讲，乾嘉学者中间确实存在一种打破理学式道统观念、重建
"道论"的共同趋向。张寿安最近用"打破道统，重建学统"来概括清代
学术思想史的基调是不无道理的。③ 本书第七章所揭示的乾嘉儒学"道赅
理气"的新道论，重在批判理学的超绝性与独断性，意在把儒学从道统
禁锢中给解放出来，恢复原始儒学的自由气息与时代精神，有其一定的历
史进步性。

二　乾嘉儒学的多维理性与启蒙精神

　　从西方"启蒙"的字面意思来理解，就是说人类运用智慧之光照亮
世界，摆脱黑暗与蒙昧的不成熟状态。智慧之光，既照亮了自然，实现对
自然物质世界的科学认识，也照亮了人的内心世界，推进了人类的自我觉
醒、思想解放和社会进步。无独有偶，18 世纪乾嘉学术界的哲学领袖戴
震也曾将人的"心知"比作光照，认为运用人的理智之光才能照亮世界，
摆脱蒙昧。他说："心之神明，于事物咸足以知其不易之则，譬有光能
照，而中理者乃其光盛，其照不谬也。"（《孟子字义疏证》上）事物中所
包含的"不易之则"等知识条理之所以能够"咸足以知"，显现无遗，是
因为充分运用理智能力照亮世界的结果。

（一）"容光必照"，"实事求是"的知识理性
　　本书第三章指出，戴震所谓的"心知"，实从孟子的"心之官则思"

---

　　① 袁枚：《策秀才文五道》，载《小仓山房诗文集》卷二四，江苏古籍出版社 1999 年版，
第 417 页。
　　② 袁枚：《代潘学士答雷翠庭祭酒书》，载《小仓山房文集》卷十七，《袁枚全集》第二
册，江苏古籍出版社 1993 年版，第 295 页。
　　③ 张寿安：《打破道统重建学统——清代学术思想史的一个新观察》，载《中央研究院近
代史研究所集刊》第 52 期，台北：中研院近史所 2006 年版，第 59 页。

和荀子的"天君"的说法化出而来，是指基于"血气"之感官经验之上的理性能力。戴震的认识论显然受到孟子《尽心》诸篇与荀子《天论》诸篇的影响，接受了"天官"（"耳目之官"）与"天君"（"心官"）的提法，区分了感性知觉与理性认知这两种不同的觉知能力。戴震认为，"知觉云者，如寐而寤曰觉，心之所通曰知，百体皆能觉，而心之知觉为大"（《孟子字义疏证》中）；"耳目鼻口之官，臣道也；心之官，君道也；臣效其能而君正其可否。理义非他，可否之而当，是谓理义。然又非心出一意以可否之也，若心出一意以可否之，何异强制之乎！是故就事物言，非事物之外别有理义也。"（《孟子字义疏证》上）对于感性与理性的关系，戴震"臣效其能而君正其可否"的观点，已经得出了与康德纯粹理性批判相类似的结论：感性没有理性就是盲的，理性没有感性就是空的。虽然戴震不可能去批评康德哲学的前见——理性必具备时间和空间这两个先天直观形式，但是面对宋儒"德性之知不假闻见"而"冥心求理"这一将尊德性与道问学分为两截的传统，戴震却特别强调理性应一律以实事为定向，要求对先入为主的前见保持警惕，对"心出一意以可否之"的道德独断论进行批评。其实在荀子与孟子两人那里，早就反映出戴震与宋儒的这个分歧。"弗学而能，乃属之性；学而后能，弗学虽可以而不能，不得属之性。此荀子立说之所以异于孟子也。"（《绪言》上）"弗学而能"之"良能"，之所以"乃属之性"是因为它是与生俱来的自然本能与天性，无须后天经验习得就已经具备的。在这一点上，无论孟、荀、宋儒还是戴震并无不同意见。但是，必须经过后天学习、训练才具备的熟练能力，显然不是天性使然，更不能将其归于自然本性与天性之范畴。无论是人事物理，还是道德知识，都是不可能通过纯粹的内在反省而获得，唯有基于感性经验之材料再加以理性判断的方式所获得的。正所谓："事物之理心就事物剖析至微而后理得；理散在事物，于是冥心求理，谓'一本万殊'，谓'放之则弥六合，卷之则退藏于密'，实从释氏所云'遍见俱该法界，收摄在一微尘'者比类得之。"（《孟子字义疏证》下）戴震虽然在德性论方面遵从了孟子学的性善论基调，但是并不认同孟子"尽心知性知天"的道德认知与实践路线，否定了存在先验、潜在之理（包括道德知识）的可能性，转而遵从了荀子的经验主义认识论。既然"理散在事物"，就不可能通过"冥心以求理"而只能通过"即事以求理"的方式来获得。

不仅如此，戴震还从荀子"正其天君"的"解蔽"思想中转化出一套"去蔽"理论。蔽，是指"知之失"，即指人们理智上的愚昧无知或运用不当，结果往往是人们或为成见所执或流于意见或谬论而不自知。这显示出他在要求充分准确地运用理性能力以"察分理"的同时，还力求去除对理性的遮蔽，避免理性的误用。戴震指出，去除理性的蒙昧状态，最好的办法就是"解蔽莫如学"（《原善》下），即通过后天不断自觉的学习与训练，达到聪明圣智的"不蔽"状态。"惟学可以增益其不足而进于智，益之不已，至乎其极，如日月有明，容光必照，则圣人矣。"（《孟子字义疏证》上）通过经验"益之不已，至乎其极"的不断积累，最终可以转识成智，达到"容光必照"——人事与物理之精微之处丝毫毕现的智慧境界。

其实，戴震所主张的"下学而上达"这一经验主义认识论并不新鲜，其哲学思想的革新性与启蒙性亦不在此。戴震思想的新颖性与挑战性在于，承认荀子的经验主义认识论却放弃了他的性恶论传统，反对孟子的先验主义认识论却继承了他的性善论传统。在"由自然归于必然""归于必然适完其自然"诸命题中，荀子所偏重的"自然"是可以通过感性经验获取的超越于善恶的、客观普遍之知识，而孟子所偏重的"必然"则是理性所理解的人我和谐、天德流行的圆满归宿。据此，方东美曾认为戴震哲学的优点莫过于：一方面站在更高的立场上继承中国哲学中的道德主义人学传统，另一方面自觉去避免现代西方科学主义的经验归纳主义之局限，相继展现出由物质而生命，由生命而心灵，由心灵而精神的融贯性与超越性。[①] 有如 18 世纪西方启蒙思想家们首先运用理性于自然科学，进而人文科学（道德哲学），进而社会科学一样，戴震哲学思想的贡献主要在于一以贯之地运用建基于感性并上升到理性的"智识主义"，来弥合中国儒家道德哲学传统中的先验主义孟子学与经验主义荀子学之间的理论分歧，从而重建一个融"血气"—"心知"为一体、融自然—道德—社会历史为一体的哲学体系。这倒并不是说这一哲学体系是完美无缺的，毕竟

---

① 参见方东美《中国哲学之精神及其发展》，匡钊译，中州古籍出版社 2009 年版，第365—372 页。

它十分缺乏先验主义的信念与历史主义的眼光。余英时正是基于此，认为戴震哲学是一套"以智为中心的""彻头彻尾是主智的"哲学系统，"这是儒家智识主义发展到高峰以后才逼出来的理论。"①

不仅是戴震，乾嘉诸儒们大多抱有"无征不信"的批判与怀疑精神，要求所有知识都须在经验证据和理智判断之前进行检验，要求有一分证据说一分话，不臆断，不过论，皆以"实事求是"之原则为普遍准绳。再加之"有圣人所不知而人知之，圣人所不能而人能之"②的进步追求，依此进一步判定清代中期儒学思想史存在着一个从偏主"尊德性"向偏主"道问学"传统的"智识主义"转向，当可成立。③当然，不少人认为清代智识主义的兴起，不仅没有导致西方自然科学的勃兴后果，反而导致儒家道德主义传统的衰落，罪莫大焉。笔者认为，以戴震为代表的思想家们在自觉运用理智时的严谨性与一贯性态度，对于所有知识的融贯性与统一性之追求，以及在各个领域内尤其是在"度数之学"领域所取得的进步成就，恰恰体现出了18世纪中国学术的思想高度。

清儒坚持无徵不信、多闻阙疑的怀疑态度，运用实证方法，大力拓展名物度数之学，确立了知识在儒学传统中的相对独立地位，奠立了许多中国近代知识门类的雏形。1773—1784年间所编纂的《四库全书》，既是中国古代学术门类的总结，也蕴含了中国近代学术门类的分化因子。如果说，法国启蒙思想家们的"《百科全书》"的知识分类对西方近代科学体系的构建起到了开创和奠基的作用，那么，《四库全书》的目录分类则是中国传统学术文化的集大成和总结"。④乾嘉学者屡屡谈及的"度数（制数）之学"，包括兵、法、农、医、天文算法与术数等专门的自然科学知识，在《四库全书》子部中皆跻身前七位。这表明传统科学的整体地位在诸种知识门类中有了显著的提升。⑤18世纪中国学术除了上述专门之学

---

① 余英时：《清代思想史的一个新解释》，载《中国哲学思想论集（清代篇）》，台北：水牛出版社1976年版，第45页。

② 焦循：《一以贯之解》，载《焦循诗文集》，广陵书社2009年版，第164页。

③ 参见余英时《儒家智识主义的兴起——从清初到戴东原》，载《论戴震与章学诚》，生活·读书·新知三联书店2000年第2版，第18—34页。

④ 黄爱平：《18世纪的中国与世界》（思想文化卷），辽海出版社1999年版，第165页。

⑤ 参见司马朝军《四库全书总目研究》，社会科学文献出版社2004年版，第161页。

外，诸如漕运、盐政、财政、商业、水利、边疆地理、军事、律政、人口等学问亦得到了极大扩展，知识门类的扩张、分化与独立运动蔚为大观。近来，不少研究成果亦都倾向于认可以下这一结论："清代出现的考证学派与 20 世纪中国学术话语存在直接的连续性"①，"从近代科学性知识在中国的建构进程来看，实居关键地位。"② 艾尔曼最近研究则表明，晚明文人在"格物"旗帜之下将医学、数学和自然等学科的研究推向了一个新高度，而 18 世纪的考据学者则在"考证"的旗帜之下继续把数学、天文、历算、医学、地图、治河、语言文字等学问光大为 18 世纪的专门之学。虽然中国人没有发展出一套西方式的自然科学与技术体系，但是中国人是以他们自己的方式重构了现代科学、医学和技术。③ 因此，乾嘉学术在自然与社会科学方面的成就，以及为现代中国知识分类谱系所做的开掘性贡献，尤其不容忽视。

本书第十二章曾特别指出，在晚清民初的学术分科西化过程中，虽然传统经学由于知识膨胀"分裂而入数科"，然而从经学考证中所分立出来的专门之学，由于大都能够与西方专业知识门类相对接而找到了容身之所。乾嘉儒学的知识分立运动也许意外地助推了经学的近代解体过程，可是如若没有上述从经学中分化出来的专门之学的延续，经学的命运恐怕更难以逆料！

（二）"能知故善"，"达情遂欲"的道德理性

乾嘉儒学如果仅仅是局限于将智识主义运用于知识论领域，充其量也只是"道问学"，而非智慧之学，更不可能如戴震所说的那样"容光必照""进至神明"。戴震的"德性资于学问，进而圣智"（《孟子字义疏证》上）这一命题，后来被焦循理解为"能知故善"，皆是智识主义运用于道德哲学领域内的典型代表。它不禁让我们联想起苏格拉底的著名命

---

① ［美］艾尔曼：《从理学到朴学——中华帝国晚期思想与社会变化面面观》，赵刚译，江苏人民出版社 1997 年版。

② 张寿安：《打破道统重建学统——清代学术思想史的一个新观察》，载《中央研究院近代史研究所集刊》第 52 期，台北：中研院近代史研究所 2006 年版，第 53—112 页。

③ See Benjamin A. Elman, *On the Own Terms: Science in China* 1550 - 1900, Harvard University Press, 2005, p. 420.

题——"知识即美德。"这两个题目都曾引起人们的诸多误解。苏格拉底所说的"知识","既不是自然的物理知识,也不是自然的数量知识,而是整个世界的理念的知识,善的知识,'自我'的知识。"① 进一步讲,"善的知识"就是涵摄知识与道德为一体的知识。如果我们自己回答了"什么是善",知道了"善的知识",那么其他一切道德品质(德性)都可根据这个最原始的定义(善的理念)推导出来。② 与苏格拉底类似,戴震绝不是说德性就是学问,而是说自觉运用理智知道什么是"善"——"善的学问",将是养成德性、追求至善的一个必要前提。正所谓:"舍夫'道问学'则恶可命之'尊德性'乎?"③ 值得注意的是,这里"善的学问"并不是外在既有的礼仪规范和伦理教条,而是经由"人能明乎必然"——个人自觉运用理智思得义理的结果。

凭什么说"人无有不善"?戴震的理由是,"所谓人无有不善,即能知其限而不踰之为善,即血气心知能底于无失之为善"。人之所以为善,就是人人都可以通过理性能力认识到:自己有何"自然"禀赋及需求,以及如何不逾越限度地("不踰")、完满合理地("无失")实现其自然需求。又凭什么说"人能够为善"?引戴震为同道的焦循,曾将智识主义的德性论之真谛精练成一句话:"性何以善?能知,故善。"④ 如果"心知"能够说明"人无有不善",且能保证"人皆能为善"的话,那么恶又何而来?又如何解释"知善而不为,知不善而为之"?其实很简单,既然"能知,故善",那么反过来说就是"不能知,故恶"。戴震恰恰是这么理解"恶"的。他说:"知人之成性,其不齐在智愚,亦可知任其愚而不学不思乃流为恶。"这说明了人皆性善,只是存在智愚的程度之别,恶并非就是"愚",只是"任其愚而不学不思"的结果,明确反对了"惟上智与下愚不移"的性三品说。

按照戴震的智识主义道德理论,如果错误地理解"善的知识",并且"任其愚而不学不思",那么无疑会导致恶的发生。而当时流行于世的宋

---

① 叶秀山:《苏格拉底及其哲学思想》,人民出版社1986年版,第121页。
② 参见叶秀山《苏格拉底及其哲学思想》,人民出版社1986年版,第134页。
③ 戴震:《与是仲明论学书》,载《戴震全书》第六册,黄山书社1995年版,第372页。
④ 焦循:《性善解一》,载《焦循诗文集》,广陵书社2009年版,第158页。

儒"理欲之分人人能言之"的道德学说，导致道德强制无处不在，"适成忍而残杀之具"，"适以穷天下之人尽转移为欺伪之人，为祸何可胜言也哉！"（《孟子字义疏证）下）与西方启蒙所反对的宗教对人的异化不同的是，戴震所要反对的是人的"伦理异化"。① 与西方启蒙思想反抗的是基督教信仰主义与封建专制主义不同，中国中世纪的蒙昧主义突出表现为"宗教意识淡泊而伦理异化沉重"② 的道德异化现象。中国虽然没有西方中世纪的基督教信仰主义，但是反对人的异化在理论上既不是西方的专利，事实上也没有仅仅发生于西方社会内部。总不能说，乾嘉学者只有去反抗基督教异化才能称为启蒙吧？因之，18 世纪的戴震等反对中世纪的伦理异化，主张"依人建极"，挺立自我意识，提倡道德自主，追求个性解放的"人学"思潮，应视作为中国明清之际坎坷启蒙过程的延续。

在哲学领域，乾嘉（道）时期思想界的启蒙基调是通过建立一套"达情遂欲"的哲学，来反抗人的"伦理异化"，实现对人道主义精神的阐扬。许苏民对此曾指出，18 世纪乾嘉学术可以作为清代学术的第二阶段，是 17 世纪的延续与 19 世纪的先驱，其主要特点"是对专制主义意识形态的批判和学术研究中的知性精神的发展，特别表现在戴震对程朱理学的批判、袁枚'废道统之说'的提出和史学家们对官修正史作伪的揭露等方面"。③ 我们曾在赵翼等章节中指出，赵翼所提出的"弱肉强之食"的自然状态论与"所欲咸得遂"的伦理学主张，其实是从戴震的"凡血气之属皆知怀生畏死，因而趋利避害"④ 的自然状态论与"体民之情，遂民之欲"⑤ 的伦理学思想中化出的。他们都点出了乾嘉道德哲学中"理欲之辨"的问题焦点和"达情遂欲"的思想主题。⑥ 宋儒涵养天理，灭绝人

---

① 萧萐父：《中国哲学启蒙的坎坷道路》，载《萧萐父文选》上册，武汉大学出版社 2007 年版，第 9 页。

② 萧萐父：《活水源头何处寻》，载《萧萐父文选》下册，武汉大学出版社 2007 年版，第 36 页。

③ 许苏民：《困厄与抗争——清代思想史的分期、特点和理论突破》，载《学术月刊》2006 年 8 月号，第 131—138 页。

④ 戴震：《孟子字义疏证》中，载《戴震全书》第六册，黄山书社 1995 年版，第 181 页。

⑤ 戴震：《孟子字义疏证》上，载《戴震全书》第六册，黄山书社 1995 年版，第 161 页。

⑥ 参见郑宗义《明清儒学转型探析——从刘蕺山到戴东原》（增订版），香港中文大学出版社 2009 年版，第 171—188 页。

欲的主张，在戴震看来是纯粹是以意见为理，祸害甚深。① 他激烈批评宋儒"存天理，灭人欲"的说法"适成忍而残杀之具"，成为"以理杀人"的工具。② 作为对治方法，他提出了"今以情之不爽失为理，是理者存乎欲者也"的"理存乎欲"命题，主张理、欲可以不相悖而兼得，反驳了宋儒"不出于理则出于欲，不出于欲则出于理"的理欲二元论。

不过需要指出的是，乾嘉儒学中的情感主义作为晚明重情主义、浪漫主义思潮的延续，即便是特重情欲感受及其满足，但它既不能简单地与功利主义相提并论，更不能视为一种纵欲主义。不能忘记戴震不仅讲"达情遂欲"，同时也讲"欲而不私"；不仅讲"情欲之情"，同时也讲"絜情之情"；不仅讲"必然乃自然之极则，是以完其自然也"，同时也讲"若任其自然而流于失，转丧其自然"，他始终要求在合乎人道并遵循理性节制之下顺遂情欲，这并没有超出儒家情理兼尽这一大传统的基调。"发乎情，止乎礼"的中节、中和之状态，也是乾嘉儒学情感主义所追求的理想。只是相对宋明儒学而言，他们更为关注如何从哲学上论证既合理满足和驯化人人共通的情感欲求而又不至于被过分压抑、遮蔽甚至抛弃这一时代课题，并且在性与情、情与理、理与欲、公与私、义与利等儒学核心论题上得出了一套相当有整合性的结论。③

相对于更加理论化和体系化的经史之学，文学通常更能够直接而真切地反映出一个时代的社会现实与精神风貌。乾嘉时期的文学艺术就充满了对假道学的嘲弄，对真性灵的同情，对情欲与功利的肯定，其化神圣为世俗的倾向是异常明显的。这与启蒙运动对于宗教与教士不遗余力的揶揄，着实有着异曲同工之妙。清代学者尤其是乾嘉学者对于以公灭私、愚忠愚孝、男尊女卑等传统观念的反思与批评，批判了中国文化传统中以忠、孝、仁、义等为核心价值的道德严格主义，揭示出明清时代价值观在人道主义方向上的觉醒与进步。从乾嘉到晚清，再到"五四"，戴震、龚自

---

① 戴震：《孟子字义疏证》上，载《戴震全书》第六册，黄山书社1995年版，第161页。

② 戴震：《孟子字义疏证》下，载《戴震全书》第六册，黄山书社1995年版，第216页。

③ 有人认为，"中国人的思想普遍强调情感中的社会因素。情感并不是被压抑，而是根据社会需要被春风化雨般地'驯化'了。"（参见［意］史华罗《中国历史中的情感文化——对明清文献的跨学科文本研究》，林舒俐等译，商务印书馆2009年版，第464页）另参见［日］伊东贵之《中国近世的思想典范》中文版序，杨际开译，台北：台大出版中心2015年版，第5页。

珍、谭嗣同、陈独秀、鲁迅等一脉相承地继承了这种反省精神，形成了以儒学为中心的中国文化从内部进行自我批判与突围的清晰轨迹。

（三）"义理必参之以时势，乃为真义理也"的历史理性

乾嘉学术不仅在哲学层面上提出"达情遂欲"来对治人的伦理异化现象，而且还从史学层面上提出"时势之论"来对治"义理之学"，避免史学的唯道德主义偏执。这可以从本书第五章和第六章两章对赵翼、王鸣盛和钱大昕乾嘉三大史家的研究论述中看出这一点。

赵翼著史主张"不著一议，而人品自见"，王鸣盛坚持"议论褒贬皆虚文耳"，钱大昕则说："奚庸别为褒贬之词?"① 就连袁枚也主张："作史者只须据事直书，而其人之善恶自见，以己意马心猿定为奸臣、逆臣，原可不必。"② 很显然，他们的史学希望以客观主义或者科学主义来纠正宋明史学的唯道德主义传统。乾嘉时期史学重史实而轻褒贬的异动，总体上表现为一种通过史学研究视角或范式的转换来重建历史理性的启蒙诉求：开始由注重从个人的人格、智慧与道德因素等内在角度来理解历史，转而倾向于从政治、经济、社会环境等外在角度来解读历史。如若进一步探究其背后的思想依据，我们以为与戴震从哲学高度批判了宋明理学"以理杀人"的流弊不无类似，史学界亦存在一股强烈呼吁"道德解放"的思潮。而史学要想实现从唯道德的异化倾向中解放出来，一方面，在其内部的事实与褒贬问题上，需要将历史事实置于更为优先的地位；另一方面，在其外部的经史关系上，则需要将史学应从经学附庸地位中给解放出来，给予历史研究的客观性适当的认可。应该说，包括赵翼在内的乾嘉考证史家中重事实而轻褒贬的共通立场，恰是对于重道德而轻史实、重主观而轻客观的道德主义史学传统的反动的结果。

当然，乾嘉史学亦正因此被后人批评为"学而不思"，缺少道德关怀。其实乾嘉一流史家们对待历史理性的自觉程度，可以用赵翼"义理

---

① 钱大昕：《续通志列传总序》，载《潜研堂文集》卷十八，《嘉定钱大昕全集》第九册，江苏古籍出版社 1997 年版。

② 袁枚：《随园随笔》卷四"作史"条下，载《袁枚全集》第五册，江苏古籍出版社 1993 年版，第 58 页。

必参之以时势，乃为真义理也"① 这一句话为代表。乾嘉史家固然十分强调史学的客观性之要求，且不免矫枉过正，但似乎并没有因此就否定了史学作为一门人文科学的理想性与道德褒贬的重要性，他们所反对的并非历史褒贬本身而是史学传统中唯道德主义的偏颇。这一史学传统，在深受西方史学传统影响的中国现代实证主义史学与史料学派那里获得了肯定而有力的反响。

（四）名物度数之学中的制度理性

龚自珍说："舍数而言义，吾未之信也。"如果没有名物制度的配合，政治伦理与道德义理的抽象阐发和具体下贯就失去了现实可靠的支撑。数，在这里并非指狭义的"术数"，而应指戴震所谓的"度数"，泛指名物制度。戴震在《答郑丈用牧书》提到"度数"之学时，是这么说的："为学之道有三：曰义理，曰度数，曰词章。"这里的"度数"即刘献廷所谓"古今兴废沿革礼乐兵农之故"，包括天文、算学、物理诸种专门学问在内。后来戴震在《与姚姬传书》当中又以"义理、考据、词章"三者并举，显然是将度数之学融入了考据学。吴孟复教授就此认为，"明乎度数与考据之同，斯可以言实学，言致用，其言方为有物之言"。② 将度数之学视为乾嘉考据学中最具经世内涵的内容，可谓一语道破为何被视为断烂饾饤之乾嘉考据学中却转而发展出嘉道经世之学的秘密。

无论是凌廷堪的"以礼代理"说中的制度性思考，还是庄存与、刘逢禄等"异议可怪之论"中的夷夏之辨与新中国观，皆不仅相信可以通过理性来认知自然，也设想通过理性设计出一整套社会制度和规范，以形成稳定合理的社会秩序，实现社会公平正义。这为嘉道之际龚自珍、魏源、包世臣等的社会改革思维提供了制度性资源。

总之，乾嘉时期不同学者、不同领域内理性精神的综合运用，共同指向了一个结果：自下而上地建立一整套能够融贯地解释自然—社会政治—历史—道德的知识体系。这种一贯性知识体系之努力，当是 18 世纪中国

---

① 赵翼：《廿二史札记》卷二十四"和议"条，中国书店 1987 年版。

② 吴孟复：《〈识小录·寸阴丛录〉序》，载姚莹《识小录·寸阴丛录》，黄季耕点校，黄山书社 1991 年版，第 3 页。

文化前所未有的维新尝试，体现出了清代中期儒学传统的自我转化所能达到的思想高度。它不仅改变了传统儒学的哲学面貌、知识视野和社会理念，也为 19 世纪以来的思想变革准备了丰沃的土壤。

三　乾嘉儒学的思想论争与自我裂变

至于乾嘉儒学由考据而经世的再次转型，实际上早自乾嘉时期就已经开始了。其内部诸如汉宋之争、经史之争、儒释之争再加上晚近的中西之争，迫使儒学必须以一种新的面貌应对内在紧张与外部时局之挑战。这四个重大思想论争，不仅体现了这一时期乾嘉儒学的思想活力，也同时埋下了自身裂变的种子。

像惠栋、戴震等乾嘉学者尊许、郑，反程、朱，与姚鼐、翁方纲等尊重程朱理学、反对汉学之间构成了鲜明的汉宋之争。争论双方表面上是方法论的分歧，实质上是由于义理层面的深层冲突。方东树在《汉学商兑》中批评汉学家"训诂明而后义理明"是一种缺少诠释学循环的单向诠释，不为无据，可是他似乎没有充分领会乾嘉新儒学有明显歧异于宋明儒学的义理建构。当然，不回应方氏的方法论诘难，乾嘉新儒学似乎亦难以进一步深入和转进。

儒学在清代不仅是官方正学，也逐渐向下层民间普及，儒释之争在所难免。在乾嘉心性论领域，与正统性善论的权威性受到质疑相对应的是，儒释会通与诸子学地位日益上升的"多元化"趋势十分明显。越来越多的人公开讨论和运用荀子、墨子、告子等的人性论，或者站在儒释会通的立场上，来重新阐释儒学的心性之学。儒学对于佛学和诸子学的大胆开放，"实质上是相对于正统儒学的异端学派的崛起，是一种思想解放潮流"。这种思想解放的气息当时在彭绍升、恽敬、龚自珍、魏源等身上体现得尤为明显，晚清以来更是成了家常便饭，蔚为潮流。

经史之争，在乾嘉时期也迈入了新阶段。清代经学的内部压力主要表现为乾嘉经学中附庸蔚为大国的知识分立运动，其外部压力则主要来自于史学、子学和文学，尤其是史学对于经学义理及其研究方法上的解构性批评。中国传统经学与史学之间"悲欢离合的漫长旅程的尾声"，要以 18 世纪以章学诚的"六经皆史论"为典型代表。继章氏之后，龚自珍亦有六经皆史甚至诸子皆史之论。他们的目的并不仅在于纠正尊经贬史的乾嘉学风，而是意图通过为五经正名的方式"求六经之本原"，进而重塑经学体系和崇高地位并恢复经学的经世价值。

中西之争，本不在乾嘉儒学重点关照的视域之内，但它随着儒学外部环境的恶化而显得越来越重要，直接影响到儒学的近代命运。时至晚清，康有为等在造就维新与革命等新思想时，仍旧大多采用了乾嘉儒学的考据学范式。即便是在新文化运动以后西风东渐愈演愈烈之际，乾嘉时期所奠立的儒学基调也没有中断，其全面整理国故的故事反而更成为榜样，受到肯定。王国维的二重证据法，章太炎的国粹主义，胡适的"科学方法论"和傅斯年的史料主义等皆与乾嘉学统存在着明显承继关系。尤其是在甲骨文、敦煌文书、殷墟考古等 20 世纪重大考古发现中，乾嘉儒学的考据学工夫更是跨越了时代大放异彩。

四　乾嘉儒学的理论缺陷及其现代意义

近世以来，通过多种理性的综合运用实现了社会快速进步，然而建基于理性的进步其代价也是显见的。直到 20 世纪晚期的福柯还在问，西方 18 世纪的思想遗产究竟留给后人以自由，还是新的枷锁呢？[①] 同样的问题，也适用于 18 世纪的乾嘉儒学。乾嘉儒学的得失与当下意义，可以从两个方面来看：

一方面，乾嘉儒学的理性诉求和思想论争不仅显著改变了传统儒学的哲学面貌、知识视野和社会理念，也为 19 世纪以来的思想变革准备了丰沃的土壤，应予公正的评价。众所周知，很多现实问题大多有着似曾相识的过去，大多能够从旧问题中找到线索。近代哲学、思想、文化、政治、经济和社会领域里的古今、新旧之争，在前近代的中国大都长期存在着，并有过许多探索尝试的成败经验。乾嘉儒学作为中国迈入近代门槛的历史嫁接点，如果能够对其正本清源，对于当下儒学的返本开新和创造性转化、创新性发展无疑会提供助益。通过前述多种理性精神的综合运用，乾嘉儒学力图重塑出一套新型的理欲关系，以及能够融贯地解释自然—历史

---

① ［法］福柯：《什么是启蒙运动？》，于奇智译，载《世界哲学》2005 年第 1 期。

一道德的知识体系。这种一贯性知识体系之努力，当是 18 世纪中国文化前所未有的维新尝试，体现出了清代中期儒学传统的自我转化所能达到的思想高度。

另一方面，笔者也不得不指出，乾嘉儒学所存在的问题也许比其贡献还要多。乾嘉儒学的上述推进从方向上看值得肯定，而从结果上看却不免顾此失彼，有些甚至得不偿失。它所面临的诸多困境和不足，有些是当时特定历史环境下的产物，但大多皆是儒学自身长期存在的难题，至今未能很好解决，我们必须予以正视。要言之，清儒在思维上注重经验实证，讲求"实事求是"，但似乎悬置甚或抛弃了形上思维而无法避免学而不思，难以实现"容光必照"（戴震语）；在知识上讲求"经世致用"，但似乎由于流于文献主义而无法开物成务；在伦理上秉承"达情遂欲"，但似乎缺少对良知本体的真实信念而轻忽意志，导致知行分离、士气低迷；在政治上推崇以德抗位，但似乎普遍缺乏政治勇气，面对治平之虑亦很少能提出系统的改革良策等。清代中期儒学传统中所存在的学—思失衡、知—行分离等重大缺陷，不仅是乾嘉诸儒的问题，大多也是当下儒学或者国学复兴过程中所要面临的问题，都是需要切实避免的。

参考文献

一　古籍类

1. 包世臣：《齐民四术》，中华书局 2001 年版。

2. 曾国藩：《曾文正公诗文集》，四部丛刊本。

3. 陈淳：《北溪字义》，中华书局 1983 年版。

4. 陈龙正：《几亭全书》，载《丛书集成》三编第 51—52 册，台北：新文丰出版公司 1997 年版。

5. 陈梦雷：《周易浅述》，上海古籍出版社 1982 年版。

6. 陈去病：《五石脂》，江苏古籍出版社 1999 年版。

7. 陈确：《陈确集》，中华书局 1979 年版。

8. 程颢、程颐：《二程集》，中华书局 1981 年版。

9. 程晋芳：《勉行堂文集》，载《清代诗文集汇编》第 343 册，上海古籍出版社 2010 年版。

10. 程瑶田：《程瑶田全集》，陈冠明等校点，黄山书社 2008 年版。

11. 崔述：《崔东壁遗书》，上海古籍出版社 1983 年版。

12. 戴名世：《戴名世集》，王树民编校，中华书局 1986 年版。

13. 戴望：《颜氏学记》，中华书局 1958 年版。

14. 戴震：《戴震全书》，黄山书社 1995 年版。

15. 段玉裁：《经韵楼集》，上海古籍出版社 2008 年版。

16. 方苞：《方苞集》，上海古籍出版社 1983 年版。

17. 方东树：《汉学商兑》，台北：商务印书馆 1978 年版。

18. 方东树：《汉学商兑》，载《续修四库全书》第 951 册，上海古籍出版社 2002 年版。

19. 方东树:《考槃集文录》,载《续修四库全书》第 1497 册,上海古籍出版社 2002 年版。

20. 方东树:《昭昧詹言》,载贾文照编选《桐城派文论选》,中华书局 2008 年版。

21. 方以智:《东西均》,载《续修四库全书》第 1134 册,上海古籍出版社 2002 年版。

22. 费密:《弘道书》,《孝义家塾丛书》,谓南严氏刻本。

23. 冯从吾:《关学编》(附续编),陈俊民、徐兴海点校,中华书局 1987 年版。

24. 傅山:《霜红龛集》,山西人民出版社 1985 年影印本。

25. 龚自珍:《龚定庵集》,台北:新文丰出版公司 1975 年版。

26. 龚自珍:《龚自珍全集》,上海古籍出版社 1999 年版。

27. 顾炎武:《顾亭林诗文集》,上海古籍出版社 1983 年第 2 版。

28. 顾炎武:《顾炎武全集》,华东师范大学出版社 2012 年版。

29. 管同:《因寄轩文集》,载《续修四库全书》第 1504 册,上海古籍出版社 2002 年版。

30. 归庄:《归庄集》,中华书局 1962 年版。

31. 韩愈:《韩愈全集》,上海古籍出版社 1997 年版。

32. 洪亮吉:《卷施阁文集》,涵芬楼四部丛刊本。

33. 胡煦:《周易函书》,中华书局 2008 年版。

34. 黄汝成:《日知录集释》,上海古籍出版社 2006 年版。

35. 黄以周:《经训比义》,台北:广文书局 1977 年版。

36. 黄宗羲:《黄宗羲全集》增订版,浙江古籍出版社 2005 年版。

37. 惠栋:《九曜斋笔记》,载《丛书集成续编》第 92 册,上海书店出版社 1994 年版。

38. 惠栋:《松崖文钞》,载《续修四库全书》第 1427 册,上海古籍出版社 2002 年版。

39. 惠栋:《太上感应篇笺注》,载《重刊道藏辑要》尾集本,巴蜀书社 1999 年版。

40. 惠栋:《周易述》,中华书局 2007 年版。

41. 纪昀：《阅微草堂笔记》，上海古籍出版社 2005 年版。

42. 江藩：《国朝汉学师承记》，载《续修四库全书》第 179 册，上海古籍出版社 2002 年版。

43. 江永：《河洛精蕴》，巴蜀书社 2008 年版。

44. 江永：《善馀堂文集》，林胜彩点校，台北：中央研究院中国文哲研究所 2014 年版。

45. 焦竑：《澹园集》，中华书局 1999 年版。

46. 焦循：《焦循诗文集》，广陵书社 2009 年版。

47. 焦循：《里堂学算记》，载《续修四库全书》第 1045 册，上海古籍出版社。

48. 焦循：《孟子正义》，台北：中华书局 1987 年版。

49. 焦循：《易通释》，九州出版社 2003 年版。

50. 康有为：《康有为全集》，姜义华、张荣华编校，中国人民大学出版社 2007 年版。

51. 李斗：《扬州画舫录》，中华书局 1960 年版。

52. 李绂：《穆堂初稿》，载《续修四库全书》第 1421、1422 册，上海古籍出版社 2002 年版。

53. 李塨：《李塨文集》，河北人民出版社 2011 年版。

54. 李光地：《榕村全集》，上海古籍出版社 2009 年版。

55. 李渔：《李渔全集》第 1 卷，马汉茂编，台北：成文出版社 1970 年版。

56. 李颙：《二曲集》，陈俊民点校，中华书局 1996 年版。

57. 李颙：《李二曲先生全集》，台北：华文书局 1970 年版。

58. 李元纲：《厚德录》，商务印书馆 1960 年版。

59. 李贽：《焚书》，岳麓书社 1990 年版。

60. ［意］利玛窦：《利玛窦中文著译集》，复旦大学出版社 2007 年版。

61. 梁发：《劝世良言》，载中国社会科学院近代史研究所近代史资料编辑组编《近代史资料》第 39 号，中华书局 1979 年版。

62. 廖平：《廖平选集》，巴蜀书社 1998 年版。

63. 凌廷堪：《校礼堂文集》，中华书局 1998 版。

64. 刘逢禄：《刘礼部集》，道光十年刘氏思误斋刊本。

65. 刘毓崧:《通义堂文集》卷九,载《续修四库全书》第 1546 册,2002 年版。

66. 刘宗周:《刘宗周全集》,浙江古籍出版社 2007 年版。

67. 卢文弨:《抱经堂文集》,中华书局 1990 年版。

68. 陆陇其:《陆稼书先生文集》,中华书局 1985 年版。

69. 陆世仪:《复社纪略》,续修四库全书本。

70. 彭定求:《姚江释毁录》,光绪七年刻本。

71. 彭绍升:《一行居集》《二林居集》《居士传》,载《清代诗文集汇编》第 397 册,上海古籍出版社 2010 年版。

72. 皮锡瑞:《经学历史》,中华书局 1954 年版。

73. 皮锡瑞:《经学通论》,中华书局 1954 年版。

74. 蒲松龄:《聊斋志异》,齐鲁书社 1994 年版。

75. 钱大昕:《嘉定钱大昕全集》,江苏古籍出版社 1997 年版。

76. 钱泳:《履园丛话》,台北:大立出版社 1982 年版。

77. 阮元编:《皇清经解》,台北:复兴书局 1961 年版。

78. 阮元:《研经室集》,中华书局 1993 年版。

79. 阮元编撰:《畴人传》,广陵书社 2009 年版。

80. 邵晋涵:《南江文钞》,载《续修四库全书》第 1463 册,上海古籍出版社 2002 年版。

81. 沈垚:《落帆楼文集》,载《续修四库全书》第 1525 册,上海古籍出版社 2002 年版。

82. 宋恕:《宋恕集》,中华书局 1993 年版。

83. 苏舆编:《翼教丛编》,上海书店出版社 2002 年版。

84. 孙星衍:《尚书今古文注疏》,中华书局 1986 年版。

85. 谭嗣同:《谭嗣同全集》,中华书局 1981 年版。

86. 谭献:《复堂日记》,河北教育出版社 2001 年版。

87. 汤斌:《汤斌集》,范志亭、范哲辑校,中州古籍出版社 2003 年版。

88. 唐鉴:《唐鉴集》,岳麓书社 2010 年版,第 357 页。

89. 唐鉴:《学案小识》,商务印书馆 1935 年版。

90. 唐甄:《潜书》,中华书局 1963 年第 2 版。

91. 王夫之:《船山全书》第六册,岳麓书社 1991 年版。

92. 王国维：《观堂集林》，河北教育出版社 2003 年第 2 版。

93. 王国维：《王国维遗书》，上海书店出版社 1983 年影印，商务印书馆 1940 年版。

94. 汪中：《汪中集》，台北：中央研究院中国文哲研究所筹备处 2000 年版。

95. 汪中：《新编汪中集》，广陵书社 2005 年版。

96. 王夫之：《船山全书》第 10、11 册，岳麓书社 1996 年版。

97. 王鸣盛：《蛾术编》，商务印书馆 1958 年版。

98. 王鸣盛：《尚书后案》，学海堂皇清经解本。

99. 王鸣盛：《十七史商榷》，上海书店出版社 2005 年版。

100. 王鸣盛：《西庄始存稿》，载《续修四库全书》第 1434 册，上海古籍出版社 2002 年版。

101. 王士禛：《池北偶谈》，中华书局 1982 年版，第 589 页。

102. 王守仁：《王阳明全集》，上海古籍出版社 1992 年版。

103. 王韬：《弢园文录新编》，北京三联书店 1998 年版。

104. 王应奎：《柳南随笔》，中华书局 1983 年版。

105. 王应麟：《困学纪闻》，辽宁教育出版社 1998 年版。

106. 魏源：《魏源集》，中华书局 1976 年版。

107. 翁方纲：《复初斋文集》，载《续修四库全书》第 1455 册，上海古籍出版社 2002 年版。

108. 熊赐履：《经义斋集》，四库全书存目丛书·集部第 230 部。

109. 熊赐履：《下学堂劄记》，四库全书存目丛书本，台南：庄严文化出版社 1996 年版。

110. 徐昌治编《圣朝破邪集》，香港：建道神学院 1996 年版。

111. 徐世昌：《清儒学案》，中华书局 2008 年版。

112. 严复：《严复集》，中华书局 1986 年版。

113. 颜元：《颜元集》，中华书局 1987 年版。

114. 杨文会：《杨仁山集》，黄山书社 2000 年版。

115. 姚配中：《姚氏易学阐元》（张寿荣跋），载《续修四库全书》第 31 册，上海古籍出版社 2002 年版。

116. 姚莹：《识小录·寸阴丛录》，黄季耕点校，黄山书社 1991 年版。

117. 姚莹:《中复堂全集》,同治六年安福县署刻本。

118. 叶适:《叶适集》,中华书局 2010 年第 2 版。

119. 叶瑛:《文史通义校注》,中华书局 1985 年版。

120. 永瑢等撰:《四库全书总目提要》,中华书局 1965 年版。

121. 于敏中:《素余堂集》,嘉庆十一年刻本。

122. 俞正燮:《俞正燮全集》,黄山书社 2005 年版。

123. 袁黄:《了凡四训》,中华书局 2008 年版。

124. 袁枚:《袁枚全集》,江苏古籍出版社 1993 年版。

125. 恽敬:《大云山房文稿》,四部丛刊本。

126. 张伯行:《续近思录》,上海古籍出版社 1994 年版。

127. 张尔岐:《蒿庵集》,齐鲁书社 1991 年版。

128. 张惠言:《周易虞氏义》,北京大学出版社 2012 年版。

129. 张履祥:《杨园先生全集》,中华书局 2002 年版。

130. 张之洞:《张之洞全集》,苑书义等主编,河北人民出版社 1998 年版。

131. 章学诚:《章学诚遗书》,文物出版社 1985 年版。

132. 章学诚:《丙辰劄记》,冯惠民点校,中华书局 1986 年版。

133. 昭梿:《啸亭杂录》,中华书局 1980 年版。

134. 赵翼:《廿二史劄记校证》(订补本),中华书局 1984 年版。

135. 赵翼:《赵翼诗编年全集》,天津古籍出版社 1996 年版。

136. 郑板桥:《郑板桥集》,上海古籍出版社 1979 年新 1 版。

137. 支伟成:《清代朴学大师列传》,泰东图书局 1926 年版。

138. 周振鹤:《圣谕广训:集解与研究》,上海书店出版社 2006 年版。

139. 朱熹:《朱子全书》,上海古籍出版社、安徽教育出版社 2002 年版。

140. 朱铸禹汇校集注:《全祖望集汇校集注》,上海古籍出版社 2002 年版。

141. 庄存与、孔广森:《春秋正辞春秋公羊经传通义》,上海古籍出版社 2014 年版。

142. [韩]朴趾源:《热河日记》,上海书店出版社 1997 年版。

143. [韩]林基中编:《燕行录全集》,东国大学校韩国文学研究所 1981 年版。

二 近人著作

1. 蔡方鹿：《中华道统思想发展史》，四川人民出版社 2003 年版。

2. 蔡家和：《王船山〈读四书大全说〉研究》，台北：学生书局 2013 年版。

3. 蔡长林：《从文士到经生——考据学风潮下的常州学派》导言，台北：中研院文哲研究所 2010 年版。

4. 岑贤安等：《中国哲学范畴精粹丛书——性》，中国人民大学出版社 1996 年版。

5. 曾亦、郭晓东编著：《何谓普世？谁之价值？——当代儒家论普世价值》，华东师范大学出版社 2014 年第 2 版。

6. 曾亦：《共和与君主——康有为晚期政治思想研究》，上海人民出版社 2010 年版。

7. 柴德赓：《史学丛考》，中华书局 1982 年版。

8. 陈伯适：《惠栋易学研究》四册，台北：花木兰文化出版社 2009 年版。

9. 陈居渊：《汉学更新运动研究》，凤凰出版社 2013 年版。

10. 陈居渊：《焦循评传》，南京大学出版社 2006 年版。

11. 陈来：《诠释与重建——王船山的哲学精神》，北京大学出版社 2004 年版。

12. 陈来：《仁学本体论》，北京三联书店 2014 年版。

13. 陈来：《有无之境——王阳明哲学的精神》，人民出版社 1991 年版。

14. 陈来：《朱子哲学研究》，华东师范大学出版社 2000 年版。

15. 陈立胜：《王阳明"万物一体"论——从"身—体"的立场看》，台大出版中心 2008 年版。

16. 陈平原：《从文人之文到学者之文——明清散文研究》，北京三联书店 2004 年版。

17. 陈其泰：《清代公羊学》，东方出版社 1997 年版。

18. 陈其泰主编：《20 世纪中国历史考证学研究》，北京师范大学出版社 2005 年版。

19. 陈乔见：《公私辨——历史衍化与现代诠释》，北京三联书店 2013

年版。

20. 陈修斋、段德智：《莱布尼兹》，台北：东大图书公司 1994 年版。

21. 陈寅恪：《金明馆丛稿初编》，北京三联书店 2001 年版。

22. 陈永明：《清代前期的政治认同与历史书写》，上海古籍出版社 2011 年版。

23. 陈镇波：《宋恕评传》，浙江人民出版社 2010 年版。

24. 陈柱：《公羊学哲学》，李静校注，华东师范大学出版社 2014 年版。

25. 陈祖武、朱彤窗：《乾嘉学派研究》，河北人民出版社 2005 年版。

26. 戴景贤：《明清学术思想论集》（下编），香港中文大学出版社 2012 年版。

27. 戴逸：《18 世纪的中国与世界》导言卷，辽海出版社 1999 年版。

28. ［美］杜维明：《道、学、政——论儒家知识分子》，钱文忠、盛勤译，上海人民出版社 2000 年版。

29. 杜维运：《清代史学与史家》，中华书局 1988 年版。

30. 杜维运：《清乾嘉时代之史学与史家》，台湾大学文学院印行 1962 年版。

31. 杜维运：《史学方法论》，台北：三民书局 1986 年增订版。

32. 杜维运：《赵翼传》，台湾时报文化出版公司 1985 年版。

33. 方东美：《新儒家哲学十八讲》，台北：黎明文化事业公司 1985 年版。

34. 方立天：《中国佛教哲学要义》，中国人民大学出版社 2005 年版。

35. 费孝通：《论师儒》，《皇权与绅权》，观察社 1948 年版。

36. 冯梦龙：《情史》，春风文艺出版社 1986 年版。

37. 冯友兰：《中国哲学史新编》第六册，人民出版社 1989 年版。

38. 欧阳哲生主编：《傅斯年全集》，湖南教育出版社 2003 年版。

39. 傅斯年：《性命古训辨证》，广西师范大学出版社 2006 年版。

40. 葛兆光：《中国思想史》，复旦大学出版社 2001 年版。

41. 何炳松：《通史新义》，商务印书馆 1930 年版。

42. 何冠彪：《明末清初学术思想研究》，台湾学生书局 1992 年版。

43. 贺麟：《文化与人生》，商务印书馆 1988 年版。

44. 洪湛侯：《徽派朴学》，安徽人民出版社 2005 年版。

45. 侯外庐：《中国思想通史》第五卷，人民出版社 1957 年版。

46. 胡适：《戴东原的哲学》，台湾商务印书馆 1963 年版。

47. 黄爱平：《18 世纪的中国与世界》（思想文化卷），辽海出版社 1999 年版。

48. 黄进兴：《李绂与清代陆王学派》，郝素玲、杨慧娟译，江苏教育出版社 2010 年版。

49. 黄进兴：《优入圣域：权力、信仰与正当性》，陕西师范大学出版社 1998 年版。

50. 黄俊杰：《孟子思想史论》卷二，台北：中研院中国文哲研究所 2006 年版。

51. 黄俊杰编：《孟子思想的历史发展》，台北：中研院文哲研究筹备处 1995 年版。

52. 黄开国：《公羊学发展史》，人民出版社 2013 年版。

53. 黄克武编：《公与私：近代中国个体与群体之重建》，台北：中研院近史所 2000 年版。

54. 黄文相：《清王西庄先生鸣盛年谱》，台湾商务印书馆 1986 年版。

55. 蒋维乔：《近三百年中国哲学史》，中华书局 1936 年第 3 版。

56. 赖玉芹：《博学鸿儒与清初学术转变》，中国社会科学出版社 2010 年版。

57. 劳思光：《中国哲学史》三下，台北：三民书局 2012 年版。

58. 李畅然：《戴震〈原善〉表微》，北京大学出版社 2014 年版。

59. 李开：《戴震评传》，南京大学出版社 1992 年版，第 157 页。

60. 李明辉：《孟子重探》，台北：联经出版事业公司 2001 年版。

61. 李泽厚：《该中国哲学登场了?》，上海译文出版社 2011 年版。

62. 李宗侗：《中国史学史》，中国友谊出版公司 1984 年版。

63. 梁其姿：《施善与教化——明清时期的慈善组织》，河北教育出版社 2001 年版。

64. 梁启超：《清代学术概论》，朱维铮导读，上海古籍出版社 1998 年版。

65. 梁启超：《清代学者整理旧学之总成绩》，商务印书馆 1999 年版。

66. 梁启超：《饮冰室集》，台北：中华书局 1978 年版。

67. 梁启超：《中国近三百年学术史》，东方出版社 1996 年版。

68. 梁启超：《中国历史研究法》，中华书局 2009 年版。

69. 林安梧：《王船山人性史哲学之研究》，台北：东大图书股份有限公司 1987 年版。

70. 林庆彰、张寿安主编：《乾嘉学者的义理学》上下册，台北：中研院文哲研究所 2003 年版。

71. 林庆彰：《清初的群经辨伪学》，华东师范大学出版社 2011 年版。

72. 林毓生：《政治秩序与多元社会》，台北：联经出版事业公司 1989 年版。

73. 刘保贞：《〈易图明辨〉导读》，齐鲁书社 2004 年版。

74. 刘道超：《中国善恶报应习俗》，陕西人民出版社 2004 年第 2 版。

75. 刘师培：《清儒得失论——刘师培论学杂稿》，中国人民大学出版社 2004 年版。

76. 刘述先：《黄宗羲心学的定位》，浙江古籍出版社 2006 年版。

77. 刘述先：《儒学思想意涵之现代诠释论集》，台北：中研院中国文哲筹备处 2000 年版。

78. 刘禺生：《世载堂杂忆》，中华书局 1997 年版。

79. 刘泽华、葛荃：《中国政治思想史研究》，湖北教育出版社 2006 年版。

80. 路新生：《中国近三百年疑古思潮研究》，上海人民出版社 2001 年版。

81. 罗检秋：《近代诸子学与文化思潮》，中国社会科学出版社 1997 年版。

82. 罗检秋：《嘉庆以来汉学传统的衍变与传统》，中国人民大学出版社 2006 年版。

83. 罗志田：《国家与学术：清季民初关于“国学”的思想论争》，三联书店 2003 年版。

84. 麻天祥：《晚清佛学与近代社会思潮》，台北：文津出版社 1992 年版。

85. 蒙培元：《情感与理性》，中国社会科学出版社 2002 年版。

86. 蒙文通：《经史抉原》，上海人民出版社 2006 年版。

87. 牟宗三：《从陆象山到刘蕺山》，上海古籍出版社 2001 年版。

88. 牟宗三：《五十自述》，台北：鹅湖出版社 2000 年版。

89. 牟宗三：《政道与治道》，台北：联经出版事业公司 2003 年版。

90. 漆永祥：《乾嘉考据学研究》，中国社会科学出版社 1998 年版。

91. 齐珮瑢：《训诂学概论》，中华书局 2004 年版。

92. 钱明：《阳明学的形成与发展》，江苏古籍出版社 2002 年版。

93. 钱穆：《中国近三百年学术史》，商务印书馆 1997 年版。

94. 钱穆：《中国学术通义》，台湾学生书局 1993 年版。

95. 丘为君：《戴震学的形成：知识论述在近代中国的诞生》，台北：联经出版公司 2004 年版。

96. 容肇祖：《容肇祖集》，齐鲁书社 1989 年版。

97. 史革新：《清代理学史》上卷，广东教育出版社 2007 年版。

98. 司马朝军：《四库全书总目研究》，社会科学文献出版社 2004 年版。

99. 孙宝瑄：《忘山庐日记》，上海古籍出版社 1983 年版。

100. 孙钦善：《中国古文献学史简编》，高等教育出版社 2001 年版。

101. 孙中山：《孙中山全集》，中华书局 1986 年版。

102. 汤志钧：《章太炎年谱长编》，中华书局 1979 年版。

103. 唐君毅：《中国哲学原论原教篇》，台湾学生书局 1984 年版。

104. 唐君毅：《中国哲学原论导论篇》，中国社会科学出版社 2005 年版。

105. 唐君毅：《中华人文与当今世界》，台湾学生书局 1988 年版。

106. 汪晖：《现代中国思想的兴起》，北京三联书店 2008 年第 2 版。

107. 王汎森：《中国近代思想与学术的系谱》，河北教育出版社 2001 年版。

108. 王记录：《清代史馆与清代政治》，人民出版社 2009 年版。

109. 王力：《中国语言学史》，山西人民出版社 1985 年版。

110. 韦政通编：《中国思想史方法论选集》，上海人民出版社 2009 年版。

111. 吴根友：《中国现代价值观的初生历程——从李贽到戴震》，武汉大学出版社 2004 年版。

112. 吴根友、孙邦金等：《戴震、乾嘉学术与中国文化》三卷本，福建教育出版社 2015 年版。

113. 吴根友：《明清哲学与中国现代哲学诸问题》，中华书局 2008 年版。

114. 吴通福：《清代新义理观之研究》，江西人民出版社 2007 年版。

115. 吴震：《明末清初劝善运动思想研究》，台湾大学出版中心 2009 年版。

116. 萧公权：《中国政治思想史》，辽宁教育出版社 1998 年版。

117. 萧萐父、许苏民：《明清启蒙学术流变》，辽宁教育出版社 1995 年版。

118. 萧萐父、许苏民：《王夫之评传》，南京大学出版社 2002 年版。

119. 萧萐父：《吹沙集》，巴蜀书社 1991 年版。

120. 谢国桢：《近代书院学校制度变迁考》，台北：文海出版社 1974 年版。

121. 熊十力：《熊十力全集》，湖北教育出版社 2001 年版。

122. 徐复：《訄书详注》，上海古籍出版社 2000 年版。

123. 徐复观：《两汉思想史》，台北：学生书局 1982 年版。

124. 徐复观：《中国思想史论集续篇》，上海书店出版社 2004 年版。

125. 许苏民：《戴震与中国文化》，贵州人民出版社 2000 年版。

126. 许苏民：《中西哲学比较研究史》，南京大学出版社 2014 版。

127. 薛正兴：《王念孙王引之评传》，南京大学出版社 2008 年版。

128. 杨华：《由"尊德性"而"道问学"：学风转轨与清初孟学》，上海社会科学院出版社 2013 年版。

129. 杨菁：《清初理学思想研究》，台北：里仁书局 2008 年版。

130. 杨念群：《何处是江南？——清朝正统观的确立与士林精神世界的变异》，三联书店 2010 年版。

131. 杨儒宾：《异议的意义——近世东亚的反理学思潮》，台北：台大出版中心 2012 年版。

132. 游子安：《劝化金箴——清代善书研究》，天津人民出版社 1999 年版。

133. 游子安：《善与人同——明清以来的慈善与教化》，中华书局 2005 年版。

134. 余英时：《论戴震与章学诚》，生活·读书·新知三联书店 2005 年第 2 版。

135. 余英时：《论戴震与章学诚》，台北：东大图书公司 1996 年版。

136. 余英时：《史学与传统》第四版，台湾时报文化出版公司 1985 年版。

137. 余英时：《中国知识人之史的考察》，广西师范大学出版社 2004 年版。

138. 余英时：《朱熹的历史世界》，北京三联书店 2004 年版。

139. 余英时等：《中国哲学思想论集·清代篇》，台北：水牛出版社 1988 年版。

140. 袁啸波主编：《民间劝善书》，上海古籍出版社 1995 年版。

141. 张波：《李颙评传》，西北大学出版社 2015 年版。

142. 张君劢：《新儒家思想史》，中国人民大学出版社 2006 年版。

143. 张立文：《戴震》，台北：东大图书公司 1991 年版。

144. 张丽珠：《清代的义理学转型》，台北：里仁书局 2006 年版。

145. 张丽珠：《清代新义理学——传统与现代的交会》，台北：里仁书局 2003 年版。

146. 张丽珠：《清代义理学新貌》，台北：里仁书局 1999 年版。

147. 张寿安：《以礼代理——凌廷堪与清中叶儒学思想之转变》，河北教育出版社 2001 年版。

148. 张寿安：《十八世纪礼学考证的思想活力：礼教论争与礼秩重省》，台北：中研院近代史研究所 2001 年版。

149. 张舜徽：《清代扬州学记》叙论，广陵书社 2004 年版。

150. 张舜徽：《清人文集别录》，华中师范大学出版社 2004 年版。

151. 章太炎：《章太炎全集》第三册，上海人民出版社 1983 年版。

152. 章太炎，刘梦溪主编：《中国现代学术经典·章太炎卷》，河北教育出版社 1996 年版。

153. 赵昌智主编：《扬州学派人物评传评传》，广陵书社 2007 年版。

154. 赵兴勤：《赵翼评传》，南京大学出版社 2002 年版。

155. 赵园：《明清之际士大夫研究》，北京大学出版社 2006 年版。

156. 郑安德编：《明末清初耶稣会思想文献汇编》，北京大学宗教研究所 2003 年版。

157. 郑朝晖：《述者微言：惠栋易学的"逻辑化"世界》，人民出版社 2008 年版。

158. 郑志明：《中国善书与宗教》，台湾学生书局 1988 年版。

159. 郑宗义：《明清儒学转型探析》（增订版），香港中文大学出版社 2009 年版。

160. 中国历史文献研究会编：《章学诚国际学术研讨会论文集》，北京图书馆出版社 2004 年版。

161. 钟彩钧主编：《明清文学与思想中之情、理、欲》，台北：中研院中国文哲研究所 2010 年版。

162. 周予同，朱维铮编：《周予同经学史论著选集》（增订版），上海人民出版社 1996 年第 2 版。

163. 朱伯崑：《易学哲学史》，昆仑出版社 2005 年版。

164. 朱杰勤：《龚定庵研究》，民国丛书（第一辑），第 84 册。

165. 朱维铮：《求索真文明——晚清学术史论》，上海古籍出版社 1996 年版。

166. 朱维铮：《中国经学史十讲》，复旦大学出版社 2002 年版。

167. 左玉河：《从四部之学到七科之学——学术分科与近代中国知识系统之创建》，上海书店出版社 2004 年版。

168. ［澳］彼得·辛格、［美］汤姆·雷根编：《动物权利与人类义务》，曾建平、代峰译，北京大学出版社 2010 年版。

169. ［德］花之安：《自西徂东》，上海书店出版社 2002 年版。

170. ［德］马克斯·韦伯：《经济与社会》，林荣远译，商务印书馆 1997 年版。

171. ［法］费尔南·布罗代尔：《资本主义论丛》，顾良、张慧君译，中央编译出版社 1997 年版。

172. ［法］卢梭：《社会契约论》，何兆武译，商务印书馆 2003 年修订第 3 版。

173. ［法］史怀泽：《敬畏生命》，陈泽环译，上海社会科学院出版社 1995 年版。

174. ［法］朱利安·班达：《知识分子的背叛》，畲碧平译，上海人民出版社 2005 年版。

175. ［荷］伯纳德·曼德维尔：《蜜蜂的寓言——私人的恶德，公众的利益》，肖聿译，中国社会科学出版社 2002 年版。

176. ［荷］斯宾诺莎：《伦理学》，贺麟译，商务印书馆 2009 年版。

177. ［美］S. N. 艾森斯塔得：《帝国的政治体系》，阎步克译，贵州人民出版社 1992 年版。

178. ［美］A. 麦金泰尔（Alasdair MacIntyre）：《追求美德》（*After Virtue：A Study of Moral Theory*）序，宋继杰译，译林出版社 2003 年版。

179. ［美］艾尔曼：《从理学到朴学——中华帝国晚期思想与社会变化面面观》，赵刚译，江苏人民出版社 1997 年版。

180. 〔美〕艾尔曼：《经学、政治和宗族——中华帝国晚期常州今文学派研究》，赵刚译，江苏人民出版社 1998 年版。

181. 〔美〕爱德华·华·萨义德：《知识分子论》，单德兴译，陆建德校，北京三联书店 2002 年版。

182. 〔美〕包筠雅：《功过格——明清社会的道德秩序》，浙江人民出版社 1999 年版。

183. 〔美〕戴斯·贾丁斯：《环境伦理学：环境哲学导论》，北京大学出版社 2002 年版。

184. 〔美〕狄百瑞：《儒家困境》，黄水婴译，北京大学出版社 2009 年版。

185. 〔美〕韩书瑞、罗友枝：《十八世纪中国社会》，陈仲丹译，江苏人民出版社 2008 年版。

186. 〔美〕霍尔姆斯·罗尔斯顿：《环境伦理学》，杨通进译，中国社会科学出版社 2000 年版。

187. 〔美〕理查德·罗蒂：《哲学与自然之镜》，李幼蒸译，商务印书馆 2003 年版。

188. 〔美〕列文森：《儒家中国及其现代命运》，郑大华、任菁译，中国社会科学出版社 2000 年版。

189. 〔美〕梅尔清：《清初扬州文化》，朱修春译，复旦大学出版社 2004 年版。

190. 〔美〕倪德卫（David S. Nivison），万德安编：《儒家之道：中国哲学之探讨》，周炽成译，江苏人民出版社 2006 年版。

191. 〔美〕欧大年：《宝卷——十六至十七世纪中国宗教经卷导论》，马睿译，中央编译出版社 2012 年版。

192. 〔美〕史景迁：《康熙——重构一位中国皇帝的内心世界》，温洽溢译，广西师范大学出版社 2011 年版。

193. 〔美〕周启荣（Kai-wing Chou）：《晚清帝中国之儒教礼仪主义的兴起》，美国加州·斯坦福：斯坦福大学出版社 1994 年版。

194. 〔日〕滨口富士雄：《清代考据学的思想史研究》，国书刊行会 1994 年版。

195. 〔日〕岛田虔次：《中国近代思维的挫折》，甘万萍译，江苏人民出版社 2005 年版。

196. ［日］夫马进:《中国善堂善会史研究》,商务印书馆 2005 年版。

197. ［日］冈田武彦:《王阳明与明末儒学》,吴光、钱明、屠承先译,上海古籍出版社 2000 年版。

198. ［日］沟口雄三:《中国前近代思想的演变》,索介然、龚颖译,中华书局 1997 年版。

199. ［日］酒井忠夫:《中国善书研究》（增补版）,江苏人民出版社 2010 年版。

200. ［日］内藤湖南:《中国史学史》,马彪译,上海古籍出版社 2008 年版。

201. ［日］山口久和:《章学诚的知识论——以考证学批判为中心》,王标译,上海古籍出版社 2006 年版。

202. ［日］小野和子:《明季党社考》,李庆、张荣湄译,上海古籍出版社 2013 年版。

203. ［日］伊东贵之:《中国近世的思想典范》,杨际开译,台北:台大出版中心 2015 年版。

204. ［日］佐佐木毅、［韩］金泰昌主编:《公与私的思想史》,刘文柱译,人民出版社 2009 年版。

205. ［古希腊］亚里士多德:《政治学》,吴寿彭译,商务印书馆 1981 年版。

206. ［意］史华罗:《中国历史中的情感文化——对明清文献的跨学科文本研究》,林舒俐等译,商务印书馆 2009 年版。

207. ［英］Z. 鲍曼:《现代性与大屠杀》,杨渝东、史建华译,彭刚校,译林出版社 2002 年版。

208. ［英］艾伦·麦克法兰:《现代世界的诞生》,上海人民出版社 2013 年版。

209. ［英］柯林武德:《历史的观念》,何兆武、张文杰译,商务印书馆 1997 年版。

210. ［英］梅因:《古代法》,沈景一译,商务印书馆 1959 年版。

211. ［英］乔纳森·沃尔夫:《政治哲学绪论》,龚人译,香港:牛津出版社 2002 年版。

212. ［英］以赛亚·伯林：《自由论》，译林出版社 2003 年版，第 366 页。

213. Benjamin A. Elman, *On the Own Terms*：*Science in China* 1550–1900, Harvard University Press, 2005.

三　研究论文

1. 蔡家和：《戴震哲学的伦理义涵——从自然到必然如何可能》，载《鹅湖学志》2008 年第 41 期。

2. 查昌国：《友与两周君臣关系的演变》，载《历史研究》1998 年第 5 期。

3. 陈居渊：《清代"乾嘉新义理学"探究》，载《求索》2003 年第 5 期。

4. 陈立胜：《恻隐之心："同感""同情"与"在世基调"》，载《哲学研究》2011 年 12 期。

5. 崔发展：《儒家形而上学的颠覆——评蒙培元的"情感儒学"》，载《当代儒学》2011 年第 1 期。

6. 杜保瑞：《戴震重建儒学概念的理解与评价》，载《哲学与文化》第 378 期，2005 年 11 月。

7. 甘怀真：《中国中古时期君臣关系初探》，载《台大历史学报》1998 年第 21 期。

8. 龚鹏程：《博学于文——清朝中叶的扬州学派》，载龚鹏程《中国文人阶层史论》，兰州大学出版社 2004 年版。

9. 龚鹏程：《乾嘉年间的鬼狐怪谈》，载《中华文史论丛》2007 年第 2 辑。

10. 黄进兴：《清初政权意识形态之探究——政治化的"道统观"》，载《中研院历史语言研究所集刊》1987 年第 58 本第 1 分。

11. 黄玉顺：《儒家的情感观念》，载《江西社会科学》2014 年第 5 期。

12. 蒋国保：《"坎坷启蒙说"对"早期启蒙说"的继承与超越》，载《中国社会科学报》2010 年 8 月 24 日第 7 版。

13. 林安梧：《"以理杀人"与道德教化——环绕戴东原对于朱子哲学的批评而展开对于道德教育的一些理解与检讨》，载《鹅湖学志》1993 年 6 月第 10 期。

14. 梅广:《"内圣外王"考略》,载《清华学报》新 41 卷第 4 期,2011 年 12 月。

15. 漆永祥:《惠栋易学著述考》,载《周易研究》2004 年第 3 期。

16. 孙邦金:《论乾嘉学术对傅斯年史学思想的多重影响》,载《人文论丛》2011 年卷,中国社会科学出版社 2011 年版。

17. 孙邦金:《惠栋的学术思想及其对乾嘉汉学的多重影响》,载《船山学刊》2012 年第 3 期。

18. 孙邦金:《赵翼的历史哲学及其对乾嘉学风的影响》,载《武汉大学学报》2012 年第 1 期。

19. 孙邦金:《乾嘉易学与"道论"形上学之重构》,载《周易研究》2014 年第 6 期。

20. 孙邦金:《唐君毅清代学术思想史论述评》,载《新亚学术集刊》第 20 期,香港:新亚书院 2014 年版。

21. 孙邦金:《明清时期的护生观念与动物保护实践》,载《中原文化研究》2014 年第 4 期。

22. 孙邦金:《清代嘉道时期的"治平之虑"与乡村改革方案——以龚自珍的农宗方案为中心》,载《城乡社会观察》第 6 辑,吉林人民出版社 2015 年版。

23. 孙邦金:《明清儒学对君臣关系与忠君伦理的多元省思》,载《武汉大学学报》2015 年第 3 期。

24. 孙邦金:《浅议乾嘉士大夫阶层的治生问题与身份认同危机》,载赖永海主编《宏德学刊》第 5 辑,江苏人民出版社 2016 年版。

25. 孙邦金:《清代道治合一论及其多重政治含义》,载《儒家文化研究》第 9 辑,岳麓书社 2017 年版。

26. 孙邦金:《乾嘉儒学的义理建构与思想论争》,载《光明日报》(理论版),2017 年 8 月 2 日。

27. 童小玲:《"清代乾嘉学术研究之回顾"座谈会纪要》,载《中国文哲研究通讯》1994 年四卷 1 期。

28. 吴根友、黄敦兵:《近五十年戴震哲学思想研究述评》,载《人文论丛》2005 年卷,武汉大学出版社 2007 年版。

29. 吴根友:《分理与自由——戴震伦理学片论》,载《哲学研究》1999

年第 4 期。

30. 吴根友：《乾嘉时代的"道论"思想及其哲学的形上学追求》，载《浙江工商大学学报》2010 年第 5 期。

31. 吴根友：《试论戴震的语言哲学思想》，载《中国哲学史》2009 年第 1 期。

32. 夏明方：《十八世纪中国的"思想现代性"——"中国中心观"主导下的清史研究反思之二》，载《清史研究》2007 年第 3 期。

33. 许苏民：《困厄与抗争——清代思想史的分期、特点和理论突破》，载《学术月刊》2006 年 8 月号。

34. 许倬云：《中国现代学术科目的发展》，载《中研院近代史研究所集刊》2006 年 6 月第 52 期。

35. 张寿安、吕妙芬：《明清情欲论述与礼秩重省》，载台北中研院《汉学研究通讯》2002 年总续 78 期。

36. 张寿安：《打破道统·重建学统——清代学术思想史的一个新观察》，载台北中研院《近代史研究所集刊》2006 年第 52 期。

37. 张循：《汉学的内在紧张——清代思想史上汉宋之争的一个新解释》，载台北《中研院近代史研究所集刊》2009 年第 63 期。

38. 郑吉雄：《论戴震与章学诚的学术因缘——"理"与"道"的新诠》，载《文史哲》2011 年第 3 期。

39. 周积明、雷平：《清代学术研究若干领域的新进展及其述评》，载《清史研究》2005 年第 3 期。

40. 周积明：《四库全书总目与"乾嘉新义理学"》，载《中国史研究》2002 年第 1 期。

41. ［法］福柯：《什么是启蒙运动?》，于奇智译，载《世界哲学》2005 年第 1 期。

42. ［日］冈田武彦：《戴震与日本古学派的思想——唯气论与理学批判论的展开》，载台北中研院《中国文哲研究通讯》第 10 卷第 2 期。

43. ［日］近藤光男：《吴郡惠氏三代之文学——清朝学人诗的渊源》，载《御茶之水女子大学中国文学会报》1983 年第 2 期。

44. ［日］山口久和：《中国近世末期城市知识分子的变貌——探求中国近代学术知识的萌芽》，载《华东师范大学学报》（哲学社会科学版）

2004 年第 1 期。

45. 王艳秋：《戴震重知哲学研究》，博士学位论文，华东师范大学，2003 年。

46. 罗雅纯：《朱熹与戴震孟子学之比较研究——以西方诠释学为视角》，博士学位论文，淡江大学，2007 年。

47. 孙邦金：《龚自珍政治思想研究》，博士学位论文，武汉大学，2007 年。

48. 郭宝文：《戴震及其后学与孟荀思想异同研究》，博士学位论文，台湾大学，2011 年。

49. 龙鑫：《自然与必然——戴震思想研究》，博士学位论文，北京大学，2011 年。

50. 赵标：《自然与必然的融贯——戴震理学批判思想研究》，博士学位论文，西北大学，2013 年。

后　记

　　1999 年，我考入武汉大学哲学系读硕士，研修中国哲学，一晃近二十年过去了。我的硕士学位论文选题是李二曲的哲学思想，博士学位论文选题是龚自珍的政治哲学思想，两者都属于明清哲学研究领域。博士毕业之后，明清近世哲学仍旧是我的主要研究方向，对于清代哲学、思想和学术的整体面貌逐渐有了一个比较完整的认知，对于从明清延及近现代的中国文化演进脉络的连续性有了更为深刻的感触。回过头来看，这本书是在清初的李二曲和清代中晚期的龚自珍两点之间连了一条线，并由点及面，较为全面阐述了乾嘉儒学声音低沉的义理建构与思想论争，算是对我多年来明清哲学研究的一个总结。

　　清学是一门显学，但其哲学思想研究却是一个冷门，因为清代通常被认为是一个以学术见长而思想衰降的朝代。笼统说来，这一定见自然有其事实根据，但也有很多诸如清代有学术无思想，有思想无哲学，有哲学但很粗浅等似是而非的误解掺杂其中。清代学人著述的多年阅读经验告诉我，乾嘉学者很多精力确实都放在字词文本的训诂诠释和度数之学的知识扩展上，思想的创发性不足，但字里行间却流行着大家都认可而无须明言的集体无意识或者一套"默会知识"，尤其是道德义理和价值观的转型。这一转型的哲学基础，主要体现在对于"道赅理气"宇宙本体论的重新诠释，对于形下"闻见之知"的普遍重视，对于"达情遂欲"伦理学的普遍肯认，以及对于"共遂其生"普遍正义的追求等方面。反之，乾嘉诸儒则普遍表现出对于"理本论"和"心本论"的怀疑，对于片面强调"德性之知"的保留，对于"存理灭欲"的泛道德主义与道德严格主义的厌恶，等等。这些通行于乾嘉儒学界的思想风气和义理建构，与宋明儒学构成了鲜明的对比，表明清儒心中着实隐藏着处处与宋明儒学争胜、求新的意愿。准确地讲，乾嘉新儒学的转型既不是儒学发展史上的一种断裂，更不是中国文化生命的萎缩衰落，而是有其内在逻辑必然性的。当然，其转型的结果是有得有失的。

关于乾嘉儒学的义理新诠和思想论争，这里就不再赘述。在此，只想说四点个人在研究过程中的明显感受：一是清代儒学在不断被官方化和教条化的同时，也接续了明代儒学不断向民间下移普及的势头，堪为儒学民间化、世俗化的顶峰期。在政治高压环境下，儒学信条不仅成为政治意识形态的理论基础，而且成为全社会的道德指南和民众的集体无意识。这恐怕是儒学发展史上最好的年代，也是最坏的年代。只有在这一历史情境之下来审视乾嘉儒学，才能理解其思想异动的现实动因，才能理解各种曲笔表达的弦外之音，也才能更好地把握其理论得失和历史定位。二是乾嘉考据学的语言学转向，不只是一种学术界共通的技艺和方法转换，更是一种系统整理和重新诠释经典体系的思想运动。它固然不免有泥古断烂之嫌，然字里行间亦常见珠玑，奠立了"由字通词，由词通道"和"一字之义当贯全经"的儒家经典诠释的新范式。三是乾嘉儒学对度数之学亦即知识议题的处理，首次出现了知识理性这一附庸蔚为大国的现象。各种专业知识不断膨胀分立，知识理性相对于道德理性的独立性得以确立。这不仅为传统"四部之学"向现代学术分科体系更替埋下了自我裂变的种子，而且搭建了乾嘉儒学从文本考据通向经世实践的工具桥梁。尤其是三礼学、春秋公羊学等专业研究中所包含的制度性思考，直接为乾嘉考据之学转出为嘉道经世思潮提供了思想资源。四是乾嘉儒者虽然对于宋明儒学的道德主义颇多讥弹，甚至说过"议论褒贬皆虚文"之类的过头话，但其中绝大多数都是孔孟之道的忠实信徒，是儒家伦理的积极倡导者和实践者。他们既不是功利主义甚或道德虚无主义者，也没有丧失儒学的现实关怀和抗议精神。明末清初以后，他们在批评宋明儒学流于说教和虚玄这一点上，与官方形成了一种奇特的同盟关系，但他们与教条化、意识形态化、伦理异化了的官方儒学保持了距离，甚至对种种高谈和伪善进行了辛辣的嘲讽、猛烈的批判。正如吴根友师在为拙作赐序时指出的那样，诸如戴震、钱大昕、袁枚、龚自珍等乾嘉一流学者或曲笔或直抒，或低沉或高昂，理论与现实层面的双重批判精神仍旧一如既往，中国文化生命仍旧不绝如缕。尤其是在文网繁密的年代里，其言也曲折，其情也郁积，令人唏嘘，也更可为今人镜鉴。这些感受使我在研究乾嘉儒学时有了更多的情境代入感，有了更多的同情理解，但也为乾嘉盛世儒学思想创发的诸多局限扼腕和喟叹。

这本书是在我自己主持的国家社科基金青年项目"清代中期儒学的转型与流变"的结题报告基础上修改而成的。从课题申请、论文撰写到报告修改定稿，前后花了五六年时间。其中甘苦得失，如人饮水，冷暖自知。限于精力和篇幅，有些人物和问题未能涉及，尤其是钱大昕、章学诚、扬州学派的哲学思想以及乾嘉儒学的历史流变等方面谈得较少，殊感遗憾。而涉及的有些地方则显得汗漫，未能够进一步删繁就简。"艰难困苦，玉汝于成"，这些只能留待以后再扩展深化了。

本书部分章节，曾经以单篇论文形式先后发表在《周易研究》《武汉大学学报》《新亚学术集刊》《船山学刊》《宁波大学学报》《中原文化研究》《儒家文化研究》《人文论丛》《宏德学刊》和《光明日报》理论版等刊物上，其中个别地方引文有重复，为了照顾完整性未作大幅修改。敬请方家见谅，并有以教我。

在写作此书之前，我参与了吴根友师主持的教育部基地重大项目"戴震、乾嘉学术与中国文化"的研究，合作撰写了部分初稿。这为本书的写作积累了一定的研究经验，奠定了良好的研究基础，因此算是这一项目的延续和深化。多年来，我这个孤鸿野鹤得到了吴老师和郭齐勇、李继武、徐水生、田文军、许苏民等珞珈中国哲学师长的诸多指点、帮助和提携，学生皆铭记于心。在台湾大学和香港中文大学访学期间，也曾就乾嘉儒学尤其是戴震哲学研究请教过杜保瑞、张寿安、郑宗义等老师，在报告结题时多名匿名评审专家在肯定之余也提出了不少中肯的修改建议，在此一并表示感谢。

本书承蒙温州大学"马克思主义理论"浙江省一流学科和"新时代温州道德文化建设创新研究"重点创新团队经费资助出版，在此特别感谢温州大学马克思主义学院的领导和同事们对我长期的关心和支持。

冷门研经，苦中作乐；田园将芜，亲人何求？对于家人，尤其是岳父岳母、妻子姜鸣和小女奂冰在背后一如既往的默默支持，深表谢意。

2018 年 3 月 6 日于茶山一隅斋